中国人と日本人

交流・友好・反発の近代史

入江　昭 編著　岡本幸治 監訳

ミネルヴァ書房

THE CHINESE AND THE JAPANESE

by Akira Iriye.

Japanese Translation Rights arranged with
Princeton University Press in New Jersey
through The Asano Agency, Inc. in Tokyo.

謝　辞

まず最初に、本書誕生の契機となった近代日中関係の研究計画に、財政的、そして学問的な援助を惜しまれなかった The Joint Committee on China of the Social Science Research Council および The American Council of Learned Societies に謝意を表したい。この研究計画の参加者は、一九七四年五月にシカゴで第一回の会合をもち、七六年六月にニューハンプシャーのポーツマスで研究会議を開催した。会議に提出された論文のいくつかに、さらに手を加えてなったのが本書である。この企画をユニークで刺激的なものとするために全力を尽くしてくれた寄稿者やその他の参加者（J.H. Boyle, H. Conroy, J.B. Crowly, L. Minte など）に対し感謝したい。

論文が最初に提出されてから約四年が経過したが、この間に、日中関係に画期的な変化があった。本書は、このような変化がなぜ生じたかを理解するうえで、貢献できることを期待された。本書の元の原稿に数度にわたって修正、編集、再編集を加えたのは、この期間である。

この過程で援助の手を差し伸べられたすべての方にお礼を申し上げたい。とくに The Social Science Research Council とプリンストン大学出版会のスタッフ、外部で原稿訂正に協力してくれた人々、私の研究助手アンソニー・ジェン、そして秘書兼調整役として最終的な取りまとめを果たしてくれたアニー・チェンに対して。

一九七九年六月

入江　昭

監訳者まえがき

本書は、Akira Iriye ed., *The Chinese and the Japanese: Essays in Political and Cultural Interactions*, Princeton University Press の訳書である。原著は一九八〇年に、米人、日本人、在米の中国系研究者など合計十六名の共同研究の成果として刊行された。徳川期以降、支那事変、大東亜戦争期に至る日中両国の政治・経済・文化の領域における相互交渉、相互交流の軌跡を、重要な事件、主要な人物・団体の思想や行動の分析を通じて検討したものである。単に日中二国間の相互交流史として興味深いだけでなく、複雑に入り組んでいる近代アジアにおける相互影響の意義を、具体的事実を通して浮かび上がらせたものとして、非常に興味深い内容をもっている。論文のなかには、今日の水準から見ればそれほど質の高くないもの、参照文献も限られており、その選択も不充分と思われるものがないわけではないが、それにもかかわらず邦訳して日本の読者に紹介したいと思ったのは、次のような理由からである。

第一に、編者の入江昭教授が「緒言」でも述べているように、日中の交流史は、特に近代において、二国間だけでなく東アジア史の変動に決定的な意義をもっていたにもかかわらず、従来必ずしも十分な研究が行われてこなかったことである。私は、過去半世紀の日本語文献に限っていえば、この分野の印刷物は、量的に数が少なかったとは思わない。日本人の中国（人）観、中国人の日本（人）観に関する文献は、汗牛充棟というほどではないとしても、私家版まで含めた出版物の数は意外に多い。問題はその質である。

戦後の日本には「言論の自由」「出版の自由」は有り余るほどあった（はずである）。憲法第二十一条はその尊重を明示している。もっとも、厳密にいえば、この憲法を下賜した左手に自由の松明を掲げながら、実は右手で厳しい言論統制を敷いていたアメリカの対日占領時代を除けば、の限定つきなのであるが。ところが占領が終わってからも、中国に関する意見や出版物に関していえば、「自由の空間」が著しく制限されていた。冷戦対立の厳しいときには「中共」に関する警戒心の強い時期があったが（これは多分にアメリカの「レッドチャイナ」観の反映であった）、ある時期からは圧倒的に、「新中国」に関して礼賛調が優位を占めるようになった（これは反米、嫌米意識の裏返しの表現でもあった）。「不偏不党」を謳い文句にしているジャーナリズムも例外でなかったことは、日中国交回復直前に、ある有力な新聞社の社長が中国一辺倒の記事作りを批判されたときに、「これから仲良くしようとする相手の悪口が書けますか」といってのけたというエピソードに、象徴的に示されている。マスコミは、事実の客観報道よりも、政治的価値判断を優先したのである。

戦後の日本では、このような政治的理由に加えて、対日初期占領政策によって育成され奨励された「進歩的」（左翼的、親社会主義的）ムードや言論が、日本の近代史を断罪し（東京裁判史観、唯物史観、自由主義左派史観）、ことあるごとに中国に対する贖罪意識をかきたててきたために、いちじるしく感情過多の情緒的な中国観が、日本の「空気」（山本七平）を形成して、冷静な学問的考察を困難にしたことが挙げられる。他方の中国はといえば、共産党一党独裁下にあって、言論・出版の自由など求むべくもなかった。ここでは政治がすべてを支配した。過去の歴史的事実、そして真実は、共産党のもつ価値判断によって取捨決定された。過去の、国民党が支配した中華民国時代の日中交流などという迂遠な問題を取り上げることは皆無ではなかったとしても、その判断に公正さや客観性を見出すことはまったく期待できない時代が続いたのである。国共内戦に敗れ台北に遷都した国民党支配下の台湾では、経済面での自由空間が大陸よりも広く、自由を旗印とするアメリカの支援が不可欠であったこともあって、大陸の中共政権下よりは大きな自由を享受したといえるが、政治的には国民党一党独裁時代（蔣家支配）が長く続き、歴史判断においては、基本的に大陸と同様の問題を抱えていたのである。

一九七〇年代の初めのことであるが、台北の本屋を漁っていた私の印象に強く残ったことがある。日本の近代史に関する中国語訳の本が、ほとんどすべて、日本のマルクス主義者（唯物史観の信奉者）の著書や論文の翻訳であったことだ。当時台湾海峡両岸はまだ強い対立関係にあった。イデオロギー対立は鮮明な時代であった。それにもかかわらず、日本近代史に関しては、鮮明なマルクス主義イデオロギーに基づく本が反マルクス主義を奉じる中華民国・台湾で読まれていることに、最初は奇異な感じをもち、ややあってなるほどそうかと納得するものがあったのである。

日中交流史などというテーマは、普通であれば当事者である日中両国の研究者が最もよく知るところであり、両国学者の共同研究会を開催することによって最も実り深い成果が生まれるはずのものであるが、入江教授も「緒言」で指摘しているように、実際にはそうはならなかったのだ。遺憾なことに日本語文献には、個人的な体験や懺悔、中国に対するセンチメンタルな感情の吐露と、のめり込みの記録が多すぎる。戦後こういう時代が長く続いたためか、今では公共放送であるＮＨＫの近代史に関する教育番組から、公立中学・高校の歴史・社会科教科書、はては地方自治体のかかわっている歴史（平和）記念館の類いに至るまでが、同じような調子で記述されて不思議とも思われなくなっている。近代中国（そして韓国）に関する事柄は、冷静で客観的な評価が行いにくいものに、いつのまにかなってしまったのである。このような学問的とはいいがたい特殊日本的・戦後的な雰囲気ないし感情の拘束から比較的自由な、アメリカの学者・研究者の貢献できる研究領域が、こうして残されたのである。本書が扱う対象は、まさにそのようなものなのである。

第二に、二十世紀末以降の国際環境の変動によって、これからの日中関係がアジア太平洋の安定と繁栄において有する意義が、さらに大きくなったことが挙げられる。戦後四十年以上にわたって国際関係の枠組みを規定してきた冷戦の終焉とともに、世界は新たな段階に入った。しかし、これを単純に危機の消滅、平和への前進ととらえることのできない課題が、アジアには残されている。欧州では冷戦は終焉したといってよいであろうが、アジアでは、事はそれほど簡単ではない。東アジアでは、冷戦は終焉したのではなく、溶解または溶融しただけである。朝鮮半島では南北間の冷戦は続いているし、海峡両岸関係（中台関係）は、力を誇示して台湾の独立を抑え込もうとする大陸の政策により緊張はなくなってはいない。東南アジア諸国やインドには、中国の覇権主義・膨張主義に対する警戒心が高まり、冷戦溶解後却って軍事予算が増加するという現象が見られる。アジア太平洋には欧州と異なり確立された国際安全保障組織がなく、「東アジア共同体」のかけ声は大きいが、信頼できる安定した新国際秩序の構築には、未だほど遠いのが現状である。

このなかで、高い経済成長率と軍備の大々的拡充を背景として自己主張を強めつつある政治大国中国と、バブル崩壊後の後遺症に苦しみながらもなんとか世界第二の経済大国であり続けたが、二〇一〇年度にその座を中国に奪われた日本が、今後いかなる関係を構築していくかは、東アジアのみならず、二十一世紀におけるアジア太平洋の動向に大きな影響を及ぼすことはほとんど疑う余地がない。

敗戦後の日本は、占領が終わってからも外交の基本路線をアメリカに委ねてきたが、歴史的・地理的なかかわりの深いアジアに対して、これからもそのような受動的対応で事が済むという、ある意味で幸せだった時代はすでに終わっている。とすれば日本人は、再び、真剣に、独自に、特にアジアに対する対外関係の在り方を検討しければならない時期となったのである。対中関係がそのなかでも最も重要な対象であることについては、多言を要しないであろう。

しかし、未来は突如として天から降ってくるものではない。未来は過去の単なる延長ではないが、過去と無関係に、いかような形にでも紡ぎ出せるものでもない。過去は未来の踏み台である。少なくともその大切な前提条件である。過去がいかに現在を拘束し、近未来にも陰を投げかけているかについては、歴史認識などをめぐる今日の日中（そして日韓）関係を見れば明らかであろう。過去はいろいろな意味で重い。日本は過去の歴史の冷静な、客観的な評価のなかから英知を汲み出して、未来の構想に主体的に立ち向かうべき時期に際会している。日本の新世紀は、このような意味で、外交面における転換期であり、言葉の真の意味における「温故知新」のときなのである。

念のために付言しておけば、過去に学ぶということは、最近日本の政治家その他が繰り返し行っているように、過去にさかのぼって絶えず謝罪を重ねるという安易な言動を取ることではない。これは当面近隣諸国と外交面で波風を立てないようにする最も簡便な方法ではあろうが、長期的に見れば、日本国内に鬱屈した感情を植え付け、将来の暴発の種を蒔くものになりはしないか。戦前の日本政府が対中関係で一つ軽視し誤断したことがあるとすれば、台頭しつつあった中国ナショナリズムの過小評価ではなかったか。戦後日本の教育はナショナルなものを軽視し、嘲笑の対象としてきたけれども、日本ナショナリズムの度の過ぎた過小評価がもたらす危険、それが将来の日中（日韓）関係に及ぼす悪影響を思いやる必要は、果たしてないのかどうか。例えば、このような教訓ないし問題意識を、戦前の交流史から学び取ることもできるのだ。

国家関係は移ろいやすいものである。それを安定したものにするためには、並々ならぬ努力を必要とする。「一衣帯水、子々孫々の友好」という熱烈スローガンで日中の蜜月関係を謳い上げることができた幸せな時代は、すでに去っている。高揚した感情などというものはどのみち長続きするものではない。情緒的のめり込みではなく、安定した国家関係を続けるためにはいかなる相互交渉、相互交流が必要なのかを、もう一度冷静に検討するときが来たのである。「アジアの世紀」を云々される二十一世紀は、アジアの英知が本当に試されるときであろう。そのためにも、戦後日本を支配した過剰な道徳的・感情的判断はしばらく置いて、過去の交流史の事実を踏まえ、その教訓を生かす必要がある。「賢者は歴史に学ぶ」のである。学び方にも賢愚の差異がある。本書が「過去形」だけでなく、このような意味で「未来形」の参考になることを、私は密かに期待している。

本訳書の通読に際しては、以下の点に注意を請う。

(1) 原注は各章末に一括した。比較的長い訳注は、その後に記してある。本文や注の〔 〕内は、特に断らない場合はすべて訳注である。

(2) 原文に引用されている参考文献の引用箇所などには誤りが少なくなかったが、可能な限り訂正しておいた。原著の日本語引用文献の英訳は必ずしも正確でなく、簡略化しているものも多い。重訳すると意味にかなりのずれを生ずることがあるので、可能な限り原典からの直接引用を心掛けた。また、原著の引用文献には出版地だけで出版社の記載がないが、読者の便宜を考え、可能な限り日中文献の出版社名を明らかにした。

(3) 中国の固有名詞（人名、地名、書名など）をローマ字表記から漢字表記に変えるのに苦労したことが少なくない。原文表記の誤りもあった。これについては、立命館大学北村稔教授の紹介により、鈴鹿国際大学細井和彦教授、立命館大学文学研究科後期課程在籍の菊池俊介氏にいろいろと助力を頂いた。厚く御礼を申しあげる。

(4) 日本読者のために、西暦年と元号年の対照表を掲載したので（xvi頁）活用いただきたい。

(5) 英語ではただ一語、"China"で済む語句の邦訳に注意を払わなければならないというのは、これ自体が特殊日本的な戦後精神状況を示すものである。戦前の日本では"China"は通常「支那」であったから、本書の扱う時代から考えて、本文ではこれを基本とする。ある時代の用語はそのまま用いるのが当然だからである。戦後のある時期から一般化した「中国」は、元来四辺の国を野蛮視する「華夷秩序」を前提として成り立っている自尊語であるから学術語としては問題がある。本書では、「支那」と書いてある文献その他の戦前の表現をわざわざ「中国」に改ざんするという非学問的作業をやめ、監訳者の責任で訳語の統一を行った。但し訳者の判断により「中国」を採用した箇所もある（第三章、第五章）。

なお、戦後の誤った教育とマスメディアの用語統制のお陰で「支那」を軽蔑語であると信じている日本人が少なくないようである。古代インド文献の音訳である「支那」が軽蔑語ならば、英語独語のCHINAや仏語のCHINEその他は、すべて軽蔑語になる。東（南）シナ海、インドシナなどの地域名も使ってはならないはずだ（「支那」の由来については、宮崎市定『アジア史概説』中公文庫、九〇頁参照）。「中国」人が「支那」を避けたいのは、「支」が宗家に対する分家、嫡子に対する庶子などすべて分出したものを指すため、日「本」に対して独得のコンプレックスを生むのであろう。しかし学問用語は、政治的・社交的目的のために曲げるべきではない（中村元『今なぜ東洋か』TBSブリタニカ、一二二頁参照）。本書はこれを基本方針としている。

岡本幸治

中国人と日本人——交流・友好・反発の近代史

目次

西暦・年号対照表

西暦	年　号
1830	天保1 (12.10)
1831	2
1832	3
1833	4
1834	5
1835	6
1836	7
1837	8
1838	9
1839	10
1840	11
1841	12
1842	13
1843	14
1844	弘化1 (12. 2)
1845	2
1846	3
1847	4
1848	嘉永1 (2.28)
1849	2
1850	3
1851	4
1852	5
1853	6
1854	安政1 (11.27)
1855	2
1856	3
1857	4
1858	5
1859	6
1860	万延1 (3.18)
1861	文久1 (2.19)
1862	2
1863	3

西暦	年　号
1864	元治1 (2.20)
1865	慶応1 (4. 7)
1866	2
1867	3
1868	明治1 (9. 8)
1869	2
1870	3
1871	4
1872	5
1873	6
1874	7
1875	8
1876	9
1877	10
1878	11
1879	12
1880	13
1881	14
1882	15
1883	16
1884	17
1885	18
1886	19
1887	20
1888	21
1889	22
1890	23
1891	24
1892	25
1893	26
1894	27
1895	28
1896	29
1897	30
1898	31
1899	32

西暦	年　号
1900	33
1901	34
1902	35
1903	36
1904	37
1905	38
1906	39
1907	40
1908	41
1909	42
1910	43
1911	44
1912	大正1 (7.30)
1913	2
1914	3
1915	4
1916	5
1917	6
1918	7
1919	8
1920	9
1921	10
1922	11
1923	12
1924	13
1925	14
1926	昭和1 (12.25)
1927	2
1928	3
1929	4
1930	5
1931	6
1932	7
1933	8
1934	9
1935	10

西暦	年　号
1936	11
1937	12
1938	13
1939	14
1940	15
1941	16
1942	17
1943	18
1944	19
1945	20
1946	21
1947	22
1948	23
1949	24
1950	25
1951	26
1952	27
1953	28
1954	29
1955	30
1956	31
1957	32
1958	33
1959	34
1960	35
1961	36
1962	37
1963	38
1964	39
1965	40
1966	41
1967	42
1968	43
1969	44
1970	45
1971	46
1972	47
1973	48

西暦	年　号
1974	49
1975	50
1976	51
1977	52
1978	53
1979	54
1980	55
1981	56
1982	57
1983	58
1984	59
1985	60
1986	61
1987	62
1988	63
1989	平成1 (1. 8)
1990	2
1991	3
1992	4
1993	5
1994	6
1995	7
1996	8
1997	9
1998	10
1999	11
2000	12
2001	13
2002	14
2003	15
2004	16
2005	17
2006	18
2007	19
2008	20
2009	21
2010	22
2011	23

＊　各年号の元年の下に注記した数字は改元の月日。

緒　言

入江　昭

中国人と日本人は、二千年近くアジアの隣人として生活してきた。地理的にはごく近く文化的ルーツに共通性が多いのに、心理的には遠いこの二つの国民は、共通性と異質性、依存と自立、信頼と不信、関心と排斥、礼賛と卑下などの相異なる感情を相手に対して抱いてきた。両国民はアジア人としての共通の伝統や帰属意識を口にするが、相手国との戦いで外部の助けを求めることには躊躇しなかった。相手国の文化的、近代的な変容に貢献したが、それぞれの発展形態は非常に異なっている。全体として、この両国民の存在とそのかかわり方は、東アジア史を最も長く特徴づけているもののひとつである。

したがって両国の関係は広範な研究に値するものであるが、これまで東アジア近代史の研究者によって十分になされたとは言い難い。中国の専門家はいるし日本の研究者もいるが、両国を併せて研究する者は、いたとしても僅かでしかない。というのは、中国文明史や日本文明史のような高度に発達した対象を十分にこなせるような能力を身につけるのは、容易ではないからであり、中国史や日本史の専門家は、それぞれの専門領域に立てこもる嫌いがあったのである。その結果として、両国民の交流史を共同で研究しようという試みがほとんどなかったのである。さらにいえることは、中国と日本では、近代の日中関係史の研究で、個人的体験や政治的ドグマ、道徳的基準などを超えることが恐ろしく困難（不可能という者さえいる）であったという事情がある。両国で出版された日中関係についての書き物の多くは、学問的著述というよりは個人的感想であって、著者が近代の事件に知的、心情的にいかにかかわりあったかについて記したものである。

日本が中国に対して行った侵略的行為に密接にかかわったある世代の日本人にとって、また日中関係史についての学問的研究に接すると日本人に対する屈辱と怒りの感情を抑え切れないような中国人にとっては、冷静な学問的態度は、無意味ではないとしても無関係と思われたのである。近代の日中関係史に関する数少ない学術書が西洋人によって書かれたのは、このためであろう。ところが西洋人学者も最近は、中国や日本の対外問題の研究は皮相だとして遠ざかる傾向がある。というのは、アジアに対する西洋の「衝撃」やアジアの西洋に対する「反応〔応戦〕」をもっぱら取り上げる、従来型の研究の遺物にすぎないと考えるからである。

しかし、以上のような困難によって、日中両国民の関係を真摯に検討する努力が妨げられてはならない。このような研究は、政府間の関係叙述以上のものを必要とする。決定的に重要なことは、一国の思想、制度、個人が、どのような方法で他国の社会変動、文化問題、知的雰囲気などにいかに貢献したか、その軌跡を探求することである。本書の十六の論文はすべて日中両国の実際的または知的なかかわりの節目を分析することにより、近代日中交渉史の理解を深化させようと試みたものである。

最初の五章は、十九世紀末までを扱っている。ハルートゥニアンの論文〔第一章〕は、十八、十九世紀において、中国が日本人の自己定義に果たした役割を検討し、伝統的な類似性の強調から（世界のどこでもその傾向があるが）異質性の強調へと、思想的展開が見られたことを指摘している。中国が日本人の知的関心の中心ではなくなったことが、西洋との遭遇の際にもたらされた緊急課題に日本人の対処が早かった理由である、と彼はいう。そのような問題の一つが朝鮮であった。オー論文〔第二章〕は、日本人にとって朝鮮は、中国的伝統から自覚的に離れていくための試験台であったことを詳述している。他方中国人は、相変わらず古来からの優越的地位を維持しようとしたが、皮肉なことにまさにそのために、伝統的な朝鮮内政への不介入政策に終止符を打ったのである。一八九四年までに、朝鮮における日中の覇権争いと、それが朝鮮内政にもたらす意味は、いずれかが文句のない勝利を占めない限り片のつかないものとなっていた。

しかしながら、このような表舞台のドラマの陰で進行していた、日中関係の他の側面を見失ってはならない。蒲地論文［第三章］は、日本の近代化に果たした日本在住華僑の役割を扱っている。華僑は圧倒的に伝統的な当時の日本に、西洋化をもたらした。さらに、中国人の自己認識は、変わりつつある日本人が華僑に対して抱いた態度がもたらしたものであった。他方、支配階級である士大夫を研究した朱論文［第四章］は、彼らは日本に対して一般に無関心であり、知的な問題意識もなかったことを明らかにしている。しかしながら在日の華僑も中国の士大夫も、日本人の自信さらには傲慢さと、やがてお付き合いを余儀なくされるのだ。好むと好まざるにかかわらず、日本は中国人の生活と思想に影響を及ぼし始めていたのである。実際一八九〇年代末までには、シュレッカーが示唆するところの多い論文［第五章］で指摘しているように、中国の改革者のなかには、内政改革のモデルとして多くの教訓を含んでいると考えた明治維新を活用しようとする者がいた。中国の変化に今や日本が役割を演じようとしていたのである。中国が徳川期の政治思想とその周辺に大きな影響を与えたように、日本が中国の政治的、知的課題に影響を与えたのは、啓示的な事実である。

この時以降中国人と日本人は、個人的、集団的利害にかかわるものからもっと崇高な目的に至るまで、互いに相手を活用しようとするようになる。ジャンセンの近衛篤麿研究［第六章］によれば、二十世紀初めごろの対中文化外交（はっきりとアジアの連帯を目指していた）は、上流の日中両国人がエリート間の協調を実践するものであったことを示している。近衛は、変化の時代に社会の連帯を維持しようとする半官半民団体の組織者であった。ヤングの論文［第七章］は、中国が清朝崩壊後に混乱状態に投げ込まれたとき、日中の政治家、軍幹部が行ったもっと世俗的な取引について検討している。この論文と曹汝霖を扱ったチー論文［第八章］によれば、野心的な中国の政治家が他国と同様日本の援助を利用することは、たとえそれが日本に対する大変な譲歩を意味するものであろうとも何も悪いことではないという信念のもとに、日本人とのコネを大いに利用していたことを示唆している。日本帝国主義と中国民族主義の堅固な枠組みが崩れたのは、中国の民族主義者たちが、日本との特殊な関係に入ることによって中国の利益が最もよく守られ、日本の対中政策の良からぬ部分が緩和されるという前提に、疑問を呈したからである。

しかしながら、日本にはいろいろな見解があった。タム、岡本、池井論文が明らかにしているように、中国に対してはさまざまなアプローチがあったのだ。歴史家内藤湖南は、文化と権力の問題に関心を有していた。タム論文［第九章］が示すように、外国の影響のただなかで中国はいかにして文化的統合を維持することができるかが、内藤の問いであった。その答えは、日本には中国文化の継承者として、また日中の協力による発展を通じて、腐敗した西洋文明に取って代わるべき新アジア文明の中心者としてのユニークな役割があると強調するものであった。したがって日本の中国における役割は、基本的に文化的なものである。

岡本論文［第十章］は石橋湛山の、帝国主義を控えて和平と共栄を求めた、平和的・革新的な主張に焦点を合わせている。他方でジャーナリスト石橋は、中国における日本の行動は、日本自身の発展の指標として重要であると考えていた。海外膨張主義は国内改革と両立しないものであって、もし日本が自由かつ平和な国家として発展したいのであれば、大陸における侵略行為を控えなければならない。

このような見解と対極に立つものが、池井が扱った宇垣一成将軍の立場［第十一章］であった。宇垣は中国それ自体には関心も懸念ももたない根っからの帝国主義者であり、ただ日本の必要を満たす相手としてのみ存在意義があった。一九二〇年代に宇垣が西洋列強と共同して中国の急進的な民族主義を押さえ込もうとしたのは、一向に驚くべきことではない。これは内藤や石橋などのような人物が真っ向から反対したところであるが、日中の取引によって明らかになったことは、概して日本は、中国を政治的・経済的利用と開発の場としかみない、先進工業国の一員として行動するようになったことである。

世界恐慌がおきて資本主義的国際主義の枠組みが崩壊した一九二九年以降は、列強の共同行動はより困難となった。各国は自国の経済問題を解決し、自給自足圏を確立して経済的・政治的管理を強化するために、勝手な行動をとる傾向が強くなった。日本も例外ではなく、協調的な国際秩序構造をつぶして、既存秩序のもとで動いていた国内の諸制度を弱体化させるうえで、先頭を切ったのである。一九三〇年代は、日本とアジアで新秩序を構築しようとした者が勢力を増した時代であり、中国側では複雑な対応が出て来たときである。中村論文は、北支への日本の経済的侵入を扱い、新たな機会を利用しようとする日本の諸団体が激しく競い合ったことを述べている［第十二章の中村論文のみは、新たな資料を用いた別の論文に差し替えた］。日本の中国支配はしたがって、どの勢力がそのなかで優越するかという新たな問題を生み出していた。かくして北支の新秩序は満州に新たな協定をもたらした。この過程は中国人をも巻き込んだ。入江の新民会の分析［第十三章］や、戦時中に日中間において内密かつ公式に結ばれた取引についてのイーストマンの分析［第十四章］によれば、中国側にも、一九三〇年代には新たな勢力分布と、新たな機会があったことが分かる。

国家制度と範疇を異にする中国社会は、戦時中の混乱のなかでも何とか機能していた。政府は日本の侵攻に抵抗せよと公式声明を発しそれに忠実に従った数百万の人間はいたが、その他はまったく我関せずという態度をとっていた。そればかりか、日本と協力して社会秩序を再建し文化統合を回復しようとする者もいた。マーシュの取り上げた［第十五章］そのような人物の一人周仏海は、外からの侵入者と協力することが、中国政治の伝統的行動であったことを論じている。国家が機能しなくなったとき全体の秩序を維持しようと努力するのが、このような協力者なのである。解釈にはいろいろあって、日本と戦う道を選んだ個人や団体の研究によってバランスさせる必要があるだろう。しかし協力者の方がよく知られているので、マーシュがやったように協力者の行動の意味を知ることが、さしあたり必要な作業である。敵との協力によって国民的統一を維持しようとした人物の努力を理解しようとすることは、日本が中国人に行った野蛮行為や損害を、忘れるためでも合理化するためでもない。しかしこれらすべてのことは、大局的な把握を必要とする。日中関係の代表的研究者である橋川の論文［第十六章］は、この研究にふさわしい締めくくりである。橋川は十九世紀以降一九三〇年代に至る日本人の中国観の変遷をたどって、中国問題が日本人にとって主要関心事であったことを読者に想起させてくれている。

本書に収めた論文は、さまざまな知的、経済的、政治的、個人的な問題のために互いに相手を必要とした、極めて自意識の高い二国民の物語である。両国民とも記録を大切にする伝統があるので、その心情や考えを書き残した山のような文献が残されている。これらの文献を綿密に研究することによってのみ、両国民が抱えた矛盾や解決への模索が把握できよう。本書を読めば、中国人と日本人がいかにかかわりあおうとしたかを理解しないで、近代の東アジア史を学ぶことは不可能であることが分かる。これは今なお進行中の物語である。さまざまな問題が今後とも日中二つの国民を悩まし続けることであろう。近代の東アジアを学ぶすべての者は、このことを念頭におく必要がある。

第一章　徳川思想における支那の機能

ハリー・D・ハルートゥニアン

徳川時代の著述家達、とくに国学者達がものごとを認識する際に、支那［という言葉ないし観念］に割り当てた機能は何であったか。本章は、この観点から、彼らの提起した中心問題のいくつかを検討するものである。こうした検討は、彼らがその認識に構造を与えるために用いた、より深いレベルにある戦略が何であったかを、いくぶん明らかにするであろうし、支那に関して日本人が何を知り何を感じていたかよりも、むしろどう意識していたかを告げ知らせてくれるであろう。この問題にまつわる皮肉の一つは、日本人が直接かつ経験的に支那という国の情報を得ることができるようになるや否や、支那が真剣な言説から姿を消したことである。

思想家は、思想や感情がその真の対象に向かうのを抑えたり、昇華したり、逸らしたりするために、高度に複雑で儀式化された戦略に頼るものである。支那以外のことを劇的に表現するために支那を用いることは、この戦略が実際どのようなものであったかを示唆する。彼らの支那をめぐる知的な反応をみて分かることだが、彼らが代弁していたのは、その本性が直接に感知されるような世界ではなかった。むしろ彼らは、彼らのためにすでに整えられてきたコード［意味規則体系］が存在し、そのコードを通じて初めて認識されるような世界に住んでいたことが判明する。彼らはこのコードを、それ自体このコードの表現である社会化の過程を通じて教え込まれて身につけていたのである。(1)ものが「自然に」占めるべき場所を地図にする際に用いられる境界線や分類システムの性格を決定するのは、［主体が］どのように世界と関係するか、その様式である。言説にどう支那を用いているかは、日本人が支那を認識する方法とは何の関係もなかったが、著述家達がものごとの世界とそれぞれの様式で関係するその方法とは大いに関係があった。支那に関するニュースや情報を得ると、特定の問題の解決には役立ったが、思想家の支那観は、直接的経験が促す認識の変化に、それほど強くは結びついていなかった。支那に関する新しい知識の獲得が、すでに懐かれていた意見を裏付けるために用いられる場合の方が多かった。支那におけるイギリスの活動のニュースや太平天国の乱の情報は、続々と日本に入ってきていた。だがそれらは、支那に対する新しい態度を形成するきっかけにはならなかった。著述家達がすでに一致して認めていた、支那がもつ機能を、単に確証しただけであった。

一　支那の「非歴史化」──内と外

徳川時代の思想において支那がどのような中心的機能を果たすのかを定めてきたのは、明らかに儒教であった。思想においても、社会生活においても、支那は隠喩として機能した。支那は、天道、五倫、大義名分といった道徳的概念と結びつけられ、さらには文明そのものと結びつけられた。とはいえ、そのために歴史や地理によって画された一つの文明である必要はなかった。支那とは中華、すなわち中心の花盛りとして、ないしは中国、すなわち中央王国として言及された。徳川時代の著述家達は前者、中華の方を好んだが、それは特定の時代や場所と結びつけられる必要がまったくなかった。儒者のことを（平田篤胤の「腐儒」をその古典例として）口を極めて非難していた国学者達も、このしきたりを遵守することにおいて例外でなかった。その全般的帰結は、もちろん、支那に対し一種の畏敬の念が懐かれるが、その支那とは現実の歴史性を取り除かれた支那になってしまうことであった。結局のところ、支那とは、賢者達と、彼らが文明生活へと上昇するに当たって打ち立てた無数の規範を記した四書の発祥の地だということになった。［徳川時代］初期の儒者の一人、中江藤樹は孔子の前に孔子なく孔子の後にも孔子なしと記しているが、後期の著述家、伊藤仁斎は、中華とは読んで字の如く、最も高尚で最も高貴な場所のことだと提示した。中華をそのような隠喩として機能させる最も明白な目的は、内外という対比や文明・野蛮の対比を劇的なものにすることにあった。あるレベルではそのような対比が、分類の枠組みを作るための諸原則を提供した。著述家達は、しばしば分類枠ごとに、何が文明で何が野蛮かの一覧表を作った。そうした枠組みは国際社会に関する、どちらかといえば洗練されていない見方も表現していた。もっともそれが一つの秩序だと意識されるのは後年のことにすぎなかったが。中華〔という言葉ないし観念〕のより基本的な機能は、倫理的行為とその習得が中心的課題であると強調することにあった。その観念の外延に着目して初めて、倫理的行為能力を所有する者とそうでない者との対比が生まれる。

徳川時代の日本において、このタイプの隠喩は、外部（支那）を高く評価し、内部（日本）を軽視するという、一種の卑俗な理解に帰着した。これは逆説的ではないにせよ、皮肉な逆転であった。もともと内部とは文明を意味し、外部とは野蛮人の世界だと見なされていたからである。とはいえ道徳においては、（陽明学の徒でない限り）外部的行動の方が内部的衝動よりも重要だと見なされるのが常であった。しかしながら、徳川時代の社会生活――おそらく高尚な思想よりも社会生活の方が人々の態度を、純化された形ではないにせよ、より良く表示する指標となる――において、外部として言及されるのは、何よりもまず支那であった。徳川時代の話し言葉において「輸入」、ないし「輸入品」を意味する言葉は、それぞれ舶来、ないし舶来品であった。支那やオランダから長崎に船で輸送されてくる物を指した。とはいえ人々が舶来品について語るとき、支那の産物だけが念頭におかれていた。支那から来たというこの識別は、やがて価値の判断へと道を譲っていき、支那からの輸入品は「エレガントな製品」という意味をもつようになった。輸入品一般が、日本で生産される同種の物よりも優れているという固定観念が育まれた。こうした過大評価は、徳川時代の生活の他の領域について、知識を与えてくれるであろう。支那の教説や文化が自国のそれよりも高く評価され、しばしば日本のことを忘却してしまう犠牲を払った。平賀源内（一七二八～一七七九年）は十八世紀に生きた一人の変人で、「蘭学」の筋金入りの狂信者であるが、その戯作の一つで、どうしてもこの支那崇拝に注意を促さずにいられなかった。平賀は登場人物の一人の口を借りて、同時代の人々の支那の文物に対する渇望を非難した。平賀はこう記している。「井戸で育《そだつ》た蛙《かいる》学者が、めつたに唐贔屓《ひいき》に成（り）て、我（が）生《うま》れた日本を東夷《とうゐ》と称し、天照大神は呉《ご》の太伯《たいはく》[1]に違《ちがひ》[2]はない……知行の米を周《しゅう》の升《ます》ではかり切で渡されなば、其時却（つ）て聖人を恨《うらむ》べし。誰《たれ》やらが制札の多きを見て、國の治まらざるを知りたりと云（ふ）がごとく、……唐の風俗は日本と違ふて、天子が渡り者も同然にて、気に入（ら）ねば取（り）替（へ）て、天下は一人の天下にあらず、天下の天下なりと、へらず口をいひちらして、主の天下をひつたくる、不埒《らち》千萬なる國ゆゑ、聖人出（で）て教（へ）給ふ。日本は自然に仁義を守る國故、聖人出（で）ずしても太平をなす。(2)」

平賀は国学者の賀茂真淵の弟子だったので、真淵自身の支那非難を反映している面もあった。だが同時代の指導的地位にある人々の支那に対する偏愛ぶりについて、平賀が観察しているところは、思想において支那がいかに機能していたかと、民衆の間の用法で支那が何を意味していたかとのあいだの構造的な関係を明瞭に照らし出すものである。いずれにおいても、支那は卓越と洗練の基準を劇的に表現するのに役立った。熊沢蕃山、山鹿素行、新井白石、荻生徂徠といった思想家達において、支那は特定の文化的で道徳的な相関意識を呼び覚まし、分類や差異化の原則として役立つものであった。熊沢蕃山は『集義和書』（一六七二年）において、「中華の国」を文明の源泉と見なし、それを周辺の野蛮人達と対比した。(3)「山を老とし川を子とす。中国を老とし東夷南蛮西戎北狄を子とす。(4)」文明の輪郭を明確に定義するのは、当の中心的位置それ自体である。(5)(3)「中夏は天地の中国にして四海の中にあり。南に六の国あり、西に七の国あり、北に八の国あり、東に九の国あり。是を四海といふ。南を蛮《ばん》と云《いう》、虫にかたどれり。西を戎《じゆう》と云《いう》、いぬにかたどれり。北を狄《てき》と云《いう》、けものにかたどれり。東を夷《い》と云《いう》、人にかたどれり。(6)」蕃山は、四海の内、東夷を構成する国々（日本や韓国など）が最も優越しており、事実、中華の外部では、日本が最高位にランクされると論じた。

このような中心・周辺概念で武装している熊沢のような著述家は、道徳的支配権の及ぶ領域を定義し、文明と野蛮との境界線を段階的に地図にすることができた。中心に近いということは、地理的に近いことではなく、文明に近いということだとされた。そうした分類は究極的には、「中華」と「野蛮」（動物、獣、昆虫といった野生のもののイメージで表現されるのが通例だった）、「内」と「外」という基本的対立関係を用語として表現された。平賀源内は支那偏愛者を、「我々が生まれた国」である日本のことを東夷だというとして非難したが、その趣旨の一つがここにあるのは確かである。熊沢は、東夷だけは人間の形をしていると請け合ったものの、創造されたときは鳥や獣の形をしていたと躊躇なく認めた。文明へと洗練されているといえるのは内部、つまり野蛮な外部世界に取り囲まれた中華についてであって、外部世界は、少なくともこの用語法においては、自然、つまり洗練も文明化もされていない野性的なものと同一視された。中華の内部においても、この対立図式に則れば、「尊」と「卑」、「高」と「低」とを分けるよう要請された。政治的リーダーシップとは実質上、道徳的教化である以上、統治の及ぶ範囲は、たんに空間的、水平的に区分されるだけでなく、社会的、垂直的にも上下に別個のものとなる。華夷という二分法は、広大な領域（天下）には適用されず、日本では、たいていは領土と結びついた支配圏域の観念（国家ないし国）を指すのに使われた。換言すれば、伝統的用語法は、この華夷の区別を政治的空間の組織化に結びつけたといえる。(7)

支那は人類の永続的な業績達成の先鞭を付け、高度文明を形成してきており、日本人は東アジアにおける文明化の競争に遅れて参加したと感じていたので、創造力と文明化の源泉だとして支那を尊崇する強い意識が日本にあったからといって不思議でない。かくして、文明と野蛮という対立図式が、大国と小国の区別という今一つの対比へと帰着した可能性がある。熊沢は『集義和書』において、支那のような「大国」がある一方で、「日本は小国にて、人の魂魄の精うすく、堪忍《かんにん》の力弱し。」と述べた。(8) 山鹿素行（一六二二～一六八五年）の自伝『配所殘筆』（一六六七年）での次のような告白も思い起こされよう。「……本朝は小國故異朝には何事も不ㇾ及《バ》、……此の段は我れ等斗《ばかり》に不ㇾ限《ラ》、古今の學者皆左樣に存候て、異朝を慕ひまなび候。近比初めて此の存入《ぞんじいり》誤なりと存候。信《ジテ》ㇾ耳《ヲ》而不ㇾ信《ゼ》ㇾ目《ヲ》、棄《テテ》ㇾ近《キヲ》而取《リ》ㇾ遠《キヲ》候事、不ㇾ及《バ》二是非《ニ》一、寔に學者の通病《つうへい》に候。(9)」

以上のどれも、徳川時代の日本人が自分たちのことを野蛮人だと考えていたなどと示唆するものではない。中華への尊崇とは、支那への尊崇のことであった。しかしながら、「夷人徂徠」と記し支那偏愛者として非難されてきた徂徠自身が示したように、この尊崇の感情は、古代の聖人達（堯、舜、湯、禹）に向けられたものであり、「礼楽」システムが達成したものに対する尊敬の念であった。支那の文物なら何でも誉め称える追従を意味するものではなかった。同時代の支那に向けられたものでもなかった。特定の歴史的時代の支那ではなく、中華を尊崇してきた人々にとっては、隠喩としての中華が次第に日本自身を指すように変えられていった。このことは山崎闇斎や山鹿素行といった著述家達に、とくによく当てはまる。それほどではないが、国学者達自身にも当てはまる。だが国学者達にとっては、問題は別のところにあった。支那の機能がすでに変化していたからである。国学者達は日本への尊崇という基本姿勢を［始めたのではなく］受け継いだのだが、それはそれでもっと基本的な哲学的志向を反映していた。そうした志向は、山鹿素行や伊藤仁斎といった十七世紀末の著述家達によって特徴づけられたが、思想の対象を人間の情念や感情に移し、その優越をいうものであった。感情などの気質は、背徳や利己を招きかねないとして新儒教［つまり朱子学］によって長く非難されてきたものであった。

力点のこの移行は、政治理論において、より明確な言語に表現され、基本的な考え方のいくつかが変更され始めたことを表現していた。例えば、山鹿素行は一種の尊王論に賛成する議論を述べた。それは、［日本で］権威に基づく関係が正当性を有するのは、大義名分、すなわち皇室に象徴される義務と忠誠の偉大な原則がこれまで断たれることなく連続してきた事実に基づくという信念に依拠していた。素行が、支那よりも日本の方が文明の「真の」中心領域であると論じたときのコンテキストは、まさにここにあった。素行は『配所殘筆』において、その理由をこう述べている。(1)皇統は「天照大神の御苗裔として、神代より今日迄其の正統一代も違ひ不ﾚ給、……」。(2)日本は武術の伝統を有し、卓越した戦績を挙げてきたので、「三韓」のような外国から優越性を認められることに成功してきただけでなく、一度も対外侵略を受けたことがない。(3)智仁勇といった枢要な徳を保持してきたので、「今此の三徳を以て　本朝と異朝とを、一々其のしるしを立てて校量せしむるに、本朝はるかにまされり。誠にまさしく中國〔4〕といふべき所分明なり」(10)。この真理を理解するにいたるのに長い時間を要したことは、山鹿によれば、彼が同時代人とともに免れなかった認識の失敗を物語っていた。支那の問題に関する彼の主要著作、『中朝事實』において、その理由をこう説明している。「恆《つね》に蒼海《さうかい》の窮《きはま》りなきを観る者は、その大《おほい》なるを知らず。常に原野の畦《かぎり》なきに居る者は、その廣きを識らず。是れ久しうして狃《な》るればなり。……愚《われ》中華文明の土《くに》に生れて、未だその美なるを知らず。専ら外朝の經典《けいてん》を嗜《たしな》み、嘐嘐《かう〱》としてその人物を慕ふ。(11)」込み上げてくる自己を非難したい気持ちに耐えかねて、彼は大げさにこう問う。「何ぞその心を放《ほしいまま》にせるや、何ぞその志を喪《うしな》へるや。抑も奇を好むか、將《はたま》た異を尚《たふと》ぶか。」『配所殘筆』において、山鹿はそのような失敗が、新儒教そのものの認識論上の不適切性に根をもつと説明した。「……我れ等……程朱の學を仕候ては持敬静座の工夫に陥り候て、人品沈默に罷成候様に覚え候。朱子學よりは老莊禪の作略は活達自由に候て、性心の作用天地一枚の妙用高く明か成る様に被レ存ゼ候て、何事も本心自性の用所を以て仕候……。(12)」とはいえ素行は、日常の事柄を理解するのに問題を感じることを認めざるをえなかった。そうした懸念は重要でないと信じるよう教えられてきたという。日常的な事柄はそれ固有の方式で処理するのが最良だとされてきた。だが日常の実践的な事柄に関与するのは抗しがたい以上、その本性を理解する方法がなくてはならないことを彼は認めた。なぜ日常生活の意義を理解できなかったのか。彼はそれが、古典そのものよりも、むしろ後世の注釈を読むことに頼っていたことに関連すると思い当たった。宋代の注釈を介していては、日常生活の事柄を理解するのは困難であった。生活に直接にかかわることが重要であるのと同様に、古典研究に直接に従事することが必要であった。だが十七世紀末の生活は、それ自体が新儒教の理解様式をもってしては説明するのが難しく思われた。彼が原典を、あたかもそれが直接に体験するよう与えられているかのように、検討する方法が重要だと強調したのは、こうした脈絡においてであった。

山鹿のこうした方法は、実用性と活動性が中心たるべきだという意識を生み、認識のこの変化は、中華の本質が何かに関し、彼が考えを改めていることを告げ知らせることになった。「真の事実」の発見が、山鹿をして、中華を日本の隠喩へと変えることを許した。彼は『中朝事實』において、こう論じた。儒者は支那を「中国」と呼び、日本を東夷の一地域だと認識した。しかしながら、彼は日本をこそ文明だと見なすよう提案する。「中國の水土は萬邦に卓爾《たくじ》として、人物は八紘《くわう》に精秀《せいしう》たり。故に　神明の洋洋たる、聖治の緜緜《めん〱》たる、煥乎《くわんこ》たる文物、赫乎《かくこ》たる武徳、以て天壌に比すべきなり。」[13] 日本の水土がユニークな本性をもつのは、たんにそれらが神々の働きによる神聖なる創造物であることの現れにすぎなかった。実際、この神聖さが日本が中華であることの理由である。皇統の連綿であること、事実、天地の始まりとともに古いからである。これが中国という言葉の意味するところであった。すなわち、中心であるということは、神聖さが約束されていることであった。[14]

山崎闇斎（一六一八～一六八三年）は、中国という観念を通念とは異なる意味で考えようとする素行の意向をいくぶんか分かち持ち、支那を中華だと見るのは正確ではないとすることに賛成した。『日本書紀』では、支那は「西土」として言及されていると闇斎は論じた。しかし山鹿素行が以前にその模範を示していたのと同じ種類の志向の変化を明確に示したのは、闇斎の弟子の一人、浅見絅斎（一六五二～一七一一年）であった。彼はその『靖献遺言』（後に幕末の志士達が尊王論の一種の古典として好んだ著作である）において、「當時の儒者輩が内外尊卑の辨を誤つて」いるのを正したいという。支那のことを中国と呼び、日本を東夷の国と呼ぶ慣行があるから、この混乱が始まったと彼は主張する。彼の信じるところによれば、こうした議論は、支那の書を読み、日本人が東夷の国に生まれたという事実に文字どおり震撼した人々によって始められた。だが、中心とは大義が見出されるところであると彼は力説した。「然ラバ日本ヲ中國トシ、唐ヲ夷狄トシテ好ラン乎、曰、中國夷狄ノ名、其レ共ニ唐ヨリ付タル名也、其名ヲ以テ吾國ヲ稱スレバ、其レトモニ唐ノ眞似也、但吾國ヲ内トシ異國ヲ外ニシ、内外賓主ノ辨明ナレバ、吾國ト呼ビ、異國ト云ヘバ何方ニテモ皆筋目違ハズ。」[5] 浅見絅斎は、彼の対立設定が支那における慣行に源をもつと論じた。つまり、中国について語るから、夷狄という対立者を呼び覚ましてしまうのである。だがそうした差別は、「大名分、大正統、三綱五常、君臣彼此ノ名分大義」に何の関係もない。たんに儒者達が犯した誤りを現しているにすぎないと彼は述べた。彼は絶望してこう述べた。「此筋明ナラザレバ、儒書ヲ讀デモ、皆亂賊ノ類ニ落入ル事、極テ可レ嘆事、能々可レ詳者也、畢竟中國夷狄ノ字儒書ニ在ルカラシテ加様ニ惑フ、儒書ヲ不レ讀時ハ其惑ナシ。」[15]

中華の問題にこのような態度をとったことの一つの帰結は、中華と夷狄との間の現実の区別が人種や領域と何の関係もないのに、支那の歴史的帝国の勢力範囲内に棲息する諸民族を野蛮人のさまざまな種類に同定する強い傾向が生まれたことである。この当てはめは、さまざまに論じられていくうちに、明らかに修正を被ったものの、歴史的つながりだけは留めた。荻生徂徠の弟子である太宰春臺は、そのことを自著『經濟錄』において次のように述べた。「四夷ヲ夷狄ト名付テ、中華ヨリ賤シムルハ、禮儀ナキ故也、中華ノ人ニテモ、禮儀ナケレバ夷狄ト同ジ、四夷ノ人ニテモ、禮儀アレバ中華ノ人ニ異ナラズ。」[6] 太宰春臺は、日本人の著述家なら、中華と夷狄という対立概念が機能的な必要があって考案されたものだということを比較的容易に把握できると明かした。日本には華夷イデオロギーに対応する具体的現実がなかったことも考え合わせると、文明と野蛮との間の固定した境界はたやすく乗り越えられてしまった。山鹿素行は日本を文明の真の現れだと見なしたが、浅見絅斎や太宰春臺は固定した点を越えてさらに向こうをみた。ある種の条件が存在するかどうかで、文明と野蛮とに分かれるとした。だがこうした転換は、国学者達によっても進められた。彼らは、文明と野蛮とを分かつ基準を逆転した。かつて野蛮の印であった自然が、今度は文明の基準になろうとし、文化と道徳がその対極にあるものとしてみられようとした。国学者達は、かくして、日本が別の種類の文明の隠喩として役立つ可能性があると示そうとした。

二　国学者による転換

賀茂真淵や本居宣長、それにある程度は平田篤胤とその弟子達、とくに大国隆正《おおくにたかまさ》の著作において、支那は、日本が中心であることを想起させるものとして機能していた。つまり、中華と野蛮の対立関係を成り立たせていた諸前提が転倒された。その結果として生み出された分類は、「以前は支那に日本が対立したが、今や日本に支那が対立するといったように」対立の一方から他方への転換を表現することになった。こうした転換の大部分は、国学という新種の言語学戦略の力を借りることによって可能となった。国学は、言葉の純粋な意味に立ち還れと叫ぶことで、「支那の」言葉ではリアリティを表現できないと認めた。実際、彼ら国学者達が願うところはただ一つ、言語それ自体が、その実現を望もうにも望みえないほどの透明性をいかにして自らのものとするか、それを劇的に表現したいということであった。言語は、［真なるものを］表現するという課題を果たすために、儒者達によって特権的な地位へと高め上げられていたが、表現するものとされるものとが透明となるところまでは到達していなかった。この不満ゆえに、一個の新しい「人間科学」の形態をとり、国学と称することになった。換言すれば、儒者である学者仲間の多くと同じく、国学者達も、言語に表現の手段として特権的な地位を与えることに問題を感じていた。世界と、それについて人間がもちうる知識との間には、不釣り合いがあると感じていた。だから彼らは、言語は他のものと同じく、一つのものであり、すべては神々が創造したものである以上、何も特権的地位をもたないと想定した。言語ならばものの世界を表現する課題を適切に果たせるだろうと、言語にその課題を割り振ることは完全な誤りである。言語も他のあらゆるものと同様だからである。言語に対するこの批判は、彼らの支那学に対する攻撃において明白に示されたが、「奇跡」や沈黙や、言明や説明されえないものを最も褒め称えることにおいて、さらに明白に示された。

こうして国学者達は、フランスの著述家ジャック・ラカンが他のところで「意味の『遡及』力」と呼んだことのある力を用いることによって、純粋な隠喩に戻ろうとした。換言すれば、換喩による縮写［という手法］を使って、相似性［の世界］に立ち還ろうとした。「現実の関係よりも、意味の関係の方を重んじようとする欲望を引き起こさんがためである。」(16) これが、国学者達が隠喩によって本質を照らし出し、それによって現実を特徴づけようとしつつ、言葉をその本来の場所に戻そうとした、その経緯である。この戦略を手にしていたからこそ、賀茂真淵や本居宣長のような国学者達は、現象と本体、光と闇、見えるものと見えないものといった対比の下で、世界を考察していくことができた。換言すれば、触知可能なほどリアルなものと、そうでないものとの対比を現すものを対にして、つまり現象が本体の機能として見られ、死が隠匿という生の一局面として見られ、悪が善の不在、つまり清められるべき汚れとして見られるように、国学者達は世界を考察した。この意味で、日本は支那の対極として機能したが、それはちょうど本質的に純粋でリアルなもの（自然）が、人工的で凡庸なもの（文明、言語の表現手段としての特権的な地位を含む）の対極にあるものとして機能し、ほんものがほんものでないものの対極にあるものとして機能するのと同じであった。国学者達は「唐心」を非難したが、その攻撃はたんにもともとの支那嫌いによってというよりも、むしろ言語学の戦略それ自体によって促されたのである。彼らの支那観は、生がもはや十八世紀日本の言葉では表現され得なくなったことをたんに言い換えたにすぎなかった。

この戦略の明らかな帰結は、支那人を日本人とは異なるものとして見たことであり、したがってすべての日本人を、祖先を共通にするがゆえに互いに似ていると指摘したことであった。賀茂真淵（一六九七～一七六九年）の『国意考』（一七六五年）は、支那の意味の問題に集中することにより、この戦略をドラマ化した。彼にとって、野蛮人とは何ら現実の意味をもつものではなかった。尊卑の概念区別も、無目的であった。「其夷《えびす》てふ国より立て、唐国のみかどゝなれるときは、またみなぬかづき［額突］て、したがへり。さらば夷とて、いやしめたることいたづらごとならずや[17]。」華夷内外の教義は、皮相な教えにすぎず、心に滲みるものではなかった。なぜ皮相なのかといえば、天地が心と自然に一致することによって治められた日本と違って、支那は人為的な諸原則によって治められていたからである。賀茂真淵は、支那人は作り事や巧みな策略によって、したがって自己欺瞞によって治められているので、見下された（卑しめたること）人々とはいわゆる野蛮人のことではなく、支那人のことを指すのだということに賛成した。支那人の教えは、人々を不自然な拘束に従わせるものであった。国学者達の目的は、何が洗練されたものであるかを示すことであった。

賀茂真淵のこうした判断を裏付けるのは、もちろん、抽象的な原則や言葉といった工夫を通じてよりも、むしろ世界をあるがままに、そして与えられたままに、必要ならば奇跡や沈黙のうちで理解し、表現しようとする認識様式であった[18]。世界を表現するという課題を果たすために、その調停者として、そのような思弁的な工夫を用いることは、かえって無秩序を持ち込むだけである。賀茂真淵にとって、この無秩序は区別や分化を意味し、もはや相似性を見出すという方式では理解され得ない差違を意味した。「人を鳥獣にことなりといふは、人の方にて、我ぼめにいひて、外をあなどるものにて、また唐人のくせなり。四方の国をえびすといやしめて、其言の通らぬがごとし。凡天地の際に生《イキ》とし生るものは、みな虫ならずや。それが中に、人のみいかで貴く、人のみいかむことあるにや[19]。」

賀茂真淵は、支那人がなぜ人間を特権化したかと問うて、その答えを、彼らがカテゴリー形成と分類を念入りに繰り返した結果、言語上の混乱を引き起こしてしまったことに見出した。人間の特権的な地位は、表現の方式のなかで言語が占める地位に比定することができた。この関連で賀茂真淵は、支那人の精神は合理的理解の精神だといってよいが、それは言語の地位を高めるので、どうしても差違ばかりを見てしまうことになり、誤解と無秩序に導かれてしまうと主張した。彼はこの確信の証拠として、漢字が表現の手段として有益であることを挙げた。そして膨大な漢字を覚えておくのが精神にとって煩わしいだけでなく、漢字が真の意図や真の意味を見えなくする一種のスクリーンの役割を果たしていると結論づけた。近代言語学特有の語句を用いれば、漢字があまりに不透明だというわけである。[20] 賀茂真淵の戦略がなぜ重要かといえば、それは洗練と粗野、文明と野蛮といった標準的な対立概念は、支那人が理論や抽象に頼るあまり生み出された混乱であることを実証したことであった。しかもそうした依存傾向は、言語そのものの在り方と関係していた。詩歌は、(宋代の理論家達によって拘束服に入れられてきた[21])純粋で汚れなき情念への主要な源泉として重要であるにもかかわらず、人々はこれまで才気あふれる学識によって、かえって正しい道を外れるよう導かれてきてしまった。その学識は、支那人がかつて生み出したあらゆる学問にも増して、自然で心に滲みいる真実の学問を犠牲に供してきた。こう賀茂真淵は信じた。

「そも〳〵、かしこにも、いと上つ代には、何のことか有し。」賀茂真淵はこう修辞的に問い、もっと修辞的な問いかけで答えた。「其後に人のつくりしことゞもなれば、こゝにも作り侍るべきことゝおもふにや。[22]」この問いの含意によって、賀茂真淵の真意が明示された。支那古代の達成とは、権力と統制力とを求める人々が作り出したものにすぎない。彼らはこうした業績を天地からの自然な贈与だと見せようとして、著述をし哲学をしたのだ。これとは対照的に、日本人はたんなる作り事や策略に頼る必要がなかった。万葉の和歌が示しているように、古代精神は「天地の心と調和」していたからである。皮肉にも、支那人のことをごまかしや欺きに頼っていると非難したからといって、賀茂真淵は老子の権威を援用することを躊躇しなかった。老子のいう天地との調和という概念は、古代日本人の経験と一致すると思われたのである。この経験は、初期の和歌に表現された混じりけのない「直《なお》き心」の感覚によって、特徴づけられたからである。和歌はそれ自体が、思想というものに反発する老荘哲学の自負心を裏付けるようにみえた。それは賀茂真淵が論じたように、万葉人はほとんど言葉を用いないがゆえに、多くの事柄が言及されたり、表現されたりすることがありえず、だから人の精神や心を覆うような事柄もほとんどないという信念であった。「古へは」と賀茂真淵は告知した、「只詞も少く、ことも少し。こと少く、心直き時は、むつかしき教は、用なきことなり」。ここでも賀茂真淵は、彼の時代の意識の問題、つまり差違と分化の問題に立ち還ることになった。彼はこう記した。時とともに、しだいに人間の心が不和軋轢を高めていくと、無秩序と悪が導き入れられ、支那そのものだと見なされるようになる特徴を帯びていった。ここから彼はこう推論した。公正さが存在しているにもかかわらず、悪が隠匿され続けられることはありえない。悪がさらけ出されることは、一時的には混乱を引き起こすかもしれないが、必ず終息することも保証されているであろう。「よりて、古へとても、よき人のをしへなきにはあらねど、かろく少しのことにて足ぬ。」しかし支那ではその逆が当てはまった。そこでは人心が欺瞞と悪に向かっているので、深遠な教義が利用できたにもかかわらず、「大なるわろごと」を犯す機会がしばしば現れただけでなく、国を無秩序の逃れられない循環に投げ入れていた[23]。日本人をして、欺瞞と無秩序という不自然な進路へと方向転換させたのは、この支那人の精神であった。

賀茂真淵の懸念は、自然でないものと対比して、自然なものは何かということにかかっていた。彼は、自然と文化とを基本的に対立させる支那人一般に受け入れられた秩序を逆転した。支那人が文化に見出していた偉大な価値を、彼は自然に見出した。支那人の教えは自然と調和しないので、「天地に背て、急速に佶屈《きつくつ》也」[24]。したがって、支那人が「仁」や「誠」や「智」によって特徴づけられる道徳を強調するのは、例えば四季が巡るといった自然自体の推進力に反していた。危険な不連続や厳格さを導きいれ、現実とは何の関係もない区別や差違を導き入れてしまった。彼は「たゞさる名もなくて、天地の心のまゝなるこそよけれ」と認めた[25]。彼が暗にいわんとしていたことは、言語や理論や思弁による命名という支那人の慣行が、それ自体、彼の時代の日本人の心を曇らせるに至っていた差違を繁茂させた原因だということであった。実際のところ、この分析の目的は、より信頼できる認識方式を明らかにするであろう新しい学問分野を裏付けることにあった。賀茂真淵によれば、古代の詩的体験のうちに開示された認識は、彼の同時代人達に、統治空間を正確に叙述するための適切なガイドラインを提供したという。これに対し、差違があると人々の目的が分裂してしまう。賀茂真淵はこう観察した。だが「凡心の直ければ、万に物少し、もの少ければ、心にふかくかまふることなし」と彼は『国意考』の最後の方の頁で記した。「直き心」は、簡明さに基礎づけられているので、分裂の混乱に対する最も確実な防壁であったという。結局のところ、支那は人々をして［分裂のない］全一性や［差違のない］相似性へと帰還するよう説得する機能を果たしたといえる。

本居宣長が『直毘霊』に込めた狙いは何であったか。この直《なお》き心や分裂なき心の原則がそれを告げ知らせてくれる。本居宣長（一七三〇〜一八〇一年）は、国学者達のなかでも、最も天分に恵まれた実践家であった。賀茂真淵の弟子であったが、国学研究を疑いもなく最も成熟したレベルへと引き上げた。支那と儒教への非難は彼のどの著作にも現れているが、一七六四年から一七七二年のあいだのいつかにまとめられた『直毘霊』は支那問題をはっきりと扱い、本居の意識のなかで支那が果たすであろう機能を説明した。本居自身の戦略は賀茂真淵のそれと異なっておらず、両者は相似性という様式でものの世界を理解するという共通の目的を分かち持っているが、『直毘霊』は賀茂真淵が提起したにすぎなかった諸テーマを洗練し、しばしば拡張していった。本居が劇的に示そうとした問題は、いかに良く統治するかであった。支那は、無秩序と非正統性の顕著な例を提供している。徳川時代の儒者達が支那を政治のモデルとして尊敬しているにもかかわらず、本居はこう観察した。支那は、「狭蠅《さばへ》なす神ところを得て、あらぶる[26]」ところであると本居は記した。支那では慣習が堕落し、心が腐敗しているので、人々は革命に立ち上がるよう鼓舞されてきた。「国をし取《とり》つれば、賤しき奴《やつこ》も、たちまちに君ともなれば、上《かみ》とある人は、下なる人に奪《うば》はれじとかまへ、下なるは、上《かみ》のひまをうかゞひて、うばゝむとはかりて、……[27]」と彼は特筆した。実際、たんに成功を収めたものが神聖とされ、権力を獲得した報酬が尊敬である。「さればいはゆる聖人も、たゞ賊の為《し》とげたる者にぞ有りける[28]。」

本居は皮肉な調子でこう続けた。支那では統制権を維持することに成功すると、神聖な身分が指導者に与えられる。だが、と本居は警告した。多くの人々がそう信じてきたが、「聖人」を神だと見るのは誤りである。というのは、神と聖人とは意図が大きく異なるからである。「……聖人どもの作りかまへて、定めおきつることをなも、道とはいふなる。かゝれば、からくににして道といふ物も、其の旨《むね》をきはむれば、ただ人の国をうばはむがためと、人に奪《うば》はるまじきかまへとの、二つにはすぎずなもある。(29)」他のところで本居は、天命とはたんに聖人が古代支那の支配者を打倒するために案出したものにすぎず、だから簒奪を覆い隠すマスクだと論じた。彼は「もしまことに天に心あり、理《ことわり》もありて、善人《よきひと》に国を与《あた》へて、よく治めしめむとならば、周の時代のはてかたにも、必ず又聖人は出ぬべきを、さもあらざりしはいかにぞ(30)」と嘲りながら、信じられないという様子で問うた。本居の議論は、(権威とは区別されるかのような)正統性の問題に打撃を与えるものであった。その主眼は、支那人が提起する道が、たんに「革命」の究極的な権利を正当化するための手の込んだ隠蔽の仕組みだということを示すことであった(私は「革命」という用語を、たんに本居の用語法でいう無秩序や政治的支配の変更の意味で用いている)。実際、道は、後世の儒者の間では「さへづりぐさ」に止まった。道の内容は、善意、清廉潔白、礼儀正しさ、温厚、孝行、親族への敬意、支配者への忠誠、人間への信任といった仰々しい諸価値で構成されているが、人々を統制するために考案されたものでしかない。支那人は道を、後世のすべての人々のための法というレベルまで持ち上げたが、それを考案した時代の法以上のものだろうか(31)。

この古代が達成した業績を最高の種類の智恵だと見るのは、支那人独特の性格だと本居は信じた。だが、ものの世界を純粋な心で理解するよりも、むしろ支那人は作り事に頼る。著述や製作に依拠する。その結果、「事毎にあまりこまかに心を着《つけ》て、かにかくに論《あげつら》ひさだむる」ことを余儀なくされている。そうなるともちろん、さらに差違を繁茂させることになる。これは人々を互いに口論させることになる。最後には人々を対立させることになろう(32)。支那において統治するとは、かえって分裂と無秩序を招き寄せることを意味した。というのは支那は日本と違って、無秩序以外のことを知らないできたからである。「漢国《からくに》などは、道ともしきゆゑに、かへりて道々《みちみち》しきことをのみ云ひあへるなり。……此方《ここ》の物知り人さへに、是れをえさとらずて、かの道てふことある漢国をうらやみて、……」と彼は記した(33)。支那知識人の言挙を好む風潮が日本にも及んできてしまったので、「こゝにも道あり」と信じる者達が信じない者達を言い負かそうと絶えず争う。問題は、支那の「書籍《ふみ》」が魅力をもち、支那の物事に関する学識が地位を高めたことであった。表現の媒体として書かれた言葉が重んじられ、それを修得することで与えられる威信が重視されるようになったのは、とくに問題であった。その結果、日本人は自国の伝統を研究対象としなくなっただけでなく、現実を適切に理解することができなくなってしまった。日本は支那になってしまったのではないか、本居は暗澹とした結論を引き出した。実際、この文化的な同化があまりに徹底的だったので、古代日本の習慣や慣習は、ただ宗教的祭礼を通じてのみ保存された（「……神事《かむわざ》にのみは、皇国のてぶりの、なほのこれることおほきぞかし。」）。だがたんに古代日本の慣習や風習が廃れることよりも、むしろ支那風（「漢意《からごころ》」）が染み込むことの方が、それ自体、より危険であった。というのは支那の慣習がふつうの人のまさに心にまで浸透していき、その意図を天皇の意志から逸らしてしまったからである（「天皇尊《すめらみこと》の大御心を心とせずして、己々《おのおの》がさかしらごゝろを心とするは、漢意《からごころ》の移《うつ》れるなり。」）。その帰結は、各人がそれぞれの「さかしらごゝろ」に従うという形で、今一度、差違が繁茂していくことであった。

本居は、不幸な出来事がいわれなく生じることを何とか説明しようと望んだ。支那人はこれを天命で説明しようとするが、彼はこの努力を虚しいとした。むしろ彼はこの世における不首尾を「神の御所為《みしわざ》」に帰した。善きことも悪きことも、無秩序に、かつ無意味に生起する。そうした例は歴史に満ち満ちている（「……よき人も凶《あし》く、あしき人も吉《よ》きたぐひ、昔《むかし》も今も多かるはいかに。」）。だから本居は、この現象を道理で理解しようとしてはならないと警告した。そうした努力はすべて、たんに人智の限界を例証するだけに終わった(34)。本居は、支那人が「理」の存在を信じるのを非難した。天皇の意図（「大御心」）を真に理解し、それと再び結合するためには、奇跡を待つ沈黙がなければならない。私は、本居が直き心という言葉で意味していたのは、このことだと思う。これとは対照的に、支那とその歴史が示したのは、簒奪、分裂した意図、反乱、侵略の長い歴史だけであった。そのうえ、秩序を創立し社会を編成する権利は、ただ実効的に支配をし、その個人的権力を維持することができる人々だけがもつことができたにすぎない。ここに本居は皮肉を見出した。支那人は、夷狄だと見下してきた民族であっても、いったん権力を握るや、「天子」だとして仰ぐからである。(35)支那には、貴賤に関し定まったルールが存在しない。支那人は、中華をとりまく野蛮な諸民族を鳥獣に近いと見下してきたが、本居は「貴賤《たかきいやし》き品さだまら」ない支那の方が、もっと「鳥獣《とりけもの》のありさまに異《こと》なら」ないと見なした。

結局のところ、同時代人に幸福（「安心」）の確かさを示すのが、本居の目的であった。彼が支那の事例をくりかえし論じたのは、道理で物事を理解し説明しようとすると、不幸と欺瞞、混乱と無秩序が満ち満ちてしまうだけだと証明せんがためであった。各自に生まれつき備わった資質から離れて振る舞うことは、不幸を招くことである。自然のままであることが、幸福である。「聖人の道」といった教説を捨て、はじめて幸せになれる。「もししひて求《もと》むとならば、きたなきからぶみごゝろを祓《はら》ひきよめて、清々《すがすが》しき御国《みくに》ごゝろもて、古典《ふるきふみ》どもをよく学《まな》びてよ、然《しか》せば、受行《うけおこなふ》べき道なきことは、おのづから知りてむ。其《そ》をしるぞ、すなはち神の道をうけおこなふにはありける。(36)」

結局のところ国学者達は、支那という言葉が異なるもの《ジ・アザー》を意味するよう変換した。支那はそれまで、文明を意味する隠喩として用いられ、自然の粗野と対置されてきた。ところが今や、その反対のものへと変えられた。こうした用法に従う国学者達のなかで著名な存在が、平田篤胤（一七七六～一八四三年）とその新神道学派であった。彼らは、その時代の他のもっと差し迫った問題に取り組むため、支那に背を向けた。支那は解けない謎だからである。とはいえ彼らはみな、賀茂真淵や本居宣長によって系統的に述べられてきた支那像は受け入れていた。つまり、日本をたんに支那の上だけでなく、あらゆる国の上に位置づけることに困難を覚えなかった。社会秩序の諸問題に対しエネルギッシュに解決策を提供した平田篤胤ですら、そうであった。支那についてとくに語った『古道大意』や『大道惑問』といったテキストにおいて、彼はたんに、国学者達が支那人の政治的実践を酷評してきたのを承認したにすぎない。事実、後者『大道惑問』は本居の『直毘霊』の様式のうちにあり、支那人の政治的不幸に関するかなり長い「歴史」を叙述している。彼、平田篤胤は、これが同時代人に支那崇拝の危険を教える証明として役立てばと望んだ。それどころか、その支那崇拝で著名な作品である太宰春臺の『弁道書』に反対する大げさな言葉を連ねて十九世紀初頭に書かれた彼の『呵妄書』や、『西籍概論』（一八二二年）[8]は、支那に対する激しい攻撃であった。支那は、人々を分け隔てるための重要な道徳的諸原則を実現してこなかったばかりか、政治的無秩序のモデルでしかないものを賞賛してきたというのである。平田篤胤の立論の中心には、日本こそが価値と文明の源泉であることを示そうとする努力があった。例えば、『古道大意』において彼は、以前に賀茂真淵によって提起された言語学の議論に立ち帰っている。だが彼は、古代日本の歴史書が、王朝の評価を書く支那人のスタイルをたんに模倣したものではないことを示したかった。日本の歴史書（『日本書紀』『古事記』）は、支那の歴史書を模倣するどころか、その最初のものが書かれるはるか前から活動していた神々の時代の記録であった。後世、国史年表に記録されるべき出来事が起きたとき、「意《こゝろ》と事《わざ》と言《ことば》とは。皆相稱《あいかな》つて居るべきもので。……所をかの日本紀は。後世の意を以て。上代の事を記し。漢國の言語を以て。皇國の意を記されたる故に。相稱《あいかな》はず。こゝで古への實を。取失つたることゞもが多いでござる。又古事記は。……古へより言傳たるまゝに。記されたるに依て。其意も事も言も相稱《あひかな》つて。皆上代の實で[37]」。平田の議論が示そうとしていたのは、支那の言葉や概念に頼ると、支那のテキストを特徴づけるあの混乱と歪曲から逃れられないということである。まことに、支那人のやり方は、意と事と言とを互いに分離させ、言をば意と事の双方に優位する特権的地位に引き上げるものであった。こうしたやり方は真の記録を歪めただけでなく、「古への實を」失わせ、すなわち、人々をして日本古代の精神を忘却させた。平田は、古代の真実で基本的な姿を知ることが重要だと判れば、改めて、支那ではなく日本が文明の真の源泉だと想起させられるはずだと論じた。漢文の使用によって広められた混乱の一つが、支那を内とみて、日本を外とみることであったが、平田は、これこそ明らかな誤りだと記している[38]。この種の論法は大部分が、日本がたんに世界で最も卓越した国であるだけでなく、カミの創造的エネルギーのおかげで、価値と発明の源泉でもあると主張していくための準備であった。『古道大意』（他には『医道大意』）において、平田は、第四世代の神々である大名持神と少毘古那神とが神代に医道を創始し、支那に伝えたが、そこから日本へと再輸入されたという奇抜な解釈を施した[39]。

大国隆正（一七九二〜一八七一年）の諸著作、とくに『新真公法論』において、国学者達の支那観が最終的に解明されるところまで到達したのは、日本の神々こそ本源にあり、他のものを創始していったことを強調する、まさにこの種の論法を通じてであった。ただ大国は、国学者ではない者も含む、徳川時代後期の彼の同時代人たちとともに、支那が真剣な言説にとって実際にはそれほど重要でないという、高まりつつあった信念を共有していた。だがこれは別の種類の戦略に由来することを後で示してみたい。

『新真公法論』（一八六六年か一八六七年に書かれた）において、大国は「荷蘭国《おらんだ》に、虎哥《ひゆうご》といふものありて、万国公法といふ学業を興したり」と述べ、西洋諸国に万国公法が発達しているのを発見したと認めた。大国が言及しているのは、明らかにフーゴー・グロティウスの国際法の諸文献である。支那人は国際社会を、ある種のもうこれ以上還元できない原則の視点で考察するかわりに、「中華・夷狄《いてき》と万国をふたつにわけて、自国を重くし、他国を軽くする」[40]慣行をもつ。大国がグロティウスに言及した理由は、万国公法がこの慣行を「嫌ひ、それを私論とし、公法といふことをたてたるものとおもほゆる」からである。大国は別のところ（『学運論』）で、支那人が日本を「属国」と呼んだと非難している。大国がその著作で支那に言及するとき、もはや中国や中華を用いず、むしろ支那という。たんなる他国であって、特権をもつものではないといわんがためである。大国は、支那人が諸国間に階統秩序を設け、実際には「私論」にすぎないのに、あたかも「公法」であるかのように、この序列を広めていることに憤激する。それだけでなく、大国は支那で「天子」や「天孫」というのも、実体のないたんなる私説の表明にすぎないと主張した。支那人は自国の皇帝を天子と呼ぶが、「大己貴《おほなむち》・少彦名《すくなひこな》の二神、彼此往来したまへる第四の神代にあたり、わが古説の、彼国にもつたはりてありしを、それより後の支那人、掠《かす》めとりて、彼国の王者をも、天子といへるものなり」[41]。天子という言葉が日本で用いられたとき、支那における用法の模倣であるかのように見えたが、大国によれば、事実は日本で用いられた方が相当に古いのである。以上のような議論が、「公法」の問題に到達し、中華／夷狄という支那の観念が妥当しないのと同様に、西洋人が諸国間の秩序と相互関係を規律する国際法だと理解するものも妥当しないと告げるための、大国隆正なりの道筋であった。

西洋人の考案した万国公法という概念は、内容は悪いが、正しい形態を含んでいる。世界における諸国の行動を秩序付け規制すべき真の原則はたしかに存在する。ただそれは日本自身が創造して提供するものでなければならない。大国によれば、日本が国際法の源泉だからである。法に従い、諸国を一つの秩序に格づけることが必要である。ただその法が発見されうるのは、ただ日本の神道においてのみである(42)。これに関連して、真の倫理も支那ではなく日本で始まり、その後、諸国に広まっていったと大国は論じた。支那の支配者は人を欺く嘘つきだと、本居を想起させる口調で大国は主張した。「今、日本の古昔と、支那の古昔と、くらべかむがふるに」と彼は続けた、「日本は厚く正しく、支那は薄く邪《マガ》れり。その証は、支那は、夏《か》・殷《いん》・周《しう》三代の古典に、忠孝といふ熟字なし。……日本に、忠孝の文字はなかりけれど、おやをおもふまこと、きみをおもふまこと、日本国中の人、厚く正しくありければこそ、皇統は、神代より今にいたるまで、たがはせたまはね(43)」。大国の議論は、先行する平田の『古道大意』を特徴づける意《こころ》と事《わざ》と言《ことば》の同一視に基づいている。古代において意《こころ》と事《わざ》が存在していた。両者はまったく一致していた。両者を表現する言《ことば》も同じであった。

大国は以上の理論を天地創造神話に言及することにより正当化した。この神話は、ようやく最近になって、平田が新しい宇宙論的な表現を与えていたものである。大国は、天地万物がムスビノカミによって創造されたという議論をそのまま発展させていく。「日本にてアメノミナカヌシノカミといひつたへたる神霊は、まさしく、西洋地方にては天主といふもの、支那にては上帝・天帝などいふものにて、そのつぎの、タカミムスビノカミ・カムムスビノカミといひつたへたるは、支那にて造物者といふものなり。その上帝・造物者、イザナギノミコト・イザナミノミコトに課《オホ》せて、万国を産出《うみいだ》さしめたまへり(44)。」したがって大国によれば、万物の起源に関し、各国は明らかに異なった語法を用いてはいるが、創造主を共通にしている以上、あらゆる国が同族として結びつけられている(45)。どのような国際秩序も、この「公共」事実に基づかなければならない。「日本を本とし、尊しとし、万国を末とし、卑しとすることとなり(46)。」もちろん日本には儒者が数多くいて、支那こそ古代以来常に先王と呼ばれる垂範賢人の本国であったと信じている。西洋学者も、どのような賢人も立法者であるローマ皇帝には劣ると論じてきた。大国はこれらを見逃さなかった。だが現実にはすべての国々の中で日本だけが「神代より皇統たがはせたまはず」と主張する資格をもつ。そこで「先《まづ》その『万国公法』、世にひろまりて、支那の人さへ諾《うべ》なへるは、中華・夷狄とわけ、支那国王を天子といへる支那の僭称をくじきたるものになん。この学、日本にわたり来て、いまゝで、支那をさして中華とあがめ、わが日本をさへ夷狄とおもへる、儒者の固陋をくじきたらんには、これもひとつの攘夷なり。さてのち、真の公法、日本よりおこり、西洋の公法をくじき、万国こと〴〵く、わが日本に服従したらんには、それこそまことの攘夷なるらめ(47)(9)」。

大国は、日本に起源する真の国際秩序の原則として、本当は二種類の攘夷があると提起する。「小攘夷は、軍をむかへてたゝかふ攘夷なり。大攘夷は、たゝかはずして、かれを服従せしめる攘夷なり。」武力を用いる「小攘夷」が「勝敗あらかじめ定めがた」いのに対し、「天地の道理をもておしつめ」「時の至るをまつ」「大攘夷」は「敗をとるべきことあらず」。かくして全世界に正義が実現し、そのおかげで日本が尊敬されるのは、万事・万国が共通の起源を有する一つの世界だからであり、そのなかで日本が神聖なる使命を与えられているからである。大国隆正の以上のような攘夷に関する論法のなかには、横井小楠のそれを十年近く前に先取りする部分があった。幕末日本の著述家や活動家が直面することになる違った種類の新しい問題の輪郭を明らかにしていた。

三　エピローグ　幕末日本――支那の再歴史化と言説からの「消滅」

支那が徳川時代末期の言説から消滅したとまでいえば、少し言い過ぎであろう。だがある意味で、支那は、言説における特権的な地位を失うことにより、真剣な考察の対象としてはたしかに「消滅」した。上述のように、国学者達は、支那が相違と不調和の元凶だと示そうとしてきたものの、それにもかかわらず、そのテーマに対し作品において主要な位置を与え続けてきた。とはいえ、これまで暗示してきたように、支那が相違するものという機能をもたされたのは、世界を相似性の様式で理解することが最優先の戦略であったからである。そうした企ては、結局のところ失敗に終わった。言語をして事物と行為の世界へと立ち帰らせ、数多くのことのなかのたんなる一つであるようにしようとする国学者達の尽力をもってしても、失敗に終わった。それは一つには、この相似性という様式では新しいことが説明できないと認めざるをえず、そのため内在的に変化を遂げたからであり、今一つには、西洋諸国の到来により日本に不連続がもたらされたからである。だが意識における変化と、その変化が起きた時代の外部的な出来事との関係をあまり強調することは誤りだと思う。徳川時代末期の日本の著述家達にいたって、はじめて当時利用できる認識論上、言語論上の戦略を用いて支那を理解しなければならなくなった。支那がだんだんと、たんに衰退の事例として見られていったのは当然である。大国隆正はすでに、支那を「中華ではなく」支那として言及することによって、当時の支那理解が、支那を文明や卓越と同一視していた初期から、いかに遠く離れたかを示していた。徳川末期の大部分の著述家にとって、支那は世界の諸国のなかのたんにもう一つの国にすぎなかった。ある意味ではたしかに異なってはいるが、それはイギリス、アメリカ、フランスが異なっているのと同じ程度でしかない。むしろ一つの国民としては、他のすべての国々と同様、まったく異なっていなかった。こうした結論に到達することができたのは、著述家達が、相似性とは異なった「真なるものの」具現性という様式に訴えることができたかぎりにおいてであった。徳川末期までに、相似性の探究は相違性のそれに道を譲っていた。相違性の方が優越すると大方の承認をえた。思想がすでに自己に設定し始めていた問題は、なぜ相違しているかを解明することであった。相違性は、ものごとの世界を連続性ではなく、隣接性の様式におくことによって解明された。つまり、測定し順序をつけるための空間的に考え出されたカテゴリーに世界をおくことによってである。「真なるものの」具現性という様式は、分け隔てを、つまり各自にアイデンティティを得させようとする。得られたアイデンティティは、一続きのもののなかの連続する全段階として、相互に必然的な関連をもたなければならない。

　支那を支那とし衰退の事例としてみることは、ものごとを、政治的不幸に向かって隣り合って続く一連の諸段階のうちにおいて眺めていけば、当然に引き出される帰結であった。真の問題は、支那ではなかった。それどころか国というものでもなかった。むしろ一つの連続体のなかでの関連と連鎖、原因と結果、つまり表徴とそれが示すものとのあいだの関係であった。それらを認識すれば、それらが統制に服するようになると見込まれたからである。佐久間象山（一八一一～一八六四年）は無秩序を説明するのに、易経の卦に訴えたが、それが意味していたのは、以上のようなことに違いない。「時代の潮流と発展をつかめば」と彼は書いている、「無秩序を予知することができる。」[10] この一節で佐久間は一種の言葉遊びに助けを求めている。つまり「當今之御時勢を以て易卦に取り候へば、蠱の卦に當り候と奉存候。蠱は文に於て蟲皿に有之、器皿の蟲あるは則ち敗壞の義に御座候。器皿久しく用ひざれば蟲これに生し、人身久しく宴溺すれば疾これに生じ、天下久しく無爲なれば弊これに生ずる。皆これを蠱と可申候」[48]。もっといえば、これが彼の「格物窮理」への強い関心の背後にあった目的である。彼を含め、徳川末期の同時代人の多くの努力を特徴づけるのは、この格物窮理であった。橋本左内や横井小楠にとってと同様、佐久間にとって、様式を定義するのは経験的な確実性ではなく、形而上学的な確かさであった。とはいえ、この新傾向は、経験的に測定して証明しようと探究していく方向へ導かれた。

私が信じるところによれば、同時代人のなかで佐久間が、この「ものごとをそれがいかなる真なるものを具現しているかという観点から考察するが、同時にそれを経験的に証明しようとする」新しい戦略の輪郭と、それが言説に対し何を意味するかを最も明確に示した。その結果が、ものごとが探究される一つの方法であった。それはものごとをその個別性、そのアイデンティティ、その相違性において考察するものであり、同時に、「千差万別の様相に放置するのではなく、それらを」一連の相互に関連する違いの連続のうちにおくものであった。

一八四四年に書かれた漢詩[11]において、佐久間は、西洋人も支那人も、日本人からすればともに外国人であり、異人ではないかと提起した。そうだとすれば、どうして支那学や支那それ自身が「内」と呼ばれ、善いとされ、西洋学が「外」と呼ばれ、悪いと判定されうるのだろうか。日本は他の国から相違しているがゆえに独立しており、逆に独立しているから異なっているともいえる。佐久間はこれを強調し、かつ世界のすべての国が異なっているのだと見通せたがゆえに、いずれの地域も特権をもつと恐れることなく、「全世界の形勢」を探究していくことができた。

世界の探究を、支那学によって課せられた厳格なカテゴリーへの係留から解放すること、これが日本人にとって自分たちの特性を発揮して東洋から抜きん出るために肝要なことであった。このような解放は、説明を要するあらゆる相違をすべて受け入れることに基礎づけられるのであるが、これは、それまで水戸学が強調し、多くの徳川末期の著述家達が疑問の余地なく受け入れていた文明・野蛮の対立図式を否認することを意味した。［単純な二分法を否定する］この趣旨は、大部分、佐久間の『省諐録』に表明された。そこで佐久間は、清の魏源の『海国図誌』を読んだときに感じた反発を記している。佐久間は魏源が支那を助け、その新しい必要に対応できるようにしようとする努力に共感することはできた。しかし彼は直ちに、魏源や支那人が海防の問題に直面するのを妨げた欺瞞に注意を喚起した。問われていたのは、たんに西洋の軍事力から支那をどう防衛するかではなく、西洋をどう理解するかであったはずである。支那人は西洋のことを真剣には考慮していないのではないか。佐久間はこう評している[49]。ここで彼がいわんとしていたのは、清朝が海防に失敗したのは、西洋の技術が意味するものを理解せず、それをマスターすることが実際にはいかに大変かを理解していなかったからだということである。佐久間の有名な「東洋道徳、西洋芸術[12]」という対句が意味していたのは、「東洋道徳」と「西洋芸術」のいずれかが他方に優位するということではなく、むしろ両者が等価だということであった。つまり、この有名なスローガンの「末句の意」について彼自身が解説しているように、「道徳芸術相済《すく》ひ候事、譬へば亜細亜《あじあ》も欧羅巴《よーろっぱ》も合せて、地球を成し候如くにて、一隅を欠き候ては円形を成し不ㇾ申候、その如く、道徳芸術、一を欠き候ては、完全の者にあらず[13]」、だから両者を効用や機能の点で相互に結びつけるべきだということであった。

支那は、世界を文明／野蛮対立の観点で見ていたので、第一次英支戦争［アヘン戦争］に備えることができなかった。その観点にたてば、支那人は知識の点で優越しているとどうしても自惚れてしまうばかりか、外国人について真剣な考慮に値しないとみがちだからである。佐久間が、旧式の認識戦略のゆえに、いかに挫折したかの事例として、くりかえし支那を挙げることになったのも、もっともなことであった。清朝の衰退は、華夷秩序に固執したこの態度の劇的な帰結にほかならなかった。

これに対し、佐久間は「詳証術《しょうしょうじゅつ》は万学の基本なり」[14]と述べ、数学があらゆる学問研究の唯一の基礎だという考えを提示した。「孫子の兵法の度《たく》・量《りょう》・数《すう》・称《しょう》・勝《しょう》も、またその術なり」と述べ、孫子ですら「実測」の重要性を認識していたと示そうとした。数学が、ものごとを特定の空間的連続の内に位置づけ、相互の関係と関連を定義する手段であることは明白であった。数学は、相異なるものごとの間に連続性を確立し、それらを相互に関係づけるための最良の科学であった。これこそが佐久間が格物窮理という朱子学の概念を効果的に用いようとした際の真意であった。

佐久間にものごとを、それが他と異なっており、個別的だという視角からみることを可能にしたのは、「数学を用いる」このテクニックであった。それによって日本を、より大きな秩序、すなわち諸国の協同体のたんなる一部だとみることができるようになった。日本はもはや東洋文化と関連づけられるべきではない。むしろ新しい現実に対応すべく結びつけられた「われわれのもの」こそが日本である。こう佐久間は主張した。「五大州の各国」に受け入れられた真の諸原理に従うことによって、つまり「五世界の所長《しょちょう》を集めて、皇国の大学問を成」すことによって、日本は、「凡《およそ》天下の物に即《つき》て其理を窮むる」よう助言する宋代の思想家たちによって定式化されていたその際ふむべき教訓、すなわち「五世界に渉《わた》り、其あらゆる学芸・物理を窮め可ㇾ申事」を、事実において甦らせることになるだろう。佐久間はそれこそが「本より朱子の本意たるべく候」[15]と論じた（佐久間のこの解釈自体、一理で万物を解明することができるとしてきた通念の劇的な否認であった）。

「五大州を同等視する」この新しい考え方は、水戸学者たちや多くの幕臣が西洋諸国の外交使節を応接する際になお捨て去っていなかった中華／野蛮対立図式を、佐久間が最終的に否認したことで明白にされた。公文書になお夷狄という呼称が用いられ続けていることに苛立って、佐久間はこう記している。「斯《か》く五世界の諸蕃と御交通被ㇾ為ㇾ在候に就ては、御辞命に御念被ㇾ為ㇾ入候様仕度奉ㇾ存候。……学行・技巧・制度・文物、此方より備はり候と見え候有力の大国を、戎狄・夷狄と御称呼被ㇾ為ㇾ在候は、甚だ如何之御儀と奉ㇾ存候。[50]」佐久間はかつては水戸学に習熟していたので、こうした用法が、文明と野蛮の相違を劇的に強調するための支那の「申癖《もうしぐせ》」に「倣」ったものであることを知っていた。だが彼が『省諐録』で論じたように、これは支那の誤りであった。今や「東洋・西洋同等という」新しい戦略に立った佐久間は、右に引用したように、蛮国の方が支那よりも優れた「学行・技巧・制度・文物」をもつと述べることができた。格調高い文士で勤王家を自任していた梁川星巌宛の書簡において、佐久間はこう述べる理由を説明した。「今時の外蕃は、……学術技芸、迥《はるか》に漢土の上に出て、古聖賢未だ嘗て発明せられざる事共を発明し[51]」たからである。この見解が徳川末期においていかに新奇なものであったかは、水戸学の古典である『新論』（一八二五年）における会沢正志斎の主張に注意を向けることによって、最もよく明らかにされる。会沢は近年「陋儒・俗学」のなかに「……或は名義に昧《くら》く、明《みん》・清《しん》を称して華夏・中国となして、以て国体を汚《お》辱《じょく》するもの[52]」があると指摘する。だが日本は独立しており、文明の名を保っている。換言すれば、会沢は差違性の原理を理解できなかったので、支那自身は中華として挫折したが、かわって日本が中華の最後の聖域を具現していると論じることで満足してしまった。

支那を日本が避けるべき先例、つまり覆轍でしかないと見なすことを躊躇しない点で、横井小楠（一八〇九〜一八六九年）は、佐久間よりもはるかに徹底していた。横井はおそらく佐久間と違って、「支那それ自体よりも」支那大陸での出来事とそれらが暴露したことの方に衝撃を受けた。横井が信じるところによれば、支那は「夏殷周」三代の賢人たちが確立した格物致知という方法に完全には従ってこなかった。あらゆる文明諸国に見出される道理は「多様に見えても煎じ詰めれば」一致する。それは真知に到達するためのそうした方法である。横井は早くも一八五三年「ペリー来航を契機」に水戸学から決然と離れていた。彼はなお文明・野蛮対立の観点でものごとを見がちではあったが、文明・野蛮それぞれの内実の意味するところを変化させていた。世界各国はただ「有道の国」と「無道の国」とに二分されるのみである。横井は、これまで中華と野蛮とを区別してきた諸原則に反対し、他の国々と同様、日本も「「天地仁義の大道を貫く」以上」「有道の国」だとした。ところで「有道」であるとは、他の国と通信・通商の関係を開きたいとする願望に対し、「もしその国が「信義を守」る「有道の国」ならば」拒絶しないことをいう。通信・通商を求めるのは、野蛮ではなく文明の徴だからである[53]。横井の信じるところによれば、支那や日本のような国をして、外国との接触や関係を妨げるよう駆り立てているのは、支配者「御一家の私事を経営する而已《のみ》」の心事であって、「公共の道」ではなかった。この近視眼であることの帰結は、今や同時代の支那に忍び寄りつつあった。それは日本を待ち受ける運命であった。「宜敷《よろしく》支那に鑑《かんがみ》るべし。」

彼は亜細亜《あじあ》洲中の大邦にして、往古大聖相継《あいつい》で勃興《ぼつこう》し、文物万国に先達《さきだつ》て開けし故、草昧の外国を九夷八蛮に分つて懐柔の政を施《ほどこ》せし以降、主暗愚にして失ひ賢明にして興り、世代革命多しといへ共自ら中国華域《かいき》と称し、外国を待つに蛮夷を以てするは古《いにしえ》に異ならず。……待つに昔日の夷狄を以てし、蔑視する事禽獣に等しきにより、道光の末年、鴉片の乱により大に英国の為に挫折《ざさつ》せられ、不レ得レ止《やむをえず》和親の条約を立るといへ共、朝野の気習驕惰侮慢にして、約を守ること堅からず。……猶約に背《そむ》ひて英使を濫殺する暴慢の行あり。仍レ之《これにより》英国怒らざることを得ず。今歳四月仏国と兵を併せ、大挙して其不信不義の罪を討ち、七月遂に天津の河口を破り進んで北京に迫れる故、清王大いに恐て韃靼《だつたん》に遁逃《とんとう》するの風聞あり。支那たとへ英国の好意によつて帝国の号を存するとも、国体の隕墜如レ斯《いんついかくのごとく》なれば、後《のち》帝号を専らにすることを得べからず。(54)

この種の自己中心主義から脱却するには、仁政という理想を懐くとともに、三代・堯舜、並びにこの普遍聖人殿堂の新メンバーであるジョージ・ワシントンを模範とすればよかった。横井によれば、ワシントンは、あらゆる諸国を一つに結合する「公共利益」の真理を理解していたという。佐久間は「西洋の」実測に匹敵する格物窮理という真知獲得法が宋代に考案されたとしたが、横井はその系図を「夏殷周」三代にまで遡らせた。だがいずれにせよ、支那は文明の隠喩としては消え去り、世界共同体という概念にとって代わられた。そこでは相異なる諸国家が普遍的な諸原則によって連結され結合されうるのである。

最後に、文明であると主張するどころか、かつて軽蔑した野蛮人の支配下におかれることにより、今や崩壊に瀕し亡霊のようになった支那という像を主題とする高杉晋作（一八三九〜一八六七年）の『遊清五録』（一八六二年春）

を考察しておこう。ここでは文明という観念自体が、ゴミのように堆積した無益な歴史を指すようになっている。高杉は長州藩の尊王の志士であるが、倒幕戦で発揮されたそのリーダーシップからして、もし一八六七年に病死していなければ、明治政府の指導的地位についていたはずである。高杉は、吉田松陰の「中々駕御出来ない」[16]弟子として出発し、一八六〇年代初頭の京都において長州勤王派のリーダー久坂玄瑞の盟友にして親友として活躍した後、第一次・第二次征長戦で「奇兵隊など」「農兵」部隊を編成して幕府と戦うリーダーの一人となった。

一八六二年の春、高杉は尊皇派としての過激な活動から引き離され、支那に派遣されることになった。支那における貿易の可能性を探るという捨て鉢の使命を果たそうとして、千歳丸で上海に向かう幕吏に、随行員として仕えるためである。旅行中、高杉は詳細な日記を誌した。それは、旅行中の五つのエピソードを表す五つの別々の記録に分かたれた。高杉が上海に滞在したのは二カ月間にすぎなかったが、多数の人々と語り合ったようにみえる（もっとも彼は支那語や英語で会話をすることができなかった。支那語の場合は漢字で筆談した。おかげで出会いの記録が残されることになった）。高杉は、清朝の実質的な崩壊の様相を感受性鋭く、かつ偏見をもたずに目撃をし、証言していると思う。日記での記載内容がそれを充分に証明している。上海滞在中ほとんど毎日雨にたたられたようだが、彼はそれをこぼすこともなく、見たものや評価できるものに大いに興味をかき立てられている。上海の街は、西洋の侵略と太平天国の反乱の重圧にあえいでいると彼は観察した。清朝はなお後者を鎮圧中であった。それだけでなく支那は、この「長毛賊」[55]との戦いにおいて、イギリスに、とくにその兵器と兵法に依存していると記している。上海の富は、「私利」をはかることしか念頭にない外国人商人の手に集中されている。

上海で高杉は、貧困のなか下賤の労働についているが世が世なら権威ある地位をもっていたに違いない支那人に会った（彼の会話記録によれば、李翼周という名であった）[56]。「……熟《つらつら》上海の形勢を観るに、支那人は盡く外国人の便役のため、英法の人街市を歩行すれば、清人皆避けて傍に道を譲る、實に上海の地は支那に属すと雖も、英佛の属地と謂うもまた可なり。[57]」高杉はその恐怖の念を、自分に向けた短い詩に表現した。「我邦も遂には此の如くならざるをえざるか。」さらに悪いのはと彼は記した、支那人が西洋諸列強を頼りにしていることである。彼は日記で次のように評している。支那人は魏源の『海国図誌』をもってはいたが、国を内外の敵から防衛できる国防計画を立案することに失敗していた。それどころか、［アヘン戦争とアロー号戦争という］二つの対外戦争を戦い、敗れたにもかかわらず、支那人は西洋の軍事力の本質をまったく理解していなかった。「因循苟且」ゆえに、彼らは新しい西洋の学術を吸収する方法を知らなかった。上海地域の支那人たちは［太平天国という］大規模反乱に直面して、深く考えることもなく、英仏軍に頼ることを余儀なくされていた。高杉は幾度かこう観察している。高杉とその一行は一八六二年七月に長崎に戻ったが、上海を離れる前に、彼らは、支那人のように外国文化を無価値だとして攻撃ないし拒絶することは賢明でないと思い定めていた。むしろ高杉は、支那が陥ったような植民地的地位を避ける最も確実な方法として、産業を興し、日本と世界中の国々とのあいだに外国貿易を行うという新しいプログラムを唱道した。結論として、彼は、清朝が衰退したのは、支那人が「外夷を海外に防ぐの道を知らざるに出でしこと」によると述べたが、これは予言的なものだと思われる。

高杉は上海に向けて出発する直前、注目に値する漢詩(58)を書いていた。

従是學西方字初　　是れより西方の字を學ぶの初め
誓心禁讀漢和書　　心に誓って漢和の書を讀むを禁ず
忘了先後畫吾作　　先後吾が作を畫きしを忘了し
將致上知與下知　　將に上知と下知とを致さんとす

［日本人が支那に実際に行き来するようになり、支那の実情をよく知るようになって］支那が「再歴史化」されたまさにその時に、高杉が、徳川時代の知的言説における支那の「脱歴史化」の全プロセスのクライマックスとしてふさわしい見解を表明する羽目に陥ったのは皮肉である。［支那が進歩の歴史から外れてしまうという］この発展がその後の日本人の支那観に対してもった影響力の大きさは、どれほど強調しても強調しすぎることがないほどのものである。

原注

（1）この見解は、植手通有『日本近代思想の形成』岩波書店、一九七四年、が提示する見解とかなり異なる。同書二三四頁では、そうしたイメージの変化が、国際関係の政治や適者生存に関する見解に堅固な根をもつと述べられている。
（2）平賀源内「風流志道軒伝」『日本古典文学大系、第五五巻、風來山人集』岩波書店、一九六一年初版、一九七四年、二一六～二一七頁。
（3）『日本思想大系第三〇巻　熊沢蕃山』岩波書店、一九七一年、一七頁以降。
（4）同右、一三五頁。
（5）同右、一〇六頁。
（6）同右、一四八～一四九頁。
（7）ここにあるのは、人類が現実の根拠をもとにさまざまな民族に分化しているという見方ではない。そうではなくて、華夷という概念が、伝統的な支那の外交政策において、一種の制裁措置として機能しているということである。
（8）前掲『日本思想大系、第三〇巻　熊沢蕃山』八〇頁。
（9）広瀬豊編『山鹿素行全集思想編』第一二巻、岩波書店、一九四〇年、五九二頁。
（10）同右、五九二～五九三頁。
（11）同右、第一三巻、七頁。
（12）同右、第一二巻、『配所殘筆』五九三～五九四頁［原文では五七七～五七八頁とされているが、内容から判断して五九三～五九四頁だとした］。
（13）同右、第一三巻、『中朝事實』七頁と一一頁以降。
（14）同右、一五～三二頁。
（15）清原貞雄『國史と日本精神の顯現』藤井書店、一九四二年、二五八～二六〇頁。
（16）Jacques Lacan, *The Language of the Self*（The Johns Hopkins Press : Baltimore, 1968）, p. 114.
（17）賀茂真淵『国意考』、『日本思想大系、第三九巻、近世神道論・前期国学』岩波書店、一九七二年、三七六頁。
（18）同右、三七八頁。
（19）同右、三七九頁。三八六、三八七頁も。

(20)　同右、三八〇〜三八一頁。
(21)　同右、三八二頁。
(22)　同右。
(23)　同右。
(24)　同右［三八三頁の方に該当する文が見出された］。
(25)　同右、三八四頁。
(26)　吉川幸次郎編『本居宣長集』、『日本の思想』第一五巻、筑摩書房、一九六九年、二八五頁［二八四頁の方に該当する文が見出された］。
(27)　同右。
(28)　同右、二九六頁。
(29)　同右、二八五〜二八六頁。
(30)　同右、二九二頁［二九三頁の方に該当する文が見出された］。
(31)　同右、二八七頁。
(32)　同右、二八八頁。
(33)　同右、二八九頁。
(34)　同右、二九四頁。
(35)　同右、二九九頁。
(36)　同右、三一二頁［引用文は三一一頁から始まる］。
(37)　室松岩雄他編『平田篤胤全集』第一巻、一致堂書店、一九一一年、一八〜一九頁。
(38)　同右。
(39)　同右。『医道大意』も。
(40)　大国隆正「新真公法論」『日本思想大系、第五〇巻、平田篤胤・伴信友・大国隆正』岩波書店、一九七三年、四九七頁。
(41)　同右。
(42)　同右、四九八頁。

(43) 同右、五〇八～五〇九頁。
(44) 同右、四九八～四九九、五〇一頁。
(45) 同右、五〇〇頁。
(46) 同右、四九九頁。
(47) 同右、五〇四頁。
(48) 信濃教育会編『象山全集』上、信濃毎日新聞社、一九一四年、三〇三頁［「一橋公に上り國家の治亂を陳す」（元治元年四月十四日）］［著者は短くパラフレーズしているので、文意が明瞭になるよう、前後を含め引用した。なお句読点は訳者が付した］。
(49) 同右、一三～一四頁［『省𠍱録』］。
(50) 同右、二四四～二四五頁［「時政に関する幕府宛上書稿（文久二年九月）」『日本思想大系、第五五巻、渡辺華山・高野長英・佐久間象山・横井小楠・橋本左内』岩波書店、一九七一年、三一三～三一四頁によって、句読点・振り仮名を付した］。
(51) 同右、下巻、四八七頁［安政五年三月六日付け梁川星巌宛書簡、右『日本思想大系』三七九頁による］。
(52) 会沢正志斎『新論』、『日本思想大系、第五三巻、水戸学』岩波書店、一九七三年、六七頁。
(53) 山崎正董編『横井小楠遺稿』日新書院、一九四二年、一一頁［「夷虜応接大意」嘉永六年］。
(54) 同右、四〇頁［「国是三論」万延元年。右掲『日本思想大系、第五五巻』四四九～四五〇頁から引用した。著者はかなりパラフレーズしているので、その文意に沿うよう、原文を引用した］。
(55) 奈良本辰也編『高杉晋作全集』下巻、新人物往来社、一九七四年、一六一～一六二頁。とくに［『上海淹留日録』］六月一四日記載分。
(56) 同右、一九五～二〇四頁［『外情探索録巻之貳』］。会話は漢文で記録された。
(57) 同右、一五九頁［『上海淹留日録』五月二一日記載分。原文には一七三頁とあるが訂正した］。
(58) 同右、四〇〇頁。これは、一八六二年春のいつか、上海への旅行の準備として長崎で外国語学校［「西学」］にちょうど入ったときに、高杉が書いた漢詩である。

訳注

〔1〕引用者は「呉の太伯」ではなく、the evening star〔Venus〕としている。その理由は、「太伯」を「太白」と読み違えたからであろう。太白とは「金星の別名、明けの明星」（『新大字典』講談社）を意味する。

〔2〕違の略字である。

〔3〕該当する原文を引用すれば、「……中ハ天下ノ大本ナレバナリ」。

〔4〕原注で指示されたところでは「中朝」ではなく、「中國」とある。

〔5〕「iteki」とローマ字表記されているが、原文は「異國」である。

〔6〕太宰春臺『經濟錄』巻二「禮楽」、瀧本誠一編『日本經濟大典』第九巻、史誌出版社、一九二八年、四三二頁。

〔7〕換喩ないし転喩（metonymy）とは、修辞法において、事物を直接に指す代わりに、その属性や、それと空間的・時間的に近い関係にあるものを用いて指す方法である。例えば、笏（scepter）によって主権（sovereignty）を指し、頭数を数える（count heads）といって人数を数える（count people）ことを意味するが如しである。『ランダムハウス英和大辞典』第二版、小学館、一九九四年、一七〇四頁による。

〔8〕原文には「一八二二年」とあるが、田原嗣郎『平田篤胤』吉川弘文館、一九六三年、一二五頁によれば、『西籍概論』は文化八年（一八一一年）に、講義筆記として稿本が作成された。

〔9〕著者は、この引用文の文意を少し取り違えている。引用した大国隆正の原文は、西洋の『万国公法』が支那の中華／夷狄観を打ち砕くならば、「これもひとつの攘夷なり」と述べている。「儒者は固陋なので、中華／夷狄観というただ一種類の攘夷しか生み出せなかった」という意味ではない。そこで少し引用文を増やし、大国隆正の文意が伝わるようにした。かつ著者は次の段落の冒頭を、儒者のいう攘夷＝中華／夷狄観を指して、「この見解は狭量で卑劣で結局は誤っているので」と始めているので、これは省かざるをえなかった。

〔10〕この一節は、「一橋公に上り國家の治亂を陳す」（元治元年四月十四日）冒頭の、易卦による時勢の説明と予測の部分が言及されているが、この引用文に該当する原文を発見することができなかったので、そのまま訳しておく。

〔11〕弘化元（一八四四）年作の「読㆓洋書㆒」の冒頭の一節、「漢土与㆓歐羅㆒。於㆑我俱殊㆑域」が念頭におかれている。丸山真男「幕末における視座の変革――佐久間象山の場合」同『忠誠と反逆』筑摩書房、一九九二年、一二六頁におけるこの詩の分析が参照されているかにみえる。

〔12〕 英文では「東洋道徳を基礎として、西洋芸術を用いる」と訳されている。
〔13〕 小林又兵衛宛書簡。『日本思想大系、第五五巻、渡辺華山・高野長英・佐久間象山・横井小楠・橋本左内』岩波書店、一九七一年、三五一頁による。
〔14〕 次の「孫子の……」ともども、『省僣録』の一節であり、同右、二四八頁による。
〔15〕 注が付されていないので、正確には象山のどの原文が言及されているか不明だが、「時政に関する幕府宛上書稿（文久二年九月）」の一節だと推測し、本文のような訳文を作成した。同右、三一一～三一二頁。植手通有『日本近代思想の形成』（原注（1）参照）五四頁。
〔16〕 奈良本辰也『高杉晋作』中公新書、一九六五年、三八頁による。

訳者補記

明白な誤りは正した。原文イタリックには、傍点をふった。大部分は日本語をローマ字表記したものである。

第二章　朝鮮半島における日清対立
――一八七六～一八八五年――

ボニー・Ｂ・オー

一八八五年、日本と清との間である条約が締結され、それにより、両国は朝鮮での軍事介入に関して対等な権利を持つことになった。[1]この条約により、朝鮮をめぐる近代日清関係の第一段階が終了した。この第一段階は、日本が「隠者の国」朝鮮との古い関係を近代化しようとしたときに始まった。新生日本との関係を拒絶する朝鮮の非妥協的態度は、一八七三年に日本で征韓論という激論を引き起こし、[2]一八七六年に朝鮮に江華島条約を締結させた砲艦外交で幕を閉じた。[3]この条約は、伝統的な清・朝関係に対する日本の公然かつ公式な挑戦であり、その結果、朝鮮をめぐる日清間の激しい対立を引き起こした。一八九四～九五年の日清戦争によってこの問題が解決されるまで、この対立は約二十年間続いた。しかし、この激しい対立構図と朝鮮の対応がつくられたのは、一八七六年から一八八四年までの八年間であった。日清両国は、清が宗属関係を、日本が近代条約をという具合に自分たちに都合のよい議論を常に使った。両国は、攻守ところを変えつつ、最終的には、朝鮮に騒乱があるときは常に連帯して介入した。朝鮮人は遅延策、宥和策、そして彼らが一時的降伏と考える策によって対応した。

この短期間に、清の政策は、不介入から、助言と援助の付与、そして朝鮮政治への積極的な介入、と二度変化した。日本は、朝鮮にすべての条約内容を履行させるために圧力をかけるという初期の政策をやわらげ、「朝鮮の改革に影響を及ぼし、指導し、鼓舞する」努力を強調し始めた。[4]外国の挑戦に対する朝鮮の対応にはかなりの多様性があった。しかし、日本の幕末と異なり、朝鮮政治の特徴が極端な中央集権化であったために、この多様性は政府の政策に建設的な影響を与えることができなかった。当時、政府の見解に反対することは厳しく禁止されていた。しかし政府部内は、政治権力の支配を目指していた対立党派に分裂していた。各党派は、自分たちの地位を確固たるものにするために、それぞれが外国の支援――清、日本、ときには他の国々――に頼ろうとしていた。そして政治的方便主義（political expediency）に基づき常に組む相手を変えていた。

一　日本による朝鮮の開国

地理的距離のために、朝鮮は常に日本と接触していた。しかし清との関係とは異なり、朝鮮の対日関係は対等な隣国間のそれであった。この関係は、簡潔にいうと、交隣（隣国を助けること）と表現される。一方、朝鮮の対清関係は、事大（大国に仕えること）といわれていた。交隣は宗属体制のスケール・モデルと見なしてよいかもしれない。このなかでは、朝鮮は対馬藩に対する上位者であった。対馬藩は、朝鮮半島東南部の端にある東莱府の長官にあたる東莱府使と交流することを許された日本で唯一の代表者であった。その交流は、儒教的礼儀の厳密な慣習と複雑な手続きをもって行われた。これらのなかには、朝鮮王朝国王の個人名の使用回避や、朝鮮政府により授与される印璽の対馬藩の使用などのしきたりを含んでいた(5)。対馬藩はこのしきたりを屈辱的と見なしていたものの、経済的利点のためにそれを継続した。

明治維新後、日本の対朝鮮外交の管轄は正式に外務省に移り、対馬藩主の提案により、日本政府は旧来の慣習を改め、朝鮮との交渉に関する直接ルートを設立しようとした。一八六八年後半に、書簡を携えた下交渉人が、東莱府使に国内の変化についての報告、新しい印璽の使用についての承認の獲得、そして大修大差使［大使のこと］到着の報告のために派遣された。その一部は次のようになっていた。

告者本邦頃時勢一變。政權一歸皇室。[6]……近差別使。……不佞嚮奉勅朝京師、[7]……今般別使書翰押新印、[8]……

しかし、朝鮮は、強固な鎖国政策を採っていた大院君（事実上の摂政であり国王の実父である）[9]の支配下にあった。東莱府使は、無礼な言いまわしと新しい印璽を理由に文書の受諾を拒否し、大修大差使を漢城［現在のソウル］へ向かわせなかった。それから数年間、多くの交渉が東莱府で行われたものの、失敗に終わった。それらの交渉は、双方の感情を悪化させただけであった。

その後、一八七二年に外務大丞花房義質に朝鮮への派遣命令が下された。彼は、歩兵二個小隊を乗せた火輪船［蒸気船のこと］を伴い、軍艦に乗船して行った。これは日本での一部の士族の間で高まった主戦論を反映したものであった。[10]火輪船の登場と武力の誇示は、朝鮮の態度をさらに硬化させただけであった。というのも、それらは、朝鮮人を恐怖に落とし入れた西洋列強の侵入［一八六六年のいわゆる丙寅洋擾と一八七一年の辛未洋擾を指すと思われる］を思い起こしたからであった。今度は新生日本の首都東京からやって来た。しかし、朝鮮人は新生日本と国交を結ぶつもりはなかった。[11]東莱府使は、当時倭館と呼ばれていた日本居留地での取引のボイコット［撤供撤市］をすべての朝鮮人に命じた。正式な日朝関係は、存在しないように思われた。

朝鮮人は、西洋化された日本人を恥知らずと見なし［彼雖受制於人不耻］、彼らの態度や習慣の変化を挙げて［其變形易俗］、もはや彼らを日本人と呼ぶべきではない［此則不可謂日本之人］と感じた。忠告は続く。最近日本人の行動を見ると無法の国というべきである［近見彼人所爲、可謂無法之國］。一方、朝鮮には依然として法が存在する［我國則法令自在］。したがって、

倭館にいる日本人が法を遵守して行動するならば、別に問題は生じないであろう。しかし、法に反して行動するならば、思うままに行動することができるが、しかし生じたことに自ら責任を負わなければならない［行之我境内、留館諸人、欲行條約中事、則皆當聽施、而欲行法外之事、則永無可成之日］。[12]

この声明は清の欽差大臣林則徐が一八三九年に英女王ヴィクトリアに行った勧告に似ている。そのなかで、林は「もし彼ら（イギリス人）が貿易を行いたいならば、……我々の法に従う必要がある……」[13]と述べている。この見解と同様に、朝鮮人は伝統的法を日本人が遵守することを主張することで、自分たちを正当化しようとした。

日朝間のこの時期の障害は、実際には、伝統と近代との対立であった。もし、近代化の過程で日本が旧来の間接的関係を受け入れることができないとするならば、変更を求める日本の提案は、大院君支配の朝鮮にとっては、日本以上に受け入れられるものではなかった。それは、大院君が伝統的秩序の復活と堅固な鎖国攘夷を目指していたからである。大院君にとって、日本は東洋文明の裏切者であり、一八六〇年代に大院君を悩ませたあの忌まわしい西洋人にしか見えなかった。なかでも特に、朝鮮人は日本人に「皇」や「勅」という言葉を使わせることはできなかった。それらの文字は、清の皇帝のためにのみに使われるべきだと考えていたからである。日本の支配者を清の皇帝と同列に引き上げることは、もちろん、日本の支配者に対して朝鮮国王が下位に位置することを意味していた。そのことは、しきたりに厳しい儒教的教養に慣れた朝鮮の官僚達にとっては耐えられるものではなかった[14]。

朝鮮の非妥協的態度は、岩倉使節団の外遊中に留守政府を任されていたそれほど抑制されていない日本人将校や役人たちの精神を刺激し、一八七三年に征韓論を激化させた[15]。その主張者の主たる議論は、朝鮮は日本の将来の安全保障に重要である、というものであった。しかしながら、白熱した議論にもかかわらず、即座の征韓は行われなかった。結局、感情主義的愛国主義的な（jingoistic）グループは、欧米視察から戻った近代派［遣外使節団：岩倉使節団のこと］の見解に屈した。彼ら近代派の見解は、日本はまだ海外への軍事遠征を行うことはできないとするより現実的なものであった。

同年、朝鮮でもまた同じような重要な政治的変化が起こった。一八六三年以来政府を確固とした支配下に置いていた大院君が、失脚したのである。彼は鎖国政策を追求する一方、数多くの改革を行った。しかし、それらの改革が、伝統的秩序を復活させることで衰退する王朝を活気づけることを目指していた一方で、彼が採用した手段はしばしば非伝統的なものであり、多くの儒学者からの厳しい批判を受けた[16]。国王高宗の妃である閔妃は、義理の父大院君との最終的な対決のために、大院君と意見の異なる、儒教的観点から国王へ忠告することを職務とする官僚達や、彼女の親戚を募り始めた。王妃は、国王が一八六六年に十六歳（成年）になって以降、特に大院君の支配を不快に思い始めるようになった。反大院君派は、以前にクーデターをたくらんでいたが、しかし大院君への公然の攻撃を始めたのは一八七三年になってからのことであった。日本での征韓論が、直接に大院君の失脚の原因であるとは思われない。なぜならば、大院君を批判する文書は、すべて彼の内政に集中しているからである。(17)

大院君の引退によって、予想されていたほどの大きな政治的変化は発生しなかった。(18)外交に関しても、閔妃派が権力についた最初の年にはほとんど変化はなかった。朝鮮政府が対日政策を変更したのは、噂されていた日本の朝鮮侵攻に関する通告を清から受け取ったときと、閔妃派の頭領閔升鎬の非業の死のあとだけであった。大院君が復帰するらしいとの風説に対する朝鮮人の恐怖と日本人の懸念は、日朝両政府を近づけることになった。しかしそれでも、朝鮮政府の態度が非常に遅々としたものだったので、(19)一八七五年末までに日本政府は、朝鮮の首都付近で実際に朝鮮人に武力を誇示することでしか朝鮮を開国する方法はない、と確信するようになった。朝鮮人に侵入の危険性と抵抗の無益さを納得させるために、偶発事件をきっかけとして、どうにかして戦端を開かせなければならなかった。一八七五年九月に日本の艦隊［春日、雲揚、第二丁卯の三隻］が朝鮮（首都に近い仁川港の付近）に派遣されたのは、この目的のためであった。

三隻の軍艦は極秘裏に派遣された。そのうちの一隻である雲揚［艦長海軍少佐井上良馨］が九月二十日に漢城近くの西海岸に現れた。そして、貧弱な装備の朝鮮守備兵と日本の軍艦との間での撃ち合いが行われた有名な雲揚号事件［江華島事件］が起こった。(20)雲揚号事件についての誇張された報告は、〔1〕日本国内で朝鮮に対する即座の報復を要求する大衆の暴動の高まりを起こした。かつて反征韓論を唱えた指導者達の一部も、日本政府の積極的な行動を主張した。つまり、彼らは、朝鮮人を直ちに攻撃するために軍隊の派遣を主張したのである。それと同時に、日本政府は、特命全権公使森有礼を団長とする使節団を清に派遣した。森の派遣の目的は、まず清政府に朝鮮への使節団の目的が極めて平和的なものであることを報告する、次に朝鮮に影響を与えるために清の協力を探る、そして最後に朝鮮の現状に関する清の見解を明確にするということであった(21)。

予想された通り、森の三番目の目的——朝鮮の現状の定義——の達成には、清の官僚との間で多くの時間が費やされた。彼らは、かつて西洋諸国に詳しく説明したときと同じ立場をとった。つまり、朝鮮は朝貢国でもあり独立国でもある、という立場である(22)〔2〕。「若シ不幸ニシテ我ト朝鮮ト事有ルニ至リ……其時ニ至ツテハ貴國ノ之ヲ視ル知ラス何等ノ觀ヲ做スヤ」という大胆な質問を森が糺したときに、総理衙門事務恭親王は、「中國ノ朝鮮ニ於ケル固ヨリ强ヒテ其政事ニ預ラサレトモ切ニ其安全ヲ望マサル能ハス」と返答した(23)。森への別の書簡のなかで、恭親王は一八七一年の日清修好条規を根拠に、朝鮮は清の属国なので、朝鮮は清に属すると主張した(24)。一方、森は、日本政府が朝鮮を単独で交渉することのできる独立国であると見なしていると主張した(25)。

森は、北洋大臣直隷総督李鴻章の威勢を利用することを決意した。一八七〇年以来、李は、清の北洋の外交と軍事を裏で操っており、それをその後も四半世紀にわたり続けることになる(26)。外交官としての彼の能力は、北京駐在の外国の外交官によく知られていた。清の首都への海からの出入口にあたる天津にある彼の衙門を公式に訪れない外交官はほとんどいなかった(27)。それ故、総理衙門との交渉が暗礁に乗り上げたときに、森が李に助言を求めたことはごく自然のことであった。李は、協力を表明したが、しかし同時に日本が立場をやわらげるべきだと警告して「もし日本が戦争を行えば、ロシアだけでなく清も朝鮮へ軍隊を派遣するであろう」と述べた(28)。しかしながら、彼は、満足のいく解決に向けて努力することを森に約束した〔3〕。

李が自分の威勢を使うことに同意した動機については、言及する価値がある。森の訪問の前でさえ、彼は、日本も朝鮮も双方とも非友好的であり、容易に戦争が起こるかもしれないという意見書を総理衙門に送っていた(29)。さらに彼は、朝鮮は日本と張り合うことのできる国ではなく、おそらく清に援助を求めて来るであろう——日本が十六世紀に朝鮮を侵略したときのように——と述べていた(30)。李は次のように考えていた。そのような危機を回避するためには、両国間に敵意と疑念とがなくなり、平和が確保されなければならない。そのような状態にするためには、朝鮮が自制し礼儀正しく日本の全権公使を受け入れ、または、事件全体を説明するために日本に全権公使を派遣しなければならない。このようなことを勧めるという理由から、総理衙門が速やかに秘密情報を漢城の政府に送ることが好ましい、と。朝鮮が日本との通商関係を始めるべきかどうかという点に関しては、彼はそれは朝鮮自身の決定に任せるべきであり、清は干渉する立場ではないと考えた(31)。

朝鮮に対してより一層積極的な政策をとらせるという李の勧告が推進されたのは、清自身の安全保障の利害関係が主たる原因であった(32)。しかし、李は自分の提案が将来に渡り大きな含みを持つことに気付いていなかった。つまり、朝鮮に清との伝統的な関係を継続させるために清による旧来の「不干渉」政策を変更すべきということを李が主張することによって、実際には、彼は伝統的な関係それ自体を掘り崩していたのであった。

森有礼が北京で清政府の動向を探っていたときに、朝鮮への日本使節団が一八七六年一月末に江華島に到着した。奇妙なことに、江華島の地方役人は彼らを親切に受け入れた。二日後、二人の朝鮮の代表が任命され、二月一〇日に交渉が始まった。

雲揚号事件の責任に関する双方の長い議論の後、日本全権は西洋型の条約の調印を提案した。彼らが説明した条約の内容は、両国の恒久的友好を保障することを要件としていた。朝鮮側の要求で数度にわたり日本側の条約草案を微細な点に関し修正し、国王の新印璽の使用について妥協に達した後に(33)、一八七六年二月二七日、江華島条約という名で知られている日朝修好条規が締結された(4)。

十二条から成るこの条約は、まず日本との通商のために朝鮮の三港の開港、次に外交関係の設立の規定、そして沿岸の測量に関する日本への特権の付与を定めた(34)。条約で最も重要な条文は第一条であった。第一条は、「朝鮮國ハ自主ノ邦ニシテ日本國ト平等ノ権ヲ保有セリ」(35)と規定している。注目に値するのは、条約の日附について、朝鮮が清式の暦ではなく、朝鮮式の暦「の干支」を使ったことである。朝鮮ないしは清が、その意味内容と起こり得る結果を十分認識していたかどうかは疑わしいとしても、条約は明らかに近代西洋型の国際関係の枠組み内でつくられた。しかし、東アジアにおける清の伝統的優位に挑戦しようとする日本は、清から朝鮮を切り離す楔として、国際関係における近代西洋的な概念が有益であると考えた。東洋の一国家として、日本は、「自主ノ邦」のような極東における伝統的関係を表現する言葉が極端に曖昧であることを認識しており、この便利な弱点を利用することができた。「自主ノ邦」を意味する条文は、「独立国」という意味に使うことも可能であった。最も重要な条文で使われている言葉に対する慣れのために、朝鮮人も支那人も伝統的な両国関係の重大な亀裂に気付かなかった。事実、清はそれらの言葉を長い間存在していた慣習の是認と見なしていたのであった(36)。

二　日本の挑戦に対する清の反応——一八七九〜一八八二年

朝鮮における清の特殊な地位に日本が挑戦することに対し、清は速やかな対応に失敗した。この失敗の原因として、多くの要素を挙げることができる(37)。しかし、とりわけ重要なのは、属国である朝鮮の問題が礼部——総理衙門と意見を交換する部署である。同様に総理衙門は難問を北洋大臣直隷総督と協議する——によって管理されていたという事実であった。しかしながら、李鴻章は、大臣として清の首都地域と支配王朝の故地である満州の防衛の責任者になった後でさえ、朝鮮の担当にはならなかった。それでもなお、朝鮮半島を清の第一防衛ラインである「防御壁」と見ていたので、彼は朝鮮半島の安全保障に関与していた。李と他の責任者達が朝鮮半島の安全保障の問題を認識していたので、朝鮮は二重の手段で清の庇護下に置かれ得た(38)。つまり、現状を確実に維持するという手段と、極東における綿密な平和の維持という手段、である。そこで、二つの政策方針が登場する。一つめは、清が諸国に清と朝鮮の特別な関係を理解させ、朝鮮の領土的一体性を破壊しないことを誓うように強く主張しつつ、諸国と交渉することであった。二つめは、朝鮮に孤立主義を放棄させ、その代わりに諸国と条約を締結するように、清が助言することであった。これらの李の政策方針は、徐々にしか履行されなかった。

清が独立国の問題に積極的に介入するかどうか決めかねていたときに、日本は江華島条約を条約の字義通りに履行することで、自分たちの行動を進展させていった。しかし、一八七九年に日本が正式に琉球を併合したときに、清の対朝鮮政策はついに変化し始めた(39)。同年、朝鮮問題の担当が、礼部から北洋大臣と駐日公使の直接支配下に移った[40]。このときから、李鴻章は朝鮮での主たる権威者になった。彼は、駐日公使から、そして後に清の通商代表[総弁朝鮮商務]が朝鮮に置かれてからは、その代表からも朝鮮に関するすべての問題を任されるようになった。

八月、李は総理衙門宛の書簡で彼の懸念を述べている。

　琉球が併合されて以来、朝鮮は切迫した危険にある。このような見方と朝鮮での増大しつつある西洋諸国の利害に鑑み、我々はもはや朝鮮の安全保障のために黙って指をくわえてみているわけにはいかない[41]。

朝鮮に関するこの懸念は、他の重職にあった福建巡撫の丁日昌も抱いていた[42]。外交を担当する高官によるそのような公的な発言は、親議批判を反映していた[43]。その批判は一八六〇年代に始まり、清がかつての独立性を着実に失うにつれてますます大きくなった。

李は朝鮮政策の重職に就くとすぐに、朝鮮に助言と援助を与え始めた。彼は、朝鮮の国際関係がマルチナショナル——例えば条約締結国のうちいずれか一国が優越になるのを回避する——になるために、朝鮮政府に西洋諸国との条約交渉を勧めた[44]。最初のチャンスは、一八八〇年にアメリカがコモドール・R・W・シューフェルトに朝鮮との新たなる条約締結を命じたときであった。アメリカ政府は、まず最初に、「隠者の国」から満足いく回答を得るための斡旋を求めるために日本に接近した。この接近が成功しなかったという報告を聞いて[45]、李はすぐさまシューフェルトに、米朝条約締結のために自分の影響力を利用することを申し出て、シューフェルトを天津に招待する旨を伝えた[46]。李は、朝鮮政府に対して、アメリカとの条約が日本との条約に対するカウンターバランスになること[47]、そして米朝条約が朝鮮の他の国々との関係樹立のモデルとなることを指摘した。さらに、彼は、アメリカが朝鮮において領土的野心を抱いていないと述べた[48]。

天津で主に李とシューフェルトとの間で交渉・合意された条約は、清国海軍によって朝鮮政府へ渡され、一八八二年五月二二日に朝鮮政府によって調印された[49]。十四条からなる米朝修好通商条約は、一つの先例以上のものを確立した。この条約は、他の西洋諸国が朝鮮との条約締結に際するときのモデルとして役立っただけでなく、朝鮮に対する清の伝統的政策からの離脱の出発点になった。条約締結によって、李鴻章は朝鮮への助言と援助を付与する政策を実行した。さらに彼は、朝鮮国王の公式な声明を要求することによって、朝鮮に対する清の宗主権を明白に他国に理解させようとした。(50)

いまや朝鮮が国際通商関係のなかに入ったことによって、朝鮮と条約関係にある諸国の貿易量が同地における清のそれよりも上回るかもしれない、と清は懸念した。そこで、清は清朝国境に限定していた従来の通商慣習を変更しようとした。二つの条約が締結された。一つは海上貿易に関するもの、もう一つは陸上貿易に関するものである(51)［この条約をまとめて清朝商民水陸貿易章程という］。二つの条約とも清と朝鮮のために特別に、そして排他的に作られた条約であり、他の条約締結国には適用されないものであった。それらの条約は、曖昧に定義される両国の古い宗属関係を、近代条約の観点から表現しようとする清側の試みの結果であった。一八八二年の貿易章程の前文には、清が朝鮮の宗主国であり、したがって特権を有することが明記されている。

> 長期にわたり、朝鮮は属国（vassal state）として位置づけられてきた。典礼に関するすべての事項は、きちんと規定されてきており、新たなる変化は必要とされない。しかし、多くの国家が［朝鮮と］海上通商関係を結んだ現在、清朝両国が通商関係を結ぶ必要性が出てきた。……この通商関係が属国（vassal）に対する清の好意から締結され、他国には平等に適用されないことを理解されるべきである。(52)(5)

李はまた、朝鮮が自国で防衛できるようにするために、朝鮮の軍隊の再編・近代化を援助しようとした。李の助言に従い、一八八一年に朝鮮政府は、李の准軍から近代的軍隊に関する技術・機械・技能を習得させるために、六九人の選抜された若者を天津に派遣した。(53) 日本や朝鮮国内での強力な保守的反対派に李と同じような活発な活動がなかったならば、李の新しい朝鮮政策は、大いに成功するチャンスも考えられた。

三　朝鮮の反応

開国に対する朝鮮国内の反対運動は、一八七六年以来企てられていた。この運動は、一八七九年末からは、「衛正斥邪」を唱え、建白書を宮廷に差し出すことによって自分たちの見解を表明する保守的儒者によって指導された。一八八〇年以降は、混乱した情報が広がり続けるにつれて、建白書は増え、反対派はより過激になった。釜山に正式な日本公使館を建設するという情報[54]や、アメリカとの条約交渉の開始という情報に加えて、ロシアが北方の国境に不法侵入し、朝鮮との条約関係の要求をしているという情報が報告された。さらに、朝鮮政府が日本やアメリカと同盟条約を締結するかもしれないという噂が一八八〇年の夏に漢城で広まったことにより、朝鮮国内は一層混乱した。その原因は、駐日清国公使館書記の黄遵憲によって書かれ、第二次［庚辰］修信使の金弘集によって日本から持ち帰られた『朝鮮策略』という小冊子であった[55]。

この冊子は、ロシアの南下と朝鮮半島でのロシアの企図を朝鮮人に警告するものであった。さらにその冊子には次のように述べてあった。そのような侵略から守るためには、朝鮮は清だけでなく日本やアメリカとも同盟締結を考えるべきである。たとえアメリカが西洋国家であっても、アメリカは友好的であり、領土的野心を持っていないように思われる。アメリカとの親密な繋がりによって、朝鮮は他の西洋諸国の侵入を防ぐであろう[56]。冊子の数百部のコピーが、たちまち、政府の官僚や学者達の間で回覧された。それを読んだ多くの者は、清日米との条約に基本的には賛成であった。しかし同時に彼らは、激しい反対がでてくるかもしれないと懸念した[57]。確かに、この冊子は、「衛正斥邪」の伝統を支持しない保守的な儒学者達[58]による新たな政府批判を引き起こした[59]。一八八一年中、彼らは、政府に対し、自分たちが裏切り政策と見なすものを巡り死に物狂いの闘いを行った。彼らのキャンペーンは、まもなく、儒林に率いられた愛国的運動の様相を帯びた。一万人以上の署名を記した建白書が、漢城に押し寄せた何千もの学者によって宮廷に提出された。秋には、運動は江原道出身の洪在鶴という殉教者まで出した[60]。しかし、その運動は、まもなく、国王を退ける計画を持っていたと噂される大院君の庶長子［高宗の異母兄にあたる李載先］がかかわった党派政治に巻き込まれてしまった。(61)

愛国的運動が党派争いに巻き込まれたことと準備不足の政治的陰謀は、無情にも朝鮮政府に「衛正斥邪」運動を弾圧する理由を与えた。これは、反外国的かつ反政府的活動における守旧派エリートのリーダーシップの終わりを示した。その後、反政府運動は、大衆か開化派に属するある新種のエリートによって行われた。しかしながら「衛正斥邪」思想は、完全に消滅したわけではなく、二十世紀初頭の「義兵」の戦闘的民族主義運動のなかに生き残った。

朝鮮人の大多数は、一八八二年には、多くの不安と不平を抱いていた。経済は破産状態であった。人々は、この原因を開国による通商であると非難した。しかし、閔妃派の支配下にある政府は、不人気の開放政策を余儀なく続けざるを得なかった。その理由は、現政権が政策を継承しただけでなく、李鴻章がその拡大を主張したからでもあった。シューフェルトとの米朝条約締結の知らせと、さらに別の国々と条約を締結するという噂は、自国の開国に依然として反対している朝鮮人を不安にさせた。しかし、その不安に火を付けたのは、日本の支援のもとに行われた朝鮮軍隊の再編と、旧軍兵士に対する劣悪な扱いであった。一八八二年七月二三日、長い間遅滞していた軍隊の俸給米に砂が混在していることが分かり、兵士達に俸給全体のほんの一部しか支払われなかった。そのとき彼らの怒りは、ついに爆発した。(62)怒り狂った兵士達は、政府の穀物倉庫に押し入り、自分たちのために穀物を奪った。彼らのうち数人が逮捕された。彼らの恩赦を求める嘆願の試みは、守備兵との武力衝突に発展した。旧軍兵士達は宣恵庁堂上・兵曹判書である閔謙鎬の家に押し入り、家のかなりの部分を破壊した。(63)

反乱を起こした旧軍兵士は、落胆していた大院君を説き伏せて彼らの指導者にした。(64)かつての摂政が再び政府の支配を握った。反乱には今や大衆も加わり、日本公使館を攻撃した。公使館が火に包まれた後、花房公使と館員達は変装して逃亡した。日清両国とも朝鮮に軍隊を派遣した。(65)清は表面上騒乱の原因を調査し、日本は、日本人の殺害と公使館破壊に関する正式な謝罪と賠償金の要求を受諾させるために、朝鮮に圧力をかけた。今や政権中枢にいる大院君は、日本の要求が余りにも厳しいと考え、受諾を拒否し、会談は行き詰まった。皮肉にも、清がこの困難な状況の解決に乗り出した。清は、朝鮮政治から平和の障害物である大院君を取り去ることによって、日朝間の平和的解決の道をつくった。[66]これによって、宗主国の力が明白に示された。その後、清による朝鮮政治の支配という結果から、閔妃派は、少なくとも外見上、清に以前と同様感謝を示し、従属し続けた。一方、軍隊の駐留権を含む重要な権利を日本に認めた済物浦条約[6]という明らかな外交的勝利にもかかわらず、日本は朝鮮における影響力が清に大差をつけられた。

一八八二年の壬午事件が朝鮮の速やかな開国に対する保守的朝鮮人による反対の結果であったのに対し、一八八四年のクーデター、いわゆる甲申政変は、外国による多くの挑戦に直面した朝鮮の緩やかな変化に業を煮やした革新的な若い朝鮮人達［開化派と呼ばれる青年革新官僚］によって突如引き起こされた。クーデターの指導者達は、いわゆる独立党のメンバーであった。清がフランスとの安南問題解決を最優先しようとしたことを利用し、朝鮮人の反清勢力は、親清政府を転覆し朝鮮における清の影響力を取り除くために、日本人と協力した。

初期の独立党は、日本が成し遂げたこと［明治維新］に感銘を覚える点では、おおむね親日的であった。彼らは、日本のやり方［明治維新］にならった朝鮮の改革計画を採用しようとし、日本からの援助を求めようとした。彼らは、最も簡捷な方法で最も貫徹した改革を提唱したという点で、李氏朝鮮王朝後期の近代的政治集団における最も急進的な人々を代表していた。[67]彼らは、日本の自由主義者達の間に友人や支持者を見出していた。朝鮮を助けようとする日本人の動機は、彼らの政治的意向によって異なっており、また、時とともに変化した。しかし、少なくとも当初は、日本人は自分たちが西洋人から学んだことを朝鮮人達と共有したいという欲求に動かされていたように思われる。[68]

独立党のリーダーシップは、一八七六年の江華島条約締結後に派遣された第一次日本視察団のメンバーに握られていた。第三次日本視察団である「紳士遊覧団」のメンバーの数人は、日本の進歩を観察し研究するために長期にわたり滞在した。彼らのうち最も有能だったのは、独立党の創始者である洪英植であった。先王哲宗の娘婿に当たり壬午事件後の修信使正使となった朴泳孝(69)もまた、日本の進歩に感銘を受け、改革の理由を支持した。開化派のなかで最も活動的であったのは、金玉均であった。彼は日本視察団［修信使］のメンバーではなかったが、一八八二年の後半に日本へ渡った。この日本行きは、おそらく国王の拝命によって行われたと思われる(70)。彼らはみな、両班階級であった(71)。そして金は、かつて力を持っていたものの、閔妃派に取って代わられた旧世道勢力の安東金という家の出身であった。金は閔妃派、なかでも特に養子縁組し閔妃の心にかなっていた彼女の甥閔泳翊を嫌っていた。

独立党の最大の敵は、もちろん、閔妃派の守旧派であった。閔妃派の力は、一八八二年の壬午事件と大院君の「拉致」の後、より一層強固なものになった。たとえ一八七三年以降引退していても、かつての事実上の摂政である大院君は、国父と見なされており、外国勢力の侵入に対する抵抗のシンボルであった。彼の拉致と清国内での監禁は、朝鮮人達の間に憤慨を引き起こした(72)。特に、独立党の若いメンバー達は、この大院君を巡る事件を朝鮮史における最も屈辱的なものの一つと見なした(73)。また、彼らは以下のようにも考えた。清指導下の漸次的改革という閔妃派の計画ではあまりにも計画の進展が遅すぎるうえ、閔妃派の態度は過度に清の言いなりになりすぎており、閔妃派の政府再編はほとんど成果を生みだしていない、と。

若い独立党員たちが政府の重要な政策に十分な影響を与えるほど、ないしは自分たちの刷新計画を実行に移すほど勢力を持っていなかったことは、たちまち明らかになった(74)。それでもなお、若い改革者達は、朝鮮に急進的改革の道を採らせようとしていた。一八八四年という年は、縁起の良い年のように思われた。清は朝鮮に駐留していた軍隊の半分を撤退させ、安南を巡るフランスとの対立に忙殺されていた。日本政府は、慎重な政策のために「国内の」自由主義者達から痛烈に批判されており(75)、多くの人々は、朝鮮の改革者達の援助を決意することを希望していた。一八八二年後半から日本に滞在し、日本が行った方法で、それも日本の援助で朝鮮を近代化するという夢にどっぷり浸かった金玉均は、朝鮮に戻ることを決意した。彼は日本を「東洋のイギリス」と呼び、朝鮮を「アジアのフランス」にすることを欲した(76)。

帰国後、金は国王から誠意をもって受け入れられたものの、分かったのは、状況は彼が予想したほど改革にとっては好ましいものではないことであった。親清的な閔妃派はしっかりと権力を確保していた。金のライバルで九つ年下の閔泳翊が彼と同じ官位に昇進し、同時に六つの役職を兼ねていたときに、金は昇進の道からはずされていた。たとえ漢城にいる清の駐留部隊が一五〇〇人に減少しても、新たに作られた左右前後四営の「親軍」が、近代的な朝鮮王朝の軍隊をして存在し、それらは四人の朝鮮人指揮官と袁世凱の指揮下に置かれていた。これらの要素により、金と彼の友人達は、自分たちの目的は閔妃派を政権から追放しなければ達成できないと信じた。彼は、この件について日本公使竹添進一郎と議論した。竹添は、当初賛成しかねていたが、のちに金に同意した(77)。

一八八四年十一月初旬、漢城の雰囲気は、日清両国の軍隊の動員で徐々に緊張したものになった。その月の終わりまでに、クーデターの詳細は、竹添の賛成を得て、三〇〇万円を陰謀者に貸与する、ということになった(78)。クーデターの期日は、郵政局の開局祝賀晩餐会が催される十二月四日と決まった。この晩餐会には、政府の全要人や外国公使達が招待されることになっていた。クーデターは、混乱を招くために郵政局の隣の建物［安国洞別宮］に放火する、その間に守旧派官僚を暗殺する、という手はずであった。しかし、漢城の路上が、清軍と袁により訓練された朝鮮人兵士により厳重に守られていたために、クーデターは計画通りに進まなかった。朝鮮人高官の一人である閔泳翊だけが負傷し、事件は直ちに清の総弁朝鮮商務道員である陳樹棠より袁世凱に報告された。クーデターが失敗したために、開化派は日本公使館にいた日本軍に救援を要請した。彼らは一緒になって、国王を探し、大臣の多くを殺害した。開化派は、新たに親軍前後営使兼左捕盗大将に任ぜられた朴泳孝が到着する前に、新政府を樹立した(79)。開化派の夢は、ついに、実現するかのように思われた。しかし、それは、袁世凱率いる清の軍隊の素早い介入により、突如終わりを告げた。新政府は三日間しか続かなかった。国王は、反乱者たる開化派をすぐに攻撃した清の軍隊により「救出」された。金均玉、朴泳孝、徐載弼、日本人の共鳴者達、そして竹添公使らを含むほんのわずかの生き残った暴動者達だけが、仁川へ命からがら到着し、その地で、彼らは日本へ向けての日本の定期船に乗船した。

国王は、袁世凱の駐屯地に移された。その地で、袁は国王が新政府を作ることを手助けした。危機が過ぎ去ると、国王は、袁と王宮護衛兵として連れてきた清の兵士とを伴って、昌徳宮に移動した。袁は国王の隣室に住んだ。のちに国王が袁を「駐劄朝鮮総理交渉通商事宜」に任命するように清政府に要請するような、袁への信頼が増したのは、このときだったのかもしれない(80)。

四　日清間の解決

一八八四年十二月の独立党のクーデターにより発生した一連の事件は、二つの条約によって解決された。つまり、一つは朝鮮と日本との間（漢城条約）で、もう一つは清と日本との間で結ばれた条約（天津条約）である〔7〕。日朝交渉は、特派全権大使井上馨を護衛し十分な装備をした六〇〇人の日本兵の面前で行われた。朝鮮側の交渉者は、交渉が延期の場合には直ちに戦争を行う、と日本側より脅され、そして、受諾がすみやかに実現されるように日本側が行った要求数の削減によって、受諾する方に傾いた。また、清が朝鮮の日本との単独交渉を好ましく思っていないとの知らせも届いた。その結果、一週間内に朝鮮側は日本の要求のほとんどに同意した。そのなかには、謝罪に関する正式な書簡、日本人の受けた被害および新しい日本公使館の建設のための損害賠償、そして漢城に一〇〇〇名の日本兵を駐留させることの三点が含まれていた(81)。最終的な協定である漢城条約は、一八八五年一月九日に調印された(82)。

漢城条約締結後も、日本は朝鮮における清の立場を懸念した。すでに二度（一八八二年と一八八四年）に渡り、清による武力介入が親日派の野心を妨害した。さらに、依然として漢城に駐留する大兵力の日清両国の軍隊は、散発的な小競り合いをしていた。日本国内の対外強硬主義的な反清感情もまた、日本政府にとって深刻な問題であり、日清間の条約締結が以前にも増して火急を要するものとなった(83)。伊藤博文が清への特派全権大使に任命され、李鴻章が清政府を代表した。一八八五年四月三日、天津で穏やかな雰囲気で始まった日清間の交渉は、清の軍人の処罰と朝鮮からの両国軍隊の撤退という日本側の主張をめぐり、すぐに行き詰まった(84)。李は、最初のうちは、清国軍の恒久的撤退に同意することを拒絶した。彼の反対の理由は、宗主国と属国間の伝統的な繋がりという観点から、清は将来の朝鮮国内の騒乱に対して軍隊を派遣する権利を有する、というものであった。しかしながら最終的には、両国代表とも交渉を成立させるために自分たちの主張を修正した。李は、一方から通告がある場合に、日清両国が緊急の際に朝鮮に軍隊を派遣する権利を有することに同意した〔行文知照〕。日本は清の軍人の処罰に関する要求をやわらげ、処罰を約束する内容についての正式な公文を李から受け取った。

四月十八日に調印された天津条約（李・伊藤条約ともいう）は、三つの条文から成る。最も重要なものは、第三条である。この条項は、日清両国ないしはどちらか一国からの派兵を必要とする朝鮮国内での重大な騒乱の場合には、条約締結国は、朝鮮と日清両国相互に自分たちの意図を書面にして通告すること、そして紛争の解決後に両国軍隊が撤退すべきことを規定している。

日本は天津条約によって手に入れようとしていたすべてを獲得したかに見えた。また、日本が清と対等な立場を朝鮮において獲得した一方で、清は伝統的な宗属関係を放棄したかに見えた。つまり、派兵と助言者に関する互恵主義の原則が、条約によって確立された。しかし、平時には両国とも軍隊を駐留させることができないので、朝鮮が清に依存するという伝統的繋がりは、実際には、朝鮮を古い宗主国と結びつけることに貢献した。清は、依然として、朝鮮に官僚を配置することになった。そしてもしその官僚がかなり賢くかつ能力があれば、朝鮮に大きな影響を及ぼすことができるのである。李はそのような人物を袁世凱に見出した。袁世凱は、血気盛んな二六歳の若者で、朝鮮のことに精通していた。

一八八五年までに、李鴻章の朝鮮政策は変化していた。李の「朝鮮開国」計画——西洋諸国に朝鮮との通商条約締結を許可する——は、彼がもともと考えていたような日本からの危険を回避する代わりに、ただ清を破滅に向かわせただけであった。したがって、朝鮮は今一度「閉鎖」されねばならなかった。清の宗主権が、再び永久に築かれなければならず、また、すべての国家が朝鮮の袁世凱を通して天津の李の衙門と対朝通商を行うように奨励されなければならなかった。次の十年間、李と袁は、日本との抗争、外国の侵入による数多くの事件、そして清から独立を勝ち取るという朝鮮人達の策動をうまく乗り切ったのである。

五　結　論

日本による開国後、朝鮮の古い諺にあるように、朝鮮は「鯨のけんかでエビがつぶれ」たようなものであった。確かに、朝鮮は独立した存在として自己を守るために、迅速かつ効果的に対応できなかった。また、数多くの要素によって、外国、特に清と日本からの挑戦にうまく対応できなかった。

朝鮮は西洋諸国の対象とはならずに、かわりに清の伝統的な宗主国的地位に挑戦した隣国日本によって開国された。いったん隠者の国が開国されると、たちまち清と日本という隣国の餌食になってしまった。両国の朝鮮への侵略は、西洋諸国のそれよりもはるかに強烈なものであった。しかし、朝鮮は、大きな危険が隣国から来ることに気付かなかった。朝鮮は、日本の強さと決断力を過小評価していた。また、清にとっての朝鮮半島の戦略的重要性を十分に認識していなかった。自国の安全保障に敏感であった日本はまた、朝鮮を自国の防衛にとって重要なものと見なしていた。これらの理由から、朝鮮を巡る日清両国の争いは、日本と清を巡る西洋諸国の敵対関係よりもはるかに強烈であった。

一八七〇年代と八〇年代の朝鮮は、そのような激しい対立を抑え込むことができなかった。五〇〇年にわたり朝鮮は、倒れかかっていた李王朝の支配のもとで苦しんでいた。また、この国は東アジアの諸国のなかで最も強力な鎖国政策をとっており、朝鮮のそのような政策は、開国前の十年間に大院君のもとで強化されていた。政府は、イデオロギー的というよりも政治的な相違をもつ多くの党派によってバラバラにされた。大院君に代わって政権についた閔妃派は、ほとんど保守主義的であり鎖国主義者であったが、ライヴァルに対抗することを一つの理由として、開国に同意した。

日本による圧力と、エリート党派と大衆の反政府的活動とによる圧力を受けて、閔妃派が支配する政府は、あとで状況を修正しようという愚直な希望を抱き、日本をなだめた。また、閔妃派はバラバラなやり方で穏健な改革計画に着手した。一部は自分たちの敵への対抗手段として、そして別の一部は清の要求に適合させるために、といったふうに。清は今や朝鮮での積極的介入政策に着手し、閔妃派は権力の座に留まるために、清の指示に従わざるを得なかった。この方法は朝鮮人をほとんど満足させなかった。つまり、政府の計画は、改革のほとんどしていなかった守旧派にとってはあまりにも十分であり、完全な独立と日本にならった急速な近代化を希望していた急進的開化派官僚にとってはあまりにも不十分であった。朝鮮の近代化は、親清派の守旧派と親日派の開化派との争いに巻き込まれたのである。

開化派は、朝鮮の唯一の救済手段は独立の達成と急速な改革の実施だと見なしていた。しかしながら、これを行う力も手段もなかったために、彼らは清を追い出すために日本に頼った。政権にいる守旧派は、厳しい国際的対立に直面して、現状維持が朝鮮の生き残りに必要であると信じ、漸次的改革の計画という清の命令に従った。したがって、朝鮮の近代化の問題は、清と日本との対立の中心となってしまった。両国とも近代化の努力の最中であった。日本の支援を得た開化派の不十分な構想に基づく軽率なクーデターは完全に失敗し、日清両国の直接介入をもたらした。清国軍はたやすくクーデターを鎮圧し、開化派は日本へ逃避した。そして親清派の閔妃派が政権に復帰した。閔妃派は今まで以上に清に感謝し、清のますます増大する干渉を黙って甘んじて受け入れた。その一方で、清と日本は朝鮮の運命を決定した。

地理的位置、日清両国との歴史的関係、そして自己の弱さのために、朝鮮が二つの大きくかつ強力な隣国［日本と清］間の争いの種になることは、ほとんど避けることができないことであった。清と日本が近代化に取り組み西洋の侵略と戦った数十年間、朝鮮支配の維持ないし確保は、両国にとり、生き残って強国の地位を獲得しようとする努力の成否を計る尺度となっていたのである。

原注

（1）天津条約（または李・伊藤条約として知られている）のこと。条文に関しては、以下のものを参照。*Carnegie Endowment for International Peace, Korea, Treaties and Agreements,*（Washington, D.C., 1921), pp. 7-8.

（2）田保橋潔『近代日鮮関係の研究』上、朝鮮総督府中枢院、一九四〇年、一三三〜一九七頁。

（3）Statistical Department of the Inspectorate General of Customs, *Treaties, Regulations, etc., Between Corea and Other Powers 1876-1889,*（Shanghai, 1891), p. 1.

（4）Marius B. Jansen, *Japan and China : From War to Peace, 1894-1972,*（Chicago, 1975), p. 114.

（5）川本達編『日鮮通交史』上、釜山甲寅会、一九一五年、六四九〜六五三頁。

（6）中国語で Huang-shih, 韓国語で huang-sil。

（7）中国語で Ch'ïh, 韓国語で chik。

（8）傍点は筆者による。

（9）Ching Young Ch'oe, *The Rule of the Taewŏn'gun, 1864-1873*（Cambridge, Mass., 1972).

（10）一八七〇年に、佐田白茅は、皇威を示すために日本が士族からなる三十個大隊を朝鮮に送るべきだ、と主張した。「佐田白茅ノ建白書」外務省編『日本外交文書』第三巻、一三八〜一四〇頁、一八七〇年五月一五日。横山安武は朝鮮人の侮辱への報復を力説する建白書を天皇に提出した後、自殺した。このとき（一八七三年初頭）に、主戦論は頂点に達した。建白書は、大川信義編『大西郷全集』第三巻、大西郷全集刊行会、一九二七年、七一七頁に引用されている。

（11）備邊司・議定府『東莱記録』ソウル、一八七二年十月二一日。

（12）『日本外交文書』第六巻、二八〇〜二八三頁、文書一一九。

（13）John K. Fairbank and Ssu-yu Teng, *China's Response to the West,*（Cambridge, Mass., 1954), p. 27.

（14）Ch'oe, pp. 130ff.

（15）田保橋、前掲書、一三三〜一九七頁。『日本外交文書』第九巻、六九〇〜六九七頁。

（16）崔益鉉（一八三三〜一九〇六年）は、大院君の大規模な景福宮の再建計画の中止と国内改革の資金調達のための当百銭（正価の五分の一の公的価値しかなく、さらに実価は額面の二〇分の一しかない銭貨）の廃止を一八六六年に主張した。

李熙昇他編『韓国人物大事典』ソウル、一九六七年、九五九頁。宋相壽『騎驢随筆』ソウル、一九五五年、九五～一〇四頁。Ch'oe, p. 177.

(17) Ch'oe, pp. 167-168.

(18) 閔妃派が強力な反大院君的立場をとっていたために、彼らが実際に実行したよりも、より一層の改革を行ったと信じられていた。田保橋、前掲書、三三三～三三五頁。『日本外交文書』第八巻、一〇一頁、一八七五年七月二日。

(19)『日本外交文書』第八巻、一〇一頁、一八七五年七月二日。閔妃派により任命された東莱府の代表の態度は、閔妃派の反日態度とほとんど変わらなかった。

(20)『日本外交文書』第八巻、一二九～一三三頁。

(21) 田保橋、前掲書、五一六～五一八頁。

(22)『日本外交文書』第九巻、一四四～一四五頁。

(23)『日本外交文書』第九巻、一六五頁［なお、森の質問は、同書、一四九頁から引用した］。

(24)『日本外交文書』第九巻、一六七頁。

(25) 同右。

(26) Kwang-ching Lin, "Li Hung-chang in Chihli: The Emergence of a Policy," in Immanuel C. Y. Hs, ed., *Readings in Modern Chinese History*, (New York, 1971), p. 237.

(27) Ibid.

(28) 李は、ロシアがアムール川河口近くに軍隊を移動させている、という噂に言及した。李鴻章『李文忠公全集』（以下『李全集』とする）南京、一九〇八年（リプリント版、台北、一九六二年）。コレクションには、奏稿、朋僚函稿、海軍函稿、譯署函稿、電稿が含まれている。『李全集』譯署、巻四、三八頁、一八七六年一月二四日。

(29)『李全集』譯署、巻四、三〇頁、一八七六年一月二四日。

(30) 朝鮮を支援しなければ、属国を等閑視することになるが、しかし朝鮮を助けるために清の軍隊を派兵することは日本を刺激し、その結果日本が朝鮮を攻撃するようになってしまう。李はまた、もし朝鮮が日本により侵略された場合には、満州が次の標的になるであろう、と心配していた。それ故、属国の喪失は「唇破れて歯寒し」という諺と同じ状況となってしまうだろう。『李全集』譯署、巻四、三〇頁、一八七六年一月十九日。

（31）『李全集』譯署、巻四、三〇～三二頁、一八七六年一月十九日。

（32）このときの李の積極政策は、朝鮮への助言にすぎなかった。しかし、彼は朝鮮における真の危険を察知した最初の清の官僚であった。

（33）そのとき、新しい印璽が妥協の結果として一時的に使用された。

（34）李丙壽『韓国史大観』ソウル、一九六四年、四七八～四七九頁。

（35）John M. Maki, *Selected Documents on Far Eastern Relations*（*1689-1951*),（Seattle, 1957), p. 102.

（36）Lin, pp. 278-279.

（37）一八七〇年代後半においては、清は英仏露との問題を優先させていた。

（38）Lin, *Readings*, p. 273.

（39）琉球諸島は、一三七二年から当時の王朝である明と、日本とは一六〇九年から、両国の属国であった。琉球諸島に関する詳細な点は、植田捷雄「琉球の帰属を繞る日清交渉」『東洋文化研究所紀要』第二冊、一九五一年九月、一五一～二〇一頁。

（40）王彦威・王亮編『清季外交史料』巻二五、外交史料編纂処、一九三五年、一～三頁、一八八一年二月二三日。

（41）『李全集』譯署、巻九、三四頁、一八七九年八月二九日。

（42）Arthur W. Hummel, ed., *Eminent Chinese of the Ch'ing Period*,（Washington, D. C., 1943), pp. 721-722. 丁日昌は提督の丁汝昌と区別しなければならない。

（43）親議は、公的な問題に関するエリートの意見の表明を行う政治的な伝統であった。親議の主張者は一八七〇年後半にのみに登場したと一般には信じられているが、儒教的教養の観点から忠告を行う官僚達の似たような集団がいた。彼らは、一八六〇年代初期に、非妥協的な戦争政策を主張していた。
Masataka Banno, *China and the West, 1858-1861 : The Origins of the Tsungli Yamen*,（Cambridge, Mass., 1964), p. 67 ; Lloyd Eastman, *Throne and Mandarins : China's Search for a Policy during the Sino-French Controversy, 1880-1885*,（Cambridge, Mass., 1967), p. 4.

（44）『李全集』譯署、巻一一、四二～四五頁、一八八〇年十二月二三日。

（45）Tyler Dennett, *Americans in East Asia*,（New York, 1941), p. 436.

(46)『李全集』譯署、巻一三、七〜一〇頁、一八八二年三月二五・二七日。
(47)『李全集』譯署、巻一三、七頁、一八八二年三月二七日。
(48)『李全集』譯署、巻一三、三三〜三四頁、一八八二年四月二三日。
(49) Maki, p. 108.
(50) 李は、朝鮮が属国の状態にあるとの書面による声明は必要がある、なぜなら、そうしないと他国がそのことを忘れてしまい、将来のトラブルを引き起こしかねないからである、といった。『李全集』譯署、巻一三、七〜八頁、一八八二年三月。
(51) Korea, Treaties, pp. 64-70.
(52)『李全集』奏稿、巻四四、四〇頁。英訳は、Lin, pp. 283-284. なお、傍点は筆者による。
(53) 李丙壽、前掲書、四七九〜四八〇頁。
(54) 国史編纂委員会『高宗時代史』第二巻、ソウル、一九七〇年、一五一、一五七頁。『李全集』譯署、巻一一、四二〜四五頁、一八八〇年十二月二二日。
(55)『高宗時代史』一八二頁。
(56) 同右、一八三〜一八六頁。金綺秀「修信使日記」『韓国史料叢書』ソウル、一九七四年、一六〇〜一七一頁、所収。
(57)『日本外交文書』第一三巻、三九四〜三九六頁。李瑄根『韓国史』ソウル、一九六二〜一九六三年、四三二頁。
(58) 李光麟『韓国開化思想研究』ソウル、一九七四年、三二頁。
(59)『李朝実録――高宗実録』第二、学習院東洋文化史研究所、一九六七年、一八八〇年十一月三日。
(60) 宋相壽、前掲書、八〜一四頁。『高宗時代史』二五五頁。
(61)『高宗時代史』二六六、二六九、二七〇頁。
(62) 宋相壽、前掲書、四八三頁。
(63) Homer B. Hulbert, *The History of Korea*, (Seoul, 1905); revised and edited by Clarence Norwood Weems, (New York, 1962), vol. 2, pp. 225-227.
(64) 李丙壽、前掲書、四八四頁。
(65) 伊藤博文編『朝鮮交渉資料』上、秘書類纂刊行會、一九三六年、一一四〜一一五頁。王信忠『中日甲午戦争之外交背景』国立精華大学、一九三七年、三六頁。

(66) 王信忠、前掲書、三九頁。

(67) 李起夏『韓国政党発達史』ソウル、一九六〇年、七頁。

(68) 明治初期の日本の自由主義の指導者である福沢諭吉でさえ、若い朝鮮人開化派との会談後、彼の若いときの西洋諸国への留学を追憶し詩を作った。石川幹明『福沢諭吉伝』第三巻、岩波書店、一九三三年、二八九頁。

(69) 鄭喬『大韓季年史』韓国史料叢書、ソウル、一九五七年、一四頁。

(70) 同右。Harold F. Cook, *Korean's 1884 Incident : Its Background and Kim Okkyun's Elusive Dream*, (Seoul, 1972), p. 37.

(71) 「両班」とは、文字通り、文官と軍人の「二つの階級」を意味する。ふつうは、一般的な意味で支配階級を示す。「両班」を貴族（aristocracy）と呼ぶのは、誤称である。

(72) 朴鍾和「二十世紀韓国の証言」『韓国日報』一九七〇年九月二十日。

(73) 石川、前掲書、二九〇頁。

(74) 試験に合格するという通常のルートでの政府の役職の獲得に最も成功した開化派メンバーである金玉均は、参判以上の地位には昇進できなかった。これは、まちがいなく、王妃派の驪興閔氏と旧世道勢力安東金氏との対立のためである。Cook, pp. 54-55.

(75) コンロイはこれを「安全かつ道理にかなった政策（safe and sane policy）」と呼んでいる。Hilary Conroy, *The Japanese Seizure of Korea*, (Philadelphia, 1960), p. 127.

(76) Cook, p. 86.

(77) 金玉均「甲申一揆」伊藤博文編『朝鮮交渉資料』上、原書房、一九七〇年（復刻版）、四四七頁、所収。

(78) 同右。

(79) 計画されていたように、暴徒［開化派］は国王に日本公使への保護を求める書簡を書かせた。竹添は用意しており、すぐに公使館の護衛兵とともにやって来た。王信忠、前掲書、六七〜六八頁。

(80) 王芸生『六〇年来中国与日本』第一巻、天津大公報社、一九三二年、二二〇頁。

(81) 金正明編『日韓外交資料集成』第三巻、巌南堂、一九六六〜一九六七年、一六九〜一七六、一七八〜一八九頁。

(82) 議定書の条文は、『日本外交文書』第一八巻、三四八～三四九頁を参照。
(83) 田保橋、前掲書、一〇六六～一〇六七頁。
(84) 『日本外交文書』第一八巻、二六二～二六三頁。

訳注

〔1〕井上の報告書は、『日本外交文書』第八巻、一三〇～一三二頁を見よ。

〔2〕森は、総理衙門における交渉の報告のなかで、清政府側は、「朝鮮ハ屬國ノ名ヲ帯ルト雖モ清ヨリ彼［朝鮮を指す］カ内政教令ニ關與スルヲ得ス又外國ト交接スル等ノ事ニモ一切關與スル無キ旨ヲ答フ」と報告している。そのときの交渉において、清政府側の代表である沈桂芬は、朝鮮の状況について次のように森に述べている。朝鮮国は、「我國ノ屬管禮部衙門ニ隷スル所」であり、「政教禁令ノ如キ總テ彼レ［朝鮮を指す］ノ自カラ爲スニ任カ」せており、さらに、「外國ト交ル如キモ彼ノ自由ニ任セテ中國之ニ關セザルナリ」、とした。
　そこで、森は沈に属国の定義を尋ねると、沈は、「所謂屬國トハ我カ所有ノ地ニアラズシテ其ノ時ヲ以テ進貢シ我冊封頒暦ヲ奉スルヲ以テ云フナリ」と答えた。『日本外交文書』第九巻、一四三～一四六頁。

〔3〕李は、森との交渉の際に、「朝鮮ハ清國ノ屬隷ニシテ貴我ノ條約ニ基キ貴國ノ爲ニ屬國視セラル可キ者ノ一タリ」と沈や恭親王と同じ見解を述べた。『日本外交文書』第九巻、一七二頁。

〔4〕日朝修好条規の本文は、外務省編纂『日本外交年表竝主要文書』上、原書房、一九六五年、六五～六六頁を見よ。

〔5〕原文は以下の通りである。なお、読みやすくするために、句読点を付けた。［ ］の部分は、英語原文で略されたところである。「朝鮮久列藩封。典禮所關一切均有定制。毋庸更議。推現在各國既由水路通商。自宜亟開海禁令。［兩國商民一體互相貿易共霑利益。其邊界互市之例、亦因時量為變通。］惟此次所訂水陸貿易章程、係中國優待屬邦之意。不在各與國一體均霑之列。［茲定各條如左。］」この章程の全文は、国立公文書館アジア歴史資料センターのホームページでも公開しており、訳者はこれを参照した。

〔6〕済物浦条約の本文は、同右、九〇頁を見よ。

〔7〕漢城条約と天津条約の本文は、同右、一〇一～一〇四頁を見よ。

参考文献

岡本隆司『属国と自主のあいだ』名古屋大学出版会、二〇〇四年。

岡本隆司『世界のなかの日清韓関係史』講談社、二〇〇八年。

奥平武彦『朝鮮開国交渉始末』刀江書院、一九六九年。

高橋秀直『日清戦争への道』東京創元社、一九九五年。

田保橋潔『近代日鮮関係の研究』上、朝鮮総督府中枢院、一九四〇年（復刻版、原書房、一九七〇年）。

藤間生大『壬午軍乱と近代東アジア世界の成立』春秋社、一九八七年。

時野谷勝「明治初年の外交」『岩波講座　日本歴史一五　近代二』岩波書店、一九六二年、所収。

旗田巍『朝鮮史』岩波全書、一九六七年。

原田環「一九世紀の朝鮮における対外的危機意識」『朝鮮史研究会論文集』第二一集、一九八四年。

「特集　甲申政変一〇〇年」『朝鮮史研究会論文集』第二二集、一九八五年。

彭沢周『明治初期日韓清関係の研究』塙書房、一九六九年。

茂木敏夫「中華帝国の『近代』的再編と日本」『岩波講座　近代日本と植民地一　植民地帝国日本』岩波書店、一九九二年、所収。

姜在彦『朝鮮近代史』平凡社、一九八六年。

姜在彦『近代朝鮮の思想』未来社、一九八四年。

姜範錫「黃遵憲『朝鮮策略』の行間を読む」『法学雑誌（大阪市立大学）』第四二巻第四号、一九九六年。

申國柱『近代朝鮮外交史研究』有信堂、一九六六年。

第三章　明治日本の中国人
――日清戦争以前の相互作用――

蒲地典子

明治期の在日中国人は、二つの種類に分けることができる。一つは、商業活動や肉体労働に従事し、程度の差こそあれ、長期間日本に滞在する人々であり、もう一つは、外交官、留学生、旅行者、政治的亡命者といった、伝統的な読書人階層に属するエリート達である。このうち、これまで歴史研究のより詳細な分析の対象となってきたのは、後者であった。その原因は、中国の民族運動において彼らが果たした、顕著な役割にある。それに対して、本章が注目するのは、前者の中国人である。彼らは一八九四～九五年に起こった日清戦争に先立つ明治前期、日本の社会において、特別な地位と役割とをしめていた。この時代の日本は、近代的な国際秩序のなかでの、本当の意味での一員では未だなく、中国同様、西洋諸国との、不平等条約に縛りつけられた状態にあった。文化的な見地からしても、日本は、依然、中華文明の影響から脱していなかった。西洋文明への熱狂とは別に、漢籍は依然、日本の教育や文学における、基礎であった。ドナルド・キーンが、いみじくも明らかにしたように、日清戦争における日本の勝利は二つの結果をもたらした。まず、日本は、この戦争に勝利したことにより、自らに対して自信を有するようになった。他方、中国に比べれば小国であり、弱体であると思われていた日本が勝利したことは、西洋諸国をして瞠目させ、日本に対する尊敬の念を抱かせることとなった。「中国人は、遅れた、臆病な連中であり、賤しむべき存在でさえある。あの古の偉大な中華文明を継承する資格は彼らにはない」、日本人は、自身そう確信するようになったのである。(1) 日清戦争以前の日本における中国人の地位は、西洋に対して劣位に置かれた日本の立場を反映するものであり、同時に中国との伝統的紐帯をも示すものであった。

近代における在日中国人コミュニティーは、日本の西洋への開国の結果として生まれたものであった。中国の開港場で貿易に従事していた欧米系商人が日本に支店を開いた際、自らの中国人使用人を、家族や従者と共に、連れてきたのである。加えて、それ以上の数の中国人が、欧米系商人の後を追って来日した。日清両国の間に最初の近代国際法秩序にかなった条約が結ばれたのは一八七一年のことであるが、それ以前の段階においては、中国人には、日本に留まる合法的資格は存在しなかった。中国人は西洋人居留地において、権利料を払って、名目的に西洋人の従者や使用人の資格を獲得し、居留地の居住権を得ることにより、条約締結国である西洋列強から保護を獲得していた。開港場における中国人の数は、西洋人のそれを凌いでいた。長崎で、横浜で、神戸で、大阪で、そして函館で、中国人コミュニティーは急速に成長することとなっていった。(2)

長崎には、江戸時代から公式に認められた中国人商人のための拠点があり、この都市の中国人コミュニティーはそこから発生したものであった。鎖国政策の行われていた二〇〇年間、幕府は長崎での貿易のため、一定数までの中国人商人の滞在を許容してきた。これらの中国人商人は、家族を伴うことを許されず、一六八九年以降は、その居住地も唐館十三軒部屋と呼ばれた地域に限定されることとなった。このような中国人の間には、次第に共同体意識が芽生え始めた。未だ中国人の入国が制限されていなかった一六二〇年代には、長崎市内であれば、中国人にも、居住地選択の自由があり、彼らは市内に自らのための寺院をも建立していた。その寺院をそれ以後も維持していたことは彼らの間の共同体意識の現れである。唐人屋敷からの出入りを監視し、幕府役人の職務遂行を手助けした唐通事は、その大半が、唐人屋敷が建設される以前において、幕府に服従すべく選ばれた長崎在住中国人の子孫であった。屋敷内のもめごとを仲裁したり、犯罪行為、なかんずく、キリスト教にかかわる行為の実践を防ぐことが彼らの役目であった。抜け荷のような重大な犯罪については、奉行所への通報が義務づけられていたが、それ以外のさほど重要でない犯罪については、屋敷内で処理されており、幕府の法は、屋敷内で厳しく行われていたわけではなかった(3)。

長崎がオランダ以外の西洋諸国にも開かれた一八五九年以降、幕府は中国人の市内への立ち入りを統制することができなくなり、膨大な数の中国人が家族を伴って、屋敷とその周辺地域である、広馬場・新地地区へ住み着くこととなった。この地域の中国人コミュニティーは、主として、福建人や、江蘇、浙江から来た人々より構成されていた。これらの人々の出身地の範囲は、それまでの古い制度の下、長崎で貿易をしていた人々の出身地と、ほぼ一致していた。特徴的なことは、唐人屋敷界隈においては、広東人が排除されていたことである。広東人社会は大浦・波浦地域の西洋人居留地において成長した。福建・江蘇・浙江人社会は、一般的にいって、商人階層とその使用人からなっており、広東人社会は、労働者・職工、そして一定の商人からなる混合体であった。一八八〇年の調査によれば、長崎には五四九人の中国人が居住しており、うち男性は四九〇名、女性が五九名であった(4)。

横浜には日本最大の中国人コミュニティーが存在した。登録されていただけでも、一八六九年・一〇〇二人、一八八〇年・二一六九人（男性・一八六三人、女性・三〇六人）、一九〇七年・三六四四人、という数の中国人が横浜には居住していた(5)。横浜の中国人コミュニティーにおいては、当初、広東人が圧倒的な地位を占めていたが、横浜・上海間を蒸気船が走るようになった一八七五年以降には、江蘇・浙江・福建の各地域からも相当数の中国人が流れ込んでくるようになった。欧米系企業の敷地内に住んでいた者を別にするなら、横浜の中国人は、貧富の別なく、後に南京町として知られるようになる、外国人居留地内に集住していた。彼らの商店は、同時に彼らの住まいでもあり、そこでは食品や雑貨が扱われていた。住人の多数を占めるのは使用人であり、しかもその多くは定職を有していなかった(6)。

神戸が開港したのは一八六七年のことである。以後、長崎からの十一人をはじめとして、中国人商人が順次移り住み、一八八〇年には五一六名（男性・四二五名、女性・九一名）、一九一一年には約一八〇〇名に至るまで増加することとなる(7)。中国内陸部、および福建からの来日者も相当数いたが、圧倒的な多数を占めたのは、広東人であった。神戸の広東人は、華南との交易に従事するのみならず、広くハワイ・カリフォルニア・東南アジア地域との、交易網をも、確固たるものとしていた。一八七五年頃から、インドからの原綿輸入が重要なものとなっていたが、この日印貿易の大半をも、彼らは扱っていた。一八七〇年代中葉、彼らは中国から砂糖と原綿を輸入し、銅・水産物・乾燥茸等の伝統的な日本の産品を輸出していた。一八八〇年代においては、対中・対東南アジア貿易において、マッチが重要な輸出品となっていた(8)。

大阪の中国人コミュニティーでは、華北との取り引きが多く、多くの中国人は、まず神戸に拠点を構え、そこから大阪に進出してきていた。一八九〇年以後は、大阪は華北・満州との交易を扱う主たる貿易港となり、そこを訪れる貿易関係者の数も増加していった。一八九四年までに、三〇〇から四〇〇人程度の数の中国人が大阪に住んでいたと推定されている(9)。

一八五九年の開港以後、函館には、広東人が進出、住み着くようになり、浙江商人がこれに続いた。ここでの中国人は例外なく、水産物の輸出に従事していた。一八八〇年には、三三人の中国人が居住しており、その数は明治期を通じてほとんど変わることがなかった(10)。

中国人コミュニティーでの生活面に目を向けてみるなら、そこには会所・公所、会館などと呼ばれる、同業団体や同郷団体が存在し、自治と相互扶助組織の面において、重要な役割を果たしていた。これらの組織は、中国人コミュニティー内における、出猖、仲裁調停、共同防衛、祭祀・宴集、葬礼、帰葬、社会救済・公共諸善宜、等の役割を果たしていた。在日中国人達をして、このような公共組織を創らしめるに至った直接的な動機は、公的に認められた自治の単位が必要だという、彼ら自身の認識にあった。幕府は、一八六七年に、条約締結諸国と、日本における非条約国民に関する規則を定めていたが、翌年、明治政府は、この規則に基づく形で、中国人居住者にも政府の法的支配は及ぶのであり、中国人その他の無条約国人は、取締局の名籍に登録し、籍牌を受けなければならない、という取締規則を布告することとなった。この規則が布告されるや否や長崎の広東人社会の代表者は連名で、すぐに、自らの集会所設立と、個々の広東人の登録がこの会所を通じて行われるようになることを求めて、長崎の当局に請願を行っている。彼らにいわせるなら、中国人には「中国の道に従い」、自治が認められるべきであり、例えば、広東人と日本側当局との間に問題が生じた場合——密輸に関してなど——には、会所にこれらの問題を解決するための権限が与えられるべきであった。さらに、問題がより深刻な場合においては、例えば、問題解決のために、個々の広東人に代わって、会所が日本人との交渉に当たることもできるであろう。刑事事件の際における、犯罪人に対する、捜索・逮捕・刑の執行においても、会所が責任を持つこともできよう。福建人達も同様の請願を行った。両者の会所は、長崎市当局によって承認され、一八七四年には、これらの会所の代表者は、公式に各々の集団の総代・総官等に任じられている。(11) これらの会所や公所は、犯罪の防止に責任を持ち、各々の共同体内部の刑罰執行の権利があるとされた。こういったことの結果、一八七五年の三月、三人の中国人が阿片吸烟の疑いで警察に逮捕される事態が起こると、会所・公所は、これらの犯罪は会所・公所に通報されるべきものであり、犯罪人の逮捕と処罰は、会所・公所に任されるべきである、旨の共同抗議声明を出すに至ることとなる。(12)

横浜では幕府により同様の布告がなされるや否や、横浜居留地内の中国人代表者達は、中国人を監督するための集会所設置を幕府に請願し、これが幕府にも認められている。(13) 同様に神戸でも、明治政府は襲慎甫を雇い、中国人の取締に当たらしめた。神戸には、中国人達の出身地の違いに基づく、さまざまな会所・公所が存在したが、一八九〇年頃には、中国人コミュニティーすべてを統括する組織が結成されるに至ることとなる。(14)

中国人による自治要求は、一八七一年の日清修好条規に拠り、法的な根拠をも獲得することとなった。すなわち、同条規は在日中国人達に対して、治外法権的地位を認めることとなったのである。一八七八年の清国領事来日以後は、在日中国人が領事裁判権の特権を享受した。この時代においても会所や公所は活動を続け、中国人コミュニティー内部の出来事に関して、領事への助言者として活躍している。(15)

明治初期における、日本人の中国人居住者に対する感情は、親愛と、嫉妬と、敵意と、軽蔑が複雑に入り交じったものであった。親愛の情は、江戸期からの遺産であった。長崎における小唄のなかには、彼らに広く友好的な態度を現すものが、数多く存在する。そのような小唄のなかでは、中国人は「阿茶さん」と呼ばれていたが、そこには尊敬と親しみの感情が隠されている。例えば、「阿茶さんの寺参り」という歌い出しで始まる、ある俗謡では、彼らの崇福寺参詣の様子が歌われている。また、「看々兮」で始まる、九連環のように、華中音のまま、遊女唄として歌われるものもあった。こういった中国の歌は、時に歌詞の間に日本語の単語が挟まれるなどして、長崎の人々の間に、歌い継がれてきたものであった(16)。一八七〇年代後半には、月琴が流行した時期が有り、長崎の人々は、官員から「豆腐屋のおっかさん」に至るまで、この中国楽器の練習に熱を挙げた。こういった友好的な雰囲気は、他の地域に比べ長崎一帯に、深く根付いたものであった。例えば、「阿茶さん」という語などは、日中両国人の間に紛争が起こるようになった以後も使われていたのである(17)。

江戸期長崎交易に従事した中国人商人達は、一般に、裕福で寛大であると見なされていた。崇福寺の大釜は、大飢饉に当たって、飢餓を救うために、供出されたが、これなどは一六八〇年代の、中国人達の精神を象徴する出来事であり、このような伝統は明治時代に至るまで続くこととなった。一八八〇年に市中が大火に襲われた際には、中国人のなかにも消防隊の一員として活躍する者があり、彼らの行為は地元の新聞でも賞賛されている。一八九〇年の飢饉の際には、福建商人が七〇〇〇石の米を、広東商人が三〇〇円の現金を寄付している(18)。中国人達は裕福であると見なされていたため、貧窮した日本人のなかには、子供達が良い教育が受けられるであろうことと、将来、文字通りその家業を引き継ぐであろうことを期待し、喜んで自らの子供を中国人の養子として差し出す者もいた。一八七〇年、長崎県は養子縁組みを偽装して、自らの子供を売る親がいることを、警告している(19)。さまざまな形で、長崎在住中国人は、貿易業務においてだけでなく、その評判においても、自らに先立つ世代から、豊富な遺産を享受していたのである。

横浜と神戸における外国貿易の最盛期には、欧米系企業の使用人として働く中国人は、繁栄と特権を西洋人と共に享受していた。彼らは最高級料亭の良客であり、芸者と共に絹のガウンを纏った中国人を連れて行われた西洋人の宴会は、錦絵画家達の好んで取り上げた主題であった。神戸における、一八九二年の中華会館建設は、彼ら中国人商人の財力を、人々に知らしめるものであった(20)。会館は、神戸でも最大の建築物と見なされ、遠方より見物客が押し寄せるほどであった(21)。

今日ではほとんど注目されることはないが、このような中国人達の存在は、中国人が西洋より学んだ様々な技術をさらに日本人に伝達する、という実用的レベルにおいて、日本の西洋化に貢献するものであった。上海よりやってきた仕立屋は、日本人の服装の西洋化の手助けとなった。灯油と石油ランプをはじめて日本に輸入したのは、長崎の中国人であった。一八七四年、ガス灯が珍しかった時期に、長崎中国人コミュニティーの指導者達は、無償で街灯をつけることを申し出、政府の許可を得るに至っている。彼らはまた、西洋の例にならって、孤児院を設けることをも、提案している。[22]一八七〇年代の後期には、中国人のなかから、紅茶の作り方を日本人に教えるために、東海地方まで呼ばれる者も現れた。

一八八七年頃までは、横浜外国人居留地の焙茶工場において、工場監督、焙煎技術者、火夫、の全員が中国人であった。[23]湖州出身の人夫は、恐らく日本人にどのようにして輸出用の陶磁器を作ればよいか、教授したことであろう。東京においては、政府は中国人技術者をある研究所において、家鴨の人工孵化実験を行わせるために雇用していた。[24]

同化の指標として、一般的に重要であると見なされるのは、婚姻関係の進展であろう。これを日中両国の間で見ていくなら、例えば、長崎では、一八七三年から一八九九年の間に、中国人男性と日本人女性の間の二二件の結婚が記録されている。[25]当時、両者の婚姻には、知事と内務大臣の許可が必要であった。しかし、よく知られているように、非公式な両者の交渉は数多く存在しており、その結果、中国人コミュニティーのなかには、日中双方の血を引く子供が多数存在することとなった。著名な中国人文筆家である、蘇曼殊もそのような一人であり、彼は横浜にて中国人の父と日本人の母の間に生まれている。彼の回想によれば、一八九九年、横浜にあった大同学校の彼の同級生の半数が両者の血を引く子供であったという。[26]

中国人商人と西洋人貿易業者との間には、業務上の繋がりと協力関係が存在し、両者は日本の対外貿易を支配していた。日本人はこのような中国人と西洋人の関係を敵意を持って眺めていた。明治初期の十年間、九五％以上の対外貿易が、外国人によって扱われており、その割合は次第に減少こそしていったが、一九〇〇年の段階においても、依然、六十%近い数字を示していた。治外法権、優勢な資本投下、そして、海外市場における日本側情報網の欠如、等の利点を存分に発揮することにより、西洋人は価格決定をはじめとする貿易とそれに伴う交渉における優位を維持していた[27]。日本人は、この貿易分野における西洋人支配に、非常な関心を寄せていた。当時においては、それこそが、明治前半期の日本を苦しめた貿易赤字の主たる原因である、と信じられており、このような状況から交易上の権利回復を求める運動が、不平等条約改定運動の一つとして、現れるほどであった。

そして、そのような西洋人企業に中国人が雇われていたことは、日本人の苦渋の念を一層増さしめることとなった。彼ら中国人使用人は、タフで抜け目のない交渉者であり、日本において「番頭」と呼ばれたその彼らこそ、業務上の取引において、日本人が直接的に顔を合わすこととなる相手であった。外国貿易の経験の少ない日本人は、狡猾な中国人に思うように振り回された。中国人達は、輸出品を商うに当たり、一～二%の手数料を徴収しており、このような中国人のやり方に対し、日本人は、中国人が袖の下を要求しているのだ、と理解していた[28]。

中国人の倉庫管理人達も、商品の長さや重量を計測するに当たって、同様の手数料を要求した。そもそも彼らの計測自体、日本人の不信の対象であった[29]。中国人は、自らの側に有利な量器を恣意的に用い、端数も自由に処理している、日本人はそう考えていたのである。さらに、輸入品を扱うに際しても、中国人は不法な周辺利得を得ているとして非難されていた。明治初期日本の主たる輸入品の一つであった繊維類は、保護とその嵩を減らすために、長途の船舶での運搬に際して、鉄輪で緊縛された形で、日本まで運ばれてきていた。そして、この鉄輪は、西洋人企業で日本人買手が品物を受け取ると同時に、倉庫管理人である中国人のものとなり、彼らはそれを運び去って売り飛ばし、自らの懐を暖めていたのである。買手はこれに対して次のような不満を有していた。これでは、運搬に不便を極め、港からの運搬の費用も嵩んでしまう。これでは不公平だ、と。それでも西洋人企業がこの行為を辞めるように中国人管理人を説得するまでには、長期にわたる交渉と、日本側の組織的抗議を待たねばならなかった[30]。

明治初期の日本における対中貿易は、ほぼ完全な中国商人の独占下にあった。この分野における貿易に従事する日本人商人が増加するのは、日清戦争終了後、日本が工業製品の輸出を始めてからである。一九〇五年頃までには、外国人商人と日本人商人の割合がようやく一対一になる。日本が対外貿易において、他に圧倒的な優位を築いたのは、正にこの対中貿易の分野に他ならなかった(31)。

明治初期以来、日本の新聞の中国人居住者に対する報道には、不満と皮肉の調子が表れていた。中国人はしばしば、「豚尾（ちゃんちゃん）先生」という言葉で呼ばれた。一八七七年、日本を初めて訪問した清国の欽差大臣一行について報道するに当たり、横浜毎日新聞は、軍艦海安号の不潔と無規制について記している(32)。また、一八七七年の読売新聞に掲載された、「南京菓子屋」と蕎麦屋の道端での衝突事件の記事は、日本人の中国人に対する同様の意識を、それ以上に顕すものであった。記事によれば、両者が衝突した結果、蕎麦屋の蕎麦が落ち、泥塗れになった。結局、中国人側に責任があることになり、中国人は蕎麦代十二銭の半分である六銭を蕎麦屋に払うこととなった。金を払い終って中国人は「私が六銭出しましたから蕎麦わたし貰ひます」と言い、道端へ落ちていた蕎麦を持ち帰った、という。読売新聞はこの事件を締めるに当たって、皮肉っぽくこう論評している。「大方勿體ないと思ツたのでしやう(33)。」

当然のことながら、中国人は、このような侮辱的な報道の姿勢に反感を有していたが、領事がやってくればこのような状況は改善されるかもしれない、と考えてもいた(34)。一八八一年、函館の中国人コミュニティーは、地元の新聞に対し、中国人料理人と日本人女性の間での姦通を報じるに当たって、中国人を「豚尾（ちゃんちゃん）坊主」と呼び侮辱したとして、訴えを起こしている。函館の中国人コミュニティーは、このような侮辱的用語の使用を、「大清帝国の光栄を汚し中国人の名誉を損する」として、検察に告訴を行ったのである。結局、訴えは、編集者が記事中の「豚尾（ちゃんちゃん）」なる語は、件の特定の個人のみを意味するものであり、中国人一般を指すのではない、との書面を出すに至り、解決することとなった(35)。

このような条約港における日中両国人相互の敵意にもかかわらず、両者の間に、深刻な暴力事件は知られていない。述べてきたような両者の摩擦は、中国人が日本人と近くで接しながら生活していたことを意味するものではあっても、カリフォルニアに存したような人種的敵愾心が双方にあったことを意味するものではないのである。しかしながら、最初の長崎駐在清国領事と、長崎知事の折衝の記録に見られるような例もある。すなわち、中国人と日本人警察との間の問題であり、両者の折衝には、この問題の困難さが如実に表れている。警察は、道行く中国人を呼び止めること、しばしばであり、彼らは傲慢かつ挑発的な調子で中国人の外国人登録書を検査した。領事でさえもその例外ではなかった。領事が自らが領事であることを証明しても、なお、警察は彼をぞんさいに扱ったのである(36)。

もっとも、明治日本の巡査がぞんざいであったのは、何も中国人に対する場合に限られなかった。つまり、士族出身者の多かった巡査は、自らの武士であることから生じる傲慢さを、周囲のあらゆる者に発揮したのである。とは言いつつも日本人は、このような巡査の権威を容認していた。が、中国人は警察を信用せず、同じ現象を、マイノリティーに対する差別的扱いである、と考えたのである。結果、警察が中国人を逮捕しようとする度、それは中国人の怒りを買い、警察は中国人街において、中国人群集に取り囲まれることとなったのである(37)。

中国人と警察との間で最も深刻な衝突が起こったのは、政府が中国人の間で行われていた阿片烟を取り締まろうとした時のことであった。阿片烟に問題があることは、当の中国の事例より、日本においても知られており、阿片は日本においては吸烟も取引も禁止された状況にあった。一八五八年の欧米諸国との通商条約においては、阿片の輸入は禁止され、それに違反した場合の罰則も明確に定められていた。一八七一年の日清修好条規においても、通関規定のなかで、阿片の輸入禁止が定められていた。が、問題は、この条約においては、違反者の処罰に関しては明確な規定が存在していないことであった。これにより、日本政府が阿片烟禁止を強制することが困難となった。清国側に事実上阿片烟を禁止する法が存在しなかったことは、問題を一層深刻化させた。以上のような困難な状況下にあったにもかかわらず、来日する中国人の多くは、来日以前にすでに、阿片中毒者であり、結果、そのような中国人の来日は、日本人のなかに阿片烟の習慣を広めさせることとなった。日本政府はこの状況を憂慮し、中国人の間での阿片烟の風習を防止することに乗り出すこととなる(38)。

以上のような阿片烟習慣撲滅の努力の一方で、日本政府は、交渉の席に付きたがらない中国政府との間で、これら阿片に伴う諸犯罪への処罰規定を定めるべく交渉を行っていた。日本政府代表と清国総理衙門との間で北京で行われたこの交渉が、合意へとたどり着いたのは、一八七六年二月のことであった。日本政府が、この犯罪に対して厳しい処罰規定を設けるよう中国側に求めたにもかかわらず、両者の合意は、西洋諸国との間で設けられたのと同様の罰則が、日本在住の中国人にも適用される、というものであった。具体的には、各々の入国者は、三ポンド、しかも、自らが船中で吸烟するために使うもの以上の阿片を持ち込むことは禁止され、違反者には、重量超過分に対して、一ポンド当たり十五ドルの罰金が科せられる、というものであった。[39]規定の具体的運用については、日本側外務卿と、翌一八七七年十二月に来日した清国欽差大臣許鈐貝との間で、東京にて話し合われた。寺島外務卿は、この際清国側に四項目の提案を行っているが、そのうちの一項目は、警察に対して、犯罪が依然確定していない状況において、該当中国人が実際に阿片を保有しているかどうか確かめるべく、中国人の居宅を捜索し、阿片を押収する権限を与えるものであり、犯罪者は警察の手を通じて清国領事に引き渡されるものとされた。許はこれに対して異議を唱えた。許は、容疑者の逮捕については、領事館の権限に属するべき事柄である、と主張し、加えて次のように指摘した。清国の法においては、警察が個々人の住居に立ち入ることは許されておらず、容疑の固まらない段階での任意での取り締まりは、将来の日中両国の間での問題の種を残すこととなる。寺島はこれにこう弁明した。家宅捜索は、犯罪者逃亡の火急の危険性がある場合に限られる。この交渉の後、日本政府は条約港の知事に、この四項目を厳守するように通達している。[40]しかし、この四項目の解釈の相違が、様々な問題をもたらすことが、すぐに明らかになることとなった。

一八七一年の日清修好条規改定に向けて、日清両国が交渉の席についたのは、一八八六年三月より翌々年九月までの時期であった。ここにおいて日本政府は、阿片烟に伴う犯罪者を処罰するための、特別規定を設けることを要求したが、このような日本の要求に対して、清国側は依然として頑な態度を示すこととなり、結果、交渉は総じて非生産的なものとなることとなった。日本側警察の家宅捜査の権利について、清国側は、両国の慣習と風俗の違いが考慮に入れられるべきである、という立場を取っていた。清国においては、官憲が犯人逮捕のために家宅捜査を行う権利は認められておらず、したがって、日本の官憲の権限の範囲も、犯人が隠れ家から出て来た時に逮捕すべく、適切な措置を取ることに制限されるべきである。日本国内における阿片取引に日本政府が強硬手段を取ることは自由であるが、ともかく、自宅で阿片を吸う限りにおいては、日本人に悪習を広めることはないではないか。清国側はそう主張したのである。(41)

阿片烟に対する両国の意見の相違は、一八八三年、長崎における両国の衝突という形で、現実のものとなること となる。事件の概要は次の通りである。九月十五日夕、六人の巡査が中国人の阿片吸烟を認め、この者を拘引すべく居留地内の中国人宅へ踏み込んだ。これに対して容疑者は、巡査には、清国領事の承諾なく中国人を逮捕する権限はなく、捜索は違法である、と警察の行為の違法性を指摘して抗拒した。そして、この容疑者の警察に対する反駁は、同じ中国人達が容疑者救出のために駆けつけたことにより、居留地内に広く知られることとなり、両者の対立は、衝突へと発展することとなった。衝突の結果、中国側に、死者一名を含む、多くの死傷者が出る結果となった。この事件に対し、在日中国人達は、警察側の行為を、居留地規則違反であるとして、領事に抗議するように求めたが、他方、長崎県令はこれに対し、中国人は阿片烟にかかわる事柄については、他の条約締結国諸国民と同等の権利を有さず、それ故、警察には、阿片烟容疑者逮捕のため、居宅に踏み込む権利があるのだ、と主張した。県令が中国人達の主張に譲歩したのは、ただ一つ、ほぼ一年間、巡査の佩剣を禁止させた、その点においてだけであった。(42)

一八八〇年代には、両国の間に阿片烟に伴う衝突が起こっただけではなかった。これからしばらく後には、中国人水兵と日本側警察との間の衝突も勃発したのである。一八八六年八月一日、清国北洋艦隊の軍艦四隻が、丁汝昌提督の指揮下、長崎に入港した。入港した軍艦は、各々、ドイツ製の、定遠・鎮遠・済遠・威遠の各艦であり、何れも北洋艦隊に近々に加えられた新鋭艦であった。艦隊は、ウラジオストクからの帰航途中、自らの勢力を誇示すべく長崎に立ち寄ったのであった。当時の日本の海軍力は清国のそれに比べて遥かに劣勢であり、北洋艦隊の回航は日本人に危機感を与えることとなった。(43) 八月十三日、二〇〇人前後の中国人水兵が上陸するが、その夕、ある貸座敷屋で、店の主人と数人の清国水兵の間でもめごとが起こり、王発他五名の定遠乗務水兵が、店の器物を損壊することとなった。巡査の到着と共に、王発を除く四名は逃走したが、王発は巡査に抵抗した後、逃げ去ることとなった。それからしばらくして、王発と水兵達の一団は、王発を逮捕しようとした警察官に復讐すべく、派出所に押しかけることとなる。押し問答の挙げ句、当事者たる王発と彼を逮捕しようとした巡査の双方が負傷したが、結局、巡査は王発を捕らえ、警察署へと連行した。王発の身柄はここで清国領事に引き渡されることとなる(44)。

その翌日には何事も起こらなかった。多くの水兵が上陸し、市街、特に中華街をぶらつく程度であった。さらにその翌日、八月十五日は、日曜日であった。六〇〇人の水兵が上陸し、そして、午後八時頃、中国人地区で、大規模な衝突が勃発することとなる。領事の報告によれば、水兵達が平和に通りをぶらつき、買い物をしていると、いきなり、数百もの警察官が現れ、喧嘩を仕掛けてきた、という。刀をはじめとした様々な武器で武装した一〇〇〇人以上の日本人が、警察に合流した。なかには、水兵達に放水し、屋根の上から石を投げる者もいた。水兵の方はといえば、武器を持っていなかったため、これらに対抗することができず、多くの者が死傷する結果となった。清国領事はこのような事態に対し、日本側が敵意を煽ったものとして、激しく抗議している(45)。しかし、日本側の報告によれば、状況はこれとは異なる。水兵達は、幾度となく、警察官を侮辱し、中華街の住人達もこれに加わっていた。彼らは意図的に衝突をけしかけたのだ。六時頃、広馬場を巡回した警察官は、ナイフを振り回す清国水兵に脅されている。似たような小さな事件は他の場所でも起こった。状況が緊迫している、と判断した警察は、巡回を増やしていたところ、八時頃、三人の巡査が一人の中国人に呼び止められたかと思うと、その中国人に一人の警察官が顔を殴りつけられ、警棒を奪われそうになった。途端に、五十人を超える清国水兵がこの三人の警察官を取り囲み、刀や棍棒、そして石をもってこれを攻撃し、結果、巡査の一人が殺され、他の者も負傷することとなった。これを受けた警察が警部巡査若干名を出した所、彼らは二〇〇人前後の水兵が武装している所に遭遇し、十時頃までには、両者は乱戦状態になった。その間には、人力車に乗っていた一人の巡査が、他の水兵の一団に襲われるという事件も起こった。負傷した巡査は帰らぬ人となった(46)。

総合すると、二人の巡査と、士官一名を含む八人の水兵が死亡し、多くが負傷したことになる。日中双方の報告が一致する所によると、水兵達は上陸した時には、武器を携帯してはいなかったので、彼らは明らかに、買い取ったか、中国人居住者から与えられるかして、市中で武器を獲得したことになる。合同調査委員会の通訳として働いていた、ある長崎地方裁判所職員の回想によると、広馬場のある中国人が、市内の古物商から幾許かの武器を調達し、衝突が起こると同時に、水兵達に武器を手渡していた。また、同じ職員によるなら、死傷者の大半は中国人であり、重傷軽傷の別なく、ほとんどすべての負傷者の傷の位置は、彼らが背後から襲われたことを示していた(47)。

問題解決のための話し合いが行われたが、ここにおいて日本側は、そもそもの問題は酔っ払った中国人水兵が八月十三日に起こした暴力事件に端を発するのであり、警官達は自らの通常の職務を遂行しようとしたにすぎないのだから、事の責任は清国側にある、という主張を通そうとした。しかし、北京の日本公使に送られた秘密電報によれば、外務大臣は「巡査達は厳密にいえば通常業務の範囲を越えて行動した」と認めていた。「これは外国人の間に一般的に知られた事であった」。結果として、日本政府は、ドイツ公使の仲裁案を受け入れ、双方が「振恤金」(「償金」という言葉は用心深く避けられた)を、相手国の遺族と、衝突により完治不能な重傷を負った負傷者に送ることとなった(48)。

長崎事件は国際港でよく起こる、外国人水兵と地元警察との間の衝突とは次元を異にする事件であった。双方の市民が事件に参加しており、日本側住民の行動は、中国側住民の行動よりも遥かに積極的であった。中国人水兵を死傷させた罪で、四人の日本人市民が禁固若しくは拘留刑に処せられた一方(49)、中国人住民のなかで、他人を死傷させたり、財産を傷つけたかどで処罰された者は一人としていなかった。日本人の敵意は、明らかに清国側の海軍力の優越性誇示により喚起されたものであった。また、中国側の敵意の対象が日本の警察に向けられたことも象徴的であった。中国人住民にとって、警察は常に自らの敵であると看做された存在であったのである。

三年後には、今度は神戸で巡査と中国人住人の間に起こった異なる事件が、外交問題を巻き起こすこととなる。一八八九年三月一日、在神戸清国領事蹇念咸は、兵庫県知事内海忠勝に、強い調子で書かれた一通の書簡を送り付けている。その中で蹇は、日本側巡査が、居宅に居たある中国人商人を阿片吸烟のかどで逮捕したことを強く抗議している。しかも、この逮捕劇を行った巡査は、中国人が不服の意を表すとその財産を損壊させた、というのである。領事のこの抗議は、一八七九年、彼の前任者と兵庫県知事の間に交わされた合意に基づいていた。合意によれば、領事の押印のある門戸を有する中国人の住居には、警察官の立ち入りは許されない、蹇はそのように主張したのである。これに対して、内海は、問題の合意は、賭博行為と衛生上の規定に関することにのみ適用されるべきものであり、阿片烟の取締には、適用されない、と回答している。外務大臣大隈重信も、内海の報告を支持する形で、内海に対して、清国領事に、在日中国人に対する警察権は日本側にあり、日清修好条規にはこの権限を清国に与えた条項はないことを、しっかりと知らしめるように、と通知している。これに対し、二通目の書簡のなかで、蹇領事は、領事の承諾なく、清国人の居宅に立ち入る権利は、日本の巡査にはなく、このような行為は条約違反である、一八七九年に行われた合意は特定の犯罪に限定されたものではなく、これを日本側が一方的に変えることは許されない、と主張している。書簡を通じた両者の交渉は、少なくとも六月一日まで続けられ、頑なな態度をとり続ける両者の議論は、議論の出発点と同じ状態のまま平行線を辿ることとなった(50)。

このような日本国内における中国人の治外法権的地位に関する解釈の相違から生じる外交的論争は、日清戦争により終結することとなる。終戦後結ばれた通商条約には、外交官のそれを除けば、在日中国人の権利について定めた条項はなかった。一八九九年、西洋諸国との条約改定が終了すると同時に、外国人居留地と領事裁判権は消滅することとなった。清国人も同様であった。彼らは日本国内のどこにでも居住することができた。が、勿論、すでに彼らに治外法権的地位は与えられる筈がなかった。

日清戦争が終わり、明治も末期に差し掛かる時期になると、在日中国人コミュニティーのあり方も、大きく変化していくこととなった。商人や欧米系企業使用人の多くは、戦争中に日本を離れ、そのまま帰ってこなかった。そもそも一般的にいって、中国系使用人を雇うことそれ自身が、欧米系貿易商のなかで行われなくなっていた。商人の方はといえば、彼らが日本との交易の主たる対手としていた、華中・華南一帯において、華南沿岸に、民族主義的な日本製品不買運動が巻き起こったため、甚大な被害を受けることとなっていた。そうこうしているうちに、工業資源の原料供給地として、また、工業製品の市場として、日本にとっての華北・満州地域との交易の重要性が、次第に増していくこととなったものの、この新たなる市場の交易網は、日本人によって組織されており、中国系貿易商の進出する余地はほとんどなかった。もはや、中国人コミュニティーが西洋人と結びついた形で特権的地位を享受することはできなくなっていたのである。

大正時代以後の在日中国人は、主として雑貨商や、小商店の経営者達よりなっていた。ごく限られた例外を別にすれば、労働者の入国は禁止されていた。日本政府は一八九九年の通達により、日本渡航の際には許可を取らねばならない、と定めていたのである[51]。しかしそれでも、様々な職人や商人が、日本人との深刻な対立・競争関係が生じそうもない分野——多くの者は中華料理屋を開いた——を見つけて、日本のなかで暮らしていくこととなった。日清戦争の終焉は、特権的地位を有する外国人として華僑が活動できた短い時代の終焉を意味していた。しかし、この短い時代は、在日中国人の間で、強い民族意識の生まれた時期でもあった。その変化は劇的であった。一八九〇年代、そして、一九〇〇年代、横浜・神戸の華僑は、中国の改革・革命運動で重要な役割を果たすこととなる。彼らは日本に、その司令部を置いたのである。

原注

（1）Donald Keene, "Sino-Japanese War of 1894-95 and Its Cultural Effects in Japan," Donald H. Shively, ed., *Tradition and Modernization in Japanese Culture*,（Princeton, 1971）, p. 142 所収。

（2）菱谷武平「長崎外人居留地における華僑進出の経緯について」『長崎大学学芸学部社会科学論叢』一二、一九六三年三月所収、および、M. Paske-Smith, *Western Barbarians in Japan and Formosa in Tokugawa Days*,（Kobe, 1930）, pp. 242-248.

（3）国書刊行会編『通航一覧』国書刊行会、一九一三年、一四七～一四八頁。中村質「鎖国時代の在日華僑——唐通事について」『史学研究』七七・七八・七九合併号、一九五〇年所収、および、唐通事日録研究会「唐通事会所日録の研究」『史

学研究』五四、一九五四年四月、三八～四一頁。

（4）「明治一三年各居留地在留外国人国別」一八八二年、一〇～一一頁。もっとも統計年鑑によっては、各条約港における外国人登録の分析結果を、前者についてのみ知ることができる。長崎にはこの年鑑の原資料である、一八六八年から一八七八年までの登録記録が、長崎県立長崎図書館（以下、県立図書館と略称）に残されている。

（5）外務省『日本外交文書』（一九四九年以降）第三巻、六二二、六二七頁。また、肥塚龍『横浜開港五十年史』第二巻、横浜商工会議所、一九〇九年、五四頁。『大日本帝国統計年鑑』一〇～一一頁。

（6）内田直作『日本華僑社会の研究』同文舘、一九四九年、一六五～一六六頁。肥塚、前掲書、三三～三四頁。臼井勝美「横浜居留地の中国人」横浜市編『横浜市史』第三巻下、横浜市役所、一九六三年、八六四～八六五頁。

（7）『第一回日本帝国統計年鑑』一〇～一一頁。商工省貿易局編（神田末保調査）『阪神在留ノ華商ト其ノ貿易事情』商工省貿易局、一九三八年、一四五頁。

（8）商工省貿易局編、前掲書、一三八～一四二頁。

（9）同右、一一～一五頁。

（10）『第一回日本帝国統計年鑑』一〇～一一頁。内田、前掲書、一六八頁。

（11）「明治元年～同二年　外務課事務簿　中国人往復　全」（県立図書館蔵）所収のある広東人（不詳）の請願に拠る。また、臼井、前掲書、八八五頁。

（12）「明治八年　外務課事務簿　清国人民諸願達留」県立図書館、一八七五年三月の史料に拠る。

（13）秋本益利「居留地の状態」横浜市編『横浜市史』第三巻上、横浜市役所、一九六〇年、三七四頁。

（14）村田誠治編『神戸開港三十年史』上、開港三十年紀念会、一八九八年、三七一頁。山田正雄「神阪中華会館の設立」『史学研究』五七、一九五四年一〇月、四四～五四頁。

（15）内田、前掲書、二五〇～二五一頁。

（16）大庭燿『長崎随筆』郷土研究社、一九二八年、九九～一〇〇、一〇九～一一〇頁。「東京さきがけ」一八七七年八月三一日、『新聞集成　明治編年史』第三巻、東京、一九三六年、二八八頁。

（17）“China and Japan : Modern Interactions”という表題で、一九七六年ニューハンプシャーのポーツマスで行われた学術会議において、橋川文三が提出した、“From Datsu-A to Toa Kyodotai”という論文に拠った。

(18) 駐長崎領事から長崎知事への書簡に拠る。光緒六年一月二一日、五月二三日。以上、外務課「清領事来函留」明治一一年七月ヨリ明治一六年十月マテ（県立図書館）。
(19) 外務局通達、一八七〇年六月。「明治三年　外務課事務簿　清国人往復　全」（県立図書館）。
(20) 横浜市役所編『横浜市史稿』風俗編、横浜市役所、一九三二年、三四六～三四七頁。
(21) 商工省貿易局、前掲書、一四一頁。山田、前掲書、四八～四九頁。
(22) 商工省貿易局、前掲書、一三二頁。広東会所総官および八閩総官より長崎県令への書簡に拠る。「明治七年　外務課事務簿　中国従民諸願留」。また、一八七〇年林雲逵から知事への書簡、「明治三年　外務課事務簿　清国人往復　全」。以上、県立図書館。
(23) 『横浜市史考』風俗編、五八〇～五八二頁。
(24) 『郵便報知』一八七八年八月八日。『新聞集成』第三巻、二七〇頁に拠る。また、鈕春杉より長崎知事への書簡、一八七〇年一二月、「明治三年　外務課事務簿　清国人往復　全」、駐箚長崎正理事から長崎知事への書簡、光緒九年四月五日、「清領事来函留」明治一一年七月ヨリ明治一六年十月マテ。『郵便報知』一八七七年五月一〇日、『新聞集成　明治編年史』二巻、五二八頁に拠る。
(25) 「内外人許婚事務名簿　明治三二年五月調　外務課」（県立図書館）。
(26) Feng Tzu-yu, *Ko-min i-shih,*（Chungking, 1944）, vol. I, p. 166.
(27) 「輸出用物品価格内外商別」『第一回日本帝国統計年鑑』二九六頁。『第二十回帝国統計年鑑』五三二頁。『横浜開港五十年史』第一巻、四八三頁。同第二巻、五三六、六五〇～六五二頁。
(28) 商工省貿易局、前掲書、一四〇～一四一、一五一、二七七～二八一頁。Yen-p'ing Hao, *The Comprador in Nineteenth Century China : Bridge between East and West,*（Cambridge, Mass.）, 1970, pp. 54-59, 63.
(29) 村田編、前掲書、六五一頁。肥塚、前掲書、五三七頁。
(30) 肥塚、前掲書、六四三～六四四頁。
(31) 一八八九年、日本の在漢口領事は次のように指摘している。これまで、対清輸出一億一四二〇万円の内の九九〇〇万円、対清輸入一億三六〇万円の内の九六〇〇万円は、中国人をはじめとする外国人の手によって行われたものであった。主たる輸出産品は海産物と石炭であった、と。『日本外交文書』第二二巻、五九〇頁。一九八九年三月二十日の伊藤から大隈

への書簡、商工省貿易局、前掲書、一四二頁。長崎市役所『長崎市政五〇年史』長崎市役所、一九三九年、一四五～一五一頁。

(32)『横浜毎日』一八七七年十二月二十日。臼井、前掲書、八八八頁に拠った。

(33)『読売』一八七七年五月二六日、『新聞集成　明治編年史』第二巻、五四〇頁に拠った。

(34) Wu Ju-lin, comp., *Li Wen-hung kung ch'üan-chi: Ishu han-kao*, (Shanghai, 1921: Taipei, 1962 reprint), 4:24. また、県立図書館所蔵の一八七五年八月二五日の書簡。

(35)『東京横浜毎日』一八八一年六月二六日。

(36)駐長崎領事から長崎知事への書簡。光緒五年二月二一日、閏三月二三日、八月十八日、同六年七月十日、八年十月十四日。以上、「清国領事来簡留　明治一一～一六年」(県立図書館)に拠る。

(37)臼井、前掲書、八九一～八九五頁。

(38)佐藤三郎「近代日本における阿片の問題」『日本歴史』一二九、一九五九年三月、一三～一七頁。

(39)森から鮫島への書簡(一八七六年二月十七日)、『日本外交文書』第九巻、四三九～四六〇頁。

(40)寺島から伊藤への書簡(一八七九年九月二四日)、『日本外交文書』第一一巻、二六二～二六七頁。

(41)塩田から伊藤への書簡(一八八八年一月三一日)、『日本外交文書』第二一巻、五三頁。また、塩田から大隈への書簡(一八八八年五月十一日)、同書、七一頁。

(42)『東京日々』一八八三年九月二八日、『新聞集成　明治編年史』第五巻、三六〇頁。『朝野新聞』一八八六年八月二五日、同第六巻、三三〇頁。

(43)『東京日々』一八八七年三月十七日、石田文四郎編『新聞雑誌に現れた明治時代文化記録集成』時代文化研究会、一九三五年、四九〇～四九三頁。

(44)井上外務大臣より内務大臣、司法大臣、他閣僚に対する書簡、『日本外交文書』第二〇巻、五二九～五六五頁。また、長崎大学医学部編『長崎医学百年史』長崎大学医学部、一九六一年、四七七～四七八頁。

(45)『日本外交文書』第二〇巻、五三二頁。

(46)『時事新報』一八八六年十一月二二日、『新聞集成　明治編年史』第六巻、三六三～三六四頁。『日本外交文書』第二〇巻、五三一～五三二頁。

(47) 山口麟三郎「明治一九年清国水兵事件顛末覚書」神代祇彦等編『長崎談叢』一一、長崎文献社、一九三七年十二月、四四～四七頁。
(48) 井上から鹽田への書簡(一八八七年二月四日)、『日本外交文書』第二〇巻、五八七頁。また、井上外務大臣に拠る事件の最終報告(一八八七年二月九日)については、*Ch'ing Kuang-hsu chao Chung-Jih chiao-she shih-liao*,(台北、一九六三年復刻)第一〇巻、七～一〇頁。
(49) 司法大臣から外務大臣への書簡(一八八七年三月三一日)、『日本外交文書』第二〇巻、五九六～五九七頁。
(50) 内海から大隈への書簡(一八八九年四月八日、十七日、五月十三日、六月一日、六日、七日、八日)、また、大隈から内海への書簡(同年四月十三日、二六日、六月四日)、以上、『日本外交文書』第二三巻、六四九～六六五頁。
(51) 植田捷雄「日本における中国人の法律的地位」『アジア研究』第一巻第三号、一九五五年三月、一一～一六頁。H.F. Macnair, *The Chinese Abroad*,(Shanghai, [1924], 1933), pp. 37-38.

参考文献

植田捷雄「日本における中国人の法律的地位」『アジア研究』第一巻第三号、一九五五年三月。

内田直作『日本華僑社会の研究』同文舘、一九四九年。

永野武『在日中国人』明石書店、一九九四年。

菱谷武平「長崎外人居留地における華僑進出の経緯について」『長崎大学学芸学部社会科学論叢』一二、一九六三年三月。

山田正雄「神阪中華会館の設立」『史学研究』五七、一九五四年十月。

第四章　日清戦争期における支那の対日姿勢

サミエル・C・朱

島国の夷族日本人の気質は不可解である。彼らの心は犬狼に似て、蜂やサソリのような毒をもつ。神仏を知らぬ彼らは、夜郎自大にも月支国の軍事王と同様、自国の皇帝を大担にも太陽の昇る国の天子と呼ぶ。四万八〇〇〇年の間、彼らは支那との接触をもたなかった。三六〇〇年前まで彼らは我々の天体暦を受け入れていなかった。無法にも、明治（開明された統治）の元号を用いたが、現実には、放蕩と怠惰に耽っていた。新しい統治を「維新」と詐称するのは、自らを汚すことにほかならない(1)。

先般、日本は、台湾の地理的に孤立した位置をいいことに台湾侵略を企み、まず、厚かましくも琉球を飲み込んだ。彼らは台湾の領土を併合し、さらに我が国境に野心を向けた。……しかしながら、我々は彼らとの平和共存を望み、常に寛大さを示そうと頑張ってきた。朝鮮に関しては、世界中が支那の属国であると考えていた(2)。しかるに、日本はいつしか理由なく軍事行動を起こすことになった。……これは、挑発的な行動ではなかろうか。……どうして我々は「賢王尭に吠えかかる古代の暴君桀の犬」のような行為を耐えねばならないのか。神も人間も怒り、世界中が怒っている(3)。

一八九四年十一月末、劉坤一総督の随員の一人であった易順鼎は右のように書いている。支那の伝統的な最高知識人によって書かれたこの日本攻撃は、博識な非難と傲慢な憤激に満ちていた。それは、明確な支那人の感情の表明であり、一八九四～九五年の日清戦争期の支那の日本に対する一般的論調を代表している。

もし、易が現実を知らない空論家であったり、悪名高い保守反動の徒であったなら、彼の感情は理解されがたいものであったろう。しかし、彼はそうではなかった。易を重用した劉坤一は、北支新聞においては保守派とされたものの外「夷」について最も精通した傑出した地域将官であった。易自身、戦時を通じて十分な情報をもっていたことは明らかであった。愛国的で行動的である彼が、周囲の状況にまったく無知であったとはいえない。彼の苦悩は万人の苦悩であったがゆえに、彼の反応は示唆を与えるのである。戦争を引き延ばし、日本人を打ち負かす種々の作戦が近づくと、彼は四十年後にマルコポーロ橋で日支間に戦争が起こった時に支配的であったものと同じ感情を表現した。

しかしながら、後の対立が起こった時は、劇的で深い傷を残した一連の事件の進展が支那史の歩みをあまりにも早め、一九三〇年代の対立が一八九〇年代のものとまったくかけ離れたものと思わせるにいたった(4)。初めの時期には、支那は数世紀にわたる大きな優越感に浸っていた。エリートと人民の圧倒的多数は、列強が大帝国に対し勝手な振る舞いを始めた十九世紀にいたってもまだ現実を見ようとはしなかった。ほとんどの支那人にとって、こうした変化は悪夢を見ているようなものであって、実感がなかった。新しい事態の進展は、宮廷や地方の伝統的な関心事ほどには彼らの思考の中心にはならなかった。大衆は農業や商業などの日常活動に追われ、エリートは試験場への誘惑に気を奪われていた。外部世界は遠いことのように思われていた。

しかしながら、一八九四年は、易のような人物にとって、他の者とは違い悪夢ではなかった。なぜなら敵は強力な「海の悪魔」ではなく、馴染みの「小さな海賊」にすぎなかったからである。それゆえ、事件の結果は二重の意味で衝撃的であった。易が書いている時、平壌の軍事的完敗と鴨緑江の会戦に続いて、さらに旅順港が陥落した。架空の勝利報告によっては、もはや日本が進攻して、支那の門前に陣取っている事実を隠すことはできなくなった。教育ある支那人にとっても一般的支那人にとっても、「倭奴」によって支那の神聖な領土が汚されようとしているが、支那はそれに対し事実上なす術がないということを考えることは耐えられないことであった。

どうしてこのようなことが起こったのかということが心の中で問われねばならなかった。自然な反応は、スケープゴートを見つけることであり、その一番手が最も権力を持ち最も長期にわたってその地位にあった総督李鴻章であった。(5) また、袁世凱、葉志超、不運の将軍丁汝昌（彼らのなかで、真に非難されるべきは葉のみである）などもスケープゴートにされた。しかし、彼らに責任があったかどうかは本章では論じない。ここでは、支那人の対日本および日本人観のみを扱う。彼らはどの程度明治維新とその後の近代化を知っていたか。戦争が勃発したとき、彼らは日本の意図と能力についてどのように評価していたか。敗北がどのように支那人の認識を変えたか。これらの日本観は、支那人の世界観とどの程度調和し、あるいは調和しなかったか。これらの問いに対する答えは、一八九〇年代に関係するだけでなく、この戦争前後の支那人の態度について知るうえでも大いに役立つであろう。(6)

一　戦争の勃発

一八九四年の夏から、もう一つの内乱（この度は東学党）が起こったという朝鮮からのあいまいな報告があり、七月二五日、高陞号の沈没、八月一日、清国と日本の同時戦線布告が続き、戦争に関する記録と勅令の数が増加していった。しかしまだ、一八九五年の冬の時点では、「実録」（公的記録）のような基本的な資料には、日本陸軍の第二師団が万里の長城に切迫していることをはっきりと示す記録はなく、官職任命の儀礼的承認とか、気候や作物の状況、小犯罪、地方的事件のようなことの報告など、主として日常的なことに関する記録が続いていた。主要な記録を手当たり次第にとり急いで読んでみるだけでも、戦争のみに焦点を当てた研究とはまったく違った支那像がえられる。(7) これが我々の議論の出発点となる。

明らかな事実は、戦争に先立つ時期はもちろん戦争が起こってからでさえ支那人の間で日本が重視されていなかったということである。支那の高官の唯一の関心は、巨額の金をかけて行われるであろう権力者慈禧太后の六十歳の誕生日の儀式のことだけであった。[8] 支那の日本に対する無関心は、関連する二つの要因から説明できるであろう。第一に、十九世紀を通じて一貫して、さらに、それ以前もおそらく、支那人は常に国内的な事柄のみを真に重要なことと考えてきた。支那の外の出来事に関心を持っていた支那人の数は、あえていえば今日の精神病者の数の割合より少なかったとさえいえる。このようにいうことは、「洋務」に関心を示すごく少数の人間が仲間から異常だと思われていた（郭嵩燾、曾紀澤の場合はそれに近かったけれど）という意味ではなく、単に支那人が非常に内部指向であったというにすぎない。[9]

支那人にとって、他の地域や国民と比べ、日本はよく知られながらしかし無視されるという奇妙な地位にあった。このことが、支那人が日本に関心をもたなかった第二の理由である。支那で対外関係に取り組もうとする者は、相変わらず、イギリス、ロシア、フランスに主要な関心を示し、アメリカは事実上無視する。支那人にとっては、アメリカはペルーやスペインと同等でしかない。日本は、朝鮮、安南、琉球をはじめとする属国集団にすぎないと見なされ、考察の対象にすらならない。しかし、日本は恒常的な属国関係になかったから、儀礼的な重要性さえあるものとは見なされなかったのである。

一八九四年に先立つ数十年間で、支那の知識層が日本に注目したのは、一八七四年の台湾出兵とそれに続く琉球論争の時だけであった。[10] 支那人の対日感情は型通り敵対的であった。その時支那の官憲によってなされた敵対的な声明は、一八九四〜九五年の情緒的記述（それらのいくつかは同一人によって書かれた）と事実上同じであり、後の時代の記述について我々が述べたことは前の時代にもそのまま当てはまる。しかしながら、排外的攻撃演説の合唱のなかで、劉坤一総督と陳宝琛副官の抑制的な表現が目立っていた。後者は、一八八〇年に、日本は政治的に不安定で、財政的にも不安定であるものと考えたが、イリにおけるロシアの圧力を受ける支那の状況も好転しないため、強力な攻撃的な行動を取ることに警告を発した。陳は、経済制裁だけで対抗できると考えていた。[11] ロシアの脅威により大きな配慮をした劉は、日本との友好関係を確立するため、琉球を犠牲にするところまで譲歩する宥和政策にまで進もうとした。[12] しかし、陳や劉は例外であった。日本は支那のほとんどの官僚の眼中になかった。一八七〇年代の琉球論争において、ほとんどの支那の官僚は、日本よりも琉球の方が上であると考えていたといってもいいすぎではない(13)。

外国からの危険に関心を持つ者にとって、日本との戦争は、もし支那が戦闘をしかけたとしても起こらないくらいに、まったくありそうもないことと思われた(14)。より重要なのは、ヨーロッパ列強の意図と潜在的な脅威であった。一八九四年の夏が接近し、朝鮮をめぐり日本との戦争が起こりそうであるだけでなく、望ましいと思われた時でさえ、より大きな問題は、このような戦争が、ロシアや、イギリスや、その他の列強が支那に対する攻撃を始める引き金にならないかということであった。

この精神構造は、支那人の伝統的な日本観の文脈でしかうまく説明できない。公式の日本についての記録はすでに後漢書（後漢王朝の歴史書）に見られ、唐や五代、宋の歴史書にも日本への言及はある。近代以前における唯一の日本に対する外的脅威は支那の元王朝時代のモンゴルの侵略のみである。次の明朝時代には、まず明の多くの学者が日本各地を訪れ、後に足利幕府と明の貿易が拡大し、最後に「倭冦」により支那の沿岸部が攻撃されるというように、日支関係は拡大した(15)。満州族の清により明が征服されると、朱舜水のような亡命学者が日本に永住し、改革された儒教の教えを広めた。清代を通じて学問的交流は続いた。全体としていえば、昔の日支関係には、継続して維持されたわけではないが、文化交流から、貿易、軍事的脅威の一例に至るまで、広範な接触が含まれていた。支那人にとって、日本はよく知られた存在であった。もし、日本について考えようとするなら、ほとんどの支那人は日本について知るべきことはすべて知っていると考えたであろう。かくして、支那人は東隣の島に対しいつもやさしい態度を抱いていた。支那人は、日本が信ずる神話的起源のことも、いかに日本が支那の文化や制度を大量に模倣してきたかということも知っていた(16)。書物や政治制度、宗教的、哲学的伝統、文学、芸術、娯楽にいたるまで支那が日本にいかに多く与えてきたということを思い出すこと以外に彼らは何もしない。支那人にとって、日本人は風変わりで、面白く、かなり賢いものに思われたが、それを深刻には受け取らなかった。支那文化の諸要素を選択し、自己の性質や状況に適したものに修正する日本人の能力は、支那のものをより完璧に模倣することの失敗としか彼らには映らなかったのである。対照的に、朝鮮人は、奴隷的といえるほどに支那の模範に忠実であり、それゆえ、支那人は、朝鮮人を日本人よりずっと優れていると考えたのである。

日本人の支那文化に対する強い嗜好を酷評しない人々は、日本人を侮りがちである。このような態度は、戦時の事件により日本が支那のエリートに意識され始めた時、より明確になった。彼らの軽蔑の標的は、日本の支那に対する軍事的行動だけではなく、日本の習慣（特に、すべての支那人観察者が嘲笑しかつ嫌った共同入浴）、日本婦人の着物や化粧、そして十九世紀においては、西洋流の彼らの「阿片」にまで広げられた。これらは支那人にとってすべてあざけりと嘲笑の対象であった。日本に関してまったく無視することが支那人の心となり、日本について少しでも知れば、それは偏見を打ち消すのではなく確信することにつながった。

戦争前夜に支那人が優越感に浸っていたことは不思議でない。支那人は、数世紀にわたる日本の軍事的伝統や兵士や水兵の戦闘能力についてほとんど知らなかった。秀吉の出兵について朝鮮で知られていたことは、支那ではほとんど印象がなかった。その代わり、日本の朝鮮侵略の説明は、相変わらず、明軍が手際よく朝鮮への侵略者を半島から追い払ったことへの満足として記録されていた。日本を訪問し、日本の陸海軍の目撃証拠をもった少数の人間でさえ、紙上の証拠の方を信じようとしたのである。彼らは、陸軍を過小評価し、軍艦を旧式で弱体のものと評価し、新式の指揮体系を基本的に防衛的なものと評価したのである[17]。山県有朋のような日本の指導的な指揮官であっても、誰一人として、名前が支那で述べられたことがなかった。支那人の心の中では、この隣国はあまりにも重要でなく、軍事力の徹底的な評価を命じてもあまり得点にはならなかった[18]。

前述した侮りがたい易順鼎にしても、高陞号の沈没直後には、日本は「虎ではなく鼠である。……戦費は借金で賄われ、艦は木造であり、軍隊は文民であり、練度は低く、国力は空っぽであり、国民は分裂しており、……日本は我が国の一、二の州と戦っても持ちこたえないであろう[19]」と独断的に主張していた。他には、検閲官鐘徳祥が、日本について同様の評価をしているのが目立つが、我々にはあたかも日本に対する支那の弱点を述べているかのように聞こえる[20]。これらの主張が持ちこたえられないことを事実が証明した時、他の幻想が現れた。そのうち最も奇妙なものは、日本は朝鮮や満州の冬の厳しさに耐えられないだろうというものであった[21]。我々はこの種の幻想の根拠を推測することができる。それは、日本人は生まれつき劣等人種であるという確信の自然な帰結であったといえるかもしれない。理由はどうあれ、冬の適切な装備の不足により困ることになったのは、日本ではなく清軍であるという結果になった。

この種の希望的観測とともに、支那人による日本論が徐々に道徳的正義の色彩を増してくる。表面的には、それらは戦前から流行している軽蔑的態度を反映しているように見えるが、日本の支那に対する勝利の報告が度重なるにつれて、別の要素が現れてきた。全体として軽蔑がなくなるわけではないが、不満は日本の道徳的破綻に向けられた。支那人の著述家は、支那が君臨し、他のすべての国がその下に配列される自明の世界秩序について繰り返し言及した。これには、西洋列強がすでにこの世界観を破壊しているではないかという反論があるかもしれないが、支那人は明らかに無意識下ではそう考えてはいないのであって、白人諸国のことはいわば「境界の外」のことであり、黄色人である日本人は「分をわきまえるべき」なのである[22]。支那の文筆家は、アジアの世界秩序に厚かましくも挑戦する日本を非難するため、忠実なすべての衛星国家の名を列挙し、特に朝鮮を絶賛した。一八七四年の台湾出兵以来の日本の行動を跡付けながら、支那の文筆家は、日本は何ら正当性は持たないという自己満足を証明した。そして、日本を不当な侵略者に貶めることによって、正義は結局は力に勝つということを暗示した[23]。もっとも、正義が力に勝つということがどのように実現されるのかという肝心のことは誰もいおうとはしなかったのだが。

二　支那の日本専門家

この点に関して、感情的な反応からの日本像に反論する支那人はいなかったのであろうかという疑問が当然起こるであろう。日本人をよく知り、その動機と意図についてもっと正確な見方をする者はいなかったのか。

もちろん、いる。日清戦争のちょうど三十年前、無名の官吏（桂文燦）は、日本が外国に留学生を送ることに懸念を示した。一八六七年には、恭親王自身が、日本は、強大になるとしても、弱体のままで英仏の手先になるとしても、いずれにしても支那の脅威となるであろうと書いた(24)。実際、一八六〇年代から一八九〇年代にかけて展開された徹底的な自強運動は、この時代に日本が取り組んでいることをよく知り、また日本で行おうとしていることに刺激を受けた人々により推進されたのである。予測通り、最も通じていたのは、李鴻章であり、彼の一八六七年以来の著書には日本の改革の努力や軍の設立のことを明確に認識していたことが読み取れる(25)。他の自強運動の支持者達（丁日昌、文祥、劉銘伝、郭嵩燾等のような人々）もすべて、日本の発展、支那との潜在的競争力について早くから理解していたことが分かる(26)。不幸にして、彼らの日本についての知識は例外的であり、支那の文筆家の圧倒的多数は、日本について本当に知らないか、あるいは気にかけないかのいずれかであった。

さらに、一八九四年以前に公式に日本に行ったことがあり、それゆえ、正確な情報を支那に持ち帰る機会があったはずの支那人たちのグループが問題にされなければならない(27)。この集団は、さらに分類できる。第一に、東京への公式の自国代理である支那の公使たちがいる。次に、日本についての本や報告書を書いた人達がいた。後者の多くは使節団付きの人々である(28)。

支那が一八七七年に日本に最初に公使を派遣してから開戦までの間に、五人の支那の公使がいた。何如璋が初代（一八七七〜一八八一年）であり、黎庶昌が続いた。黎庶昌は、一八八一〜八四年と一八八七〜九〇年の二度にわたってその職にあった。黎が職を空けた時期に、徐承祖がその地位にあった。一八九〇年には、黎庶昌の後を李経方が継ぎ、二年後には汪鳳藻に代わった。したがって汪は戦争が勃発したとき東京にいた人物ということになる(29)。

これら、五人のうち、何如璋と黎庶昌は、一人は初代公使として、一人は最も長期に在職したことで際立っている。徐の在職期間は、黎の二期の在職期間に挟まれており、李経方は、李鴻章の息子で任命後すぐに父の政敵によって妨害されることになった。彼は任期中ほとんど何もしなかった(30)。戦前の最後の公使汪鳳藻は、有能な職業官僚であり、優れた訓練と経験をつんでいたが、自己の能力を活かすことができなかった。つまり、支那がこの重要ポストのために明敏な人物を必要としているちょうどその時に、視野の狭い人間をおいてしまったことになる。汪は、日本人を誤って判断し、戦争前夜に、日本人は国内論争に明け暮れているので対外的に行動的にはなりそうもないと報告した。[31] 確かに、汪だけがこういうことをいったのではないが、少なくとも彼が、外交関係の悪化と日本の軍事的能力について政府に警告できたかもしれない第一の人物であった時、日本についての包括的な評価報告を上げることに失敗したという事実は否めないであろう。

しかしながら、汪と彼の前任者を弁護すれば、一八八〇年代の支那において官僚が海外任務を与えられるということは官吏の経歴において文字通り危険を冒すことであったということを思い起こしておく必要がある。当時の支那の官僚達にとって、このような職はよくみても降職と見なされたし、悪くすれば将来の野心を一切断たれることになるかもしれなかった。ほとんどの支那の官僚は文字通りこのような任務を食べる「胃袋を持たなかった」のである。彼らは、原則としてのみ外国の代表を持つ必要を認めたのである。しかも、こうしたポストを求め、あるいは任命された時その任務を進んで果たそうとした例外的な少数の人々にとってさえ、東京のポストは彼らの優先順位ではずっと下に位置していた。ロンドン、ベルリン、パリ、ペテルスブルグが活動の中心であると考えられていた。東京はそれとは対照的に文化の果ての地域と考えられていた。このような環境の下で、支那が、創設されたポストに経験豊富な何如璋を置き、この十年間のよき部分にエネルギッシュな黎庶昌という人物を配置したのは幸運であった。

何如璋と黎庶昌の東京における経歴と活動を少し見ておくことは非常に役立つであろう。何如璋は、一八三八年に生まれ、一八六八年に進士の資格を与えられ、一八七七年に東京に行った当時三九歳であった。彼は若くして「洋務」に関心を示し、高い地位につくことになった何人かの外交官（後に朝鮮で活躍する呉大澂、一九〇〇年に殉職した許景澄）の「同級生」であった。何如璋は、日本での地位に就任するとすぐに、厄介な琉球紛争に直面した。日本が一八七七年の「薩摩暴動」に釘付けされることを正確に判断し、何は、「瀬戸際政策」も辞することなく、この状況に支那は確固たる立場を取るべきであると強く主張した。[32] しかしながら、彼の助言は、一貫して徹底的な対立を避けようとする李鴻章の意見とも、高まるイリ紛争においてロシアのことをむしろ懸念する左宗棠の意見とも対立した。かくして、清は琉球問題に関して一貫しない政策を取り、それが結局は清の立場を致命的に弱めることになった。

何の後継者黎庶昌は、もっと実力があった[33]。偉大な曾国藩に早くから気に入られ、郭嵩燾とともにヨーロッパにおける前の任務を通じて外交を経験した黎は、受け継いだ琉球問題について、支那の利益を実現するために最善を尽くした。彼は何度も日本政府に拒絶されたが、少なくとも、李鴻章に完全な情報を与えた[34]。黎庶昌の時宜をえた警告により、一八八二年と一八八四年に朝鮮に巧みに介入することができた[35]。二回目の任務において、黎庶昌は、天津にいた李鴻章が決定し袁世凱によって直ちに実行された政策、清の朝鮮におけるいわゆる「前進政策」を支援するのに役立つ情報をたくさん与えた[36]。黎庶昌は、一八九〇年最後に東京を離れるにあたって、日本が強大化することを警告し、清国の軍隊がもっと適切に任務を遂行できるようになるまでは、清国はけっして武力紛争に引き込まれるべきではないと警告する長い書簡を皇帝に送った[37]。宮廷がこの日本評価に注意を払いもせず、対決を避けるべきだとする彼の助言に従いもしなかったことは、後の諸事件の経緯によって明らかとなる。

何と黎は、支那外交で特に重要な役割を果たした大久保利通や森有礼のような同時代の日本の指導者には及ばなかったけれども[38]、いろいろな時に支那に来た山田顕義、榎本武揚、大鳥圭介のような日本の外交官たちと比べて遜色はなかった。しかし、一点において支那の外交官は日本の交渉相手と違っていた。自己の文化の結果として、彼らは、日本において名士扱いされたり、文化的活動において日本の知識人と交わることに多くの時間を費やさなければならなかった[39]。日本人は彼らの学識や文学的才能を賞賛した。支那外交官はそれに対応して文化的目的と公的な外交的責任は重要性において等しいと見なすようになった。彼らは、日本の図書館で漢書の版を追いかけたり、日本の古典学者によって書かれた本の序文を書くことにかなり多くの時間を費やした[40]。日本の公人が国内政治と外交において（軍事的準備のことはいうまでもなく）効率的かつ真剣に取り組んでいる時、支那人は、学問的伝統に浸り、学問的、芸術的興味から公務を学んでいたといったらいいすぎだろうか[41]。個人的名声は外交官としての業績と同程度に学者としてなしたことに由来するという感覚を持っていた点において、彼らは、結局、彼らの同僚と変わらなかったのである。[42]

何と黎よりも下の別のグループの人々は、とりわけ二つの国を結ぶ「知性」として奉仕した。それらのうちで一番知られているのは、力強い『日本国志』（日本の歴史）を書いただけでなく、一八七九年にすでに日本に関する言及を自己の詩に託した黄遵憲である。[43] 何の年上の補佐官であった黄は、非常な愛国者であり、それが彼の支那を救うためのさまざまな改革の志を駆り立てた。支那や台湾で出版されたいくつかの本や彼の生涯と業績を綴った蒲地典子の新しい評論によって証明されたように、彼の名声は今日も続いている。しかしながら、彼の絶えざる名声は、公務におけるものよりも文学作品における業績により多くささえられている。後者に関する能力も、分別ある観察力によるよりも、愛国的な情熱により、一般に賞賛されている。[44]

他の多数の外交官も日本に対して黄と同じ関心をもっていた。そのなかで第一にあげられるのは姚文棟であり、日本の支那学の最高権威実藤恵秀も『明治西文化考証』において広いスペースを割いている。姚は、一八五二年に生まれ、三十歳のとき日本に渡り、延べ六年間滞在した。琉球事件における日本の行動に激怒し、姚は日本に対する復讐の路を進める目的で一八八四年『日本地理兵要』（日本の地理と軍事に関する重要事項）を書いた。『日本国志』の題で日本に関する包括的論文を書いて前の書を補足するのが彼の願望であったが、いくつかの理由によりそうしなかった。[45] この仕事を完成することは、彼がよく知る同時代の黄に委ねられた。黄の著書は一八八七年に完成し、一八九〇年に出版されたが日清戦争後まではそれほど支那では出回らなかった。他方、姚は琉球と日本に関して数多くの他の著書を残した。[46]

黄と姚の努力は彼らに独特のものではない。同時代の日本についての最高の説明の一つは、傅雲龍によって書かれた。彼は、アメリカやペルーを含む諸外国について書いたシリーズの一巻として、一八八九年に『游歴日本図経』（挿し絵入りの日本の旅行説明書）を出版した。もう一人の学のある人物は、一八七八年から長期にわたって長崎領事を勤めた輶軒であった。任務の間、輶軒は長崎港内外の海事および海軍の完全な情報を与える定期的報告を支那に送り返した。これらの報告は、その後、一八九七年に、『輶軒抗議』（輶軒の抗議）の題名で出版された。[47] 他に日本について書いた支那人三人をあげるとすれば、一八八〇年に日本についての観察日誌が『談瀛録』（日本訪問）として出版された王之春、地理的、政治的、社会的資料として特に素晴らしい一八八七年の『東槎聞見録』（東方見聞の記録）の著者、陳家麟、すでに任務を終えて戻ってから一八九一年にベルリンで詳細な旅行日誌を出した王詠霓がいる。(48) 短期間の日本滞在において、詠霓は日本に好印象を持ち、さらに研究を進めるため武器の目録を李鴻章に送った。(49) 戦争が起こったちょうどその年には、譚袓綸の『扶桑景物志』（敵の首都に関する情景と情報）と李嶽蘅の『策倭要略』（敵を模倣する重要計画）の出版をみた。予想通り、後者は特にあからさまな反日の作品である。(50)

右述の本はけっして支那人が日本で書いたもののすべてではないが、(51) 日本を知り、自分の見たものを自国民に報告した多くの支那人がたくさんいたということを思い起こさせるには十分である。ある者は、王之春のように、日本に対するかなり腰の低い態度を示した点で何公使と類似していた。(52) これは、部分的には、彼らが、一八七〇年代の、近代化の努力において完全な進歩をとげる前の日本を見ていたという事実によって説明できるであろう。姚と傳のように後になって日本にきた者は、日本の成長力について黎庶昌公使と同様の健全な見方をした。それでも、陳家麟と王詠霓は、日本海軍は支那と戦えるとは考えなかった。(53) しかしながら、これらのことから明らかなことは、著者がたまたま日本に友好的であったか否かにかかわらず、彼らはおおよそ現実的な態度を示したということである。この著者たちは、もちろん、琉球に対する圧力についても、朝鮮における圧力についてもはっきりわきまえていたし、大いに憤激していた。(54)

これらの報告は、当時としては優れたものであったかもしれないが、彼らは本国の支那人にほとんど印象を与えなかったという事実を忘れてはならない。(55) 支那の高級官僚のほとんどはそれらのどの本も読まなかった。要するに、支那には日本の情報がなかったのではなく、決定を行う者がそれを用いなかったのである。

三　戦争から和平へ

牙山、平壌、鴨緑江、旅順港……これらの次々と起こる災厄により、支那人の空気は険悪となった。宮廷は、以前何もいわなかった多数の者からの批判の嵐を前にして、何とか生き延びるための解決策を求め絶望的にもがき続けた。『清実録』や『清光緒朝中日交渉史料』を見ても、『中日戦争』や『清季中日韓交渉関係史料』のような最近出版された資料集を見ても、それを叫んだ人々の取り合わせの多さとその議論の繰り返しに驚くであろう。高爕曽、文廷式、余聯沅、張仲炘、馬丕瑶、洪良品、張蔭桓等の官僚は特に激しく非難し不満をぶつけた。これらの人々の多くは検閲官であり、支那の道徳と保守主義の伝統的倉庫であった。しかしながら、そうでない者もいた。異なる背景にかかわらず、彼らはある共通の要素をもっていた。

このような要素の一つは好戦性であり、以前にはわずかながらあった穏健さを完全に消し去った。長期にわたる島国の王国への軽蔑により原形が生まれ、支那の敗北により刺激され、知識人は今や排他的な盲目的好戦主義へと転じた。ここで、イリでロシアに対し、台湾でフランスに対し立ち上がった――失敗を伴った他の場所、他の時と痛ましく対比される行動――時の数年間の相対的な幸運を支那人が生き生きと思い出したということが述べられねばならない。敵に対して常に軽蔑感を抱きながら、支那人は長い欲求不満の年月を送った。

多くの者は日本に対し自ら反撃することを望んだ。我々の主役、易は、一八九五年六月、六項目の提案をして、北洋艦隊に日本海軍の動きを封ずることを求め、広島の大本営を攻撃することをも提案した(56)。他の者は、支那の船を操船するため西洋の海軍将校を雇ういくつかの提案とともに、南洋艦隊を巻き込むことをすでに提案していた。なお、他の者は日本語を話す支那人を使うことをスパイ行為と見なした(57)。支那陸軍に不平をいうことに対しても同様の警告がなされた。例えば、翰林院奏編修周承光は緑営軍を再訓練することを主張し(58)、検閲官楊臣は淮軍はほとんど南部の支那人で編成されているので不適当だからもっと北部支那人を用いるべきであると要求した。

それに対し他の者は、日本に攻撃をかけるための資源として活用されていない未利用の軍事力に目をつけた。ある作者不詳の記録がそれであり、福建、広東省からの志願兵により「決死隊」（敢死者）を作り、台湾の原住民とともに琉球を攻撃することが書かれていた。そこから、さらに進めて、長崎、下関、広島を攻撃する。旅順港の陥落の後、日本軍の進出に直面して書き記したこの著者は、我が帝国の読者に、支那が流れを変えるのにまだ遅すぎないと確信させた。(59)他の者はもっと慎重であった。清朝の地方政府の官吏余聯沅給事中は、東京に進攻することは不可能であることを認めたうえで、慈禧太后の誕生日祝典にあてられることになっている資金の振り替えを含めて、戦争資金を追加するという穏健な提案をすることに甘んじた。(60)また別の者は、長崎と浦賀はイギリス海軍の参加なしに攻めることはできないことを認めたうえで日本に対するストライキを求めた。(61)一つだけ明らかなことは、これらの記録者のいずれも支那の南軍がいかに老朽化し、いかに役立たないかを知っていたようには思われないということである。これらの著述は軍事的専門知識がまったくないことを暴露するだけで、(62)我々には、まったくの虚勢としか映らない。宮廷が和平の使者を日本に送った時、支那の文人の間に怒りと反抗の最終発作が起こった。地方からも、中央政府の内部からも、記録が次々と送り出された。それらのほとんどは、支那は戦争をやめるより和平を選ぶことによってより多くを失うことになるという立場をとっていた。このような議論は単に日本に反発するだけではなく、ある程度のリアリズムを顕わしつつも、おそらく大いなる侮りを込めて日本に言及した。

山東の当時の巡撫李秉衡以上に地方の官僚の感情を表現した者はいない。愛国的で保守的な李は、一貫して強行策を主張してきた。一八九五年の四月一九日、彼は記録を残した。

……私が聞いた和平の条件によると、日本は、現在占領している領土のすべてを受けとるという。遼河の東と台湾まで失われるという。それに加えて一億テールの賠償金が支払われるという。これは噂であり、信用できないと思う。たとえ、日本がこのような要求をしてくるとしても、陛下はおそらくこのような条件をきっとお認めにならないと思う。しかし、このようなことを聞いた以上、深い心配と怒りを感じ、謹んで陛下に私の考えを申し上げずにはいられない。

日本は、支那の一つか二つの県程度の島国の王国である。日本の外国への負債は最近急速に増加し、重大な財政窮乏に陥っていると聞く。おそらく、日本は遠方の地域に拡張する計画を練る状況にはないはずだ。日本が支那に送っている軍隊は、遠方にあって困難な状況にある。死傷者の数が増えるにつれて、日本の力は弱まるばかりである。また、新庄と営口の日本最高のいくつかの分遣隊を集めた後、海城の東からの脅威はほとんどなくなった。日本が澎湖列島を攻撃に行った二カ月の後半には、旅順港の周辺には敵の船はほとんどなかった。これらの事実を見れば、彼らは限定された数の精鋭部隊しか持っていないことがわかる。日本が軍事的に優勢にあるように見えるのは、すべて、海洋で戦力を迅速に移動させうる船をもっているという事実による。また、そもそも、支那が敵の前に立ちはだかれる忍耐強く勇敢な指揮官を持たなかったから、日本は不当なやり方をやってこられたのである。

しかしながら、去年の秋から現在までで奉天において少々の県と地域を失ったにすぎない。遼河の東の広大な満州の地域に関しては、日本が頑張ってもそれを獲得できるかどうかはまったく不確かである。とすれば、どうして日本が厳しい闘いをした後でも獲得できる保証がないいくつかの地方を、やすやすと日本にくれてやるのか。……

陛下の臣下が年老いてくたびれてしまっているなら、度重なる敗北の敵を討つため私は喜んで兵を率いるつもりだ。私は死んでも悔やまない。敵が消耗し、制御しうるようになった時、我々のペースで和平の交渉をすることができる。そうすれば、我々の威信を傷つけ、侮辱を受けないだけでなく、我々は、他国の貪欲な野心に水を差すことができる。(63)

このリアリズムと虚勢の結合は、他の記録にも見ることができる。支那にはまだ巨大な領土と富と人口が残っており、もし自ら長期戦に専念することができるなら、また断固として和平を求めることを拒否し、日本に我慢と忍耐の試練を受けさせるなら、長期的には勝利するであろうと、少なからぬ記録者が指摘しているのは正しい。また、古都長安（現在の西安の近辺）付近の内陸に首都を移すという真剣な提案があった(64)。これらの提案は利点がないわけではなく、四十年後にそれらは現実に実行された。しかしながら、一八九〇年代の支那の著者達は、当時の支那にはまったくまとまりがなかったということをうかつにも計算に入れ忘れたのである。かくして、誤った前提に基づく願望を具体化しようとする彼らの動員呼びかけは、勇敢なジェスチャーで相手を脅して服従させようとするシャドウボクシングのように見える(65)。

この時すでに、少数の支那人は支那の限界に気付いていた。満州奉天府府丞李培元は、日支両軍の違いについて次のごとく述べている。

……我が軍の弱さと敵の強さは余りにも対照的である。「己を知り、敵を知らば百戦危うからず」というのが兵法の古い格言である。一般に、敵と出会った時、技術、力、作戦のいずれかにおいて優っている時勝ちを計算することができる……今日我が軍はすべての要素において負けており、敵が優っていることを認めざるをえない。我々が負けるのは不思議ではない。我々の武器が彼らのものより劣っていることは事実が証明している。彼らが鍛練している時、我々は安穏としていた。敵が塹壕を掘り、武装して野営している時、我軍は一般市民の宿舎で寝泊まりしていた。我は自分の領土で展開していたにもかかわらず地形学を知らなかったのに対し、彼らはみな個別に地図を持っていてわかりにくい道や水路を昔から知っている道のように移動した。

不思議なことに、我が軍は敵の前進に直面した時、戦うように見せかけて逃げるか、敵の到着を口実に暴行と略奪をほしいままにするかのいずれかであった。人々が、敵の災難についてではなく、むしろ我が軍の災難について述べるのはその理由のためである。国民の支持を失うのにこれ以上の方法はなかった。日本人は、……人々を慰撫するため自由な活動を認め、彼らを雇い、相応の対価を払った。奉天や岫岩のような都市では資金援助をすることによって彼らは商人を引き寄せたのでビジネスを再開することができた。人々は、実際、我が軍の駐在に際しては逃散し、敵が到達すると戻ってきたのである。要するに、それは敵がいかに我が人民の心を勝ち得ていたかということである(66)。

（敵は）、退却を防止するため死刑で脅すと同時に、兵士の忠誠心を維持するために自国の女性をあてがい、死を賭けて戦うように仕向けるため多額の報酬を払い、勇気を鼓舞するため酒を分け与えた。日本人は危険な本性を持ち、不吉な計画に訴えがちであるがゆえに、本当は一致を保つことの容易な兵士達ではない。しかし、敵がいつも我が市民の支持を勝ち得ようと行動している時、我が兵士は自国市民を敵に回すためあらゆることをしていた。これが大きな心配の種である(67)。

それから李は、支那人は太平天国（一八六〇年代初め）を鎮圧した時から戦力を確立し日本と戦うための準備をしてきたなら、その時は支那は勝つことができたかもしれないという議論を展開する。彼は状況が絶望的であったことを暗示しているのである。

宮廷はとうとう戦争の解消に向けて動いた。批判の集中攻撃にもかかわらず、政府の中枢の指導者達は、和解交渉による解決の方針を固めた。頑固な翁同龢を除いてすべての参議は慎重な道を選んだ。最大のスケープゴート李鴻章は日本と講和条約に署名するという割に合わぬ仕事を引き受けるため日本に急いだ(68)。結局、一八九五年四月十七日下関で講和が行われた。

四　結　論

結論として、我々は日本の支那に対する態度の特殊な側面と支那の日本に対する態度のそれとを対比することができる(69)。マリウス・ジャンセン（欧名）は、ある啓発的な論文のなかで、日本人の高い安全保障への意識と、権力に対する非常な敏感さに注意を喚起した。日本人は、自己イメージに確信を抱いていなかったし、また、支那に対して文化的負債があると感じていた。それから、また、ロマン主義と冒険主義の強い緊張が支那に対する日本人の感情を特徴づけた。(70) これらの要素はいずれも支那人にはないものであった。疑いもなくその理由の一部は領土の大きさによるが、支那は、日本のように西洋に対する脆弱性というものを感じたことはなかった。その長い歴史と成熟した文化が、時として誇大妄想者と隣り合わせの一種の自己確信の感情を与えた。ロマン主義と冒険主義については、これらの側面は特に支那人の気質には欠如しているように思われた。倭奴と戦って勝つことにほとんど栄光はなく、対外的な事項を無視する伝統的な立場が、「世界を征服しよう」と熱望する極少数の個人を信用しないよう支那人を慣らした。一つの側面、すなわち、義務と使命感においてのみ、我々は二つの国民の並行関係を見出すことができる。数年前まで、支那人は常に、日本が明らかにその一員であるという前提のもとに、日本と世界のその他の部分を文明化することが自己の使命であると考えてきた。今や、実に一夜のうちに、日本人は支那を文明化する（この場合は近代化する）という使命を主張しだした。(71) 支那は、当然のことながら、このことをまったく受け入れがたいものと考えた。(72)

日支関係は、十九世紀の最後の二十年に先立ってすでに発展の世紀を経験し、支那人は日本について知る豊富な機会をもっていた。しかしながら、その間の接触は主として学問的なもの、知識上のものに限定され、日本に対する支那人の態度はこの事実によって大いに性格付けられていた。十九世紀の終わりになって初めて、小さいが活動的な日本における支那人社会が発展しはじめ、ずっと詳しく正確なこの国の知識を集めだした。この社会の人々は東京にいる支那人使節団のメンバーに影響を与えたが、支那の政策形成者の態度はそれによって大きく変化したとは思われない。その結果、支那人は一貫して日本人の意図と能力の判断を誤った。両国間が平和であった時、支那側の誤解と無視は不幸ではあったが致命傷にはならなかった。しかし、戦時においてそれは支那にとって致命的になった。

下関以後、支那人は日本に関してさらにアンビバレントになった。(73) 一方では、日本の勝利に対して継続的な憤激があった。他方、日本は明らかに支那がよく見習うべき模範に見えた。日本の支那に対する政策と行動が支那人の日本への遺恨を強める傾向を帯びるようになって以後は特にそうだが、以前の態度は二十世紀まで貫かれた。かくして、支那人があまりに長い「優越感」の症状に悩まされたことを非難することもできるが、支那人が日本人の敵意を知覚したことは全体として根拠のないことではないと正当化することもできるのである。一八九四〜九五年の日清戦争時代の日本人に対する態度の多くが、一九四五年に第二次対日戦争が終了するまで続いたことは不思議ではない。支那の日本に対する否定的な感情が一九七〇年代においてはたして全面的に消滅したかどうか検討する必要があろう。

補記

本章は、最近私が取り組んでいる日清戦争の研究の一部である。本研究は、オハイオ州立大学の張灝、コロンビア大学のC・マーチン、ウィルバー、ジェームス・ポラチェク、デューク大学のアリフ・ダーリックに負うところが大きい。本研究および関連研究は、ACLS、SSRCおよびオハイオ州立大学の援助により行われた。また、ブリアン・アベリー、ポール・コーエン、ロイド・イーストマン、薛君度、池井優、入江昭、マリウス・ジャンセン、トマス・ケネディ、劉廣京、パトリック・マドックス、マーレン・メイヨー、ボニー・オー、岡本春平、彭澤周、ジョン・ローリンソン、フランク・シュールマン等の諸氏にさまざまな形でお世話になった。

原注

（1）この文節と次の文節は、易順鼎の『哭盦叢書盾墨拾餘』中の「討日本檄文」からの引用である。『中日戦争』（以下CJCCと略記する）北京、一九五六年、の中に簡約版がある（第五巻、一七三〜一七四頁）。

（2）この文節はCJCC版では削除されている。

（3）この美文ではあるが難解な文節を翻訳するにあたっては、同僚の張灝の助けを受けた。

（4）たしかに、下関条約以後の十年間に外交政策に対する世論の影響には急激な変化が起こった。Akira Iriye, "Public Opinion and Foreign Policy : The Case of Late Ch'ing China," in Albert Feuerwerker et al., eds., *Approaches to Modern Chinese History,* (Berkeley, 1967), pp. 216-238.

（5）李鴻章は、今日の支那でも非難の対象となっている。胡濱『賣國賊李鴻章』上海、一九五五年、参照。

（6）この章の目的と資料の制約より、支那人の態度に関する我々の議論は否応なく主として支那のエリートに関するものにならざるをえない。しかしながら、大衆の態度ははっきりした意見をもったエリートの態度と大きくはなれることはないと信ずるにたる根拠がある。一八九四～九五年の上海大衆誌『点石齋画報』の魅惑的な風刺漫画の描写参照。

（7）最も価値ある研究ではあるが、このように戦争に焦点を絞った研究として阿英編『甲午中日戦争文学集』北京、一九五八年、がある。

（8）『清光緒朝中日交渉史料』（以後 *CJCSSL* と略して引用する）16 : 6a。

（9）このことは以下でも指摘されている。Paul Cohen, *Between Tradition and Modernity: Wang T'ao and Reform in Late Ch'ing China,* (Cambridge, Mass., 1974), pp. 24-25, 62.

（10）Hyman Kublin, "The Attitude of China during the Liu-ch'iu Controversy, 1874-1881," *Pacific Historical Review,* vol. 18 (May 1949), pp. 213-231.

（11）『清季外交史料』（WCSLと略す）23 : 19。

（12）『劉坤一遺集』北京、一九五九年、二四八九～二四九一頁。その後、劉はより敵対的な日本観を持つようになる。

（13）Robert K. Sakai, "The Ryukyu (Liu-ch'iu) Islands as a Fief of Satsuma," and Ta-tuan Ch'en, "Investiture of Liu-ch'iu Kings in the Ch'ing Period," in John K. Fairbank, ed., *The Chinese World Order,* (Cambridge, Mass., 1968), pp. 112-164.

（14）日本との戦争の可能性があると考えた数少ない人物の視点の一例として、張謇『張季氏九録、政聞録』1 : 3a-10a 参照。

（15）山口一郎『近代支那の対日観の研究』東京、一九七一年、一四～一八頁。特に、石原道郎と鈴木俊による記事参照。

（16）実藤恵秀、陳固亭訳『明治時代中日文化的聯繫』台北、一九七一年、九九頁。社会科学者の陥った認識のステレオタイプについてのさまざまな研究についてここで言及しておきたい。アリフ・ダーリックは、社会科学の文献に現れたステレオタイプについての便利な目録をまとめている。また、ゴードン・オルポート『偏見の本質』、ウィリアム・ブキャナン、ヘッドリー・キャントリル『諸国民は互いにどう見ているか』を参照されたい。また、ウォルター・リップマン『世論』は今日でも有益な古典である。

（17）支那の北洋艦隊は一八八六年長崎を訪れ、一八九一年神戸、横浜を訪問した。日本の艦隊は三隻が一八九四年六月福州に到達するまで支那港を訪れていない。
(18) 西洋の観察者もまた、日本との戦いで支那は十分頑張れたと考えていた。John Rawlinson, *China's Struggle for Naval Development, 1839-1895,* (Cambridge, Mass., 1967), p. 169.
(19) 昜、1: 1ab。
(20) *CJCSSL,* 17, ＃1404.
(21) 王義均『王文民工作書』51a。
(22) 一八四〇年にイギリスが支那を攻撃した時、イギリスにも「反乱」という用語が使われたが、一八九〇年代にはヨーロッパ列強にはこのような用語はもはや使われなくなっていた。Frank A. Kierman and John K. Fairbank, eds. *Chinese Ways in Warfare,* (Cambridge, Mass., 1974), p. 8.
(23) この理由付けの典型的な一例が、阿英編、前掲書に見られる。四九五～四九七頁。
(24) 王尓敏『清季兵工業的興起』台北、一九六三年、六九～七〇頁。
(25) 同右、七〇～七一頁。Rawlinson, pp. 52, 90.
(26) 王尓敏、前掲書、七〇～七二頁。
(27) 日本の支那人居住地の小集団は除外する。彼等の多くは西洋人の会社の買弁（コムプラドー）である。これらの支那人は北京には何の影響力も持たない。
(28) これらの支那人にとって、実藤恵秀は、今日でも大いに権威がある。また、陳烈富「甲午以前的中日邦交」『新亜細亜』七巻三～五号、一九三四年。
(29) 趙珍華『一八七七～一九一一年にかけての日本における支那外交使節史』シンガポール、一九七五年、諸所に散見。
(30) 同右、一〇一頁。また、Kenneth E. Folsom, *Friends, Guests and Colleagues,* (Berkeley, 1968), p. 129.
(31) 陸奥宗光『伯爵陸奥宗光一行』東京、一九二九年、二九六～二九七頁。
(32) 李則芬『中日関係史』台北、一九七〇年、二六一～二六三頁。
(33) Arthur W. Hummel,ed., *Eminent Chinese of the Ch'ing Period* (*1644-1912*), (Washington, D. C., 1943), pp. 483-484.
(34) 李鴻章『李文忠公全集』譯署、三二一頁。

（35）趙、前掲書、一五七〜一五九頁。
（36）清の朝鮮政策に関する多くの研究が指摘している。特に、林明徳『袁世凱輿朝鮮』台北、一九七〇年。
（37）趙、前掲書、一七四〜一七五頁。
（38）大久保の清での特命に関しては以下を参照。Masakazu Iwata, *Ōkubo Toshimichi,*（Stanford, 1970）, pp. 210-222. 森に関しては、Ivan Hall, *Mori Arinori*（Cambridge, Mass., 1973）.
（39）趙、前掲書、一一九〜一二〇頁。Marius B. Jansen, *The Japanese and Sun Yat-sen,*（Cambridge, Mass., 1954）, pp. 51-52.
（40）王詠霓、"Tao-hsi-chai ji-chi", 2 : 12ff.
（41）日本人のある者は、文化研究にかかわる公的機能を増大させた。Roger F. Hackett, *Yamagata Aritomo in the Rise of Modern Japan, 1838-1922,*（Cambridge, Mass., 1971）, pp. 346-347.
（42）支那の日本報告は、日本の図書館や公文書館に見られる支那文学や文化的作品の部門を含む慣例となっている。例えば、傅雲龍『游歴日本図経』不明。
（43）黄遵憲『人境廬詩草』、特に、第八巻。また、阿英編、前掲書、六頁を参照。黄の多数の「会話」は、鄭子瑜、実藤恵秀編『黄遵憲与日本友人筆談遺稿』に収録されている。
（44）彼の態度のこのような一例は、『日本国志』の序文に見ることができる。「日本の学者は支那の本を読むことができるから、支那で何が起こっているか理解する事ができるが、支那の学者は古代の真理を長々と論ずることを好み、自己中心的となり、外国の事件に関心をもたない……」（3b-4b）。
（45）実藤、前掲書、六九〜八二頁。
（46）姚は後に総督李鴻章に代わって、台湾を日本から取り返すためにイギリスに働きかけようとした。Leonard Gordon, "The Cession of Taiwan — A Second Look," *Pacific Historical Review,* vol. 45, no. 4（November 1976）, p. 565.
（47）部分的にＣＪＣＣに再掲載された。三四七〜三五四頁。
（48）これら三人ともあまり知られていない。王之春は、近代化の早くからの支持者であり、彼の著作は一九〇四年に『朝鮮奏議』の題で出版された。王詠霓には、"Eh-ya-t'ang chi" と題する海上防衛に関する初期の著作がある。陳家麟は徐承祖の部下のひとりであった。

（49）王詠霓『道西齋日記』2:9a, 25b-27b。
（50）実藤、前掲書、一〇八頁。
（51）他に関しては実藤、前掲書参照、一〇〇頁以下。
（52）趙、前掲書、九九頁。
（53）実藤、前掲書、一〇七頁。王詠霓『道西齋日記』2:13ab。
（54）日本について書いた者の多くは、情報収集活動の一環として行った。王之春は、現に、そうした目的で総督沈葆禎に送っている。実藤、前掲書、一〇二頁。
（55）これと対照的に、日本は山県の指示の下に完全な情報を集めた。Marius B. Jansen, "Japanese Views on China during the Meiji Period," in Feuerwerker et al., pp. 167-68, and K. H. Kim, *Japanese Perspectives on China's Early Modernization,*（Ann Arbor, 1974）, p. 14.
（56）昜、前掲書、34a-39a。この部分は、また、阿英とCJCCに再録された。
（57）楊臣『清亜堂稿文』1:12a-14b。
（58）*CJCSSL*, 17, ＃1405.
（59）阿英編、前掲書、四七九～四八一頁。
（60）慈禧太后は、祝典を中止することを極端に嫌がっていた。*CJCSSL*, 15, ＃1777.
（61）同右書、15, ＃1224.
（62）著しい例外はあった。一例をあげれば、御史王鵬運は、驚くほど専門的知識に通じていた。
（63）李秉衡『奏議和條約尚須斟酌摺』7:24a-27a. また、CJCC、四巻、八～一一頁。
（64）馬丕瑤『馬中丞奏議』4:9b-13b.
（65）最近の支日関係の書物は、支那はその気になれば当時日本に抵抗できたと議論し続けている。李則芬、前掲書参照、三二〇～三二四頁。
（66）ここで我々は、戦時中を通じて日本の兵士の行動は指摘通り一般に模範的だったことをつけ加えなければならない。しかしながら、一つの大きな例外が旅順港の接収の時起こり、日本兵は略奪と殺害のドタバタ劇を演じた。
（67）*CJCSSL*, 30, ＃2421.

(68) 下関講和条約における李鴻章の暗殺計画に対する日本人の指導者の側の強い反応とは違って、支那の記録は、支那の指導者がこの事件によってより反日的になったいかなる痕跡も残していないということが指摘されるべきであろう。明らかに、支那の日本に対する態度はこの遠隔地で起こった事件よりもずっと前に形成されていたのである。

(69) 明らかに、一連の勝利に起因する戦時の日本のある反応に対する、支那における対応物というようなものは存在しなかったということを指摘しておかねばならない。Donald Keene, "Sino-Japanese War of 1894-95 and Its Cultural Effects on Japan," in Donald Shively, ed., *Tradition and Modernization in Japanese Culture*,（Princeton, 1971）, pp. 121-175.

(70) Jansen, "Japanese Views of China during the Meiji Period," in Feuerwerker et al., pp. 163-184.

(71) Kenneth B. Pyle, *The New Generation in Meiji Japan*,（Stanford, 1969）, p. 173.

(72) 当時の最高の国際派知識人であった王韜さえ、日本の要求は受け入れられないと考えた。Cohen, pp. 121-128.

(73) 真面目な支那の日本学者は、少なくとも一九二〇年代にいたるまで、そして、おそらくそれ以後もこのアンビバランスを引きずり続けた。戴季陶『日本論』の Hu Han-min の序文参照。

訳者補記

人名、著者名等の漢字への英文表記の翻訳にあたって、帝京大学文学部講師翟新氏（近代日支関係史専攻）の御指導をいただいた。翟氏の懇切な御教示がなければ本章の翻訳は不可能であった。謹んで謝意を表したい。

第五章　清議運動としての戊戌変法運動と明治維新

ジョン・E・シュレッカー

一　日中比較の意義

日本が戊戌変法運動に大きな影響を及ぼしたことはよく知られている。歴史家たちは次のようなことを明らかにしてきた。すなわち、明治維新の成功が変法派に、国家の富強を効果的に達成するプログラムのモデルをいかにして提供したのか、ということである。もちろんそのなかには西洋文明の大幅な摂取が含まれるのだが、変法運動に関する最近の研究によれば、日本、とりわけ徳川幕府から明治新政府へいたる変動に対する変法派のまなざしにはまた別の側面があった。彼らはそれを、「清議」運動、すなわち東アジア型の国家再建の成功例と理解していたのである。

こうした見解は注目に値する。なぜなら、これによって変法運動と明治維新との関係に新たな一ページが付け加わるからである。それと同時に、このことは十九世紀と二十世紀の中国と日本の比較史に潜む新たな可能性を示唆している。というのも、「清議」という概念を理解することによって、変法運動と明治維新の間に、どちらも西洋化であったという以上の類似性を確かに見て取ることができるからである。さらにはっきりいうならば、「清議」

というパラダイムはこの二つの出来事に当てはめられることの多い、西洋の理論に基づく歴史的カテゴリーの枠にとどまらないものなのである。それと同時に、いったんこの二つに共通する構造を「清議」の枠組みで理解すれば両者の相違も見えてくる。そしてその相違というのは、十九世紀の中国と日本の間に確かに存在した重要な相違点を明らかにするものなのである。

「清議」というのは翻訳しにくい概念であるが、「再建を目指した運動」というのが適切であろう。ここで保守と急進といった枠組みを用いてしまうと、「清議」の持つ儒学的政治の文脈をとらえることができなくなってしまう。おおまかにいえば、「清議」の意味するところは、誠実な読書人たちが権力の中枢の外側で政治の変革を目指して行った運動、というものである。また、そうした読書人たちが、政府を牛耳る官僚グループと権力闘争を行う明確な反対勢力を形成している、ということも表している。中国における「清議」運動とは、国内に政治的・経済的問題を抱え、それのみならず外国の脅威にもさらされているという危機の時代に行われるものであった(1)。そして儒学の立場からすれば、そうした内憂外患はともに権力を握る官僚たちの道徳的な腐敗を反映するものだったのである。

二　清末の清議運動

戊戌変法運動は一八七〇年代に始まった「清議」運動の後を受け、一八八〇・九〇年代の政治における重要な要素となった(1)。「清議」と変法運動を一連のものとしてとらえることによって、一つの現象としての「清議」の性格に関する理解を深めるとともに、変法派がこの枠組みのなかで明治維新をどのように見ていたのかをも知ることができるのである。

一八七〇年代から一八九八年に至るまで、この運動に底辺で参加していたのは三十代・四十代の比較的若い官僚達であり、彼らは政府のなかでは中級・下級の役職にあった。彼らには強固な儒学的教養という基盤があり、また彼らの任官は科挙という正規の手段によるものであって、売官などといった不正によるものではなかった。そして運動のトップに位置する指導者——パトロンといった方がいい——のみが高級官僚であった。

この反対運動の発展には、深まるばかりの内憂外患を清朝政府が解決できていないことに対するごく自然な反応という側面もあったが、これには社会史的な背景も存在していた。つまり、十九世紀最後の十年間における中・下級の官僚たちには、昇進の機会がそれ以前と比べてはるかに少なかった。というのも、太平天国の乱と同治中興のころにかなりの数の若手が抜擢され、こういった人々が中央や地方の政府において依然として高い地位を占めていたからであった。また、正規のルートで官界入りしたエリート達の士気は非常に低かった。太平天国の乱の後に科挙の合格者枠が拡大したことによって任官を待つ者の数が増大したうえに、売官が大いに行われたため、任官可能なポストの数は逆に減少していたのである。

「清議」派の政策は中国の抱える諸問題とその見通しという点で包括的なものとなっている。断っておくが、私は「清議」派および変法派の反対運動を政治的観点からみることで彼らの誠実さをとやかくいうつもりはまったくない。実際、「清議」派にしてみれば、中国が苦境に陥っており、そして自分たちこそが国の抱える諸問題に対する解決策を有していると考えていただけに、影響力を得たいという願いとそれが得られないという事実にいらだちをつのらせたのも無理はない。

「清議」派の大方針は国内政治が最も重要であると強く主張することであった。彼らは次のように確信していた。国内の衰退と外国の侵略という中国の抱える諸問題を解決する方法は「士風」を創り出すことである、と。それはすなわち国民的な大いなる復活、とりわけ官僚や郷紳の間に献身的な公共精神を復活させることである。彼らはよく、中国の全人民を一つにまとめるべしと主張した。[2] これは儒学の理想として語られていた。しかしながら実践のうえでは、彼らの主たる関心は中・下級の官僚からなる自分達のグループの影響力を拡大することにあった。さらに広くいうと、彼らにとっては官職についていない郷紳を含む下級エリート全体の力を強めることが関心事だったのである。

容易に推察できるように、反対勢力たる「清議」派の主たる標的は権力の座にある者達であった。清仏戦争の後は、これは特に西太后とその下にある高級官僚たちのことを指していた。敵に対する「清議」派の見解は必ずしも正確なものではなかったし、明らかに政治的動機の強いものであった。しかし、これを理解することがこの運動を理解するためにはどうしても必要なのである。「清議」派の見方からすれば、清朝の権力者たちは腐敗しており、視野が狭く、浪費的ですらあった。これでは国が必要としている国民的復活を指導するにはまったくふさわしくなかった。康有為は一八九五年に次のように記し、そのような態度を表明している。

そのころ、朝廷は土木事業を興し、官僚達の間には賄賂が横行していた。孫毓汶[3]と李蓮英[4]は気脈を通じて国政を牛耳り、士大夫達は口をふさぎ、公論の表出は途絶した。官僚は皆賄賂によって昇進し、大臣は朝廷を後にするやいなや娼婦や俳優と一緒に酒を飲み楽しみにふけっていた。……これでは変法が行えないだけでなく、古くからの政治の風紀もまたすっかり地に落ちてしまう。思うに、これこそ甲午の戦争〔日清戦争〕における敗戦のよってきたるところであろう[2]。

外交問題に関しては、「清議」派は攻撃的で愛国的であり、たいていは主戦派を形成していた。この点に関しては外国人を追い出すことを目的とする純粋な「清議」運動においても、多少目的が変化して中国に対する完全な主権と平等を目指した変法運動においても同様であった。

西洋文明の摂取に対する「清議」派の態度は時とともに変化していった。なかには頑としてそれに反対し続けるものもいたが、一八八〇年代の後半までには指導的立場にある者も含めて多くの者が考えを逆転させていた。変法運動はこのプロセスが最高潮に達したことを示している。こうした変化が起こった一つの原因は、西洋化こそが国家の富強への道であり、結局は帝国主義に対抗するための鍵となる、ということが理解されたからであった。ただし、西洋に関心が向けられたのには政治的側面もあった。というのも、新しい政治制度や教育制度その他の社会的な仕組みは、彼ら反対勢力が政府に影響を及ぼし、さらには政権を奪取しさえできる道を開いてくれるものだったからである。

三　洋務運動との相違

西洋への関心が高まったにもかかわらず、「清議」運動と変法運動は一般に「洋務」運動とは対立するものであった。これは「洋務」運動が西洋文明を摂取しようとしていたからではない。それよりも、「洋務」派が重んじるものが「清議」派から見て間違ったものだったからである。つまり、「洋務」派が国内問題よりも外交問題、道徳よりも技術を重視していたからであった。そのうえ、「清議」派には「洋務」派のやり方が帝国主義に対してあまりにも軟弱で妥協的であると感ぜられた。そしてまた、「清議」派が「洋務」派に反対したのは、李鴻章その他の「洋務」派の指導者達が政治の舞台における彼らの主たる敵だったからでもあった。

過去の「清議」運動と同様に、十九世紀における反対勢力の全般的な政治戦略は皇帝を利用することであり、皇帝を助けて中国の諸問題を解決せしめんとするものであった。それゆえ、光緒帝が政府の支配権を正式に掌握した一八九八年以降、彼らは皇帝を支持した。「清議」派は皇帝と結びつくことによって高官達を出し抜こうと考えたのである。同様に、皇帝は皇帝の方で彼らを同志と考えた。というのも、彼も西太后や彼女の支配下にある高官達に対抗するための同盟者として用いるべき新しい人材を探していたからである。変法派は皇帝の重要性を正しく認識しており、明朝後期の「清議」運動が失敗した理由の一つが皇帝が無能で無力だったことにある、ということを重視していた。一八九八年の百日維新は「清議」派の方法論からする論理的帰結であった。

「清議」派のもう一つの政治的特徴は、「言路」を利用することと「言路」が開かれていなくてはならないと主張することであった。「言路」とは文字通り皇帝に意見を伝える経路のことである。「言路」を開いておくというのは、皇帝の側に一般的な状況についての上奏文を受け取る用意があるということを意味する（通例、官僚が上奏を行うのは自分の管轄にかかわる特殊な問題についてのみとされていた）。またこのことは、皇帝が政府内で比較的低い地位にある者からの上奏文であっても直接、または高官を通じて受け取る用意があるということでもあった。一八九八年において、変法派は高官達による政治の独占を緩和し、新しい人材を発掘するための手段として「言路」を開くことの必要性をとりわけ強調した。この問題に関しては繰り返し詔勅が出され、九月までに「言路」は一応形式的にはすべての者に開かれるようになった。このような「言路」の重要視は、明らかにアウトサイダーの運動としての「清議」運動の必要にかなっていた。さらに、彼らが提唱した「上下一心」によって、「言路」を開くことは「士風」の創出にも貢献するものであった。

「清議」派のもう一つの顕著な特徴は、皇帝に対して次のように強く求め続けるところであった。若い人材を発掘し、年功序列の原則にとらわれずに能力のあるものを昇進させることで彼らを奮い立たせるべし、と。このことが「言路」を開き「士風」を創出するというこの運動の二大方針の両方に符合しているのは明らかである。ここで、典型的な上奏文を見てみよう。これは変法派の徐致靖(5)によって一八九八年の六月に書かれたものである。

陛下は維新の本義を明らかにされ、これによって新法を推進することになさいましたが、いまだすべては守旧派に委ねられております。変法を行わないと自強は成りませんし、また人材を得ないと変法は行えません。かつて日本の維新の初めには、下級官僚や草莽の士を抜擢いたしました。……地位にかかわらず登用し、各人がその才能を存分に発揮したのです。

私の聞き及ぶところによりますれば、西洋各国の富強の原因は非常に深く多岐にわたっており、よく研究しないと明らかにはできません。今我が大官達は、朝廷内の大臣から地方の長官に至るまで皆身分に基づいて任用されております。……身分によって人材を用いるやり方は、太平の世なれば猟官競争を抑えるという利点もありましょう。しかし、厳しい時代にあっては、困難を解決することは絶対にできません。非常の政治を行うためには非常の人材がなんとしても必要なのです。(3)

「清議」派の顕著な特徴として最後に指摘しておくべきことは、敵に対するきわめて感情的で強硬な姿勢である。「清議」派にとって政治とは道徳的対決のことであった。ここで、六月に楊深秀[6]が書いたものを見てみよう。

守旧派は新法をやめるべきだと言っており、開明派は旧習を拭い去るべきだと言っております。……お互いに火と水のようで、仇敵の如きものがございます。私が考えまするに、両者とも正しいなどということはなく、中立というわけにも参りません。国是が定まっていなくては臣民の進むべき道を指し示す術がございません。賞罰を明らかにしなくては政治を正しく行う術がございません。……

今、陛下は詔勅を繰り返され、新政の法令をお出しになりましたが、大官達は何も聞こえないかの如くに捨て置いております。棚上げして宣布しないこともあれば、宣布して実行しないこともあり、実行してもなおざりにしております。これは国是が定まらず、賞罰が明らかでないからであります。……膠州湾[7]が失われて半年になります。これは敵が強くて割譲させられたと言うより、守旧派が内で反抗したために割譲させられたのです。また、守旧派のせいで割譲させられたと言うより、国是が定まらず賞罰が明らかではなかったために割譲させられたのです。……

いにしえより、新法を行うときに賞罰を大いに利用しなかった試しはございません。……日本の君主である睦仁〔明治天皇〕は、変法を行って幕府や大名を廃止したのであります。[4]

これらの引用から分かるように、変法派は明治維新を西洋文明の摂取に成功したモデルとしてだけでなく、「清議」運動の成功例として認識していたのである。

四 「清議」としての倒幕運動

比較の観点からいうと、彼らの認識は正しいように思われる。確かに、幕末期の日本の封建制は「清議」運動とは根本的に異なる条件であったが、にもかかわらず、維新を全体としてみると、「清議」運動と同じパターンで理解することができる。もちろん、中国が日本の政治に対して長い間影響を及ぼしてきたこと、とりわけ江戸時代における儒学の圧倒的な地位を考えれば、これは驚くには当たらないのであるが。

幕末の倒幕運動の社会的基盤は中国の「清議」運動のそれとよく似ていた。パトロンとして大名や公家といった地位の高い者も含んでいたが、重要人物のほとんどが「平侍《ひらざむらい》」であった。中国における中・下級の官僚と同様に、「平侍」は明らかに国家エリートの一翼を担ってはいたが、概して重要な政策決定を行う立場からは除外されていたのである。(5)

彼らが反幕府の立場をとった理由は、中国の「清議」派と同様、積極性と不満が入り交じったものであった。彼らを突き動かしたものの一つは、日本が抱える諸問題についての認識であった。中国と同様、こうした問題は外国の脅威から政府機関の財政難にまでわたるものであった。倒幕派を動かしたもう一つの要因は、次に述べるような矛盾の存在であった。すなわち、才能に基づく儒学的な職務規範と血縁に基づく登用との間の矛盾である。「平侍」は儒学的かつ土着日本的な奉仕と忠誠というエトスを深く身につけており、危機の時代に影響力のある地位につけないことがおもしろくなかったはずである。またいくつかの藩においては、彼らが高い地位から外されているのには家柄だけでなく、中国と同様の原因も確実にあったであろう。つまり、長州や薩摩が特に活発であった理由の一つは、公職に就く資格を有する武士の数が有り余っていたことにあったと考えられるのである。

最後に、「平侍」が倒幕運動を行ったのは、この階層が江戸時代の間に次第に窮乏化してきていたからでもあった。「平侍」が感じていたさまざまな不安感はより下級の武士も感じていたので、幕末の倒幕運動の政治的基盤には、変法派がしばしば郷紳層全体を代表していたのと同じく、武士全体を取り込むことができたのである。

また倒幕運動への参加を決めた主たる要因として、中国と同じ階層の問題とともに、年齢も作用していただろう。維新の指導者たちは彼らが政治状況のなかで引き受けた役割からすると総じて若かったのである。

倒幕派はその精神と形態も総じて中国の「清議」派のそれとよく似ていた。「尊皇攘夷」を叫ぶ者達が幕末の原動力となったのであるが、彼らが自分達と幕府との間に見ていた相違点は、変法派が清朝の権力者との間に見ていたのと同じものだったのである。加えて、雄藩にはその内部においても反対派と地方「門閥」との間の闘争に同様の構造が現れたミニ「清議」運動を見て取ることができるのである。

倒幕派の目には、徳川幕府は国家の再建よりも小手先の改革を志向していると映っていた。それと同時に、外交政策においては幕府は清朝と同様列強を強く排除しようとするよりも妥協と自己利益を図っているようであった。中国と同じく、こうした熱烈な反帝国主義は国内における影響力の希求と結びついていたので、「攘夷」は次第に西洋化による広範な変革プログラムに変わっていったのである。

「清議」運動の特徴はその具体的な方法までもが日本にもはっきりと見られる。倒幕派は幕府を出し抜くための手段として天皇を利用した。同時に、彼らは天皇を国民的復活の中心に仕立て上げた。「上下一心」への動きの頂点としたのである。また、彼らは「人才」の抜擢を重視した。もちろん、年功序列の地位は世襲よりはましだったのであるが。ある論者が語ったように、[8]「治世もあれば乱世もある。……乱世というのは身分の尊卑にもよらず、続柄の親疎にもよらず、今このときにおいて戦に勝ち国を強くする人を見出して用いるべきであります[6]」。

最後に、倒幕派には敵を攻撃する際にも中国の「清議」派と同様の情熱がみられた。したがって、例えば幕末の代表的人物であった吉田松陰がおそらくは維新の指導者のなかで中国の変法派に最も尊敬されていた、というのも驚くには当たらない。松陰は次のように記しているが、これは康有為と同じ精神に基づいている。「美しい服を着て豪勢な食事をし、美女を抱いて子供を愛でるのが先祖代々の官吏どもの関心事であり、これでは尊皇攘夷どころではない[7]。」

幕末の維新運動と中国の反対運動はこのように社会政治的、イデオロギー的な構造が類似しているのだが、それでも両者の間には「清議」の枠組みにおいてさえいくつかの重要な相違点がある。最も重要なのは、それぞれの国内で勢力バランスが異なっており、中国よりも日本の反対派の方が強力でより早く成功した、ということである。

その理由の一つは簡単なことで、広く知られているように、中国と日本では歴史が異なるので、外国の侵入と影響力拡大に対する激しい敵意が日本のエリートのなかで中国におけるよりもずっと浸透したということである。その結果、攻撃的な「清議」派の立場は中国よりも日本の方が主流になりやすかった。幕府や佐幕派でさえ心の底では外国の侵出に対して強く反発しており、それは中国における「洋務」派の立場よりもずっと踏み込んだものだったのである。

これと関連して、日本の倒幕派はより明確で切迫したイデオロギー的衝動に突き動かされていたとも思われる。これは、彼らが見せる儒学的要素が実は神道という準宗教的な精神と武士道という謹厳実直な精神に支えられていたからである。儒学自体からしてある意味でより強力であった。おそらくは、それが輸入イデオロギーというものなのであろう。中国の変法派は、自分達の活動のためには、当時利用できた儒学の諸派よりもさらに堅固な精神的基盤を発展させねばならないと考えていた。康有為が半ば宗教的な「今文」[9]儒学に目を向けたのはこうした理由からであった。しかしこれはあまりに単絡的な解決法にすぎず、かえって変法派に対して得られる以上に多くの支持を失わせてしまったのである。

両国で勢力バランスが異なっていたもう一つの理由は、日本の武士よりも中国のエリートの方が下からの脅威にはるかに大きくさらされていた、ということである。変法派は農民の不満とそれが国家の安定にもたらす危険性について深く認識しており、それについて書き記すことも多かった[8]。日本の江戸時代後期にも農民一揆はあったが、その規模と重大さにおいて中国のそれには遠く及ばなかった。それゆえ日本のエリートは、社会システム全体がひっくり返りかねないような崩壊現象をもたらすのではないか、ということをあまり恐れずに大規模な改革を支持することができたのである。

五　結論

明治維新と戊戌変法に関するこの比較研究から導かれる結論の一つは、次のようなものである。すなわち、両国において台頭した改革運動や反帝国主義の起源は、自分達の活動を成功させるためには過去との強い道徳的つながりが必要である、ということを深く認識していた反対運動にあったのである。このことは中国よりも日本の歴史家の方がより理解してきた。実際、「清議」運動と変法運動のつながりに光が当てられるようになったのはほんの最近のことにすぎない。これまで両者は相反するものと考えられてきた。つまり、「清議」派は保守的で排外的であり、変法派は進歩的で西洋の強大な影響力に対して開明的であった、と。しかし、いったん両者を一つのプロセスの一部分として見ると、一八九八年だけでなくその後の歴史をも説明することができる。例えば、中国の共産主義はどういうわけか非常に急進的であると同時にとても伝統的なところもある、との認識がますます強まってきているが、このことは二十世紀中国の急進主義の起源が「清議」運動にあったという事実と関係があるといえよう。

比較から得られるなかでより重要な結論は次のようなものである。すなわち、明治維新と戊戌変法に関する研究が複雑な問題を抱えているのは、おそらくは西洋の歴史と歴史学の影響を受けすぎているからだということである。明治維新、戊戌変法、どちらの研究においてもほとんど同じような論争が行われてきた。一方には幅広い階級闘争を重視する「社会的」解釈が存在する。この解釈によると、日本については下級武士の役割と農民階級および商人階級が抱く不満が強調される。中国に関しては官僚国家と闘争を行うブルジョアジーの台頭が指摘される。他方、これに対抗する側の主張には社会闘争の重要性を完全に否定してしまう傾向がある。明治維新研究において強調されるのは封建制の各構成要素、すなわち藩、皇室、そして将軍の間のイデオロギー的な論争と闘争である。中国については、こちらの主張の特徴はほぼ完全に思想的な問題に終始しているところにある。

「社会的」解釈がそのままでは不十分であることははっきりしてきた。明治維新は下級武士によって指導されたものではなかった。商人や農民も、支配エリートの頭痛の種ではあったが、江戸時代を通じて深刻な政治的脅威とはならなかったし、維新に大きな役割を果たすこともなかったのである。一方、戊戌変法を台頭してきたブルジョアジーと結びつけようという試みも成功したとはいえない。辛亥革命さえ、郷紳と軍閥によって行われたものとされるようになってきているのである。

にもかかわらず、後者の主張も社会闘争の重要性を無視すべきではない。むしろ、激しい闘争があったとの認識は重要である。ただし、その闘争というのはエリート内部の各レベルの間で行われたものであって、西洋的な意味での諸階級の間のものではなかったのである。さらに、こうしたエリートが持つ性質と彼らが物事を儒学的に考えていたことにより、この闘争はイデオロギー論争と切り離せないものとなった。十九世紀の中国と日本の歴史においてエリート間の闘争が重要な要素であったことは驚くには当たらない。つまり、儒学においては政治の占める領域が極めて重要なものであるため、エリート内部の闘争が大きな意味を持つのである。実際、このことはエリート自身のみならず社会全体にとっても非常に重要なことなのである。

これは、一つには儒学思想において統治が最重要視されているからである。そしてそこから導かれる政治闘争に勝利した側は社会の指導に決定的な役割を果たすとされているのである。さらに重要なのは、理論的には「清議」の本質は国家の領域を拡大することにあるので、そのような運動が持つ社会的、政治的な可能性は無限に広がっている、ということである。儒教の枠組みのなかでは、政府に対してより広範なインプットがあるべきだという「上下一心」の理念によって、人民のより広範な部分に対して国家の領域を拡大することが、ごく自然に、独特なダイナミズムを持って正当化されるのである。それゆえ、二つの「清議」運動がそれぞれの社会を極めて急速に変化させたのは何ら特別なことではないのである。

原注

（1）次の文献を見よ。閔斗基「戊戌変法運動의背景에対하여——特히清流派와洋務派를中心으로」『東洋史学研究』五、一

九七一年十月、一〇一～一五一頁、また、次の拙著も参照せよ。*Imperialism and Chinese Nationalism*（Cambridge, Mass., 1971）および "The Reform Movement of 1898 and the *Ch'ing-i*: Reform as Opposition," in Paul Cohen and John Schrecker, ed., *Reform in Nineteenth-Century China*,（Cambridge, Mass., 1976）, pp. 189-305. 以下、変法運動に関してはこれらの文献によっている。

（2）K'ang Yu-wei, *Chronological Autobiography*〔康有為「康南海自編年譜」〕, tr. Lo Jung-pang, in Lo Jung-pang, ed., *K'ang Yu-wei: A Biography and a Symposium*,（Tucson, 1967）, p. 50.

（3）翦伯賛他編『戊戌変法』上海・新州国出版社、一九五三年、第二冊、三三五頁以下。

（4）国家档案局明清档案館編『戊戌変法档案史料』北京・中華書局、一九五八年、一頁以下。

（5）明治維新についてまとめたもので最も有用なのは次の文献である。W. G. Beasley, *The Meiji Restoration*（Stanford, 1972）.

（6）Beasley, p. 63 に引用。

（7）Beasley, p. 150 に引用。

（8）例えば、『戊戌変法档案史料』に集められた史料では、農民の不満の問題が共通のテーマとなっている。

訳注

〔1〕「清議」運動の起源は後漢の時代に宦官と外戚の専横を批判した清流派の運動にさかのぼる。南宋の時代には異民族に対する宥和政策を批判する論議が「清議」と呼ばれた。このように、権力を握るものに対して戦闘的に儒学の秩序を守ろうとする「清議」運動は中国史上繰り返し現れている。

〔2〕郷紳については、さしあたり明清時代に現職、退職の官僚を郷里で呼んだ語としておく。彼らはさまざまな特権を有し、地方の政治に大きな発言力を持っていた。英訳は gentry。

〔3〕孫毓汶（?～一八九九年）は清末の宰相。西太后の下、政治の中枢に参画した。

〔4〕李蓮英（?～一九一一年）は清末の宦官。西太后の寵愛を受け絶大な権力を振るった。

〔5〕徐致靖は一八七六年の科挙合格者で当時翰林学士の職にあった。引用文は徐「保薦人才摺」（原注（3）所収）で、康有為ら変法派を皇帝に推挙したもの。

〔6〕 楊深秀（一八四九〜一八九八年）は変法運動に尽力し、戊戌政変に際して処刑された戊戌六君子の一人。引用文は楊「山東道監察御史楊深秀摺」（原注（4）所収）。

〔7〕 山東半島南西岸にある湾で、ドイツが租借地とした。

〔8〕 細井平州（一七二八〜一八〇一年）。江戸時代中・後期の儒学者。

〔9〕 今文とは、もとは漢代の書体のこと。後漢以降、漢以前の書体（古文）で書かれた文献の研究が儒学の主流となっていたが、清末になると今文で書かれたものを研究する公羊学が起こり、従来の儒学を批判した。康有為はその公羊学派の一員であった。

監訳者補記

他章とのバランスを考慮し原文にはない節題を付した。

第六章　近衛篤麿の思想形成とアジア認識

マリウス・B・ジャンセン

一　近衛篤麿の海外視察

明治三二（一八九九）年四月一日（日）午前九時、新橋駅は溢れんばかりの人々でごった返していた。彼らは皆、これから約七カ月間の旅程に出ようとするある人に挨拶するべく、待機していた。近衛篤麿——貴族院議長で学習院院長でもあり、前年十一月に設立された東亜同文会の創設者でその会長をも務めるこの若き公爵は、今まさに海外視察のため世界各国を訪問しようとしていた。明治政界の巨星たちが一堂に会している。当時の首相山縣有朋、内相西郷従道、宮内相田中光顕、法相清浦奎吾をはじめ、近衛の公私にわたる友人たちが四、五〇〇人集まっていた。学習院の生徒たちも駅構内に整然と列している。近衛公爵が妻貞子・長男文麿を伴って到着した。やがて列車は発車して横浜に着いたが、そこにもまだ挨拶せんとする者があった。徳川家達公爵、津軽承昭伯爵、前田利嗣侯爵といった近衛家親類筋のほか、一〇〇名以上。午前十一時前に三鞭酒を傾けつつ、近衛は見送りの友人たちに謝意を示す。妻や息子は今や群衆の背後に隠れている。船中まで見送りに来た者も四、五十人いた。やっとのことで近衛は四〇〇〇トン余りの日本郵船の小蒸気船に乗り込むことができた。船室は八号室で、大内暢三・小原駩吉の

両人が同室である。別れの和歌に曰く、

故郷の花を見すてゝゆくわれを　こゝろなしやと人のいふらん

十一月二五日に東京に帰ってきた時には、凄まじい歓迎の渦中にあって近衛はこうした和歌さえ吟じる時間的余裕はなかった。明治日本には、階級やステイタスが力を有する余地が十分に残っていた。五摂家筆頭の家柄を誇る近衛篤麿は藤原鎌足から数えて四四代目に当たり、天皇を除いては、最上位に君臨していたのである。(1)

水魚の交わりといわれた孝明天皇と祖父近衛忠熙の関係よろしく、明治天皇は近衛に期待するところが大きかったように思われる。近衛家が皇室から金品を下賜されることも、定期的に皇室へ物品を献上することも当然のように行われており、天皇は近衛に挨拶の謁見を許していた。両者いずれにとっても、両家の歴史的関係に鑑みれば、互いに尊重し合うのはむしろ当然といえる。明治三一（一八九八）年に大隈重信が短命に終わることになる憲政党内閣を組閣して、近衛に法制局長官として入閣を依頼したとき、天皇は断固として拒絶している近衛の様相を見てついに承認を与えなかった。天皇のみるところ、かくも高貴な血統を持つ者が単なる行政官という不名誉に甘んじるべきではない。もしそれで失敗した場合、その不名誉は近衛個人のみならず、遠く彼の先祖にまで及ぶことになろう。それ故、近衛が現実政治から超然としているに越したことはない。国内にとどまらせて権力政治の犠牲に終わらせるよりは、彼を海外に派遣して、国際政治を勉強させる方がよい、と天皇は考えた。天皇は近衛に洋行して、欧州各国の王室および華族が持つ強靱さの実態とその理由を研究してくるよう命じた。かくして、彼はロシアで貴族教育を調査し、ドイツでは外交の現実を、そして、王政を採用している欧州各国の王室と国民との関係を詳らかにする任務を負う。宮内省は近衛に旅費を拠出したが、その金額では十分ではなかったらしく、田中宮内相と交渉の結果、ついに三万円を引き出している。それは日本の新しい国際的地位に釣り合うと理解された金額であった。(2)

近衛は海外を巡遊している間中、プリンスのように歓迎された。至る所で彼は王室の賓客となり、いきおい随行団はスケジュール調整に苦心することになった。合衆国では、彼は二、三の主要都市と教育機関を回るだけで満足しなければならなかった。当時アメリカに滞在していた新渡戸稲造は、カリフォルニアで近衛に会い、近衛の旅行の間中、本や書簡を送っていた。新渡戸は彼にハーヴァード大学・コロンビア大学・ハヴァーフォード大学を視察するよう勧めたものの、結局近衛はハーヴァードとコロンビアの二校しか訪問できなかった。よりデモクラティックなハヴァーフォード大学に立ち寄る時間は残念ながらなかったのである。ヨーロッパで彼が見聞した教育は理想に近いものであった。他方、清国では彼は地方行政長官たる総督たちを説得して清国人学生の日本留学を勧めている。張之洞はすでに愛孫の教育を近衛の手に委ねていたし、道台蔡鈞は息子の学習院入学を近衛に懇請し、近衛の同意を得ている(3)。

かなりの数の日本人が居住して、海外に日本人会が形成されているような都市を訪れたときには、近衛の名声からして、彼がそこに住む在外邦人から演説等を期待されたとしても何ら不思議ではなかったろう。日本協会《ジャパン・ソサイエティ》が結成されているところにあっては、近衛は誉れ高き賓客であった。例えば、ロンドンでは代理公使松井慶四郎が近衛を連れて日本協会八周年大会に出席し、近衛は松井の通訳を介して、演説をしている。「外人屡ば日本は僅かに三十年間に長足の進歩を為したりと賞賛するものあり。余は之を聴て一たびはこれを喜び、又一たびはこれを憂ふ。何故に之を憂ふるか。長足の進歩なるもの、往々外形上にのみありて其精神にあらざる事なり。物質上の進歩は為したり。鉄道、電信、郵便制度は勿論、法制に関する事、議院制度の如きも今日既にこれを有す……。如此外見に於ては学び得たる処少なからず。然れ共日本人は、往々模倣に長ずるの説あるが如し。模倣は外見に止まる事多し。……而して其精神や、甚だ模するに難きものあり。英人の海外にあるもの、到る処英国流義を更に改めず。英日の国力固より同日の談にあらずと雖も、英人の此性質や大に欽ずべき処にして、英人の最も得意とする処も亦此点にありと信ず。余は日本人の外形の模倣は甚だ巧みに為したると同時に、此毅然動かす可らざる英人の性質に於て、大に模倣せんことを欲するなり(4)。」

演説が十分に理解されたという彼の自信にせよ、この大会が「英国女王陛下および日本国天皇陛下万歳」で始まり、友好的に幕を閉じたという日記に書かれた彼の確信にせよ、あながち誤ってもいまい。しかしながら、実際には、維新以来の我が国が歩んできた欧化の弊害を懸念する近衛の演説は幾分か誤解を招くものがあったろう。なるほど近衛個人に関する限り、演説で語ったような思想を持ってはいたし、実際に実行していると彼自身は考えていたものの、彼の案じている行き過ぎた欧化は、在外邦人に最もよく内在し、蔓延していたことを忘れてはならない。

二　近衛篤麿の明治憲法観

明治政府の影響力が及ばないような、そして、強硬な大陸政策に対する国民の支持を自由に得ることができる政治的位置に、近衛が君臨できたのはまさに五摂家筆頭という特殊な血統によるところが大きかった。官を徹底的に忌み嫌った近衛が、義和団の乱に乗じて満州を占領したロシア封じ込めを主張し、支那保全論を唱え、国民同盟会を組織して、大衆を動員することができたのもこの恩恵によるものであろう。

近衛は明治一八(一八八五)年から同二三(一八九〇)年までオーストリアとドイツへ留学している。彼が二三歳から二八歳までの五年間である。彼はオーストリアとドイツでドイツ語を学び、ドイツ各地を広く旅行した。同二一(一八八八)年四月にボン大学からライプチヒ大学へと転学し、同二三年、同大学で法学博士号を授与されている。その時の卒業論文の題名は「大日本帝国憲法における国務大臣責任」であり、彼はそれを明治二三年に執筆している。この論文は、日本政治史の短い概略を明治憲法の分析と結びつけた、ありきたりのものであった。それにもかかわらず、その最も重要な特徴は次の点にあろう。近衛は、前年東京で出版された伊藤博文の『憲法義解』に異議を挟んでいる。「前枢密院議長であった伊藤伯は、国務大臣が天皇になすところの助言(副署)にのみ責任を有すると言い、国務大臣が天皇の行為には責任を持たないと弁じているが、その言説は誤りであろう。」続いて近衛は、ドイツ国法学者マックス・セイデル(Max Seydel)の説を引用して、自説の確証としている。「実際のところ、国務大臣は国王の職務怠慢に対して罰せられることもなければ、私人としての国王の行為を監視することもないが、統治者としての国王の行為に関わるところのものに彼等が何らの責任をも有しないなどということは考えられない。何となれば、国王の公的行為は全て、その行為に責任を有する国務大臣の意志と一致してはじめて効力を有するからである。(5)」天皇の竜袖に隠れようとする明治指導者の傾向は、かくして近衛の非難の対象となる。(1)責任内閣制を求める近衛のこうした議論はなるほど貴族的見地から発してはいるものの、より民主的な立脚点に立つ尾崎行雄のものと同様の政治的意義を有するものといえよう。

ヨゼフ・ピタウ（Joseph Pittau）は指摘している。明治憲法を作成するに際して伊藤を助けたドイツ国法学者ロェスラーは、明治の指導者およびその後継者を、機能的王政の下で国を統治するのに十分適している集団、すなわち、「真の貴族」であると見なしていた、と。(6)然るに近衛にとっては、本当の意味での「真の貴族」がなお追求されるべきであった。彼のみるところ、明治一七（一八八四）年当時の華族社会に名を連ねる華族たちは結局のところ成り上がり者にすぎなかった。彼の日記には、徳川・前田・津軽といった、近衛家ゆかりの大物華族の名は散在しているが、他方、山縣や伊藤の名はあまり見られない。明治三一（一八九八）年三月十六日付の日記に「案内侯爵伊藤博文、同夫人　嫡子勇吉結婚に付二十八日夜会の案内（無論断）」とあるのはいかにも示唆的であろう。(7)

近衛は、世俗的世界を超越した本来の意味での貴族を養成することを、学習院院長としての義務とみていた。彼の目的は、公的奉仕へと動機付けられた貴族のモデルを創出することにあったように思われる。明治二七（一八九四）年、彼は「華族論」なる論説を発表している。彼はそのなかで、現実の華族に対し、真の貴族、つまり名実共に質を兼ね備えた貴族となるよう要請した。貴族は国家の単なる装飾ではなく、自己を習練する義務を果たして、はじめて皇室の藩塀となり、国民の鑑たり得よう。儒学の言葉に「汝、君子の儒と為れ、小人の儒と為るなかれ」という。近衛は当時の華族を質的に認めなかった。彼は、将来の日本を担うであろう華族子弟に、気概や品位といった華族たるべき条件を教え込む必要性を痛感していたのである。〔2〕

明治二八（一八九五）年三月、学習院院長に就任するや、彼は真剣にこの問題に取り組むことになる。まず彼は、学習院を文部省管轄の普通教育制度から切り離して、宮内省管轄下に置くことを主張した。次いで、学習院生の能力や教育の水準を帝国大学レベルにまで引き上げるよう望み、帝国大学卒業生が得るのと同等程度の収入や地位を学習院卒業生が享受できるよう要望している。実際、彼は卒業生を陸海軍将校だけでなく外務官僚として採用するよう、当事者に要請していた(3)。その他、海外留学を推奨し、多数の留学生を送っている。彼にとって学習院改革（華族改革）が如何に重要であったかは、同三一年に入閣を迫られた時、その勧誘を断る理由の一つに学習院院長としての責任を挙げていることからも推察されよう。天皇から欧州の貴族学校視察を命ぜられているにもかかわらず、彼は同三二年の海外視察になかなか出発しようとしなかった。不在中の学習院院長代理に適当な人が見つからなかったからである(8)。

近衛の海外経験と五摂家筆頭の家柄からみれば、明治二三年にドイツから帰朝した近衛に伊藤が貴族院議員になるよう要請し、のちに貴族院仮議長を経て、貴族院議長へと近衛を推薦したのも当然であった(4)。もちろん、貴族院議長には就任したものの、近衛にとっては、自分は政府から超然としているべきで、政府の一員となるべきではなかった。彼は藩閥政治・超然内閣を断固反対すべきものの象徴とみていたのである。その一方で、彼はある点では大隈憲政会と歩調を合わせる行動をとったが、憲政会と提携しているとみられることには立腹していた(5)。彼にとって、その主たる魅力は野党としての役割にあったのではないか。明治三一年十一月に山縣が近衛に大隈内閣倒閣の際には文部大臣として入閣してくれるよう依頼した時、彼は明治政府が如何に誤っているかについて仮借のない攻撃を加えている。近衛はいう。板垣および自由党と提携するよう勧める者があるが、それには強く反対する。大隈党にせよ、板垣党にせよ、そのいずれも自己利益・自己奉仕を旨とする政治家の集団にすぎない。

「日本の政党は政党にあらず、政党に名を仮りたる人党なり。」より厳密にいえば、彼らは派閥の寄り合いである。星党、林党、松田党、島田党、犬養党といってもよい。彼らに欠けており、なおかつ彼らに必要なものは、主義綱領であり、国家戦略としての大主義である。山縣はここらで近衛が口上をやめるだろうと期待していたが、あにはからんや、近衛は語調を強めて続ける。「拙者今日迄藩閥にも政党にも何等の繋累なし。今日藩閥に入るとすれば、十分の見込立たずんば叶はず。然るに其頼み少なき此の如くんば、何を苦んでこれに加はるの必要あらんや。失礼ながら藩閥も所謂政党も、破れて破片となるの時は遠かるまじ。其時は、其紛乱の時には、拙者乍不及大に力を尽すべし。其時失敗せば拙者も亦政治上の打死なり。拙者は今日打死するの時にあらず、其時期を少しく延べんと欲するなり。」この激しい非難によって山縣と田中光顕は唖然としていた、と近衛は記している。(9) 山縣らは近衛のこのような返事を夢にも思っていなかったのであろう。

坂井雄吉は指摘している。近衛のみるところ、傲慢な態度で、そして、私益追求のために、官に属する者たちが天皇と国民との間に立ち塞がり、一君万民の共同体実現を妨げている。藩閥をはじめとした「官」に対する近衛の反発は、この点による。彼は日本の政治に適した目標を一君万民思想に求めていた、と。(10) 大臣責任論という近衛の主張は、どこか「西欧的」で、「英国的」とさえ説明できるが、その実際の推進力は遥かに「日本的」で、伝統的であった。現実政治や職業的政治家らに対する近衛の冷笑的態度は、彼を在野勢力と結びつけることになる。ここにいう在野勢力とは、頭山満ら右翼勢力から、大学教授までをも包括する、政府批判勢力である。それら大学教授のなかには有名な「七博士」(6) も含まれており、周知のように彼らは日露戦争前、近衛邸に集結し、満州でのロシアの動向に積極的な政策を打ち出せない政府を批判すべく、近衛の意を受けて運動を展開したのであった。近衛は在野諸勢力を架橋する能力に秀でており、政府を支持することなく政府を利用しようとしたが、かかる篤麿の政治的態度のなかに若き文麿の未来の姿と運命が良い意味でも、悪い意味でも暗示されていたのではなかろうか。(11)

三　近衛篤麿の対外認識

坂井が指摘しているように、日本のアジア政策に対する近衛の見方というものは、彼の理想とした純粋に調和のとれた立憲的明治国家の構造を投影したものであった。彼が最終的に目指すところは、相争う利益集団間の権力闘争を意味する「政治」を必要としない、またその余地すらないような理想的世界であった。このような観点に立つ時、国内においては、天皇は道徳的価値の具現者であり、忠誠を誓う臣民の愛情を一身に引き受ける存在であるべきで、忠実な貴族や有能な国務大臣が天皇に仕えるべきであった。近衛にとって、外交政策においてもまたこの種の倫理的価値が重視された。隣国に対する日本の姿勢には、道義が優先されるべきである。日本だけが、帝国主義と人種主義なる西洋独特の倫理的欠点を受け継がない、理想的な近代化の特徴を発展させてきたという事実は、忘却されてはならない。このように対外姿勢が道徳的に正しく方向づけられるならば、清国支配層の信用と友情は自然と生じてこよう。

下関条約で獲得された賠償金の十分の一を小学校教育に当てようと近衛が提案したのは、まったくもって近衛らしい。小学生一人当たりにつき四円三十銭、小学校一校につき二〇〇〇円が割り当てられる、と彼は見積もっている。そのように分配することによって、忠誠、勇気、誠実性、高潔さといった将来の国民に最も望むべき倫理的資質を、少しでも伸ばそうと彼は意図していたように思われる(12)。

近衛は日清戦争での日本の勝利が日本の国際的地位を高めると認識していた。これからの日本は新しい国際的責任を負わねばならないし、それに伴って新しい対外的態度を要求されよう。彼はそのことを痛切に実感していた。彼はロンドンの日本協会への挨拶のなかでその会員に期待を表明する一方、清国要人に改革をしきりに促すときには行き過ぎた欧化の危険性を改めて確信している。しかしながら、国内の雰囲気は隣国蔑視の風潮が強まっており、近衛は短い論文を執筆して警告を発することになる。その論説は、第一次大戦直後に書かれた、息子文麿の論文「英米本位の平和主義を排す」を彷彿とさせるものがあった。

明治三一(一八九八)年一月の雑誌『太陽』に、近衛は「同人種同盟　附支那問題研究の必要」と題する論文を発表した。その論文は、清国に対して優位を確信する日本人の感情を批判することから始まっている。近衛はいう。日清戦争後、ますます日本人は傲慢になり、支那人を蔑視するようになった。確かに日本は近代化の点では清国に先んじているものの、これを敵とすることは間違いであり、日本の対清政策を誤らしめるものである。「余を以て之れを観れば、東洋の前途は終に人種競争の舞台たるを免かれじ。たとひ一時の外交政略によりて如何なる変態を生ずることあるも、是れ唯だ一時の変態のみ。最後の運命は黄白人種の競争にして、此競争の下には支那人も日本人も、共に白人種の仇敵として認めらるゝの位地に立たむ。悠遠の計を思ふものは宜しく此間の消息を案ぜざる可からず。」これまで白色人種の傲岸は世界中の至る所で帝国主義という形で現れてきた。彼等が行くところはどこでも、無限の開拓地であるかのように、海外の土地を略奪してきた。しかし、黄色人種に対する白色人種の攻撃の場合には、他の地域に比べて決定的な相違があった。アジアはこれまで白人がほしいままに分割できたアフリカとは違っていた。特に、日清戦争における日本の勝利は白人のなかにある種の注意と警戒を喚起した。やはり、異人種に対する根本的な敵意はなお存続しており、今や「黄禍論」の論調が出現するようになったのである。

近衛は次のように結論を下している。日本は戦術上は白人列強と連携してもよろしいが、よしそうしたとしても、列強は決してその警戒を緩めないだろうし、完全に我が国を信用するなどということはあり得まい。結局のところ、日本にとっては清国を啓発する方が得策である。支那人もこの頃は白人の本質について認識するようになった。最近、彼らは戦後処理に干渉してきた露・独・仏の偽りの友情に欺かれたことに気付いている。彼らは西欧列強より日本の方がましだと思い始めている。今日本がなさねばならぬことは、清国を啓発することであり、清国を研究し、清国についての知識を得ることである。そうすることによって初めて、支那人は日本を信用するようになり、日本との連携を考えるようになるだろう。日本人は世紀の転換期に当たり、対外的転換を図る必要がある。あまりにも長い間、あまりにも多くの日本人が極端に西欧化の方向（欧化政策）を理想としてきた。この危険な不均衡は改められなければならない、と(13)。

略奪的で、人種主義的な西洋という像は、近衛だけではなく、当時の多くの日本人に共有されていた。そのようなイメージにはある種の切迫感が根底にあった。理想主義的な大陸浪人たちが、来るべき有事に備えて十全に機能するよう支那を改造しようとしたのもその切迫感によるところが大きい(14)。欧州での十分な経験と明治エリート層のなかでも最上位に位置する家柄のため、近衛のこの論説はいきおい権威を帯びることになった。ドイツ留学中の彼の友人中村進午は書簡を彼に送り、近衛の論説がドイツで注目を集め、ヴィルヘルムに代表される煽動家たちの

「黄禍論」の論拠となっていることを忠告した。これ以降、近衛はこの種の論説を文面で繰り返すことはなかった。(15)

しかし、彼の論文は間もなく上海の新聞「蘇報」に訳載されている。(16)

近衛の次なる活動は支那研究を促進することであった。彼は明治三一年六月に同文会を設立して、その事業を推進しようとした。同年十一月には、同文会は東亜会と合併して東亜同文会となっている。東亜同文会は、大隈内閣によって認可を与えられ、続く山縣内閣によって資金援助を受けた手前、ある意味で外務省の出先機関的様相を帯びていた。また実際の設立をみたのは、外務省機密費からの四万円によってであった。その目的は文化外交にあったが、政府の必要に応じて活動することも少なくなかった。東亜同文会は清国・朝鮮の大都市に支部を設け、両国に精通せしめるべく日本人留学生を送り、日本語を勉強している清国・朝鮮の学生に奨学金を与え、優秀な者には日本への留学を促している。こうした各々の事業に必要とされる資金は、海軍・陸軍・財界から流入していた。同会が福建で活動する時には、台湾総督府が援助している。(17)

近衛日記には、海外滞在中に同文会の事業の進展について日本から送られた報告書が数多く収録されている。そのなかには、清国のある地域の語学学生の数や劉坤一から南京同文書院設立の承認を得るに至る努力の跡、清国に派遣された日本人の名前などが詳細に記されている。同会以外の日本人との協力や連携もまた自然の成り行きであった。西本願寺が清国で活動する一方、東本願寺は朝鮮で布教活動を繰り広げていた。(7)これら宗教団体によって敷設された施療院や病院は軍医を割り当てられていた。留学生や旅行者までもが、清国の諸事情や、例えば張之洞によって建設された漢口の製鉄所といった事業に関する詳細な報告書を提出している。(18)これらの資料をみる限り、ちょうど学習院について報告するよう依頼していた彼宛の書簡類が近衛を実践家であることを証明しているように、東亜同文会においても彼は単なる名誉会長に甘んじることなく、率先して同会を指揮していた。

近衛の旅程は、アメリカからロンドン・パリ・ブリュッセル・アムステルダム・ベルリン・ライプチヒ・ウィーン・モスクワ・オデッサ・ブカレスト・イスタンブールを経て、ローマへ渡り、さらにコロンボ・シンガポール・西貢・香港・澳門・広東・上海・南京・武漢を経由して、帰朝するという約七カ月余りに及ぶものであった。彼の社会的地位と日本の国際的重要性を認められて、彼は各国の国家元首による手厚い歓迎を受けている。彼は欧米諸国の外務大臣、あるいは外交関係者と東アジア情勢について議論を交わしており、列国に対する危機感をますます募らせていた近衛にとって説得力がなかったにせよ、彼らが太平洋の政治的安定を望んでいること、支那分割を意図していないことを聴き知った[8]。

清国に到着するまでには、近衛は国際政治の専門家になっており、「成功した」近代化推進者の代表であり、日清間の真の友好関係の説明者となっていた。多くの日本人がそうであったように、彼は西欧列強の脅威を実感し、警告を発していた。明治十八年に欧州へ留学する渡航中、彼は清国領土であるはずの膨湖島にフランス国旗が翻っているのを目撃している。近衛の手記録集である『蛍雪余聞』から、その時の彼の心情を窺い知ることができる（工藤武重による伝記にも引用されている）。「隣邦の土壌漸次西人の蚕食する所となる、我国何ぞ之を対岸の火災視して可ならんや。唇亡歯寒の喩、鑒みるべきなり[19]。」同三一年に海外視察で見聞した諸事実は、帝国主義競争から、支那に対する蔑視に至るまで、彼の不安を益々増長させた。十月八日の支那沿海での出来事のなかに将来のアジアを予見したのか、近衛は日記にこう書き残している。「『デック・パッセンジャー』の一支那人死去、直に水葬せられたり[20]。」その八日後、広東発の船中、ある不運な給仕が近衛一行の一人に汁をこぼすや、船長がこれを見て、フォークを擲ち、席を離れてその給仕を追い、甲板上で大声で叱り飛ばし、激しい体罰を加えたことがあった。近衛はこの船長のことを「頗る下品なる人物なり」と記している[21]。彼はこの乱暴な船長を欧米帝国主義と、不運な給仕をアジアとみたのかも知れない。

四　近衛篤麿の東亜経綸

清国に到着する頃には、近衛は、これから何度も繰り返されることになる、清国要人たちへの助言を準備していた。「東洋は東洋の東洋なり。東洋問題を処理する固より東洋人の責務に属す。夫の清国其勢大に衰へたりと雖も、

弊は政治に在りて民族に在らず。直に克く之を啓発利導せば、偕に手を携へて東洋保全の事に従ふ、敢て難しと為さず。」(22)

対清政策への近衛の関与の仕方に、公的・私的人脈を通じて効果的に大陸政策を推進しようとする日本指導者層の行動様式の一例を見いだすことが出来る。指導者の一人として彼は、明治三一年の戊戌の変で失脚した康有為と梁啓超を保護するよう政府に働きかけた。その一方で、清国における重鎮である、劉坤一や張之洞ら保守的な総督たちに与える影響を考慮して、彼は康があからさまに日本の援助に依存しすぎるようになるのを望まなかったし、康が日本を出国するのに必要な資金を付与した。そうすることによって、日本の康有為保護があくまでも国際法が課している亡命者保護の規定を逸脱するものではないことを、そして、張之洞ら総督たちの疑念を払うことができたのである。

康と梁の清国脱出を日本人が支援していたことはよく知られている。清国巡遊中であった伊藤博文は康らの亡命の意志を耳にするや、北京の日本公使館にその件について最善を尽くすよう、指示を与えていた。外務省機密費を貰っていた平山周は上海に、宮崎滔天（寅蔵）は香港に居合わせており、ともに康らの清国脱出を斡旋し、この亡命者の日本への水先案内人を務めた。近衛日記に、明治三二年渡清中の「同文会メンバー」として宮崎と平山の名がある。近衛は明治三一年には康について十分な情報を得ており、彼自身、康の亡命問題には深く関与していた。同年十月十六日の日記によれば、近衛は支那沿岸調査に必要な同文会経費として、犬養毅から外務省機密費二〇〇〇円を引き出させるよう、中西正樹や大内暢三ら同文会員たちと相談している。その資金はのちに犬養から平山と宮崎に手渡され、康の亡命に寄与することになる。その日の日記は、日本の亡命者受入れ問題にも言及していた。近衛をはじめとする、この日集まった同文会員の多数意見は次の通りであった。梁に関しては日本亡命はさほど困難ではないが、康はあまりにも目立ちすぎる。「康の如きは英に於て一旦保護し乍ら、これを日本へ托すると云ふは其真意甚だ疑はしきものあり。今回の事変［戊戌の変］の局を結ぶにあたり、成功せば其功を自から収め、失敗せば罪を日本に帰するの策なるなからんや。」それゆえ、一時的に康を受け入れておき、英米のいずれかに移管させる方がよかろう、と。[23]

康有為一行七人、新橋駅に到着せり、と十月二五日付の近衛日記にある。康を伴って帰国した宮崎寅蔵の『三十三年の夢』によれば、宮崎は孫逸仙ら革命派を康に引き合わせようと尽力するが、康の拒絶にあって失敗している。孫派と康派の提携を原則的に妨げているのは、康の頑な信念にあると宮崎は感じていた。康は、急進的な革命派と距離を保っておかなければ、清国に対する外交的配慮から、日本政府はより一層慎重になって、変法派への援助についても消極的な態度をとるだろうと確信していたのである。彼の思惑は、日本の指導者層に接近して、戊戌の変により実質的に権力を失った光緒帝を復位させるべく日本の公式的な援助を得ようとするところにあった。[24]

結局、康に多少なりとも好意的であった大隈内閣が山縣によって更迭されると、康はその意図を挫かれてしまった。しかし、康の近衛への接触は、彼が依然として日本の援助を諦めていないことを示している。十一月二日、感謝の意を表す康からの書簡を近衛は受け取っており、十一月十二日夜、康は近衛を訪問した。両者の会談は、支援約束を期待する康の意に反して、近衛は改革があまりに急進的すぎたことを指摘することから始まっている。康は光緒帝のために日本による直接介入の重要性をしきりに促したが、近衛はそれを遮って、日清連携論を説き始める。「余『東洋の時事日に切迫に及ぶ。今日の東洋問題は独り東洋の問題にあらず、世界の問題なり。欧州列強皆自己の利害の為に東洋に相争ふ。東洋は東洋の東洋なり。東洋人独り東洋問題を決するの権利なかるべからず。米洲モンロー主義、蓋し此意に外ならず。東洋に於て亜細亜モンロー主義を実行するの義務、実にかゝりて貴我両邦人の肩にあり。今日の時局容易に此事を行ふべくもあらず。而かも我最終の目的此辺にあらざる可らず。如何』。康『実に尊諭の如し』。」[25]康は再び日本の支援に話題を転換させようとしていう。皇帝さえ復位すれば、清国の再生に希望が持てる。袁世凱ですら、心の中では西太后を支持してはいない。日本が援助してくれるなら、清国人はその感謝の念を永久に忘れないであろう。近衛は答えていう。外交は貴兄が思うほど簡単な問題ではない。列強の態度も考慮されなければならない。自分ができることはせいぜい貴兄に、そのような問題に特に関心を持っている有志者と連絡を取らせるぐらいのことである、と。このように康は日本からの援助をほとんど見込めなかった。十一月

二七日に梁啓超に会ったときにも、近衛はほぼ同趣旨のことを語っている。(26)

明治三二年一月には、康の日本長期滞在が清国訪問に不利益となると判断した近衛は、しばらくの間、康を日本から離れさせ、渡米させておいた方がよいと考え、その意向を康らに伝えている。(27)まず近衛は外務省高官や大隈前首相との談話のなかでそのことをほのめかした。次いで近衛は、康が日本以外の他の国々を見聞した方がよいと梁に語り、二月十三日に康有為自身にその旨、告げている。(28)三月十四日、近衛は外務省を訪問して康の渡米の件について協議し、翌十五日には外務省機密費一三〇〇円を引き出し、旅費として康に手渡した。康は二二日発のヴァンクーバー行汽船で離日している。近衛自身も四月一日に海外視察に出発しており、その間も、渡米後の康の状況を逐一報告させていた。四月十八日には、ヴァンクーバー領事清水精三郎から、かねて近衛より委託されていた四〇〇〇円のうち、三〇〇〇円（一四七二ドル七五セント）を指示通り康に交付した旨、報告を受けている。五月二七日、近衛は清水領事から、康がヴァンクーバーからニューヨークへ行き、そこで乗船して英国へ渡ったという情報を得ている。その後、前述したように近衛は米国を経て、ヨーロッパ各国を歴訪し、インド洋を経由して清国を訪問しており、近衛が牧巻次郎から康の消息を聴いた十一月七日にはまだ清国に滞在していた。牧の情報はこうであった。康は母親が病気のため澳門に帰ろうとして、経由地である横浜に着いたが、上陸を許可されず、神戸へ移管された。康は以前に比べると冷淡な日本政府の待遇に大いに不満を抱いていた。(29)

このように、東亜同文会は近衛の意志ばかりではなく、政府の意向をも尊重しなければならなかった。近衛や東亜同文会の配慮が功を奏してか、清国での近衛歓迎会は、何の障害もなくスムーズに進展している。南京の両江総督劉坤一や漢口の湖広総督張之洞によって開催された歓迎会がその代表であり、その状況は近衛によって極めて詳細に叙述されている。打ち続く門を通り抜けて総督衙門へ至る際に行われる清国流儀式、親兵による慇懃な特別待遇に感動したことなどが、近衛日記に克明に描きだされている。

劉坤一と近衛の会談は、予想以上に成功を収めたものといえる。両者の談話はまず、日清間の関係が益々親密になっていくことを喜ぶ、との劉の挨拶で始まった。近衛はそれに賛意を表しつつ、両国の友好を将来にわたってなお一層緊密にしなければならないこと、清国の繁栄は公私を問わずすべて日本に関係していること、清国に対する日本の態度は貪欲な欧州列強のそれとは根本的に異なること、を説いた。劉は心から同意して、日清同盟の話題を口にした。続いて彼はかつての琉球問題を追憶して近衛に語った。琉球問題とは明治初期に琉球の帰属を巡って日清間に争われた外交問題であったが、それと平行して清露間に新疆をめぐる領土問題が激化していた。往年には清仏混成軍を組織して太平天国軍の討伐に当たった左宗棠は、日本に琉球を与えるよりロシアに新疆を与えた方がましであるとして、対日開戦論を唱えた。この議論に対し、劉自身は琉球なる一小島のために隣国との関係を害するのは大いなる過ちであると考え、この事件が平和裡に解決されたことを喜んだ。近衛が東亜同文会の目的を一通り説明するや、劉は南京に学校を設ける案に満腔の同意を表して、協力を約束した。のちに劉は近衛に自筆の額を贈っている。この短い会見は劉総督の健康を慮って間もなく終了したが、それでも近衛は十分に満足していた。それにしても琉球の問題に言及しながら、両者共に日清戦争の話題を持ち出そうとしなかったことは興味深い(30)。

劉坤一に比べると、湖広総督張之洞は遙かに扱い難い頑固者で、近衛に口を挟む暇を与えない饒舌の徒であった。まず張総督は近衛に、その日見学した清兵軍事教練についての感想を求めた。近衛は適度な感想を述べ、話題を教育問題に移した。清国の学生を日本に留学させることや清国の教育制度に精通している日本人教師を清国に聘することに話が及ぶや、張は積極的に賛同した。次いで張は一段と語気を強めていう。康有為は奸賊であるから、日本政府が彼を追放した措置は評価して余りある。これに対して、近衛は抗弁した。日本政府が彼を国外追放したのではなく、民間の有志者たちが康に英米へ渡航するよう勧めたのである。日本政府は政治的亡命者の待遇に関する国際法の諸原則を遵守しなければならないから、康を放逐することは出来ない、と。それならその有志者が梁啓超にも日本から出て行くよう進言すべきだ、と張は提案した。そうすれば日清両国の関係もなお一層、進展するだろう。しかし、近衛はそうは考えなかった。梁は康に比してまだ若く、政治的影響力もないうえ、何よりも学問に没頭している。それゆえ、康が日本を去るに際して、自分も同様に離日しなければならないのかと梁が近衛に相談した時、近衛は梁に日本から出て行くよう勧告する必要も認めなかったし、実際問題として、日本にとどまって学問に専念するようといった手前、前言を翻すことはできなかった。ただ近衛は海外視察の出発前、変法派の機関紙「清議報」に執筆することを梁に固く戒めておいたものの、依然として梁は論説を発表しているとは耳にしていた。張は康一派に対する軽蔑をあらわにしていう。「清議報」の記事は国を滅ぼす文字であって、その同人である康有為、譚嗣同、梁啓超らはいずれも反逆者である。彼らは光緒帝を復位させると主張しているが、それは国家転覆のための口実にすぎない。極めて多くの清国子弟が日本に遊学し始めているのは喜ぶべきことだが、彼らが「清議報」を読めば、その害毒は計り知れないものとなろう、と。近衛は話題を南清地方の革命派に転換させ、孫逸仙についてはどう思うかと尋ねた。張の答えは「是れ鼠賊のみ」で、論ずるに値せずということであった。このように張は頑迷固陋であり、会談はその他二、三の話題を経て終了した。「是れ余の大に失望したる所なり」と、近衛は日記に書き記している[31]。

近衛が巡遊中接した清国有力者に慎重な態度を取っていたことは容易に想像できる。そうであればこそ、香港や広東で、革命派の動向について情報を送っていた在外同文会員や宮崎寅蔵の勧めにもかかわらず、彼は中立を傷つけないよう、改革派とも、革命派とも会おうとはしなかったのであろう[32]。

続いて近衛は上海へ赴いた。在上海日本人会は下関条約から実益を得ることがいかに難しいかを近衛に示している。例えば、同条約の均霑により外国人が設立した、ある紡績会社は株の大半を清国人によって占められていた。概して、在上海日本人会は従来より貿易商に期待されていた海外利益集団にまさに相応しい活動を繰り広げていたといえる。同会での演説の中で近衛は、中流以上の日本人が海外に出る必要のあること、より効果的でより適切な政策や政策綱領を内地の邦人が立案できるよう、在外邦人は本国へ情報を送ることが重要であることを説明している[33]。

近衛の海外視察は天津と北京訪問を含むよう手配されていたが、時間とスケジュールが噛み合わず、この二つの都市への訪問は当面のところ延期される結果となった。近衛は明治三三年夏、この二大都市を訪れている[9]。

日本の大陸問題に対する近衛の姿勢は、本質的に慎重なリアリストのそれであった。彼は日清戦争後つとに著しくなった日本の国際的重要性と国際的影響力を十分に自覚しつつも、他方では日本が帝国主義列強に挑戦するほどの国力を持っていないこともまた重々承知していた。近衛のみるところ、日本は西洋列強との相互関係を損なわない程度に列強と協調すべきであったが、それと同時に、清国に対して西洋諸国よりも友好的で有益な存在として振る舞えるよう、列強との距離を保っておくべきであった。彼は義和団鎮圧に日本が参加することを相当懸念していた。例えば、彼は内乱の拡大を何よりも憂慮していたし、日本軍の派遣をなるべく最小限にとどめるよう切望していた。義和団鎮圧という日本軍派遣の目的が達せられるや、彼の苦悩は大いに和らぎ、可及的速やかに撤兵させるよう当路者に宛てしきりに促している[10]。

義和団の乱に乗じてロシアが事実上満州を占領すると、再度近衛は危惧の念に駆り立てられた。この満州問題に直面して、彼はロシアとの妥協を回避させるべく、政府に圧力をかける役割を少なからず演じている。まず彼は伊藤や山縣を懸命に説得して、朝鮮での影響力を二分しようとするロシアとの協定を断念させようとした[11]。政府に対する圧力を更に強化するため、彼は政党政治家や頭山満に代表される右翼連、同文会員や全国新聞記者同盟などの諸勢力を糾合して、国民同盟会を組織した[12]。彼は私人として、国民同盟会への支持を獲得すべく、数多くの人々と面会している。明治三五年に日英同盟が締結されるや、目的は達せられたとして、近衛は同盟会を解散した。彼はそれから長生きすることはなく、明治三七年一月二日、日露戦争の僅か一カ月前に没している。享年四一歳であった。

五　近衛篤麿から文麿へ

近衛篤麿は、益々密接になっていく二十世紀の日本とアジアの関係における主要なモデルを提示している、興味深い研究素材である。福沢諭吉の「脱亜論」に代表される西洋との提携は明治十八（一八八五）年から同二十八（一八九五）年まで対外的基本方針としての役割を演じたが、日清戦争での勝利とともに、そして、清国に対する欧州帝国主義の野望が日清戦争以後一層たくましくなるとともに、日本は新しい国際的地位に相応しい主義と綱領を必要とするようになった。近衛の主張する「支那保全論」にせよ、東亜同文会に代表される文化外交の類にせよ、それに対応しようとする妥当な実践的手段であった。日本の外交方針はいまだ定まっていなかったし、その国力も単独で事を決するほど熟してはいなかったからである。近衛ら日本指導者層にとっては、日本の指導者層と清国の保守的指導者層を和解・連合させることに全力が傾けられた。明治政府に根を持たない大陸浪人は支那革命派と提携することによって、新しい時代に応じようとした。しかし教育や倫理に関して儒教的色調を伴った近衛のアプローチは、明治体制の基本路線により近かったといえる。

不幸なことに、東亜新秩序を造りだそうとする近衛の対外構想は、彼の理想とする国家構造が国内権力政治への包容力を欠いていたのと同様に、外交政策になり得なかったし、それどころか政治的感覚をも欠如していた。教育改革や華族改良論を彼が如何に国民のために追求していたとしても、彼が期待するように国民が華族エリート指導者層に従ったであろうとは思われない。華族が無私で清廉潔白であり続けることは考えられないこともないにせよ、そのような華族はまず滅多にいないといってよい。それと同様に、支那の政治的再生がなされたとしても、単に日本が近代化の先駆という理由だけで、支那エリート層が進んで日本に従うであろうとは考え難い。

それゆえ、結果的には、近衛の貴族的理想主義は、彼が軽蔑していた藩閥指導者の武士らしい理想とどんなに異なっていようとも、藩閥政治同様、失敗に終わることを運命付けられていた。さらに、彼が明治の元老と対立する立場に自らを置きながらも、他方ではアジアにおける日本の役割に関して基本的に元老と衝突することは考え難かった。彼の言動は、権力政治の方向とほとんどといってよいほど分離してはいなかったのである。もし清国の有力者が傾聴するのを拒絶したなら、あるいは、彼らがのちの支那政治の混乱のなかで失脚するとすれば、いきおい他の方針が考案されなければならなかった。「脱亜論」以降の、そして、日清戦争以降の日本の東亜経綸は、近衛の「支那保全論」や文化外交をも含めて、そのような性格のものであった。

清国人は三国干渉の際に欧州列強によって欺かれていたことに気付き始めた、と近衛は論じた。しかし二十世紀の支那ナショナリズムが日本の権益拡張に頑強に反対して排日運動を繰り広げること、ヨーロッパ帝国主義が衰退するにつれ、新しく日本が主たる帝国主義国家として支那に台頭することについて、近衛が生きていたなら、いかなる反応を示したか、興味深い。

西洋人種主義の危険に対する近衛篤麿の確信は、ほぼ間違いなくドイツでの経験によって確立したであろう。[34] 恐らく近衛文麿は父篤麿からこの立脚点を吸収し、父の思想を一層洗練させた形で、大正七（一九一八）年、論文「英米本位の平和主義を排す」を執筆した。しかしながら貪欲な欧州帝国主義を主たる要素とする「白禍」は、第一次世界大戦終結頃にはすでに衰退の一途にあった。文麿が利益諸集団間の不調和から超然とした新体制運動を企図・指導し、「新秩序」やアジア解放のスローガンの下、結果的には支那との戦争へと日本を導くことになったのは、何という歴史的皮肉であろうか。

原注

（1）『近衛篤麿日記』（以下、『近衛日記』と略）全五巻、鹿島研究所出版会、一九六八〜六九年は、明治二八（一八九五）年二月から同三六（一九〇三）年三月までの近衛の日記を収録している。ただし、明治二八（一八九五）年五月七日より同二九（一八九六）年八月三日までのものは欠落している。また『近衛篤麿日記　付属文書』には、近衛の論文・意見書・書簡などが収められている。新橋駅の記述については、『近衛日記　第二巻』三〇六頁を参照せよ。

（2）工藤武重は『近衛篤麿公』大日社、一九三八年、という秀逸な伝記を残している。それは、霞山会編『近衛霞山公』霞山会、一九二四年、の再版でもある。他の伝記では、対支功労者伝記編纂会編『対支回顧録　下』東亜同文会、一九三六年（近衛伝は八八四〜九一一頁）も簡潔ではあるが、優れている。近衛は海外視察前に、文部大臣として山縣内閣入閣を依頼されており、ドイツ全権公使の内諭も下っているが、すべて断っている。工藤、前掲書、二二五〜二三五頁。

（3）『近衛日記　第二巻』四四二頁。六月二五日、ドイツで近衛が受け取った書簡に、「厚琨〔張之洞の孫〕健康は益宜敷、日本語も追々進歩致し、大分話も出来候」とある。同右、三五〇頁。

（4）同右、三二三〜三二四頁。

(5)『近衛日記　付属文書』二五頁。この論文(原題は、*Die Ministrerantwortlichkeit nach der japanischen Verfassung*)は原文のまま、『近衛日記　付属文書』三〜三六頁、に収録されている。

(6)ピタウはこう論じている。「明治指導者と長期にわたり親密に接触して、ロェスラーは、彼らが近代日本の幾多の困難な問題を解決するに最もふさわしい人物であると確信したのである。ロェスラーは、日本のこれらの指導者の中に長い文配の伝統と健全な道徳原理とに存在の基礎を置き、将来に渡って存続しうる、真の貴族を見出したのである。」Joseph Pittau, *Political Thought in Early Meiji Japan, 1868-1889,* (Cambridge, Mass., 1967), pp. 156-157.(ヨゼフ・ピタウ、内田文昭訳『日本立憲国家の成立』時事通信社、一九六七年、二三六頁)

(7)坂井雄吉「近衛篤麿と明治三十年代の対外硬派——『近衛篤麿日記』によせて」『国家学会雑誌』第八三巻第三・四号、一九七〇年、一九五頁。『近衛日記　第二巻』二六頁。もっとも、坂井も、それを引用したジャンセンも次の点を見落としているのではないか。つまり、近衛は公の立場では伊藤を批判し、しばしば対立したが、私の立場ではむしろ彼を敬愛していたのである。例えば、近衛はこう書いている。「篤麿が私交の上に於て伊藤博文伯に対するの情、実に師父に対するの情に劣らざるもの在て存す。……然れども篤麿が私情に於て伊藤博文伯に繋けたる所の希望は全く水泡に属したり。今や篤麿は私情を棄てゝ断然伊藤内閣反対の側に立ち、公然其非を鳴らさゞるを得ざるの場合に立到れり。国家の為に私情を割く、篤麿不敏と雖も已むべきにあらざるを知れば也。」「非解散意見」『近衛日記　附属文書』四六頁。また、息子文麿はこう回顧している。「……絶交状態の伊藤さんが、父の亡くなる二、三ケ月前に自ら家へ訪ねて来られたことがある。ところがその時分、医者が誰にも面会を許さなかつたものだから、折角伊藤さんが来たのに家の者が父に会わせなかつた。後でそのことを父が聞いて、非常に怒つたことがある。」伊藤武編『近衛公清談録』千倉書房、一九三七年、三七頁。その他、二条基弘「華冑界の先覚近衛公」『太陽』第一八巻九号、一九一二年六月、四〇〜四一頁、伊藤亀雄「指導者としての近衛公(伊藤公爵家の文庫を見る)」『支那』第二〇巻第二三号、一九三四年二月、も参照せよ。

(8)華族教育問題への近衛のアプローチについては、同右坂井論文を参照せよ。また工藤、前掲書、二六頁。

(9)『近衛日記　第二巻』一八七〜一九二頁。

(10)坂井、前掲論文、二〇〇〜二〇一頁。

(11)近衛の妻貞子は、明治三二年海外視察中の夫篤麿宛て書簡の中で、文麿を「文ぼん」と呼んでいる。『近衛日記　第二巻』四三九頁。

(12)『近衛日記　付属文書』一〇〇頁。
(13)同右、六二～六三頁。また、明治三三（一九〇〇）年七月二三日（篤麿は「八月二三日」としているが、のちに文麿が確信をもって「七月」の誤りであると訂正している。同右、六四頁）、近衛は後藤新平と密談した際に、「今日は実に外交百年の大方針を立つべきの時なり」と論じている。後藤はさらに、「国論を外に転じて近来漸く腐敗し来りたる社会を清むる迄に国民の元気は回復すべし、今日埋立問題、電鉄問題に争ひし政党も始めて堂々たる国家問題に議論を闘はすに至るべし」と主張して、近衛の同意を得ている。同右、六五頁。
(14)宮崎彌蔵・寅蔵兄弟が終生模索し続けた東亜経綸は、その代表といえる。宮崎滔天『三十三年の夢』平凡社東洋文庫、一九六七年、三六～三九頁、『宮崎滔天全集　第一巻』平凡社、一九七一年、五四～五七頁。
(15)坂井、前掲論文、二一二頁。坂井も指摘していることだが、中村の忠告に対して近衛は「好意感ずべきなり」と書いている。前掲『近衛日記　第二巻』四七頁。中村の近衛宛書簡については、同右、四七～五一頁。
(16)『近衛日記　付属文書』四二三頁。
(17)『近衛日記　第二巻』三六二頁。東亜同文会が設立した南京同文書院に三井財閥が資金を提供していた事実については、同右、四三六頁参照。
(18)同右、四五〇頁。
(19)『蛍雪余聞』陽明文庫、一九三九年、二七四頁。工藤、前掲書、一八頁。
(20)『近衛日記　第二巻』四二四頁。
(21)同右、四三〇頁。
(22)『対支回顧録　下』八八八頁。
(23)『近衛日記　第二巻』一六八～一六九頁。
(24)康の来日については、同右、一九五頁。また宮崎寅蔵と康の対話については、宮崎、前掲書、一三五頁、『宮崎滔天全集　第一巻』一三六～一三七頁参照。
(25)『近衛日記　第二巻』一九五～一九七頁。
(26)同右、二〇八頁。
(27)同右、二三八頁。

（28）同右、二四七頁。

（29）同右、三一七、三三二、四五九頁。康の日本政府への憤懣については、明治三二（一八九九）年十一月七日付日記に、「後に牧〔巻次郎〕より同新聞〔中国民報〕を示せしをみるに、康は日本政府の処置に不満を抱き居り、志賀〔重昂〕が頗りに慰諭したる様にみえたり（日本政府も日本に刺客の入込み居る事を知りて為に拒絶したるなりとの警察官の話を同人に告げし模様なり）」とある。

（30）同右、四四二～四四五頁。

（31）同右、四五四～四五七頁。

（32）平山については、同右、三六四頁参照。宮崎については、四二六、四三四、四三六頁、参照。彼らはその当時、東亜同文会に属していた。宮崎と東亜同文会、またはその前身である東亜会との関係については、上村希美雄『宮崎兄弟伝　アジア篇上』葦書房、一九八七年、一二五～一二七、一五一～一五二、二七三～二七四頁、参照。

（33）前掲『近衛日記　第二巻』四四一頁。

（34）白人人種主義に対する近衛の懸念は明治三三（一九〇〇）年頃、国内での経験によって、一層増幅されたように思われる。明治指導者層の招聘医師であったベルツは明治三三（一九〇〇）年六月の日記に、こう書き記している。「東京の独逸公使は、どうも巧く行《ママ》かないらしい。さうだ、駄目なのだ！　二人の前任者が必死の努力を払つて、日本嫌悪を大つぴらに示した後で又もや、新公使が出来得る限りの一層輪を掛けた怪しからぬ態度でお目見得すると云ふ次第である。露国公使婦人は余に、ウェーデル伯の談を知らして呉れた。——『日本の奴には、俺の所では唯一杯のお茶も飲ましてやらない』と。此の話は無論直ちに東京中喋べり廻られ、必ずや、たゞでさへ独逸を良く言はない日本人の耳に入るのだ。」Erwin Baelz, *Awakening Japan: The Diary of a German Doctor* (Bloomington, Ind., 1974), p. 129.（E・ベルツ、浜辺正彦訳『ベルツの「日記」』岩波書店、一九三九年、一八五頁。）

訳注

〔1〕　例えば、近衛は第五議会を解散した理由を問題にした箇所で、何かにつけてすぐに詔勅を仰ぐ伊藤をこう批判している。「若し伯〔伊藤〕にして故さら袞竜の袖下に隠るゝなしと云はゞ、篤麿は更に一転語を放て伯に問はむと欲す。伯は袖下に隠れず、寧ろ　至尊の玉体を楯となし、其背後に潜むものにあらざるなき乎と。」「非解散意見」『近衛日記　附属文書』

五〇頁。

〔2〕近衛篤麿「華族論」『国家学会雑誌』第八巻第八三号、一八九四年、一～一三頁。これは本来は近衛が講演したものを、収録したものである。彼はこのなかで、当時の華族社会を痛烈に批判し、貴族院の将来を憂いている。この講演がなされるや、当時華族界で大いに問題となった。工藤武重『近衛篤麿公』大日社、一九三八年、二六九頁。また近衛はこの華族論を終始堅持し、のちにも物議を醸しだしている。例えば、明治二九（一八九六）年十一月一日の日記には、「昨日来の日々、東京、自由、中央等諸新聞に、余が毎日新聞記者に話したる華族評に付批難し、華族を煽動するが如き、筆鋒を弄せり。華族これに乗ぜられて余に厳談するや如何、夫程の勇気あるやうたがはし」とある。『近衛日記　第一巻』九六頁。

〔3〕『近衛日記　第一巻』二二六頁、二二九頁。明治三十（一八九七）年六月一日「学習院大学科卒業生を外務省事務見習の為採用ありたき旨」を大隈外相に通達し、六月十日には承諾を得ている。

〔4〕実際には、近衛を貴族院議長に推薦したのは、大隈や松方であった。『近衛日記　第一巻』六六、六九～七一頁。

〔5〕近衛が大隈ら対外硬派と歩調を合わせていたことは、酒田正敏『近代日本における対外硬運動の研究』東京大学出版会、一九七八年、参照。憲政会内閣の時、近衛は海外派遣の準備や同文会の資金の件について大隈と接する機会が多かった。そのためか板垣などは「近衛は大隈党の一人なれば御用心なかるべからず」と語っていたらしい。『近衛日記　第二巻』一八八頁。しかし「余は直に、現内閣組織の始より余り面白からぬ感情なきにあらざる」という近衛の言説に現れているように、心情的に大隈内閣を支持していたかどうかは疑わしい。近衛の大隈内閣批判については、同右、一七六、一八二頁。また大隈のブレインの一人であった高田早苗は、「近衛公は伊藤侯のいふ事を聴かれないと同じ様に、大隈伯のいふ事も聴かれなかつたのであつて、自分の所見と大隈伯の考と一致する時に於てのみ、大隈伯を助けたのである」と書いている。高田早苗『半峰昔ばなし』一九二七年、三〇九頁。

〔6〕「七博士」とは、東京帝国大学教授法学博士富井政章、同教授金井延、同教授松崎蔵之助、同教授寺尾亨、同教授戸水寛人、同教授高橋作衛、同教授小野塚喜平次を指す。対露強硬論を唱える彼らは明治三六（一九〇三）年六月十日、首相桂太郎をはじめとする諸大臣および元老等に満州問題に関する意見書を提出している。「七博士」の意見書は、蔵原惟昶編『日露開戦論纂』東京国文社、一九〇三年、に収録されている。

〔7〕東本願寺系の僧侶奥村円心は朝鮮で布教活動を行い、その妹奥村五百子は朝鮮に学校を設けて教育事業を営んだ。その際に、奥村兄妹が近衛の支援を受けていたことは、小笠原長生『正伝　奥村五百子』南方出版社、一九四二年、一二九～

一三九頁を参照せよ。また明治三四（一九〇一）年二月、奥村五百子は近衛の援助を得て愛国婦人会を設立している。前掲『近衛日記　第三巻』四〇頁。また在朝中、奥村は近衛に朝鮮の状況について幾度も報告書を提出している。例えば、前掲『近衛日記　第二巻』一〇三～一〇四頁。

〔8〕帰国後に華族会館で近衛が講演したなかに、「元来西洋人は御世辞が宜いから、英国の人に会ふと、どうしても東洋の事を処分するのは、東洋に於ける日本と、東洋に精力《（ママ）》を持つて居る英国が処分をしなければならぬ抔と云ふ……日露英同盟と云ふことを言ふ人もある。……兎に角向に往けば多少お世辞を言ふ人がありまするに相違はない」とあるように、近衛は基本的には欧州人のこのような言説に疑いを持っていた。近衛篤麿「欧米及支那に於ける観察」『天地人』第二八号、一九〇〇年二月、一〇～一一頁。しかしのちに近衛が「支那保全論」を基礎とする国民同盟会運動を展開するに際して、英米諸国の支那保全・門戸開放路線に同調することになることに鑑みれば、近衛はすでにこの時、英米諸国は少なくとも自国の利益のために支那保全・太平洋安定を希望していることを看破していたのであろう。

〔9〕ジャンセンは「明治三三（一九〇〇）年秋」に近衛が天津・北京を訪問したと書いているが、明治三四（一九〇一）年夏の誤りであろう。近衛は明治三四（一九〇一）年七月十二日に東京を出発して、一八日太沽へ上陸、天津を経て二三日に北京へ到着している。八月八日芝罘、九日旅順、十日大連を歴訪して、十五日仁川、十六日には京城を訪問、二八日に帰国している。詳しくは、『近衛日記　第四巻』二三六～二五七頁。工藤、前掲書、一九五頁、二六一～二六三頁を見よ。また近衛は帰朝後、「北清観察談」を書いている。『近衛日記　付属文書』六七～七五頁。

〔10〕近衛は明治三三（一九〇〇）年八月三一日に、首相官邸を訪ね、山縣首相を説得して北京からの早期撤兵・対露開戦を促している。「余先づ北京撤兵の急務なる事、又清国の事は当分善後処分も六かしければ成行にまかせて、露の南下と独の跋扈を制圧するの決心あらん事を切望する旨、又最も好時期なる事を述べたり。」前掲『近衛日記　第三巻』二九一～二九二頁。

〔11〕明治三三（一九〇〇）年七月二一日の日記に、「去十九日露公使イスボルスキー、伊藤侯に会見して、朝鮮を二分して日露両国より守備兵を出す事を申し込みたり。……これに対して伊侯と山縣首相とはこれを賛同するの意向に傾き、青木外相独り反対にて拒絶の意向なるよしとの事。……余はこれ寸時も躊躇するの時にあらずとし、閣員の有力者を拒絶論に傾かしむの運動を始むべしと述べ、当邸を其中央本部とし、其一変一動は詳細に余の許に通知せしむる事とす」とあり、近衛の心痛を察することができる。前掲『近衛日記　第三巻』二四七頁。近衛が人を遣わせて伊藤や山縣などを説得しよ

うとしたことについては、「朝鮮問題に関する特別日誌」を参照。『近衛日記　付属文書』六四～六七頁。

〔12〕国民同盟会は、明治三三（一九〇〇）年九月二四日に組織され、「支那保全」と「朝鮮扶掖」を達成すべく、満州問題の解決のために、国論を喚起するなどの活動を行った。近衛は同会の事実上の指導者であった。同盟会は二度にわたる露清密約の撤回運動を展開し、満州開放論を唱えるなど、満州からのロシア撤退を促そうとした。明治三五（一九〇二）年二月に日英同盟が成立し、四月八日満州撤兵条約が露清間に締結されるや、四月二七日を以て同盟会は解散した。しかしロシアが同条約を遵守しないことが明らかになると、近衛の指示により、明治三六（一九〇三）年八月九日には対露同志会が組織された。対露同志会への近衛の影響力は、近衛自身病臥にあったため、それほど大きなものではなかった。国民同盟会については、酒田、前掲書ほか、国民同盟会残務委員編『国民同盟会始末』政文社、一九〇二年、葛生能久『東亜先覚志士記伝　上巻』黒龍会出版部、一九三三年などを参照。

参考文献

岡本幸治編『近代日本のアジア観』ミネルヴァ書房、一九九八年。

工藤武重『近衛篤麿公』大日社、一九三八年／霞山会編『近衛霞山公』霞山会、一九二四年。

栗田尚弥『上海東亜同文書院』新人物往来社、一九九三年。

国民同盟会残務委員編『国民同盟会始末』政文社、一九〇二年。

『近衛篤麿日記』全五巻、『近衛篤麿日記　附属文書』鹿島研究所出版会、一九六八～六九年。

坂井雄吉「近衛篤麿と明治三〇年代の対外硬派――『近衛篤麿日記』によせて」『国家学会雑誌』第八三巻第三・四号、一九七〇年八月。

酒田正敏『近代日本における対外硬運動の研究』東京大学出版会、一九七八年。

『天地人　近衛霞山公五十年祭記念』第三年第九号、霞山倶楽部、一九五四年九月。

白柳秀湖『近衛家及び近衛公』国民新聞社出版部、一九四一年。

東亜文化研究所編『東亜同文会史』霞山会、一九八八年。

山本茂樹『近衛篤麿――その明治国家観とアジア観』ミネルヴァ書房、二〇〇一年。

第七章　民国初期の支那指導者と日本の援助

アーネスト・P・ヤング

二十世紀の支那政治を研究するアメリカの研究者は、マリウス・ジャンセンの『日本人と孫文』［原注（6）参照］の衝撃から未だに立ち直っていない。この書が一九五四年に出版されると、それまでは往々にして日本による政治的宣伝か、あるいは支那の民族主義に敵意を抱く古手の支那通の皮肉にすぎないと退けられてきたものが、否定しようのない事実になってしまったのである。[1] 孫文は革命の先行者であり国父であったが、自らの運動のために外国、特に日本の援助を求めることによって、その民族主義者としての高潔さをしばしば犠牲にしていた。そして、彼は外国の歓心を買うことを期待して、支那の主権を大幅に譲渡する契約を結ぶことをも厭わなかったのである。その後の研究はどちらかというと、彼が日本をはじめとする外国の民間・政府双方の援助に依存する意思を持っていたという印象を、強めるものである。[1]

　マリウス・ジャンセンの言葉遣いは咎め立てするようなものではなく、理解のために比較的広い範囲の背景が提示されている。しかし、孫文の歴史的名声は著しく傷付けられた。日本の大陸への膨張と支那の民族主義との衝突の進展から見ると、孫文の外国人支援者のなかで日本人が突出していたことは、特に都合が悪いと思われたのである。支那に関する西洋の著作において孫文への尊敬の度合いが低下したのは、単に彼が日本の援助と引き換えに譲渡を受け入れた条件や状況について、よりいっそう知られるようになったためではない。しかし、それはこの人物に対する軽蔑の一般化を招いた最も有力な要因であるかもしれず、また初めて孫文の経歴を学ぶ者の間に衝撃的な困惑を生じさせるものなのである。

このような暴露による衝撃は、我々が愛国主義を判断する際の基準によって強められてきた。我々は民族運動の指導者が、汚れの無い自律性と独立性とを示すことを期待する（例えば、外部との関係はしばしば共産党員としての不適格性を表すために引き合いに出されてきた）。孫文の行動は、建国の父としては不可思議なまでに奇異で矛盾したものに思われ、それ故に我々を戸惑わせるのである。

孫文は、それほどに異常だったのだろうか。一九五〇～六〇年代の第三世界の民族指導者や社会民主主義者に対する米国の秘密資金援助をめぐる暴露は、この問題を世界規模のものとして提起する。ＣＩＡの援助対象名簿について新たに知った我々には、孫文の日本人に対する反応が、単なる個人的な奇行や彼固有の無分別ではなかったと思われる。孫文の時代に属する他の支那指導者の行動を見てみると、やはりこの現象の一般性が認められるのである。

この章で私は、中華民国初期の数年間における様々な支那政治指導者の、日本による支援の可能性に対する反応を検討するつもりである。私の関心は、日本の政策に関する公式声明よりも、むしろ秘密の接触や交渉と、それによって示される態度とに向けられている。支那指導者の側が求めたか否かに拘らずに接触が持たれたが、これは日本の関係者があらゆる政治的立場の支那人に対して、周到に接触を求めたからである。如何なる状況下でも機械的に日本の支援を拒絶するような立場は、一切存在しなかったかに思われる。その反応も、一様ではなかった。我々は幾種類かの反応を考察することによって、政治指導者を日本当局との取り引きに傾かせた状況と態度との関連を観察することができるだろう。

一　民国初期の同盟会集団

一九〇五年に民族共和革命団体である同盟会〔2〕を設立するために、さまざまな青年支那人活動家が結集したが、彼らは明確な共通の路線に基づいて凝集力・統制力のある組織を形成したのでは決してなかった。彼らを分裂させた問題の一つが、その組織活動の大部分の舞台となった日本に対して取るべき姿勢であった。日本との協力が組織綱領において基本的な項目の一つとされたが、それに関して一致した支持が得られていたわけではない。新しい機関誌の第二号において、湖南人革命家の陳天華[3]は懐疑的な見解を示している。

「同盟」と「保護」とは、同日に語ることができない。「保護」とはすでに自分に実力がなくただ他人の保護を受けることで、［日本の保護国となったばかりの］朝鮮がこれである。「同盟」とは勢力が同等で相互に支援し合うことで、日本とイギリスとがこれである。同盟は利害関係が同じであることにより、同文同種にはよらない。……支那と日本とは利害関係が同じであると言うことはできるが、しかしもし実力が同等でなければ、名は「同盟」でも実は「保護」になってしまう。故に、今日において日本と同盟しようと望むことは、朝鮮になろうと望むことである。[2]

この説得力のある主張に代表される立場は、老練な革命家達の集団内部で時折繰り返された。そして、日本が革命運動に決定的な支持を与えるだろうという期待が、しばらくの間は冷めてしまったのである。孫文は辛亥革命[4]までの間、再びアメリカとイギリスとをよりいっそう当てにしていた。日本人は孫文を通じて若干の借款を提供したが、革命期間中の日本の政策は全体として共和主義者に有益なものではなかった。[3]しかし、イギリスの支援を受けた袁世凱と革命派との協調関係が一九一二〜一三年の冬に悪化し、また日本人が支那におけるイギリスの優位に対して反抗的になるにつれて、日本の援助は反対勢力にとって再び最も魅力的な選択となったのである。[5]

以後三年間、袁世凱の失脚に至るまでの日本の民間・政府勢力関係者に対する孫文の「軽率な行動」は、現在ではよく知られている。公式には汎アジア主義を主張しつつ密かに経済的誘因を提示することによって、孫文は一九一三年春に来るべき袁世凱との対決のための援助を日本から勝ち取ろうとした。四月に上海の日本総領事を通じて、孫文は南方・国民党が袁世凱に勝利した場合の日本との同盟を申し出ている。新しい支那政府は日本の通貨制度を自国のものとして受け入れ、貿易の拡大が図られるだろうとされた。来るべき内戦によって国家が分裂すれば、日本は米国がパナマを承認したように別個に南方を承認すべきだというのである。(4)孫文は明らかに同盟を協議するために日本へ赴くことを望んでいたが、革命派の同志に説得されて思い止まった。(5)

一九一三年夏の反袁世凱派革命家に対する日本の支援は、主に支那に駐屯する日本の陸海軍によって行なわれたが、これは外務省の意向に反したものであり東京政府の一致した承認も経てはいなかった。これは恐らく孫文の約束によるというよりも、むしろ袁世凱への反感や外務省の慎重さに対する一般的な焦慮によるものであった。しかし、一九一三年の反袁世凱蜂起が失敗に終わった後は、孫文の食欲を刺激しておくだけで十分だった。財源が減り支持者も少なくなると、一九一四〜一五年に孫文が日本当局者に提供することを申し出た、彼が権力を掌握した際の支那における特別な地位は、益々途方もないものになっていった。それには、二十一カ条要求の内の最も侵略的な部分も含まれていた。(6)

一九一六年までに孫文は、もはや日本当局に袁世凱の敵を支援するように誘い掛ける必要はなくなった。なぜなら、それが政府の公式の政策となったからである。(6)彼は二月から四月までの間に、少なくとも一四〇〇万円を与えられた。(7)彼の部下達、即ち青島の居正、漢口の田桐、上海の陳其美、そして恐らくは広東の朱執信が、軍隊を買収したり蜂起を組織して装備を整えるために費用が支出された。(8)孫文は四月に東京で参謀次長の田中義一(7)と少なくとも三度会見し、五月には上海へ赴いた。(9)孫文派は最大の勢力を山東に注ぎ込んだが、明らかに日本軍の直接的な支援や保護に依存していたことが物議を醸した。(10)袁世凱の死とその統治機構の分裂に伴って日本当局は孫文に対する関心を失い、孫文が自国において影響力のある政治的地位を確立することもなかった。

この時期の孫文と日本との契約に関してよりいっそう暴露が行なわれたところで、それはもはや私達を驚かせるものではない。しかし、彼の同志の革命家達はどうであろう。日本の支援を懇願したり進んで誘いを掛けたという点で、孫文は他に類を見ない存在なのだろうか。そうではなかった。日本の援助に魅力を感じるのは、何も熱烈な汎アジア主義者や宮崎寅蔵[8]の旧友だけとは限らなかったのである。

黄興[9]は一九一三年春に幾分か消極的ながらも孫文と共に袁世凱との対決に備えていたが、日本政府が列強を組織して袁世凱に辞職を「それとなく促す」ように要請した。[11] 一九一三年五月に南京の日本領事は、孫文が提示したものに匹敵する王芝祥による一連の提案を報告している。王芝祥は一九一二年には革命派の直隷省都督候補者であり、さらには旧清朝高官の岑春煊[10]と孫文とが手を結ぶことによる反袁世凱同盟を準備した人物でもあった。彼は日本の関係者に対して日本による援助と引き換えに、革命派は欧米との提携よりも「同文同種の国」である日本に味方するという旧来の原則を再確認した。彼は革命派が最も優勢だと考えている支那の五つの省において、鉄道や鉱山等の事業を日本と共同で経営する見通しを示している。この提携を実現するために、彼は日支銀行を通貨発行者とする意向を明らかにした。[12] 岑春煊自身も第二革命が始まった七月に、日本人に対して一〇〇万～三〇〇万円を要求している。[13]

第二革命の戦闘は江西省で開始され、李烈鈞[11]が袁世凱軍の侵入に対する抵抗を指揮した。李烈鈞は戦闘の以前にもその最中にも、少なくとも十三人の日本軍将校・下士官（予備役の者もいた）による支援を受けていた。漢口に駐屯する日本軍は、通訳を提供した。[14] 南京の日本領事は、九月初めにこの都市の革命派が北軍に降伏した際に依然として十一人の日本人が革命派に従軍していたことを報告している。[15] 日本の外交・軍事通信は北京政府の妨害を免れていたため、革命派に安全な伝達手段を提供した。また、革命派の試みが挫折すると日本海軍や日本の商船が、まず七月末に黄興を、そして柏文蔚・譚人鳳・蔣翊武・孫文・張継・馬君武・胡漢民・岑春煊・李烈鈞といった、敗北を喫した革命家を安全に日本へ運んだ。日本の外務大臣は一貫して反対したものの、輸送は続けられている。[16]

このように革命家達は一九一三年夏の袁世凱打倒の試みのなかで、自分達がほぼ文字通り同じ日本の船に乗り合わせていることに気付いた。再び武力に訴える政治的準備が、彼らは十分にできていなかった。彼らは慎重に準備をする替わりに見境なく同盟を求め、日本人が進んで提供するものは何でも欲することになったのである。

しかしその後、日本を巡って彼らの間に相違が生じた。すでに記したように、孫文は構わずに同じ道を邁進した。

他の者の多くは別の考えを持っており、日本の二十一カ条要求の衝撃に際して黄興・柏文蔚・李烈鈞等は長文の声明のなかで、「ある民族の内政問題は〔たとえ極めて深刻であっても〕、やはりその民族自身によってのみ解決されるものである。他民族に依存することは、不可避的に国家を危機に陥れる」と述べた(17)。これらの問題を巡って孫文と袂を分かった革命家達は、孫文が一九一六年に日本勢力と最も密接な協力関係を結んだ時には、彼の周囲にいなかった。彼らは、黄興のように事態そのものからやや距離を置いているか、あるいは李烈鈞のように他の政治集団と連携していたのである。

二　梁啓超

民国初期のもう一つの主要な政治集団は梁啓超(12)を中心としたものであったが、日本による支援の可能性に対する彼の反応は孫文の場合と興味深い対照を成している。梁啓超は明治維新の賞賛者で、日本の保護の下に一八九八年の西太后による弾圧を逃れ、十四年間のほとんどを亡命客として日本で過ごし、日本の政治エリートの保守的な規範に対しても孫文よりは近い政治的見解を持っていた。梁啓超を巡るこのような事実にもかかわらず、彼は一般的には特に目立って親日的であったとは考えられていない。むしろ、彼は日本をも含む外国の介入の危険に対して、常に一貫して敏感であったことが知られている。しかし結局、時宜を得ており十分に必要であると思われた場合には、彼も日本の援助を求めるのにやぶさかではなかったのである。

十月十日の武昌蜂起によって辛亥革命が開始された時、梁啓超はすでに北京政府に劇的な変化をもたらすための自らの計画を練っていた。突発事態によって中断されたものの、彼はその計画の内のどの部分が実行可能かを検討するために十一月初めに船で満州へ向かった。彼は奉天で二週間後に北京へ赴くつもりでいたが、南満州の日本支配地域を越えることなく神戸へ戻り、その努力はまったく報われなかった。彼は行く先々で周到に、日本当局の関係者に伴われている(18)。奉天で十一月十一日に彼は日本総領事と協議し、彼が北京へ赴く際の日本による保護を求めた。[19]日本政府はこの時、京奉鉄道の満州部分における安全を提供することに極めて強い関心を示した。[20]梁啓超は北京へ入る際に一〇〇～二〇〇名の兵士による随行が必要だと見込んでいたが、この訪問が中止されたため日本人が彼に支援を与える方法が決定されることはなかった。[21]

新たな共和制秩序に一旦同調すると、梁啓超は再び支那へ戻った。ほぼ三年にわたって彼は袁世凱政権の官職に就くか、あるいは少なくともその政策の大枠を受け入れていた。一九一四年秋に日本が山東でドイツに取って代わってその地位を強化すると、梁啓超は袁世凱政権が抵抗せずにいることを強硬に批判した。しかし、梁啓超派と日本人との直接的関係の問題は、彼が帝制運動を巡って袁世凱と決裂するまでは生じてこなかった。

一九一五年十二月の雲南における反袁世凱政権蜂起を、日本当局かあるいはその手先が画策したという憶測には、私の知る限りでは如何なる具体的証拠もない。[22]むしろ逆に袁世凱の帝制への反対に関する情報を、支那に駐在する日本の外交官や関係者が熱心に求めたにもかかわらず、彼らは雲南における運動の明確な見通しをその公式な開始の僅か三日前に新聞で知ったものと思われる。そして彼らは反乱の最初の三週間、雲南からのイギリス領事の報告に大きく依存していたのである。[23]この事態のなかで最も重要な人物であった梁啓超は一九一五年十二月末と一九一六年一月に上海で日本の外交・軍事関係者と会談したが、これは新たな関係を構築し始めたもので以前から残されていた協定・契約が一切なかったことは、日本や支那の同時代資料から明らかである。

梁啓超は一九一五年十二月十八日に天津から上海へ密かに到着したが、彼と日本当局者との会談の最初の記録は、雲南の運動が公式に発表された後の十二月三十日のものと思われる。日本の上海総領事との極秘会談において、彼は日本が袁世凱に帝制の企ての危険性を警告したこと、すなわち一九一五年十月二三日と十二月十五日の警告に感謝した。彼は、袁世凱の外交が遠く（イギリスのこと）と交わり、近く（日本のこと）を攻めるものであると説いた。袁世凱が日本の地位と勢力を理解していないと批判したのである。[24]この接近は、準備運動にすぎなかった。援助要求はまったく行われず、日本の総領事は訪問の目的が日本の共感を求めることだと推測している。

一九一六年一月後半、梁啓超と日本人との関係は重要性を増し始めた。一月二一日に雲南蜂起の中心的な軍人で梁啓超の共謀者でもある蔡鍔[13]に書簡を送った際には、岑春煊がこの運動のために日本へ赴くであろうことや、日本政府が袁世凱からの特使を拒絶したこと（周自斉の訪問取り消し）、著名な古手の支那通である青木宣純[14]がまもなく協議のために上海へ到着すること等を報告し得たのである。梁啓超は食料や弾薬の供給を日本と交渉することができるだろうという見解を示している。彼自身も雲南へ向かう前に、短期間の日本訪問を考えていた（実際にはどちらへも赴かなかった）。(25)

青木宣純は参謀本部によって、雲南蜂起発生後にようやく上海へ派遣されたようである。(26) 彼は実際には一九一六年一月二一日に上海へ到着し、一月二三日に梁啓超と会談した。この対話に関する青木の報告は、梁啓超が彼に日本の態度や援助の可能性を打診したように描写している。梁啓超は青木に対して秘密保持の必要性を強調し、岑春煊の日本訪問を秘匿することを望んだ。(27) 梁啓超が蔡鍔に宛てた書簡の描写では、青木が雲南蜂起に参加した勢力の力量を認識したと記している。彼はまた支那から権益を奪おうとする日本の傾向が、支那国民との提携の促進を望む識者によって否定されたと青木が確認した旨の報告をしている。(28) このような確認を伝えることによって、梁啓超は日本の援助への依存を本格的に行なうための根拠を準備していたのである。

他方、雲南の運動が資金難を抱えており武器も不足していることを知っていたものの、梁啓超は日本人の懐へ無頓着に飛び込んだわけではなかった。二月初めに日本の上海総領事は、「立憲派」（梁啓超らの政治的陣営）が青木に接近する際に、他の反袁世凱集団に比して警戒的であったことを記している。(29) 梁啓超は二月に日本にいる岑春煊に送った電文のなかで（明らかに日本軍によって傍受・解読された）、日本との同盟に合意することに反対した。彼はそのような決定は、新政府の成立を待って行うべきであると説いた。さらに彼は、袁世凱を撤退させる役割は日本に任せられるべきではない、なぜならばそれが不利な副次的結果をもたらすからであると論じている。(30) 孫文との対照は、注目に値するものである。

日本との提携に対する梁啓超の留保は、次第に崩れていった。アメリカ・日本・雲南へ赴くことはいずれも、その軍事指導者が反袁世凱運動に省を挙げて参加しようとしていた広西へ、三月に向かうことを選んだために見合わせられた。梁啓超はこの訪問のために日本の保護を求め、それを得て香港経由でハイフォンに入った(31)。その途上で三月十二日、梁啓超は反袁世凱運動に精神的支援を与えるために、日本人保護の名義で日本が広州に一～二艘の軍艦を派遣するように要請した。彼は信用貸しで武器を迅速に輸送するために、不特定の「相当の担保」の提供を申し出た。日本に袁世凱への直接的圧力を加えるように要請するには至らなかったが、袁世凱との妥協を強いるような国際的な試みに対して、日本がこれを妨げるように促すことは確かにあった(32)。五月初め、彼は雲南・貴州・広西・広東の南方四省を、日本が交戦団体として承認するように要請した（これはすでに三月初めの日本の閣議決定において予測されていた選択だが、結局は実行されなかった(33)）。そして、五月末までに彼の政治集団の代表は、梁啓超が二月に誓って否定していたことを要求した。日本政府が袁世凱に対して、直接に辞職を勧告することである(34)。孫文の日本への接近において一貫していたような緊密な提携を、梁啓超も日本に対して約束したという信用に足る証拠を私は未だに見いだしていない。しかし、彼は支那から袁世凱を排除する運動において、相当程度に日本に依存していたのである。

三　他の幾つかの事例

梁啓超は、護国軍の成立をもたらした雲南を中心とする運動の代表者として活動した。しかし雲南の運動は、それ自体の生命を持っていた。一つの顕著な特徴は軍人の優位であり、そのなかでも日本陸軍士官学校で訓練を受けた者が多数を占めた。運動に参加した三軍の三人の総司令官と三人の総参謀長は、すべてこの学校の卒業生であった。この三軍は十四の梯団に分けられていたが、その司令官の内の十人と、各梯団の十四人の参謀長の内の六人も、同校の卒業生だった（実際に、これらの上位の階級を持つ二二人の卒業生の内の十五人が、この日本の士官学校の同じ第六期支那人組の出身者であった(35)）。このような構成を持つ運動は、当然のこととして日本やその関係者との密接な関係を期待した。実際に、日本が運動にとって有用であることが「証明される」につれて、その様な関係が次第に形成されていったのである。

私は先に日本の当局者がこの運動に関して、その公式発表の直前まで知らずにいたらしいと記した。日本政府は同省に公式の代表を置いておらず、一九一六年一月十五日に最初の密使が辿り着いた際にも、独自の伝達手段を持っていなかった。しかも、最初の日本人の到着は冷淡に扱われた。イギリス領事はこのような反応と、さらに日本で訓練を受けた運動指導部の、「[日本と]その支那における狙いに対する相当な恐怖心」を報告している。(36)このような印象は、日本側の文書において確認されることがなければ、イギリス人の欺瞞が功を奏した結果として片付けられたかもしれない。広州から移ったばかりの日本の外交官は二月初めに、雲南側の機関紙が度々日本の利己的な野心について記していると不満を述べている。運動の指導者達は北京側がよりいっそう利権を譲渡することと引き換えに、日本が袁世凱を支援することを憂慮していたと伝えられる。雲南に赴いた日本の代表は、袁世凱かあるいは広東の敵対的な将軍である龍済光の手先と疑われた。そしてこの外交官は、日本に対する嫌悪が増していると考えたのである。(37)

一九一六年三月までに、状況は変化した。日本が袁世凱の特使を拒絶しまた塩税を袁世凱に譲らぬために協力したことが、雲南の世論に有益な影響を与えたことを日本の公式な代表が記している。それはまた、必要性の問題でもあった。すなわち、戦闘が長引き早期勝利の見通しがなくなるにつれて、日本による支援が益々魅力的なものとなったのである。(38)三月中頃には雲南将軍の唐継堯[15]が日本人の法律顧問を求めるようになり、またより自由に意見を交換するために、現地の日本人軍事代表が自らの公署の近くへ移転するように招いた。(39)月末までには、沿岸地帯へ進出して実際に日本からの供給を大量に受け取る見込みが開けている。(40)しかし全体として、日本が提供しようとした友情に対する雲南の反応は緩慢であった。これは明らかに、日本が近年に支那の主権を侵害した記憶や、日本の真意に対する懐疑によって阻まれていたのである。

梁啓超のように日本人と関係を持った反袁世凱運動の指導者は、他にもいた。岑春煊は一九一六年[一九一三年の誤り]の第二革命の際には孫文派と行動を共にしたが、雲南を中心とする南方の運動のために日本で資金を収集していた。一九一六年三月二二日に彼は、一〇〇万円の借款を得ている[41]。四月初めに日本を発ってから、岑春煊は支那にいる日本当局者と密接な交渉を持ったが、彼らはよりいっそう孫文派に接近するように促した。これに対して岑春煊は、孫文との連合を求める圧力に抵抗し迅速に武器を輸送するよう日本人に要求した[42]。唐紹儀〔16〕は一九一二年に袁世凱の下での首相職を離れた後に上海で保険事業に参入していたが、一九一六年に度々自身の袁世凱に対する反対意見を日本当局者に述べている。日本の反袁世凱運動に対する支援が公然たるものであることに彼は若干の懸念を示したものの、あるアメリカ人将校に対しては自らが日本人に好意的であり、また日本人が支那に対して攻撃的意図を持っているとは信じられないと確言した[43]。北京では副総統の黎元洪〔17〕が一九一六年四月初めから、自身のために日本当局者と密かに接触を持っている[44]。

最も保守的な側では、帝制に反対する諫言を袁世凱に行なった率直な都粛政史である荘蘊寛〔18〕が、一九一六年二月六日に日本公使に対して、残念ながら現状では日本の干渉を受けるであろうが、欧米による干渉よりも日本の干渉の方が望ましいと考えると語った[45]。参政院（袁世凱が任命した擬似立法機関で、一九一五年十二月には彼に皇帝即位を勧めた）副議長の汪大燮は、一九一六年一月に青木中将に自身が袁世凱には反対であると述べ、日本の行動によって支那を亡国から救うように訴えた[46]。四月初めに彼は日本に清朝の復興を要請したが、袁世凱の死後に彼はこの政治目的のために邁進していったのである[47]。

四　袁世凱

袁世凱〔19〕と日本当局との関係は、民国初年の両国間の公式な外交関係の展開を表すものである。その主な出来事はすでに度々語られてきており、私自身の解釈も別の所で示したことがある[48]。本章での私の目的である比較のために、幾つかの出来事を紹介しよう。

袁世凱は清朝官僚として日本の東アジアにおける意図と衝突した経歴を持ってはいるが、大総統在職中の深刻な敵意はあくまでも一九一三年の第二革命によって生じたものである。戦闘の二カ月以上前に支那の陸軍総長が日本から武器を購入しようとしたが、この動きが袁世凱の敵である革命派の機先を制すると共に、日本に好意を示すものであるという日本公使の解釈は恐らく正しかったろう。(49) 若干の無責任な浪人の奇妙な行動は別にして、支那国内の袁世凱の敵が行う武力行使に対して、日本の影響力がこれと敵対的に行使されているということを袁世凱政権は確信していたのである。(50)

支那国内にいる日本当局者の一部が反袁世凱運動に支持を与えた際、そのことが以後の日本との関係に対して持つ意義に気付いて彼は深く心を悩ますようになった。一九一三年九月には外国人顧問の一人であるジョージ・アーネスト・モリソンとの長い会話のなかで、「日本政府は軍隊を統制できないのか。自国の人間が反乱に参加するのを、なぜ日本政府は許すのか。日本人は反乱指導者と大きな契約を結んだが、彼らは支払いを受け取ることができないだろう」と不満を述べた。(51) 二十一カ条要求の際には日本の最後通牒に対する袁世凱の屈伏に続いて、モリソンは一九一五年五月二十日の袁世凱との会議の後の、次の様な印象を記録している。「日本が脅迫観念となっている。日本は陰謀を企てている……彼はまったく日本を恐れている。この積極的な隣人への恐怖が、彼のすべての行動を麻痺させている……蛇に睨まれた蛙の様に、彼は日本への恐怖によって暗示を掛けられて麻痺しているのだ。(52)」

日本が一九一六年に袁世凱打倒をその公式な外交目標とするようになった際、袁世凱の反応は二つの異なった部分を含んでいた。一つは革命派が自らを日本に売り渡しており、彼等が勝利すれば国家を破壊するだろうと示唆することであった。(53) 支那指導者の多くは注意を促されるまでもなく日本の干渉の進展を憂慮しており、特に山東の革命軍の場合はもちろんであった。袁世凱の第二の反応の方向は矛盾を含んでおり、明らかに反乱が雲南・貴州を越えて拡大した後に始められたのであるが、より大きな権益とより緊密な提携を約束することによって日本の支援を誘い出すというものであった。林明徳は、袁世凱が一九一六年四月初めに行なった悪名高い二十一カ条要求の第五号［七カ条からなる］に相当する申し出を、支那の外交史料のなかに発見したと報告している。(54) 袁世凱配下の中心的な日本専門家であった曹汝霖〔20〕は数日後に支日同盟を提案したが、明らかに「第五号」に代表される路線は拒絶している。これは、先に行われた申し出を無視したものか、あるいはそれを撤回する意図によるものであろう(55)。袁世凱の敵が日本に接近した際と同様に、袁世凱自身の陣営の人物達が次第に賭金を吊り上げていった。五月半ばに袁世凱の二人の経済顧問が日本公使に対して、袁世凱が留任するのを日本が支援することと引き換えに、支日合同銀行・事業会社・電話通信網・汽船会社の成立を提案した。日本は第三国による反対を受けずに、支那南部に鉄道を敷設し得ることにすらなっていた。もし日本が支那において優勢な地位を固めることを望むならば、袁世凱の影響力を利用する以上の得策はないと彼らは説いたのである。袁世凱の声望の低下にもかかわらず、彼の有用性はその如何なる敵にも勝っていた(56)。当時においても今日と同様、国を売らせようとする限り、その財産を最も多く提供できる者と契約を結ぶべきだったのである。

五　半植民地における民族主義

支那指導者のこのような日本当局に対する接近は、多くの問題を提起する。私はその意義に関する私自身の評価を、幾つかの単純ではあるが根本的な点に限定しよう。

これ程多くの人物が「日本との関係」を頻りに求めたのであるから、この現象に関して人物の個人的特異性や脆弱さを強調する解釈は確かに的外れなものである。汎アジア主義イデオロギーは一つの要因であったが、このような見解を共有しなかった者でさえも日本の支援を求めており、それは一般的な説明とはなり得ないのである。共通の分母は、必要性であった。日本人への接近がいずれの場合にも直接的であったことや、支那指導者が支持を得るために日本の膨脹主義的傾向に訴え掛けたことは、その指導者の抱える政治的脆弱性や敵の勢力、そして状況の緊急性と関連があった。支那において政治目的を達するために、日本の支援に依存することが「望ましい」方途であったという印象を受ける例はほとんどない。他の方途が閉ざされているか有効でない時にのみ、それが選ばれたのである。あるいは、都粛政史の荘蘊寛の例の様に嗜好が影響を与えた場合は、支那を圧迫する異なった帝国主義諸国の間で選択が行われ、日本が単に最も害の少ないものと考えられたにすぎない。

実質的にはこの時代のすべての支那指導者が極度に日本の支援に依存しようとしていたが、日本の目的に奉仕することに関してはその程度は一様ではなかった。この点では、恐らく最高の権威は日本人であろう。支那の政治闘争に対する日本の干渉が盛んに行なわれていた一九一六年の数カ月間、日本当局者の心中では明らかに孫文とその一派が、日本への好ましい態度という点で最も頼りになる存在であったと思われる（この判断は、日本が孫文を支那指導者の候補と考えていたことを示すものではない。この様な問題に関して日本政府は往々にして現実主義的で、孫文の政治力の欠如を認識していた）。例えば、日本の香港総領事は一九一六年二月に、一九一五年の日支交渉の終結以後の孫文の行動は、依然として彼が支日同盟に傾いていることを証明するものだと述べた。孫文派が同年の反日ボイコットを妨げようとしたことが、特に言及されている。対照的に蔡鍔や李烈鈞は非友好的で、日本に対する「反抗」的意見において一致していると考えられた(57)。漢口では田桐を中心とする現地の孫文派がその目的達成のために日本の援助に依存するだろうと、日本総領事が三月に報告している。共和党の分派は同じ袁世凱打倒という目的を持ってはいるものの、外国の干渉を恐れて日本に対する懐疑を抱いていると、この報告は述べる(58)。梁啓超は一九一六年前半によりいっそう日本の支持を求めるようになり、日本当局者に対して「従来ノ感情ヲ一擲シ誠心誠意ヲ以テ対日本ノ友誼ヲ表示スル」と語ってはいるが(59)、青木中将は五月半ばに、梁啓超は「果シテ真実日本ノ威力干渉ヲ欲スルモノトハ解シ難」いと意見を述べた(60)。唐紹儀も、真剣に日本に依存する人物とは考えられていない。袁世凱が信頼されることは、ごくわずかの間ですらなかった。

支那の政治家は日本から支持を得ようとしたが、日本当局が自らの主張への賛同者を得たと深く確信することはなかった。孫文でさえも、ある程度の懐疑からは逃れられなかった。「尤《もっと》モ孫モ支那人ナレバ、飽迄《あくまで》信任スルヲ得サルハ勿論ニ候」というのである(61)。双方が相手を利用することを試みており、結局は信頼が生じるべくもなかった。

この様な経緯から、当時の支那指導者が民族主義的ではなかったと結論すべきではない。彼らの一人ひとりは支那に究極的な力と威厳とをもたらすために選定された戦略を追求しており、それに付随して独立の主張をも持っていたのである。しかし、この目標に達する直線的な方途を発見した者はいなかった。蛇行や迂回路が必要であるかに思われ、それが危険な袋小路だと判明することもあった。民族主義に関する我々の観念は、非現実的なまでに高い英雄主義と純粋さの基準を含んでいる。恐らく我々はそれを植民地や半植民地の国々において過度に賞賛し、そして結果としてあまりにも多くを求めることになるのだろう。民族主義の中核には強大な権力を獲得しようとする衝動が横たわっており、権力の追求は複雑さや矛盾を生み出さずにはいられない。当時の支那がそうであったような半植民地においては、こういった複雑さや矛盾が特に尖鋭かつ深刻だったのである。

原注

（1）Harold Z. Schiffrin, *Sun Yat-sen and the Origins of the Chinese Revolution*（Berkeley, 1968）; Albert A. Altman and Harold Z. Schiffrin, "Sun Yat-sen and the Japanese, 1914-16," *Modern Asian Studies*, vol. 6, no. 4（1972）, pp. 358-400 ; Key Ray Chong, "The Abortive American-Chinese Project for Chinese Revolution, 1908-1911," *Pacific Historical Review*, vol. 41（1972）, pp. 54-70 ; J. Kim Munholland, "The French Connection that Failed : France and Sun Yat-sen, 1900-1908," *Journal of Asian Studies*, vol. 32, no. 4（November 1972）, pp. 177-195 ; Edward Friedman, *Backward toward Revolution : The Chinese Revolutionary Party*（Berkeley, 1974）; C. Martin Wilbur, *Sun Yat-sen : Frustrated Patriot*（New York, 1976）.

（2）「陳星台先生絶命書」『民報』第二号、一九〇六年五月、六頁。

（3）Masaru Ikei, "Japan's Response to the Chinese Revolution of 1911," *Journal of Asian Studies*, vol. 25, no. 2（February 1966）, pp. 213-227.

（4）『日本外交文書』大正二年第二冊、三四〇～三四一頁。

（5）"Letter to Huang Hsing from Ch'en Ch'i mei," *Chinese Studies in History*, vol. 7, no. 3（Spring 1974）, pp. 9-10.

（6）Marius B. Jansen, *The Japanese and Sun Yat-sen*,（Cambridge, Mass., 1954）, pp. 188-193.

（7）Altman and Schiffrin, p. 393.

（8）Ibid., pp. 396-397. 参謀総長宛青木少将、第一六号（一九一六年三月一七日）「袁世凱帝制計画一件（別冊）反袁動乱及各地状況」東京、外交史料館（以下「反袁動乱」と略）、第五巻。石井外相宛瀬川漢口総領事、機密第二六号「孫逸仙ト電報往復ニ関スル件」（一九一六年五月九日）「反袁動乱」第一四巻。

（9）乙秘第四五六号「孫文ノ動静」（一九一六年四月九日）「反袁動乱」第八巻。乙秘第五二一号（一九一六年四月二六日）「反袁動乱」第一一巻。

（10）この経緯に関しては、Friedman, pp. 190-205 を参照。

（11）『日本外交文書』大正二年第二冊、三四一～三四三頁。

（12）同右、三五二頁。

（13）同右、三六九～三七〇頁。

（14）同右、三六六、三七〇～三七一頁。

（15）同右、四六〇頁。

（16）同右、三八〇～四一八頁。

（17）Chun-tu Hsueh, *Huang Hsing and the Chinese Revolution*,（Stanford, 1961）, p. 175.

（18）丁文江編『梁任公先生年譜長編初稿』（以下『梁年譜』と略）台北、一九五八年、三四三～三四五頁。

（19）『日本外公文書』第四四巻第四五号別冊清国事変（辛亥革命）、一五七頁。

（20）Ikei, p. 217.

（21）『梁年譜』三四三頁。

（22）このような憶測の試みの一つに、Kwanha Yim, "Yüan Shih-k'ai and the Japanese," *Journal of Asian Studies*, vol. 24, no. 1（November 1966）, pp. 68-69 がある。

（23）『日本外公文書』大正四年第二冊、二〇二～二六二頁。R. M. MacLean to John Jordan, minister in Peking（probably 28 December 1915）, Foreign Office Archives, Public Record Office, London（hereafter, FO）, 228/2753 ; Jordan to Herbert Goffe, consul in Kunming（2 January 1916）, FO 228/2753 ; Goffe, Kunming, to Jordan（21 January 1916）, FO 228/2753.

（24）『日本外公文書』大正四年第二冊、二五七～二五八頁。

（25）『梁年譜』四六六～四六八頁。

(26) 青木宣純書翰(一九一五年一二月二九日)「寺内正毅文書」東京、国会図書館、憲政資料室、第二冊、一二一―一二。
(27) 参謀総長宛青木中将報告(一九一六年一月二五日)「反袁動乱」第三巻。
(28) 梁啓超『盾鼻集』台北、一九六一年、二五〜二六頁。
(29) 石井外相宛有吉上海総領事、機密第一五号「当地状況報告ノ件」(一九一六年二月八日)「反袁動乱」第四巻。
(30) 「暗号電報翻訳ノ件」(一九一六年二月二七日)「反袁動乱」第四巻。
(31) 『梁年譜』四七二〜四八〇頁。参謀次長宛青木中将(一九一六年二月二七日)「反袁動乱」第四巻。石井外相宛有吉上海総領事、第三二号(一九一六年三月四日)「反袁動乱」第四巻。石井外相宛今井香港総領事、第四五号(一九一六年三月四日)「反袁動乱」第四巻。石井外相宛今井香港総領事、第八七号(一九一六年三月二八日)「反袁動乱」第六巻。
(32) 石井外相宛今井香港総領事、第五一号(一九一六年三月十二日)「反袁動乱」第五巻。
(33) 石井外相宛赤塚広東総領事、第一四八号(一九一六年五月六日)「反袁動乱」第一三巻。
(34) 石井外相宛有吉上海総領事、機密第三九号「時局ニ関スル報告ノ件」(一九一六年五月二八日)「反袁動乱」第一三巻。この際の梁啓超の代表は温宗堯と周善培であった。実際にはそのような警告が四月十二日にはすでに袁世凱の代表に届けられていた。石井外相宛日置公使電文、第二九八号(一九一六年四月十二日)「反袁動乱」第八巻。その後の繰り返しに関しては、『日本外公文書』大正五年第二冊、六二一〜六三、六五〜六八頁を参照。
(35) 石井外相宛堀雲南領事、第五号(一九一六年四月六日)「反袁動乱」第一二巻。
(36) Goffe, Kunming, to Jordan (31 January 1916), FO 228/2753; Goffe, Kunming, to Jordan, #13 (20 February 1916), FO 228/2736.
(37) 『日本外公文書』大正五年第二冊、九七〜九八頁。石井外相宛赤塚広東総領事、第四六号(一九一六年二月二一日)が雲南藤村来電、第一四号(一九一六年二月十四日)を転送、「反袁動乱」第四巻。
(38) 参謀総長宛山県少佐(一九一六年二月十六日)「反袁動乱」第四巻。
(39) 石井外相宛堀雲南領事、第一八号(一九一六年三月十五日)「袁世凱帝制計画一件(別冊)反袁動乱雑件ノ部」東京、外交史料館、第一巻。
(40) 石井外相宛堀雲南領事、第二八号(一九一六年三月二九日)「反袁動乱」第七巻。
(41) Altman and Schiffrin, p. 394. この取り引きは間もなく日本にいた袁世凱の手先によって記録されたが、その金額は七〇万円とされている。乙秘第四五五号「蔣士立ノ行動」（一九一六年四月八日）「反袁動乱」第八巻。

（42）特別情報第一八号、海軍司令部「岑春煊トノ対談（上海駐在員報告）」（一九一六年四月十一日）「反袁動乱」第八巻。参謀総長宛井戸川大佐、第七号（一九一六年五月六日）「反袁動乱」第一三巻。

（43）参謀総長宛青木中将、第一号（一九一六年四月十一日）「反袁動乱」第三巻。石井外相宛有吉上海総領事、機密第二一号（一九一六年三月七日）「反袁動乱」第五巻。石井外相宛有吉上海総領事、第一五五号（一九一六年五月二九日）「反袁動乱」第一六巻。Lt. Col. D.S. Robertson, military attache, Shanghai to Jordan（21 May 1916）, FO 228/2738.

（44）参謀次長宛坂西大佐、坂特電第三〇号（一九一六年四月一五日）「反袁動乱」第九巻。

（45）『日本外交文書』大正五年第二冊、二八～三二頁。

（46）参謀総長宛青木中将、第一号（一九一六年四月十一日）「反袁動乱」第三巻。

（47）参謀次長宛青島守備軍参謀長（一九一六年四月三日）「反袁動乱」第七巻。Jordan to Grey, ＃302（31 October 1916）, FO 228/1957.

（48）適切な解説として特に、Madeleine Chi, *China Diplomacy, 1914-1918*（Cambridge, Mass., 1970）と臼井勝美『日本と中国――大正時代』原書房、一九七二年、を参照。私自身のものとしては、*The Presidency of Yüan Shih-k'ai: Liberalism and Dictatorship in Early Republican China*（Ann Arbor, 1976）を参照。特に、pp. 133-134, 186-192, 238-240。

（49）『日本外公文書』大正二年第二冊、三四九頁。

（50）同右、三四九～三五〇頁。

（51）Memorandum of 18 September 1913, item 142, G.E. Morrison Papers, Mitchell Library, Sydney.

（52）Diary（20 May 1915）, item 104, in ibid.

（53）北京電報、参謀支第三九号（一九一六年三月三日）「反袁動乱」第四巻［内容は異なる］。石井外相宛日置公使、第二九五号（一九一六年四月一二日）「反袁動乱」第八巻。参謀総長宛支那駐屯軍司令官、天電第七〇号（一九一六年五月十三日）「反袁動乱」第一四巻。

（54）Lin Ming-teh, "Yüan Shih-k'ai's Monarchical Scheme and Japan," paper delivered at the Conference on China and Japan: Their Modern Interaction, Portsmouth, New Hampshire, June 1976.

(55) 参謀総長宛坂西大佐、坂極秘電第二四号（一九一六年四月十一日）「反袁動乱」第九巻。
(56) 『日本外公文書』大正五年第二冊、四五四～四五七頁。この際の袁世凱の代表は梁士怡と周自斉であった。
(57) 石井外相宛今井香港総領事、機密第一〇号「支那反袁派ノ本邦ニ対シ懐抱スル意見ニ関スル件」（一九一六年二月十四日）「反袁動乱」第四巻。
(58) 石井外相宛瀬川漢口総領事、第一一一号（一九一六年三月二十日）「反袁動乱」第五巻。
(59) 石井外相宛赤塚広東総領事、第一四八号（一九一六年五月六日）「反袁動乱」第一三巻。
(60) 参謀次長宛青木中将、第九八号（一九一六年五月十四日）「反袁動乱」第一四巻。
(61) 石井外相宛今井香港総領事、機密第一〇号「支那反袁派ノ本邦ニ対シ懐抱スル意見ニ関スル件」（一九一六年二月一四日）「反袁動乱」第四巻。

訳注

〔1〕孫文（一八六六～一九二五年）号は逸仙・中山、広東省香山県（現中山市）に生まれる。ハワイ・香港のイギリス系学校に学んだ。一八九〇年代前半から満州族の清朝を打倒して漢族の共和国を樹立するための革命運動を開始した。辛亥革命後は、中華民国の初代臨時大総統に選ばれたものの、おおむね一貫して支那政界の非主流的な立場にあった。一九一九年に中国国民党を結成し、広東省に拠点を置いて全国統一を目指すが、北京で病死した。その後間もなく、蔣介石を中心とする彼の後継者達が、国民革命によってこれを実現した。その革命思想は、民族・民権・民生の三民主義に集約される。

〔2〕孫文が広東人下層民衆（華南の秘密結社や海外の華僑）を勢力基盤として結成した革命団体の興中会と、黄興・宋教仁等の湖南省出身者の華興会や、章炳麟・蔡元培等の浙江省出身者の光復会といった長江流域知識人の革命団体とが、東京の留学生界において合流することによって中国同盟会が成立した。孫文が総理に選ばれ、機関誌の『民報』は、「中日両国民の連合」を含む「六大主義」を唱えた。

〔3〕陳天華（一八七五～一九〇五年）字は星台、湖南省新化県に生まれる。一九〇三年に官費で日本に留学し、「猛回頭」「警世鐘」といった革命言論を発表すると共に、華興会・中国同盟会等の革命団体に参加し『民報』の編集者となった。日本の新聞が支那人留学生を批判したことに抗議して、東京大森で入水自殺した。

〔4〕二十世紀に入ると清朝中央政府と各省地方有力者との利害対立が激化し、一九一一年十月十日の武昌蜂起を契機として各省が相次いで清朝からの独立を宣言し、翌年一月一日に南京で中華民国臨時政府が成立して孫文が臨時大総統に就任し、二月十二日に宣統帝が退位して清朝が滅亡したのが辛亥革命である。しかし、革命派にもこの政体変更を独自に実現する力量はなく、最も有力な漢族官僚で革命勃発に際して清朝の内閣総理大臣に抜擢され、イギリスの支持をも得ていた袁世凱に、皇帝に退位を迫ることと引き換えに大総統の地位を譲らざるを得なかった。

〔5〕辛亥革命は袁世凱の権力掌握によって一応収束したが、一九一二年十二月から一九一三年一月にかけて行われた国会議員選挙において、中国同盟会から改組された国民党が第一党になると、袁世凱はその事実上の最高指導者であった宋教仁を暗殺し、また国会の議決を経ずに諸外国と借款契約を結んだ。その結果、袁世凱が大総統として掌握する中央政府と、国会を通じて中央政治に参加し始めた各省地方有力者との対立が激化し、一九一三年七月に孫文を中心とする国民党急進派が主体となって、袁世凱打倒を図る第二革命が勃発したが、間もなく鎮圧された。

〔6〕第二革命後に袁世凱は正式大総統に選出されると、国会を閉鎖して独裁権力を確立し、一九一五年には皇帝への即位を図った。これには各省地方有力者が激しく反発し、雲南をはじめとする西南諸省が中央政府からの独立を宣言して、共和制の維持を唱える護国運動が開始された。これと並行して、日本に亡命中の孫文が結成した中華革命党も、国内各地で第三革命を発動した。さらに諸外国や腹心からも反対を受けて袁世凱は帝制の取り消しを宣言し、その病死によって事態は一応の収束を見た。

〔7〕田中義一（一八六四～一九二九年）長州藩に生まれる。陸軍士官学校・陸軍大学に学び、日清戦争に出征した後、一八九八年からロシアに留学した。日露戦争時は、満州軍参謀を務める。一九一〇年に少将、一九一五年に中将・参謀次長となった。一九一八年に原敬内閣の陸軍大臣として初めて入閣し、一九二一年には大将、一九二四年には政友会総裁となった。一九二七年には首相に任命され、外務大臣を兼任した。

〔8〕宮崎寅蔵（一八七一～一九二二年）号は滔天、熊本県に生まれる。典型的アジア主義者で、犬養毅の推薦により外務省嘱託として支那の秘密結社を調査したことから、横浜に亡命中の孫文をはじめとする革命派との交流を開始し、以後は生涯を通じて孫文の支援者となった。革命援助の経緯を含む自伝『三十三年の夢』は、当時日本に留学中の支那知識人に孫文の存在を知らしめ、中国同盟会成立の一因ともなった。

〔9〕黄興（一八七四～一九一六年）号は克強、湖南省善化県に生まれる。一九〇二年に日本に留学した頃から革命運動を

開始し、翌年に帰国すると華興会を結成して蜂起を試みたが失敗して日本に逃れ、中国同盟会結成に際しては総理孫文に継ぐ庶務の地位を占めた。辛亥革命時には南京臨時政府の陸軍総長となったが、第二革命失敗後は孫文と分裂して独自の活動を開始した。護国運動が勃発すると帰国し、間もなく病死した。

〔10〕岑春煊（一八六一～一九三三年）字は雲階、広西省西林県に生まれる。父は雲貴総督を務めた岑毓英。陝西巡撫・山西巡撫・広東巡撫・四川総督・両広総督・雲貴総督等の要職を歴任したが、袁世凱とは対立した。第二革命時には討袁軍大元帥に推挙され、その失敗に伴って海外に亡命したが、護国運動が勃発すると帰国してその中心人物の一人となった。以後は独自の勢力基盤を持たなかったために、広西省軍事指導者の陸栄廷に依存するようになった。

〔11〕李烈鈞（一八八二～一九四六年）字は協和、江西省武寧県に生まれる。一九〇四年に公費で日本に留学して陸軍士官学校に学び、中国同盟会に加盟した。一九〇八年に帰国すると新軍将校となり、辛亥革命後には江西都督に就任した。第二革命の際には率先して蜂起を試み、護国運動にも参加した。以後はおおむね孫文・中国国民党と行動を共にした。

〔12〕梁啓超（一八七三～一九二九年）号は任公、広東省新会県に生まれる。清朝末期の代表的な改革思想家である康有為の弟子として、その変法運動の指導者の一人となったが、立憲君主制を主張して共和主義の革命派とは対立した。辛亥革命後は国民党に対抗する共和党の中心人物となったが、袁世凱の帝制には反対して護国運動を発動した。以後は主に思想家・報道人として活躍した。

〔13〕蔡鍔（一八八二～一九一六年）字は松波、湖南省邵陽県に生まれる。梁啓超の変法思想の影響を受け、一八九九年に日本に留学して陸軍士官学校に学んだ。一九〇四年に帰国すると新軍将校となり、辛亥革命に際して雲南都督に就任した。その政治的立場は梁啓超とほぼ一致しており、第二革命には反対したが、袁世凱の帝制に対抗する護国運動の中心人物の一人となった。運動の終了後に間もなく病死した。

〔14〕青木宣純（一八五九～一九二四年）宮崎県に生まれる。陸軍士官学校に学び、一八九一年にベルギーに留学した後、日清戦争・北清事変・日露戦争に出征した。一九〇五年に清国公使館附武官、一九一三年に中将・旅順要塞司令官となり、退職後は袁世凱の顧問として陸軍編成の任に当たった。

〔15〕唐継堯（一八八三～一九二七年）字は蓂賡、雲南省会沢県に生まれる。一九〇四年に官費で日本に留学して陸軍士官学校に学び、中国同盟会にも加盟した。一九〇九年に帰国して新軍将校となり、蔡鍔と共に雲南における辛亥革命を主導した。第二革命に前後して貴州・雲南都督を歴任し、護国運動の際には再び蔡鍔と共に中心人物の一人となった。以後は

雲南省を掌握して、これを半ば独立状態とした。

〔16〕唐紹儀（一八六二～一九三八年）字は少川、広東省香山県に生まれる。一八七四年に官費でアメリカに留学し、コロンビア大学に学んだ。一八八一年に帰国後は税務・外交官僚として袁世凱等の幕僚となり、辛亥革命の際には清朝を代表して革命側との和平交渉を担当したが、次第に孫文等の革命派に接近したことから袁世凱と疎遠になり、一時政界から退いた。護国運動が開始されるとこれに賛同し、以後はおおむね一貫して孫文・中国国民党と行動を共にした。

〔17〕黎元洪（一八六四～一九二八年）字は宋卿、湖北省漢陽県に生まれる。天津の北洋水師学堂を卒業して海軍に入り、日清戦争にも参加した。湖北新軍第二一混成協の協頭を務めていた時に武昌蜂起が勃発し、革命派に推挙されて軍政府都督・大元帥・副総統となった。第二革命の際には袁世凱を支持したがその帝制には反対して、袁世凱の死と護国運動の終了に伴って大総統に就任した。独自の軍事力を持たなかったために、以後は軍事勢力諸派にその地位を左右された。

〔18〕行政官吏の憲法違反・賄賂授受・職権濫用等を糾弾する粛政庁の事務を監督する官職で、大総統が任命した。

〔19〕袁世凱（一八五九～一九一六年）字は慰庭、河南省項城県に生まれる。若くして軍隊に入り、朝鮮に赴任すると一八八四年の甲申の変を鎮圧した。一八九四年の東学党の乱に介入したことは、日清戦争の発端となった。対日敗戦を契機として清朝が新軍編成を始めると、袁世凱はこれを担当した。戊戌変法の際に変法派粛正に協力したことから政界に進出し始め、義和団の乱には荷担せずに自己の軍事力を温存し、以後はさまざまな近代化政策を強力に推進した。一時的に満州貴族と対立したことから政界を退いたが、辛亥革命が勃発すると内閣総理大臣に起用され、清朝と革命派との間で漁夫の利を占めることにより、中華民国臨時大総統の地位を得た。その後は第二革命を鎮圧し、大総統に選ばれると国会を閉鎖して独裁権力を掌握したが、皇帝即位の試みは護国運動によって挫折した。

〔20〕曹汝霖（一八七七～一九六六年）字は潤田、上海に生まれる。一九〇〇年に私費で日本に留学し、中江兆民夫人宅に下宿しつつ法律を学んだ。帰国後は司法・外交官僚として昇進し、辛亥革命後は参議院議員・憲法起草委員や袁世凱の総統府顧問を務めた。一九一五年の二十一カ条要求の際には、日本側との交渉に当たった。袁世凱の死後は段祺瑞内閣の主要人物として日本からの支持獲得に努めたが、一九一九年の五・四運動の際に「売国奴」として批判されたために、政界を退いて財界に入った。

訳者補記

原著者は文中で度々日本の外交文書、「袁世凱帝制計画一件（別冊）反袁動乱及各地状況」を引用しているが、訳者が原資料に当たった限りでは、外交史料館所蔵のものと所収巻数・項目が一致しなかったり、あるいは該当すると思われる文書の内容が異なるものが少なからずあった。ここでは、前者に関しては訳者が確認し得た所収箇所を、後者に関しては内容が異なる旨を記す。なお、資料確認に際して外務省外交史料館の内藤氏のお手を煩わせたことを付記し、謝意を表する。

監訳者補記

本章の訳及び訳注については、中央大学深町英夫教授に多くを負うている。特記して厚く謝意を表する。

第八章　日本の指導を受け入れた政治家・曹汝霖

――彼の日本コネクション（一八七七～一九六六年）――

マデレーニ・チー

近代における支那と日本の関係は波乱に満ちたものであり、大地を揺るがす事件によって区切られている。この混乱は一八九四年から九五年の日清戦争を出発点としている。この戦争で誇り高い支那人は「小人」の隣人に打ち負かされた。期待を裏切られる結果になり、支那人は日本人を見習うことによって答えを引き出そうとした。この結果、支那人学生の波が海を越え、日本で学ぶことになったのである。そして自分たちの「弟」から富国強兵の秘密を学ぶことになった。時は過ぎ、これらの学生は帰国して立憲政治、教育の近代化、法律、商業、産業の青写真を描くことになり、清末と中華民国初期の新官僚群になった。さらに支那における日本人教師は他の外国人の数よりもはるかに多く、日本人顧問もまた、中央および地方政府の多くの部門にみられた。

日本に対するあこがれの波がピークに達したのは一九一〇年頃である。それに続いて多くの事件、要求、デモ、ボイコット、そして最後には戦闘が二つの隣人の関係を蝕んだ。第二次世界大戦が起きたことによって多くの支那人は日本人が侵略者であり、うそつきであると見なすようになった。そしてこうした日本人は前々から支那においてよこしまな計画をいだいていたとした。日本人と政治的な取引を行った支那人は裏切り者ではないにしても非愛国的であると見なされた(1)。

曹汝霖は一九一五年から一九四〇年にかけて幾つかの主な政治的展開に深く関与した人物である。彼は活発にいろいろな活動に参加したが、ある時は罪人であり、またある時は興味深い傍観者であり、あるいは身に覚えのない犠牲者であった。この章は彼の経歴を学生時代から権力の絶頂時代までたどり、さらに彼の幻滅と衰退の年月まで調べたものである。彼の人生のこれらすべての局面は日本人および日本人との関係によって形作られたものであった。

一 形成期

曹汝霖は一八七七年上海に生まれた。曹は官僚の家庭で育った。彼の父親と祖父は江南の製造局で働いていた。この工場は支那における自強運動の初期事業の一つであった。青年時代、曹は孔子の教えをたたき込まれ、古典を覚えることを求められた。時代の波に合わせるため彼はのちに家を離れ、武漢鉄道学院で技術を学んだ。この学校のカリキュラムは曹を喜ばすにはあまりにも貧弱で、彼はそのため日本で学ぶことを決意した。当時、外国で勉強することは伝統的な官僚登用試験にかわって官界への道を開いていた。このため彼の家族はこの出費を捻出するため自分たちの土地の一部を売るというかなりの犠牲を積極的にはらった。

曹汝霖は一九〇〇年、日本へ向かった。彼が日本に到着した時、曹は明治維新の成果に目をみはった。そして支那もまた、実行可能な立憲君主制を樹立することによって日本の例に習うことを夢見た。このことを胸にいだいて彼は当時、東京法学堂として知られていた中央大学法科に入った。曹の日本における学生生活は幸せに満ちたものであった。二年間にわたり、彼は故中江兆民（一八四七～一九〇一年）の家に下宿した。中江兆民はルソーの社会契約説を日本に紹介した著名な自由主義者であった。中江兆民は曹がこの家に住むようになった時にはすでに他界していたが、彼の妻と子供たちおよび中江の作品を出版するために編集に来ていた自由主義的な日本の知識人が曹の友達になった。のちに兆民の子供である中江丑吉（一八八九～一九四二年）も曹の良き友達となった。そして中江家の若い人はかわるがわる北京にある曹の家に二十年以上住んだ。中江丑吉は父よりいくらかラジカルではあったが曹はそうした急進主義を受け入れたことは一度もなかった。

曹は東京の支那人革命家との間には一人も友達を作らなかった。その反対に彼は保守的な仲間に加わり、同時期東京に留学していた陸宗輿（一八七五～一九四一年）や章宗祥（一八七七～一九四〇年頃）らのような人達と終生にわたる友情を結ぶことになった。

陸は早稲田大学を卒業し、章は明治大学で法学博士号をとった。彼らはその後、曹の親密な政治的協力者になった。曹が法学博士号を取得して帰国の準備ができた一九〇四年まで彼は日本に関して多くの良い印象を心に植え付けた。これらはロシアに対する戦争を発動する際に、日本が見せた一致した断固たる国家像によってさらに強化された。端的にいうと曹は日本を高く評価し、日本に尊敬の念をいだいたのである。(2)

二十世紀初頭、留学帰りの学生は政府のなかで簡単に仕事を見つけることができた。曹は現代の問題に関する特殊な試験にパスし、農商業省でのポストを割り当てられた。まもなくして彼と彼の友人たち、陸宗輿と章宗祥は徐世昌の注意をひくことになった。徐世昌は袁世凱によって支配されていた北洋一派の文民指導者であった。徐はこれら三人の有能な男を君主に推薦した。このようにして恒久的な親分子分の関係が打ち立てられたのである。結果として曹と陸、章は自分たちの政治生活を北洋陣営のなかでおくることになった。中華民国の建国に関連して袁世凱総統は曹を議会の一員に選んだ。曹は始末におえない国民党と戦うという点で、袁の期待に十分に応えた。袁は曹の能力に強い印象を受け、曹のことをやっかいな問題を扱うことのできる、交渉上手で人当たりの良い魅力的な人物として考えるようになった。このため曹は閣僚のポストを与えられた。それは一九一三年八月のことで、外務省の副大臣というポストであった。曹は袁が死ぬ一九一六年六月まで外務省の職にあった。(3)

破局は曹が外務省に勤務している時に起きた。それはつまり一九一五年一月から五月にかけて日本との間に行われた二十一カ条要求に関する交渉であった。

この要求は五つのグループに分かれていた。一つ目は日本が山東半島を保持することについての支那側の同意であった。山東半島では第一次世界大戦初期、日本がここにあったドイツの権益を確保していた。第二は満州南部と内モンゴルに対して日本が最高の立場にあることの容認であり、第三は福建における同様の容認であった。さらに第四として日本は漢冶萍の事実上の支配を合法化することを望んだ。漢冶萍は揚子江流域の中央部にあり、鉄と石炭産業の複合体であった。最後に五番目として日本は日本の政治、財政、軍事の顧問を支那が受け入れることを含め、共同の警察力と共同で制御された兵器庫の設立を要求した。(4)

前例のない外交的対決に衝撃を受け、袁世凱は自分自身で活発な行動を開始した。袁は陸徴祥を主な交渉当局者に任命したが、自分自身でも日本の提案の全項目を検討し、意見を述べた。そして日々の交渉に指示を与えた。袁は時間かせぎのために項目別交渉を主張した。彼はまた、顧問であったV・K・ウエリントン・クーに働きかけ、〝新聞外交〟を展開させた。これは秘密を守るようにとの日本の指示を無視するものであった。クーはこのニュースを親しいアメリカ人およびイギリス人ジャーナリストに注意深くリークした。しかし、これらの策略は単に屈服の時を延ばしただけだった。屈服は不可避であった。支那は日本の力による脅しに耐えることはできなかったからである。五月六日、支那の内閣は日本が間もなく最後通告を発すると聞き、曹を送って日本側の主交渉者である日置大臣に対し、支那はすべての要求を受け入れると通告させた。この要求のなかでも第五号の要求を受け入れることは支那が日本の保護国に転落することを意味すると支那人は考えた。

同じ日、日本の内閣は国内の政治的圧力と日本の要求に反対する国際世論のため第五号の要求［七カ条からなる］をおろすことを迫られ、日本はこれを受け入れた。陸宗輿は東京における支那の公使であったが、このニュースを北京に打電した。支那人はこのニュースに大いに安堵した。しかしながら支那の内閣は曹の手によって日置に渡された声明を撤回しなければならなかった。

五月七日、日本の最終的結論が出された時、曹は日置のところにもどり、これまでかわした会話は曹の個人的見解であり、支那政府は日本の要求のうち第四号までしか受け入れられないことを伝えた。(5)

曹はこの行動が英雄的であり、かつ愛国的であると考えたが、半ばしか知らされていなかった張勛将軍は曹を日本と妥協した人物とののしった。二十一カ条要求にサインしたあとで勃発した激しい反日運動にそって活発な電信の嵐が曹汝霖に対して仕掛けられた。それに対するため曹は感動あふれる回覧電報を発行した。彼は長い交渉の間に経験した緊張と困難、および彼と彼の同僚がより大きな損害を防ぐために巧妙に努力したことを詳述した。

最後に彼は五月六日に第五号の要求を受け入れたことは彼自身の決定ではなく内閣の決定であることを明らかにした(6)。政府高官が曹の弁明を証明したため、誰も彼の誠実さと正確さを疑わなかった。しかし、その時からこの第五号の要求は日本が支那を従属させる計画の象徴となった。そして五月七日は国辱の日と見なされた。三、四年後、二十一カ条交渉に関する彼の関与とそれに続く政治活動のため、支那民衆は曹をナンバーワンの売国奴と見なすようになった。

二十一カ条要求は曹に別の方法でも影響を与えた。曹は袁世凱の支那の弱さと袁の大英帝国およびアメリカへの依存の無益さを鋭く知ることになった。これらの事実は一九一六年、袁の君主計画を失敗させた日本の力によってさらに強化された。そして袁はその年の六月、失意のうちに死亡した。

曹汝霖は、彼の親分で広く支那の実力者とたたえられた袁は支那の一番近い隣人である日本に対抗するという致命的な誤りをおかしたと結論づけた。英国とアメリカは遠い大洋にある水のようなもので、家が火事になった時に助けてもらうにはあまりにも離れていると曹は主張した。支那は日本の善意を掘り起こすべきだと曹は主張した。日本は支那を助けるには十分近い距離にあると考えたのである。曹は自分たちの力に頼るということを考えなかった。〝日本に依存する〟ということは、彼が一九一六年三月首相になった段祺瑞にさとした主な点であった(7)。

優柔不断な段祺瑞は袁世凱が保持した権威を一度も享有できなかった。しかし、段の安徽派は一九一六年から一九二〇年までの次の四年間、北京における政治では圧倒的な力を発揮した。しかしながら段の不安定な力を頂点にして、派闘抗争はより激しくなり、政治家たちはポストの奪い合いをめぐってより激しく争うようになった。さらに国家資金は袁の皇帝就任の準備と共和主義者の軍隊に対する内戦で底をついていた。体制を維持するために正しい方法であれ悪い方法であれ資金を見つけなければならなくなった。必要な資金を提供できる人は誰であれ最も望む政府のポストを手にいれることができた。曹汝霖にとっては幸運にも日本における内閣の交代が彼にそのような機会を提供したのである。

二　成功した政治家？

一九一六年十月、寺内正毅は大隈重信に代わって首相に就任した。新しい内閣は前内閣が行った二十一カ条要求という不条理な扱いによって支那で起きたダメージの回復を行おうと決意した。

寺内内閣の信頼できるメンバーたち——大蔵大臣の勝田主計、内相で後に外相になった後藤新平、それに副参謀長の田中義一は支那における経済的拡張と平和的浸透を行うことを決めた。彼らの目標は満州、モンゴル、山東における日本の立場を強化し、支那にある原材料資源を確保するという点において前政権のそれとは本質点には違っていなかったけれども彼らの方法のほうがより奇抜であった。戦争の間に蓄えられた余剰物を利用する形で東京は支那に寛大な形で借款を行うことを決めた。これには使用先について厳しい監視がついていなかったし、厳重な担保の要求もなかった。これで支那人の善意を買おうとしたのである。

寺内は革命家をまったく好んでいなかったので段祺瑞の北京政府が日本の援助の受領相手に選ばれた。(8)西原亀三（一八七三～一九五四年）が寺内首相の個人的特使という資格でこれらの政策を実施する人物に選ばれた。

西原はこの任務をやりとげるのに非常に熱心であった。この時に至るまで彼の経験は寺内が総督を務めた朝鮮でビジネスに従事し、朝鮮と経済協力を推進することに限られていたが、西原の洞察力は限定されたものではなかった。

西原の政治的助言者、神鞭知常《かんむちともつね》は大アジア主義者であり、反露連盟である対露同志会の一員であった。(9)西原自身は支那における進展を非常に注意深く観察しており、支那だけでなく全東アジアの経済発展の青写真をいくつかえがいていた。支那について彼が自慢していた計画には羊毛と綿布の生産だけではなく通貨の統合、税率改正、鉄道建設、鉄と石炭の開発が含まれていた。彼はまた、日本の指導部を安心させる最も適切な手段として支那—日本の共同事業を提唱した[10]。一九一六年六月から一九一八年八月までの間に、彼は東アジアの永続的平和と繁栄の基礎を築くことを望んで六回も北京を訪問した。

西原が問題の処理に乗り出した時、寺内は彼に坂西利八郎陸軍大佐（後に陸軍中将）（一八七〇～一九五〇年）とコンタクトをとるよう指示した[11]。坂西は北京ではよく知られた人物であった。いわゆる坂西邸宅の主人で、半官ではあるがここは一九一一年から一九二七年までならぶもののない情報収集の中枢であった。この機関は土肥原賢二や多田駿およびその側近のように将来を保証された支那での働き手に訓練する場所を提供していた[12]。

たいへん奇妙なことに北京での十七年間の大半、坂西は北京政府に雇われていた。そして坂西は時には総統府の軍事顧問という位の高い地位にあった[13]。彼は日本の参謀長に対してと同じく支那の総統に簡単に接近することができた。支那の内閣でかわされる秘密のやりとりがしばしば彼の使者の手によって東京に報告された。このことは坂西を雇っている支那側には知られずに行われたことは明白だ。北京―東京間の扱いの難しい用件がしばしば坂西に託された[14]。坂西はよく情報に通じ、かつ各方面と良好な関係を保持していたため支那人や日本人は等しく彼を必要とした。将校、外交官、政治家、それに金融家が彼の邸宅の入り口に殺到した。彼は北京の最高官僚全員を知っていた。そして彼の親しい友達のなかに曹汝霖が含まれていた。

坂西は一九一六年六月、西原が初めて支那を訪問した際、西原に曹を紹介した。曹の流暢な日本語と、兄とあいで日本の指導を受けたいとする曹の意欲は西原を喜ばせた。一目会って西原は直感的に曹は支那―日本の経済協力を作り上げるうえで役に立つ相手であると感じた[15]。曹はおおげさな言葉を使うのに気がむかないということはなかったが、彼の目的はより限定されていた。

袁世凱の死去後、曹は内閣でのポストを失ってはいたが、交通銀行総裁の地位だけは保っていた。彼は段祺瑞の政府のなかでルートを手に入れるため資金を必要としていた。段の政府は極端な財政窮乏状態にあった。段の同意を得て曹と西原と坂西は合計一億四五〇〇万円にのぼる八つの秘密借款協定を締結するにあたっての中心人物となった。この大きな貢献の感謝のかわりとして曹は金のもうかる特権的地位を与えられた。ある一時期、つまり一九一八年三月から十一月までの間、曹は大蔵大臣と交通大臣を兼ねていた(16)。

こうして西原資金は経済発展と鉄道建設のためという名目にもかかわらず段の政治的軍事的構造を補強するのに使われた(17)。段はかつて愛国軍人であり、日本帝国主義と戦う用意があったが、今や彼の体制は日本の援助なしには存続できないということを認識するようになっていた(18)。

さらに一九一七年九月、孫文らの革命家と南西軍閥による別の政府が広東に設立された。南部の政府をつぶし、段のリーダーシップのもとに力づくで支那を再統一するという段の決定のため彼の出費は大きく増加することになった。武器の調達費、兵力の補強、訓練、軍隊の維持のために彼は日本に依存しなければならなかった。借款だけでなく日本は段に軍事協定を提案した。段はこの協定ができれば坂西の指導のもと日本によって訓練され装備された三個師団が彼に提供されることになると考えた(19)。

しかし、日本の考えは異なっていた。軍事協定は田中義一、北京の駐在武官、斎藤季次郎、それに風変わりな坂西の考えを一つにした。協定の当面の目的はロシアの十月革命のために起きた日本のシベリア出兵を容易にすることであった。これらの人たちは西原の経済支配計画と平行して支那における軍事的拡張の長期計画をもっていた。彼らは支那と日本が統一した武器体系を持ち、日本が支那の軍隊を訓練し、助言を与え、監督する権利を支那が承認することを望んだ(20)。日本の指揮下にはいる支那の二、三個師団ができれば北京政府は日本との自発的協力の方向に疑いもなく傾くことになるであろうと坂西は思いをめぐらせた(21)。

しかし、一九一八年三月の支那側の回答はよそよそしいものだった。というのは日本の提案、例えば日本の帝国軍隊が支那軍と満州警察を指導することに関しては、かつての日本の五番目の要求項目に似ており、これは北京の政治家にとってはさわれば爆発しかねない問題であった。舞台裏での坂西の熱をこめた工作、例えば段の安徽派に敵対していた直隷派のリーダー、馮国璋総統への説得も行われたが、これらの厳しい項目を支那側に受け入れさせるのには十分ではなかった(1)。

数カ月遅れたあと、日本は支那の主権を犯さないよう言葉遣いを変更することに合意した。そして日本による資金と武器の援助を終わらせるという田中の脅しでしぶしぶ段に、日本—支那共同防衛軍事協定にサインさせたのである。一九一八年五月のことであった(22)。

曹汝霖はこれらの交渉に深く関与していたわけではなかった。しかし、日本がかつての五番目の要求を復活しているというニュースが漏れてきた時、東京の支那人学生はデモを行った。数百人の学生が、同国人にこうした日本の侵略行為に抵抗させるため帰国した。彼らの努力は上海の国民党メンバーと支那南西部の軍閥に助けられた。国家侮辱日である五月七日を記念する集会が北京と上海で組織された。そしてその時、掲げられた旗には「売国奴、曹汝霖、段祺瑞、靳雲鵬」という文句が掲げられていた。靳雲鵬は軍事協定にサインした人物として名前が入れられた。学生の出版物のなかにはこれらの裏切り者を暗殺すると脅かすものもいくつかあらわれた。これは支那における最大の学生運動であった(23)。

しかし、こうしたデモは効果がなかった。中央政府も地方政府も弾圧に乗り出し、学生への補助金を中止すると脅した。三〜四週間の間に政府の奨学金をもらっている大半の学生は教室にもどり、北京の政治は通常の状態に回復した。八つあった西原資金のうち五つは一九一八年六月と九月に締結された。

曹汝霖を通して切り開かれたこれらの資金のおかげで段の安徽派は権力の絶頂期を満喫することになった。彼らはまた、彼らの候補者、徐世昌を共和国で選出された総統にすることに成功した。しかし、彼らが影響力を発揮できる終わりが近づいていた。というのは東京の寺内内閣が一九一八年九月に倒れ、その後継者が見境のない借款という寺内内閣の政策を拒否したためである。資金不足と内戦での頓挫で、段内閣の国内における問題は増加した。曹汝霖についていえば、最もダメージの大きかった事件は一九一九年五月四日の学生デモであった。

五・四運動は支那を売り渡した堕落した官僚に対する支那ナショナリズムの強烈な表れであり、愛国的青年、商店主、商人の感情の自然発生的な爆発であったことはよく知られている。デモ参加者はまた、この取引を認めたパリ和平会議を非難した。しかし、曹汝霖と彼の安徽の友人たちおよび坂西はこれらのデモを別の観点からとらえた。彼らにとって五・四運動は曹の政敵である二つのグループによって発動されたとみられたのである。

最初に交通省の副大臣であった葉恭綽は山東鉄道の協定の文面を報道機関に流した[24]。葉の動機は政治的報復であると思えた。というのは曹は葉の古い交通派閥から幾つかの権力の基盤を奪い取っていたからである。一九一八年九月、東京の特使、章宗祥によって締結された山東協定は〝われわれは合意を喜ぶ〟という表現を含んでいた。秘密文書が一九一九年四月、明らかになった時、支那民衆は自分たちの官僚は自分の国を売り渡すのを喜ぶほど卑しいとして激怒した[25]。この大衆的広がりをみせた怒りは曹のもう一つの政敵である梁啓超の進歩的グループに利用された。曹はこのグループの閣僚を一九一七年の終わりに内閣のなかから追い出していた[26]。その後、梁は欧州に旅行した。彼は一九一九年の春、パリにいて北京政府に都合の悪い本国のニュースを打電した。北京にいる梁の支持者たち、そのなかには林長民がいたが、彼はこの通信を最大限に利用した。曹によると林とその他のものは北京の中央公園で集会を五月七日に計画、彼らの政治的目的のために無知な学生を操ろうとしたというのである[27]。

大会は五月四日に繰り上げられた。この日、山東におけるドイツの権益を日本に与えるという和平会議の最終決定が支那にもたらされたのである。数千人の学生がデモ行進に加わり、曹、陸、章を売国奴として非難した。デモに参加した学生たちはそれから曹の邸宅まで行進し、その家に火を放った。北京で休暇中でたまたま曹の家を訪問していた章宗祥はデモ隊に襲われて重傷をおった。

運動は政府のデモ参加者の逮捕にも屈せず勢いを得た。運動は北京や天津だけでなく支那の主要都市に広がっていった。三人の売国奴の名前が叫ばれた。彼らの裏切り行為は大いに色をつけられ、通りのすみずみで詳しく話され、パンフレットにも印刷された。だれも彼らを救うことはできなかった。彼らの古い親分で共和国の総統であった徐世昌ですら民衆の激怒から彼らを救うことはできなかった。彼らは一九一九年六月、辞任に追い込まれた。

曹と陸と章はこれが自分たちの政治的経歴の終わりであるとは決して思っていなかった。逆に彼らは辞任を一時的退却と見なしていた。彼らは自分たちの不運を警察の保護の不手際のためで、徐世昌の無神経によるものだと非難した。徐は受け身の姿勢を取っており、それが彼らにとって最も理解できないことであった。徐の総統選挙の資金が西原資金から支払われて借りがあったにもかかわらずである。

しかし、北京の政治の枠組みではこうした出来事はまったく予想外ということではなかった。彼らは権力を保持しているものとお金を提供できるものを新たに作りださなければならなかった。彼らは完全な復帰を期待した。彼らの政府が操作と保護によっていることを知らず、そして彼らの外国の援助への依存が独立と改革をますます望む国民的要求に反しているにもかかわらず復帰を期待した。この誤った判断を曹の二十年以上にわたる支那人と日本人の友人たちは支持していた。

残りの人生を曹汝霖は西原との年月の間に積み重ねた個人的財産に頼って生活した。それらは炭鉱、マッチ製造、不動産、銀行などへの投資であった(28)。曹はまた、この期間彼が集めた忠実な部下に頼った。彼の古い友人である陸宗輿や章宗祥に付け加えて、当時新交通一派として知られた彼の仲間には上り調子にある金融家であった銭永銘、周作民、呉鼎昌が含まれていた。これらの若い人たちは一九一九年五月の失敗以後、北京の政治から足を洗ったが、彼らは曹の忠実な友人として留まっていた。そして曹と銭永銘との結びつきは曹のいとこと銭の娘の結婚によって強化された。

三　幻滅を感じさせたアウトサイダー

その後の数年間、曹汝霖は閣僚ポストを取り戻すために精力的に動いた。最初彼は西原基金で主たる恩恵を受けた段祺瑞と行動を共にした。段の安徽派は数年の間、地方の首長と中央政府のポストをめぐって直隷派と火花を散らしてきた。彼の争いは河南地域の支配と段が信頼する徐世昌の解任をめぐって頂点に達した。両派の武力衝突が避けられなくなってきた。日本軍によって訓練され武装した戦争参加軍（その後、国境防衛軍という名称に変更）を支配していた安徽派は勝利を確信しており、安徽派の将軍たちは戦場への鉄道のなかでマージャンを楽しんだほどだった(29)。

しかし、結果は完全に予想に反するものだった。段の一派は一九二〇年の七月十四日から十八日までの短い遭遇戦で決定的な敗北を喫したのである。

曹汝霖は安徽―直隷戦争の勃発直前の交渉で仲介者の役割を果たした。しかし、曹は公平ではなかった。曹は徐総統に対し、当時は単なる師団長であった直隷派の呉佩孚は安徽派の曹の友人を懐柔するために解任するべきであると進言した(30)。この動きは高い誤りについた。以後みるように呉佩孚の反発は激しかったからである。

安徽派が北京のコントロールを失い、日本が訓練した彼らの軍が再組織された。そして曹汝霖は直隷派と奉天派に取り入った。後者は前者と同盟関係にあって首都を支配するようになっていた。一九二一年四月末と五月初め、曹の展望は明るかった。彼は交通相を、彼の最近の同盟者、張弧は農商業相を約束された(31)。

そのかわりに曹は支那の資産、この場合は直隷の港であったが、これに署名して譲り渡すことによって西原基金のような方法で日本の基金を手に入れることに同意した。さらにいくつかの日本の財閥は西原基金を再交渉して十分保証されるという条件のもと支那に新たな借款を行ってもよいとした(32)。

報道機関は陰謀の嵐を手に入れた。そして再度猛烈な攻撃が曹のうえに投げ付けられた。曹も張弧も自分の望んだポストにつけなかった。半年待って曹は(梁士詒の内閣から)産業推進特別委員という肩書の閑職を与えられた。これは再度攻撃にさらされた時だけのために作られたものだった。当時はワシントン会議が進行中であった。二十一カ条要求、山東問題、それに一九一八年の秘密協定が北京で熱っぽく議論されていた。呉佩孚に率いられた曹の政敵は彼らが呼んだところの「西原基金の横領を調査する機会」を得た(33)。

呉佩孚は五・四運動の際には学生の側に立った。彼は売国奴、曹、陸、章と安徽派のメンバーを非難する回覧電報をいくつか発行した。彼は国家の救済者としてたたえられた。この好ましい大衆的反応で呉は得意になった。このようにして彼は徐々に愛国的になり、したがってだんだん反日的になった。第一次奉天―直隷戦争(一九二二年四月~五月)で勝利したあと、彼は奉天および安徽派と共に働いた政治家たちを全力で攻撃するようになった。曹もその中に含まれていた(34)。一九二二年夏、曹は天津にある日本租界という安全な聖域に逃げ込むのを余儀なくされた。[35]しかし、曹の場合は裁判に持ち込まれたことは一度もなかった。そしてその年の暮れに曹は北京にもどった。

夏の嵐のようなこうした非難、逃避、カムバックは北京の政治家にはしばしば起きたが、曹のやる気をくじいた。一九一八年五月以後、彼と彼の友達である陸宗輿と章宗祥は生存中の人のなかではおそらく最も頻繁に売国奴と非難された。さらにこうした攻撃には容赦がなかった。孫文が広東の基地を再度獲得し、北伐の準備を進めたあとで国民党と共産党の支持者はともに将軍たちよりもはるかに効果的に宣伝活動を展開した。彼らが利用した批判活動の一つに五・七国辱記念日があった。汪精衛のような偉大な演説家がこの機会を利用して日本およびそれに協力する支那人を非難する機会を作ったが、彼らは呉佩孚よりもはるかに雄弁であった。[36]反日はえらくなりつつある政治家の生活様式の一部にすらなった。そして売国奴、曹、陸、章への攻撃は政治的演説の常套語句になった。

三人の評判はあまりにも芳しくなかったので彼らは公に顔をだすことすらできなかった。冷え冷えとしたなかに投げ出され、曹と陸は政治的運命の輪が回転しているのを見た。そして閣僚ポストのために取引になるゴシップが拾い集められ、天津と北京にいる日本の友人たちにそれらが伝えられた。この友人のなかには船津辰一郎（一八七三～一九四七年）、吉田茂（一八七八～一九六七年）、芳沢謙吉（一八七四～一九六五年）ともちろん坂西がいた。[37]

この悲しい国家の状態は段祺瑞が最後に共和国の行政長官として権力に復帰した時も改善されなかった。段は最初は一九二二年二月、直隷派の監視から逃れるにあたって坂西機関に助けられた。[38]さらに重要なことに彼と土肥原賢二は曹錕総統の顧問として働いている時に、大統領に下心をもつ部下の馮玉祥が一九二四年十月二三日、クーデターを実行するのをそそのかした。[39]曹錕が失脚し、段祺瑞は一九二四年十一月に指導力を回復することができた。これらの秘密活動のなかで坂西と土肥原は東京の非干渉という公式の政策とは反対に行動した。

坂西も段も曹汝霖との友情関係を保持した。しかし、段は自分の政治的影響力を再確立し、国民的人気を勝ち取らなければならなかった。そして坂西は実行可能な親日政府を形成することができる権力者と働くことができると信じていた。これらの目的のために曹は何一つ貢献しなかった。彼の名前は支那の政治において大きなマイナスであり、段も坂西も自分たちの策略のなかに彼を含めることは実際にはできなかったのである。

曹汝霖はしかし、まったく怠けていたわけではなかった。ひそかにそして間接的に彼は西原基金を支那—日本産業開発会社を通して再び発動させるために働いた。

この支那—日本の合弁企業は奇妙な歴史をもっている。この会社は一九一二年、孫文とその友人たちによって創設された。しかし、この会社の形ができるまでに重要な支那人創設者たちは一九一三年の革命における失敗で国外逃亡を余儀なくされていた。そこで袁世凱の支持者たちがこの会社に大いに興味を示した。そして革命家にかわって北京政府の高官が取締役や株主として入り込んだ。

曹汝霖はこの会社に一九一七年に参画した。当時彼は交通大臣であった。支那人投資家は株式の半分を保持し、残りの半分は日本人の銀行家と産業資本家の手中にあった。この会社の目的は支那における天然資源の開発にあったが、その資本金はわずか五〇〇万円であった。スタートから会社はよろよろした存在であった。この会社は支那の経済発展において重要な投資を行うよりも日本の銀行から支那の企業に貸し出される借款の手数料を稼ぐというブローカーのような役割を果たしていた。寺内内閣はこの病める組織に血を注ぎ込むことを試みた。そしてこの会社に西原基金の延長を管理することを認め、日本の経済拡張の有効な道具にしようとした。しかし、このために払われた努力は前と違う形態を作るにはあまりにも小さかった。一九二二年までに支那—日本産業開発会社は倒産一歩手前にあった(40)。

満州で会社を経営していた高木陸郎（一八八〇～一九六〇年頃）は精力的な人物で、この会社をまともな状態に戻すという希望を受けて日本側の取締役に選ばれた。高木が選んだ方法は西原基金の再交渉であった。この目的のために彼は一九二三年、せっせと曹錕総統と交際を深め、一九二五年に段祺瑞に段階的再支払い計画を提示した。この計画は曹汝霖の助けで作動した(41)。しかし、こうした努力は、不安定で弱くお金のない北京側が支那の膨大な負債を再び払う方法がないため無駄に終わった。端的にいえば日本側との曹の交渉は一時期はかなり実りあるものだったが、今や失望の源泉であった。予想されたように国民党に率いられた新政府は再び彼をののしった。一九二八年南京政府は彼を〝卑劣な行いで有名になった〟という罪で告発した(42)。

四　疑似長老政治家

こうした不運のため曹汝霖は自分の政治の方向を変えるに至ったものと思われる。一九二八年以後、彼は政治面でのポストを求めることをやめた。そして投資家という仕事に満足した。

日本のお金が彼に特権と権力をもたらした時、彼はそれを使って六河溝や井陘鉱山のような貴重な財産を手に入れていた。今や彼はその配当金を集め、取締役の一員として過ごした。彼の前の子分たちもまた彼に名前だけのポストを与えた。一九一九年ごろ北京の政治の泥沼の海を離れた銭永銘（一八八五〜一九五八年）、呉鼎昌（一八八四〜一九五〇年）、と周作民（一八八四〜一九五六年）は自分たちの銀行を設立し、共同貯蓄協会と共同基金を設立した。彼らの組織は上海地域の金融だけでなく支那北部の金融をも支配した。蔣介石が一九二八年、南京に政府を設立することができたのは彼らの財政的援助によるものである。(43)呉鼎昌を通して曹汝霖は江西廬山での蔣の顧問会議のひとつに出席するよう招待された。(44)曹は国民党が好きになったことは一度もなかった。しかし、強大化しつつある日本の軍国主義という化け物の前に、彼は自分の個人的な嫌悪に目をつぶろうとつとめた。そして平和的解決のため蔣介石の取り巻きとして働いた。(45)

満州事変は南京政府の設立で影響力を失った北洋の政治家たちの間で大きな興奮をもたらした。何人かは一九三一年の危機で反蔣同盟を形成し、それによって権力を取り戻す機会であると判断した。曹のようなそのほかの人は南京政府に協力した。一九三二年中と一九三三年の初めの間、政治的激動は続いた。不運にもこの全体像を現在、十分再構築する記録は完全なものではない。しかし、曹と彼の日本人の友人、それに安徽派の支那人の友人たちが南京と東京の間で段祺瑞に仲介させようとしたことは明白である。日本軍部の支配を嘆き、外務省を辞職しようとしていた吉田茂は一九三三年一月、秘密裏に曹を訪問した。吉田は、段と日本の生きている最後の現役元老であった西園寺公が衝突を限定したものにするために行動を起こすべきであると提案した。(46)

しかし、西園寺が日本で享受している特権を段は支那で享受していなかった。さらに蔣介石は段は親日的であると疑い、彼を連れてきて支那南部に落ち着かせるために銭永銘を送りこんだ。曹汝霖は段を説得して陰謀の温床であった支那北部を去らせるのを手伝った。続いて段は南京政府の年金受領者として上海に住むのに同意した。こうして段が傀儡政府の指導者になりうる目を取り除いたのである。(47)

友人のなかにはまた、曹に支那南部に行くよう忠告した人も何人かいる。しかし、彼は年老いた母を含む大家族を動かすのは不可能であると考えた。彼は天津に住み続けた。

十年以上にわたる政治的不遇をかこったあとで、突然曹は北部支那における長老政治家と見なされるようになり、しばしばインタビューを受け、自分について書かれるようになった。ジャーナリストの波多野乾一は彼のことを支那北部の政治のなかで間違いなく大きな役割を演ずることのできる類いまれな才能と変幻自在の力を持つ人物と表現している。(48)

一九三三年、日本が国際連盟から脱退する直前、芳沢謙吉は曹を訪問し、満州における可能な地域的解決について彼の見解を尋ねたとみられる。(49) 曹は南京政府がスポンサーになった河北察哈爾政治評議会(一九三五年十月~十二月)の一員と見なされていた。(50) 多くの分離運動の計画者であった土肥原賢二は曹に、地方政府を率いるために東京に招いた。(51) 曹はそうした提案が南京政府のものであれ、日本軍部のものであれ一貫して断った。彼は自分が家に留まり、彼の八十歳代の母親に安寧を提供する孝行が必要と言明した。というのは彼の父親の人生は曹の政府的活動の結果、突然終わってしまっていたからである。(52) 彼の父親は一九二二年、呉佩孚が曹汝霖に天津に逃げるよう強制した際、焼け付くような夏の暑さのなかで死亡した。付け加えるに、曹は自分は親日ではあるが、決して日本の野蛮な軍事侵略に賛成しているわけではないと語った。(53) このようにして曹は人生のたそがれにおいて、全盛期ほどではないにしても、誠実さを保持する姿勢を装った。

一九三〇年代後半においてさえ曹は、彼の政治的態度を弁護するのに孔子の道徳の教えを引用しているのを記すことは興味深いことである。この時代錯誤的な保守主義はまた、一九三八年二月、高木陸郎との会話でも現れている。高木は天津にある曹の家を訪問、〝現在の情勢を扱うことのできる〟政治家の名前を教えてくれるよう尋ねた。曹は唐紹儀（一八六〇～一九三八年）が最も適当であると考えた。というのは唐は南部と北部の派閥を集められるからであった。[54] 唐は一九一二年に首相であり、重要な派閥交渉において断続的に活動した。彼は当時七七歳であった。しかし、いずれにせよ唐は上海で暗殺された。[55] 彼が日本軍部により、真剣に検討されていたかどうかを述べるのは難しい。われわれが本当に知っていることは、坂西の弟子である土肥原が特権と権力をもっている人物に分離政府を率いることを説得するのは難しいということである。

最後に、一九三七年十二月、彼は王克敏（一八七三～一九四五年）のもと暫定政府を設立した。王はまた、曹と同じ政治スタイルと見解を持つ北洋の政治家であった。曹はこの日本がスポンサーになった政府のいかなる重要な地位も受け入れず、高級顧問やこの体制の主な印刷事務所であった新民印書館社長のような単に名前だけのものしか受けなかった。曹は自分の鉱山を明治鉱山と貝島鉱山によって稼動させることに同意せざるをえなかった。[56] 侵略軍とのこうした協力行為は曹が生き抜くためにやらなければならない最低限のことであった。彼は自分のことを売国奴と非難される何の根拠もないと確信していた。むしろ反対に何回かの機会において、彼は地下の抵抗勢力のメンバーたちの生命を救うために自分の生命を危険にさらすということまで行った。[57]

そうしている間にいまだ占領されていなかった支那において銭永銘、呉鼎昌、周作民が妥協と平和を求めて舞台裏で動いた。彼らは国民党のなかでは日本の手先として知られていた。彼らは支那が独立を失うのを賭けてというわけではないが、支那―日本の友好を敵意よりも好んだ。

一九三六年、呉鼎昌は支那北部において自治政治委員会を維持するために懸命に働いた。[58] 一九三七年八月、銭と周は船津辰一郎と協力し、上海における衝突を回避しようとしたが成功しなかった。[59] 戦争中、少なくとも二回（一九三八年と一九四〇年）日本側は蔣介石が最も信頼する友人と見なしていた銭永銘に対し、重慶へ平和の言葉を伝達することを依頼した。しかし、日本の交渉当局者が疑い深い手順をとり、激しい言いまわしを使ったため銭が熱意をもって行動したとは思えない。[60] これらやほかの平和の努力が失敗したため軍事的いきづまりは一九四五年まで続いた。

一九四五年、支那北部に国民党が戻ってきたことは曹にいくつかの小さな悩みをもたらした。短期間だが曹は国民党の秘密警察によって軟禁状態下に置かれた。しかし、彼と銭、呉、周との関係が判明して自由の身になった。蔣介石は彼におわびの手紙すら書いている。(61)

しかし、共産主義者は彼を国外においやった。一九五〇年、曹は日本に住むことを決意し、日本で暖かく迎えられた。彼は自分が日本に到着する数日前に坂西が死去したことを残念がった。しかし、芳沢謙吉のような彼の古い友人たちが楽しい一団を作って彼の回りに集まった。前蔵相の勝田主計の葬儀のような特別な機会では、彼は告別の辞を述べるために招かれた。

その時までに彼の蓄えは底をつき、収入はほとんどゼロになったが、日本の友人たちがおおいに関心を示した。当時首相になっていた吉田茂とまだ企業家であった高木陸郎の後援で、十人の日本人企業家による組織が結成された。一人が一カ月五〇〇〇円を彼の生活維持費のために寄付した。贈り物以上に曹を感動させたのは明治鉱山取締役の板橋喜介の次のような言葉であった。「曹先生、われわれはあなたを尊敬します。なぜならあなたは日本の軍国主義者の要求に屈することなくあえて親日であろうとしたからです。(62)」曹は彼自身の同国人によってくそみそに悪くいわれていると感じていただけにこの評価に深く感動した。彼は娘と一緒に暮らすためアメリカに渡るまで七年間日本に留まった。曹は一九六六年、米ミシガンで死去した。

五　結　論

曹汝霖はずたずたに切り裂かれた支那でおおやけの仕事についた。清末と中華民国初期の北京の政治家はいずれも派閥に属し、腐敗し、極端に自己奉仕的であった。彼らは個人的な獲得物を狙った。そして彼らの手法はこの目的に完全に従属していた。かくして彼らにとって政府の仕事において最初かつ最大のものは地位と利益の分配であった。この点において曹は彼の同輩よりずっと悪質であったということはない。

彼はこの悪化した状況に気がついていたかもしれない。しかし、これが彼の知っている支那であった。そしてこれが外国の援助で支えられるものであっても彼が失うことができない支那であった。[63]日本に真のあこがれを抱いていたため、彼は日本の援助を反対すべきものであるとは考えなかった。特にこの援助が彼に相当に大きな個人的報酬をもたらした時にそうであった。

一九一六年と一九二五年の間において彼は、西原借款とその結果としての日本への再支払いの努力の交渉のなかで、個人的収入のために国家の資産を安く手放したということは誰も否定できない――これは彼の友人の個人的収入のためでもあったが――。しかし、彼は日本と行ったすべての接触のなかで支那を売り渡す取引に巻き込まれたわけではないし、彼が一人で日本側と問題の多い協定を締結したわけではない。彼の政敵が彼ら自身の理由から、曹汝霖が常習的で救いようがない売国奴というイメージを作り出したのだ。

一方、曹は反日という大衆運動を単に彼の政敵のたくらみによるものと見なすことによって時代の兆候を読み誤った。むしろ大衆の感情――日本の指導は受け入れることができず、西原や高木のような日本人は支那の経済発展に何ら貢献しなかった――を言葉に表したのは彼の政敵であった。これらの日本人たちが支那自身の腐敗した官僚と疑い深い取引をしたことは疑念と敵意を作り出した。そしてそれは坂西のようなタイプの陰謀家の増加とともに敵意をますますつのらせることになった。

日本側は曹の政治的活動と密接に関係を持っていたが、国民的怒りを誤って判断した曹の見解を日本側も信用した。西原にとっては曹と彼の友人がいる北京が支那全体であり、彼らが日本の指導を受け入れることはその役割を支那が受け入れることに相当した。

坂西には日本の支配下にある幾つかの師団を作ることで支那政府をいいなりになる道具に変えられるという計算があった。彼は秘密活動によって支那の出来事に対して日本が干渉する突破口を開くことができると信じているように思えた。

北洋共和国の下で支那人政治家をあやつるすべを学んだ土肥原賢二のような彼の側近は、一九三〇年代と四〇年代にはより大胆にかつより巧妙になった。土肥原はまた、支那の民衆を無視することで誤りをおかした。(64)これらの要因は支那における日本軍部の独走とあいまって一九三七年から四五年にわたる長い戦争の悲劇を作り出した。

曹汝霖は肉体的にも精神的にも戦争を生き抜いたという点で十分幸運であった。戦後の歳月において彼は日本人の友人によって示された尊敬と関心によって慰められた。曹は同国人がそのような評価を自分に与えていないことを遺憾に思いながら死んだ。

今や時の通過とともに熱情は冷めた。五月七日はもはや支那では国家屈辱の日として記念されていない。そして、反日運動に関する台湾での史料編集はバランスのとれた扱いを示しつつある。日本に対してあこがれることはアメリカに対してあこがれるのと同様、レッテル付きの裏切り行為として糾弾されることはない。(65)

この研究で示された資料で完全に曹汝霖を免罪することはできないが、それはあの〝売国奴〟が日本側と終生関係をもっていたと言いくくってしまうのは適切ではないことを如実に示唆している。曹の日本との関係において残念なことは、彼は目前の利益を求めて短視的になったことである。曹はもちろんこの点において独自ではなかった。彼と彼の取り巻きは個人的利益と公共の必要性を混同する傾向にあった。そうすることによって彼らは支那と日本が数十年にわたる相互敵対関係に突入する条件作りに貢献したのである。

原注

（1） Harold S. Quigle, *The Far Eastern war 1937-1941* (Boston, 1942), p. 286 に引用されている一九三八年十二月二六日の蔣介石の声明参照。

（2） 曹汝霖『一生之回憶』（香港、一九六六年）の各所。特に一六～一七、二六、三〇～三一、三五、二八〇～二八二頁。曹と中江丑吉との終生にわたる友情については、鈴江言一他編『中江丑吉書簡集』東京、一九七四年、四二九、四四五～

四四六頁でも扱われている。
（3）曹、前掲書、三六、一〇一、一〇七〜一〇九、三四七〜三四九頁。
（4）二十一カ条要求における日本の政策の形成と支日関係の結末についてはMarius B. Jansen, *Japan and China, from war to peace 1894-1972* (Chicago, 1975), pp. 193-194, 202-218.
（5）王芸生『六〇年来中国与日本』第六巻、天津、一九三二〜三四年、三〇四頁。日置公使から加藤外相へ。一九一五年五月七日（日本の外務省が一九一五年に発行した日本外交文庫第三巻第一部、四〇九〜四一〇頁）。その後、一九六六年東京で出された外交文書にも引用されている。
（6）HUANG I『中国最近恥辱記』上海、一九一五年、二二九〜二三〇頁。また、松本忠雄「大正四年　日支交渉異聞」『外交時報』六五〇号、一九三二年一月一日発行、二四四〜二四六頁にもみられる。
（7）曹、前掲書、一六〇〜一六一頁。陶菊隠『北洋軍閥統治時期史話』第三巻、（北京、一九五七〜五八年）、七八〜七九頁。
（8）寺内の長州軍閥への依存については James W. Morley, *The Japanese thrust into Siberia, 1918* (New York, 1957), pp. 10-11, 17-18、勝田主計の支那政策については勝田竜夫『中国借款と勝田主計』ダイヤモンド社、一九七二年、八四〜八九頁。後藤新平の役割については信夫清三郎『大正政治史』第二巻、（東京、一九五一年）、三三五〜三三七頁に概略が描かれている。寺内と彼の友人の見解は一九一七年一月九日の閣議で採用された。この件については鈴木武雄編『西原借款資料研究』（東京、一九七二年）、一一九〜一二〇頁。
（9）西原の初期の活動については、西原亀三著、北村敬直編『夢の七十余年　西原亀三自伝』東洋文庫、一九六五年、の第三章と第四章にみられる。
（10）西原のより包括的な計画の一つは西原、前掲書『時局に応ずる対支経済的施策の要綱』一九一六年七月、八三〜八六頁に輪郭が描かれている。
（11）同右、七五〜七六頁。
（12）土肥原賢二刊行会編『秘録土肥原賢二――日中友好の捨石』芙蓉書房、一九七二年、七二〜七五、五二七〜五二八頁。
（13）例えば外務省文書によると、坂西は一九一六年八月から一九一八年七月まで中国総統府の軍事研究員で、この時の年俸は一二〇〇銀ドルであった。「支那傭兵本邦人人名表」一九一八年六月、を東京の東洋文庫でみつける。坂西は日本陸軍総司令部から指示を受けていた可能性はあるが、これを示す資料は保管されていない。土肥原が支那に雇われた時、土肥原に出された指示は一九一八年十一月二八日、一九二八年三月二十日に出されており、これは土肥原賢二刊行会編、前掲書、五二九頁に書かれている。

（14）一九一一年から一九二一年の外交文書にはこれら派遣者の多くが出ている（東京、一九六一～七五年）。

（15）西原、前掲書、七六頁。

（16）西原は自伝の一八三頁で曹汝霖が大蔵大臣になるのにどのように固執したかを生き生きとした説明で残している。

（17）西原基金には八つの借款があった。それは以下のものである。

第一交通銀行借款（一九一七年一月二十日）、第二交通銀行借款（一九一七年九月二八日）、電信改良借款（一九一八年四月三十日）、吉林―会寧鉄道建設借款の暫定的合意（一九一八年六月十八日）、黒竜江と吉林地域における金鉱山と国有林の開発に関する借款（一九一八年八月二日）、山東鉄道の済南―順徳および高密―徐州への延長への借款についての暫定的合意（一九一八年九月二八日）、満州とモンゴル鉄道の借款についての暫定的合意（一九一八年九月二八日）、戦争参加借款（一九一八年九月二八日）。これらの合意の英訳は John V. A. Macmurry, comp., *Treaties and agreements with and concerning China 1894-1919*, (New York, 1921), vol. 2, pp. 1345-1346, 1387-1388, 1424-1428, 1430-1432, 1434-1440, 1446-1452.

（18）一九一五年五月、段祺瑞は二十一カ条要求にサインするよりは日本と戦うことを望んだ唯一の閣僚であった。王芸生『六〇年来代中国与日本』第六巻、三二〇～三二一頁。

（19）臼井勝美『日本と中国――大正時代』原書房、一九七二年。曹、前掲書、一七八頁。田中副参謀総長宛坂西文書（一九一八年十一月二六日）、『外交文書』、一九一八年、第二巻第二部、九五六～九六〇頁。

（20）田中義一副参謀総長から北京駐在武官、斎藤季次郎へ。一九一八年五月一八日。外交文書、一九一八年第二巻第一部、三五五頁。西原の著書、『夢の七十余年　西原亀三自伝』七五頁。

（21）『続大使回顧録』第二巻、（東京、一九四一～四二年）、八二八～八二九頁。しかし、公の演説で坂西は支那を発展の道に穏やかに導くのに〝王者にふさわしい道〟を提唱している。坂西利八郎『隣邦を語る――坂西将軍講演集』坂西将軍講演集刊行会、一九三三年、参照。支那について彼が発表して印刷された見解の要約は、土肥原賢二刊行会編、前掲書、六六～六八頁。

（22）高倉徹一編『田中義一伝記』第一巻、田中義一伝記刊行会、一九六〇年、七一三～七一六頁。Morley, *Japanese thrust into Siberia, 1918,* pp. 164-165, 188-189.

（23）陶菊隠『北洋軍閥統治時期史話』第四巻、一二四〜一二九頁。臼井、前掲書、一三一〜一三四頁。警察庁から外務省へ（一九一八年五月四日）、『外交文書』、一九一八年、第二巻第一部、三三一頁。

（24）曹、前掲書、一八二〜一八三頁。

（25）王芸生『六〇年来中国与日本』第七巻、三三五頁。

（26）李剣農『中国近百年政治史』第二巻、（上海、一九四七年）、五一〇頁。一九一七年八月十七日、藤原交通銀行財政顧問から西原への手紙。東京の国会図書館のマイクロフィルムにある西原の文書より。

（27）曹、前掲書、一九五〜二〇四頁。日本側が東京に送った数多くの派遣者のうち小幡公使によって送られた一人が最も詳しくのべられている。小幡はまた、デモは政治家によって扇動されたという見解に賛同している。小幡から内田外相へ（一九一九年五月八日）、『外交文書』、第二巻、第二部、一一四八〜一一六〇頁。また、Chow Tse Tsung, *The May Fourth movement: Intellectual revolution in modern China,*（Stanford, 1967）, pp. 92-94, 102-116.

（28）曹の投資の詳細については私の論文 "Bureaucratic capitalista in operation, Tsao Ju Lin and his new communications clique, 1916-1919," *Journal of Asian Studies,* vol. 34, no. 3（May 1975）, pp. 683-686 参照。

（29）曹、前掲書、二二二〜二二三頁。戦争参加軍を訓練した坂西はその軍隊が内戦に使われることを望まなかった。そして東京に対し、段がそれを使うのを妨げるよう求めた。日本政府は彼の言うことを認め、支那の内戦に日本軍が巻き込まれることを厳禁する命令を発した。坂西から上原参謀長への一九二〇年六月三日付けの極秘文書（一九二〇年）、『外交文書』、第二巻、第一部、四五九〜四六〇頁。および内田外相が一九二〇年六月三十日と同七月九日に出した二つの命令。同文書四六七、四七三頁。

（30）小幡から内田への一九二〇年七月八日付けの同右文書。四七〇〜四七一頁。

（31）船津辰一郎天津総領事から内田へ（一九二一年四月二一日）。日本の国会図書館のマイクロフィルムに入っている外務省文書、MT1, 6, 1, 4、『各国内政関係雑選、支那の部』九〇巻、一六四四五〜一六四四六頁。小幡から内田へ（一九二一年四月三十日）、『外交文書』、第二巻、六二〇頁。

（32）一九二一年五月一三日、関東軍による「支那政変に関する件」。同右文書、MT1, 6, 1, 4、九〇巻、一六六二四頁。北京の吉田臨時代理公使から内田へ（一九二一年五月十四日）、同右文書、一六六二七〜一六六二八頁。陶菊隠、前掲書、三一〜三三頁。

（33）曹、前掲書、二二六〜二二七頁。

（34）瀬江濁物『呉佩孚正伝』台北、一九六七年再版、九六〜九八頁。

（35）小幡から内田へ（一九二二年六月十九日）、国会図書館同右文書、MT1, 6, 1, 4、九一巻、一七四九七〜一七四九八頁。

（36）「各地の状況」（一九二四年五月）、同右文書、MT1, 6, 1, 4、九四巻、二〇五六五〜二〇五六八頁。日本側は国民党の反日プロパガンダに大いに関心をもち、憂慮した。特に彼らが南京に政府を樹立し、〝革命外交〟と反日教育の政策を実行したあとでこの憂慮は強くなった。この件については例えば外交官である伊集院兼清の、「支那反日教育と満州事変」『外交時報』第六五〇号、一九三二年一月一日号、三二九〜三三五頁を参照されたい。伊集院は南京政府の反日政策が満州事変を不可避にしたと主張している（同三三三〜三三四頁）。

（37）船津辰一郎は一九一四年から一九一九年まで北京の公使館で働き、その後天津の総領事（一九一九〜二〇年）、上海の総領事（一九二一〜二三年）、奉天の総領事（一九二三〜二六年）を務めた。それから彼は外交官を退職、支那における日本織物協会の会長に任命された。吉田茂は一九二二年から二五年まで天津の総領事で、この間曹汝霖は彼を頻繁に訪問した（外務省文書 MT1, 6, 1, 4、九一〜九六巻）。芳沢謙吉は一九一六年から一九年まで北京の公使館に勤務した。そして一九二三年から二四年まで北京の公使であった。

（38）栗原健編『対満蒙政策史の一面』原書房、一九六六年、における「第一次奉直戦争と日本」一七八頁。

（39）池井、同右「第二次奉直　戦争と日本」二一八〜二一九頁。『続大使回顧録』第二巻、八三二頁。外務省「支那職員表」一九二四年三月一日、外交文書 MT1, 6, 1, 4、九四巻、二〇二二七頁。

（40）鈴木武雄編『西原借款資料研究』東京大学出版会、一九七二年、一二九頁。野口米次郎編『中日実業株式会社三十年史』中日実業、一九四三年、付録三三頁。高木陸郎『中日実業株式会社現状説明』一九二四年五月十四日。国会図書館のマイクロフィルムにある外務省文書、MT1, 7, 10, 23、中日実業会社官界雑選、二八七巻、九〇二〜九一四頁。

（41）高木陸郎『日華交友録』救護会出版部、一九四三年、六五頁。波多野乾一編『現代支那之記録』燕塵社、一九二五年九月、五五〜五六頁。日本政府もまた、西原基金を取り戻すために多くの試みを行ったが、北京政府、南京政府との交渉で成功を収められなかった。満州国建国後、満州に属する借款は満州国に移され、同国によって支払われたと推測される。東京研究所『日本の対支投資』東亜研究所、一九四二年、六九三頁参照。

(42) 波多野編、同右書、一九二八年七月、一五七頁。
(43) これらの人たちはまとめて浙江金融派閥として知られている。一九三五年から呉鼎昌は南京政府のメンバーだったが、銭永銘と周作民は政治に直接関与しないで離れていた。
(44) 曹、前掲書、三〇一～三〇三頁。
(45) 曹の甥とのインタビュー、一九七五年一月七日、米国ワシントンＤＣで。
(46) 曹、前掲書、二九三～二九四頁。天津の桑島総領事から犬養首相へ（一九三二年一月四日）、日本国会図書館のマイクロフィルム、PVM 30、「日支外交関係雑選」、Ｐ六〇巻、一九一～一九二頁にある外務省文書。桑島から内田外相へ、「一九三三年一月二四日」、同 PVM 37、「満州事変」、「直接交渉関係」、Ｐ六二巻、一三七～一三八頁。
(47) 曹、前掲書、二九六～二九七頁。日本国際政治学会太平洋戦争原因研究部編『太平洋戦争への道』第三巻、朝日新聞社、一九六三年、一九～二〇頁。
(48) 波多野乾一『現代支那の政治と人物』改造社、一九三七年、二二九～二三〇頁。
(49) 『続大使回顧録』、第二巻、九八九頁。曹、前掲書、二七九～二八二頁。
(50) 『続大使回顧録』、第一巻、三九六頁。日本国際政治学会太平洋戦争原因研究部編、前掲書、一六一～一六二頁。李雲漢『宋哲元與七七抗戦』台北、一九七三年、九四頁。
(51) 曹、前掲書、三三一～三三三頁。鈴木、前掲書、四三九～四四三頁。
(52) 曹、前掲書、二二七～二二九頁。高木、前掲書、一六九頁。
(53) 曹、前掲書、三〇二～三〇三頁。
(54) 高木、前掲書、一五六～一五八頁。
(55) "T'ang Shao-yi," *Biographical Dictionary of Republican China*, ed. Howard L. Boorman, (New York, 1967-71), vol. 3, p. 236.
(56) 曹、前掲書、三三八、三三〇、三三七～三七八、三四一頁。
(57) 曹、前掲書、三七一～三七四頁。
(58) 須磨南京総領事から有田外相へ（一九三六年十月五日）、国会図書館のマイクロフィルム、PV 32、「帝国の大使外交政策関係」、Ｐ六一巻、五七五～五七九頁の外務省文書。

(59) 在華日本紡績同業会編『船津辰一郎』東邦研究会、一九五八年、一九五頁。日本国際政治学会太平洋戦争原因研究部編『太平洋戦争への道』第四巻、一八～一九、一一六～一一七頁。

(60) 一九三八年の事業、特に日高上海総領事から有田外相への一九三八年十二月二日の文書を参照。同文書は国会図書館のマイクロフィルムにある外務省文書、S, 1, 6, 1, 1-7, S五六〇巻、一八二頁の「支那事変に際し、支那新政府」。一九四〇年の「銭永銘作戦」の図解説明が西義顕『悲劇の証人――日華和平工作秘史』文献社、一九六二年、三三七～三九五頁。また、『周仏海日記』香港、一九五五年、一四四、一四七～一四八、一八〇～一八一頁参照。

(61) 曹、前掲書、三八七～三八八頁。

(62) 同右、四二一、四二四、四二七～四二八頁。

(63) 曹汝霖は言論面よりも行動面において過激な変化を恐れていることを表現した。一九一八年の軍事協定を締結した曹の同時代人である靳雲鵬は坂西に対して人民議会の要求のような民主的プロセスは現存する政治秩序を破壊するだろうと強調している。これについては小幡公使から内田外相への(一九二〇年八月七日)の文書。『外交文書』、一九二〇年、第二巻、第二部、九三七～九三八頁を参照。

(64) 日本国際政治学会太平洋戦争原因研究部編、前掲書、一五四～一五五頁。

(65) 黄郛は自伝のなかで呉相湘は〝中国人は過去において日本と交渉する外交官を親日的で時には売国奴であると非難する〟という偏見をもっていると述べている。『民国互人伝』第二巻、台北、一九七一年、二七〇～二七一頁。

訳注

〔1〕 安徽派、直隷派はいずれも安徽省、直隷省(現河北省)の関係者を中心に作られた一派。安徽省は李鴻章が同省出身だったため以後、同省出身に軍人が多く出た。また、直隷省は同省の保定に軍事学校が設けられ、多くの武将がここから育った。

第九章　西洋の進出に対するある知識人の対応
——内藤湖南の中華民国観——

ユエヒム・タム

内藤湖南（虎次郎、一八六六～一九三四年）[1]は、一般に西欧の研究者には支那の歴史的展開に関する「仮説」および原典考証[2]で知られており、一方、多くの日本人批評家には「帝国主義」[3]の鼓吹者として知られている。本章では、中華民国に関する内藤の理念に焦点を当て、彼の仕事に対する二つの解釈について考察してみよう。どちらの解釈でも、中心的なのは当時の最重要の問題、つまり西洋の進出に対するアジアの対応の弱さという問題であった。もし内藤の理論的展開[4]に関してこの問題を考慮しないならば、彼の業績についてのいかなる解釈も不完全なものとなるであろう。

内村鑑三（一八六一～一九三〇年）、岡倉天心（一八六二～一九一三年）、白鳥庫吉（一八六五～一九四二年）、西田幾多郎（一八七〇～一九四五年）、津田左右吉（一八七三～一九六三年）など、多くの同時代人と同じく内藤の思想は、純粋な知的追求でもなければ厳密な意味での実用主義でもなかった。彼の思想は、ヨーロッパの拡張により否応なくアジアが投げ込まれたとてつもない大騒乱に対して、いかにして日本が特別な歴史的役割を果たすべきかを考案するものであった。またやはり多くの同時代人と同じく、彼の関心の中心はアジア一般ではなく、かつて支那文化に支配され、十九世紀および二十世紀初頭となっても支那文化の実体を維持している地域であった。内藤の見解についての解釈は、明治や大正時代の思想家についての解釈と同じように、この支那文化圏についての考察から始められねばならない。

一　内藤の仮説

しかしここで内藤の思想について論ずる前に、彼の「仮説」[5]について簡単に触れておかねばならない。仮説は一九〇九年[6]に作成された未公刊の手書きの講義ノート[7]に見出されるのが最初のものであろう。それはヘーゲルの普遍的歴史観ときわめて近いものである。

ヘーゲル流に、内藤は支那の唐朝（六一八〜九〇七年）から北宋朝（九六〇〜一一二六年）までの歴史で最も重要な変化は、支那人の国民的自覚の形成であると見た。支那近世史の始まりを示すこの国民的自覚は、支那の諸外国との特殊な外交関係と「蛮族」の脅威に対するまれにみる軍事的劣勢に起因するものであった。宋朝以前では、支那は天下（天の下のすべての土地）と考えられ、統合的帝国であった、と内藤は論じた。競合する諸国家との対比なしては、国家意識は生み出されにくく、このような国家意識は宋帝国が崩壊に瀕した時、燕と雲という［長城以南の］地方に契丹族によって宋と競合する国家が樹立されるに至って初めて形成された。その意識の変化は政治構造に直接的に影響を与え、また同時に国中に広まったのである。

内藤によれば、国家意識とともに国民の個人的考え方に影響を及ぼした大きな政治的変化があった。唐王朝あるいはそれ以前では、国家は君主の私有物と見なされていた。君主は貴族の一族の一員であり、この一族は君主を自らの私有物と見なしていた。こうして君主がかかわりを持つ政治闘争がしばしば発生したと内藤は論じた。宋王朝以後、君主が覇を競う諸勢力の最強者となった時、君主もまた抑制しがたい存在となった。しかしながら、君主は、宋王朝が滅亡した後でも南宋（一一二七〜一二七九年）の末期に至るまで、臣下の尊敬を勝ち得ていた。

貴族の衰退は、君主にあるいは幾分か庶民にも、事実上の自由と安全とをもたらした。こうして学問的・芸術的表現は以前より流儀にとらわれなくなり、しだいに個人主義的になっていった。国家と社会との関係さえも宋朝以後では変化した。かつては、たとえば唐の太宗（帝位六二六〜六四九年）が国土全体を再配分したように、国家が社会を改変することもできたが、宋以後、国家による公的変革とは、すでに生じている社会的変化に国家が適応することでしかなかった。こうして王安石（一〇二一〜一〇八六年）の変革は、現存する社会的慣行への国家の適応努力以外の何物でもなかった。内藤は、これらの急激な変化により支那は近代の時代に入ったと結論した。

内藤の仮説がひとつだけではないことは、案外知られていない。再論するためには、私たちは一九一四年に出版された内藤の有名な作品『支那論』[8]や他の作品[9]に注目する必要がある。この頃内藤は、日本経済史の専門家で京都帝国大学の同僚内田銀蔵（一八七二〜一九一九年）[10]に非常に強い影響を受けていた。それゆえ、彼は経済発展の効果により鋭い関心を払ったのである。

『支那論』が出版された時、以前に内藤がその没落を論じていた清王朝[11]（一六四四〜一九一一年）は、一九一一年の革命により滅亡していた。支那には共和国が樹立され、革命のすぐ次の年に袁世凱の指揮下の政治構造問題についてさまざまな議論がなされていた[12]。内藤の著書の目的はひとつには何が起こったのかを説明すること、またひとつには起こり得たこと、例えば支那は王政に戻るであろうかあるいは共和国のままであり続けるであろうかといった展開の歴史的意義を説明することであった。

この問題は、内藤にとって支那史における近代の始まりの問題と緊密に関連している。彼は、前に考案した政治を判断する基準をまだ用いていた。近代国家はしたがって宋王朝に始まる。この時代に貴族政治から暴君政治に移行するという変化があった。貴族政治の基礎を理解するためには、支那人の家族制度を理解しなければならないと内藤は論じた。中世時代には、一方では、支那の皇帝は貴族の一族（名族）の一員であり、それゆえすべての貴族の家族関係によって制御されていた。他方では、皇帝は父親がその家族を支配するように国家を支配した。内藤は、唐の最初の皇帝、高祖（治世六一八〜六二六年）が明白に「家族制度のやり方を国に応用した[13]」のを例に取り、このことは唐朝で実現し、かつ貴族によって承認されたと論じた。しかし唐王朝の終焉に近づくにつれ、地方の豪族の台頭により、名族の影響は低下した。豪族たちは既成の秩序を乱したばかりでなく、自らの権力を他の家系から養子にした息子たちに委譲したからである。五代時代（九〇七～九六〇年）には、ローマ帝国時代と同様に、軍隊が軍からの候補者を知事に任命していた場合があった。貴族の優位は宋朝に至って最終的に喪失した。今や外来者が帝国を興すことも可能な時代となったのである。

皇帝への潜在的抑制力もまた貴族の没落とともに失われた。そこで、統治構造上急激な変革が生じた。国家はかつては指導的貴族の家系か名族の所有物であったのに対して、今や独裁君主のものとなった。貴族になりかわって高度に成熟した官僚制度が発展した。皇帝の地位は神聖視されるようになり、やがて絶対専制主義がもたらされた。専制主義のひとつの結果として、政府高官は皇帝の厳格な支配下におかれ、その権力がどのようなものであれ、高官はいつでも皇帝の命令により排除あるいは処分を免れ得なくなった。

しかしながら、専制政治の勃興は、同時に、内藤が人民あるいは平民と呼んだ臣下の個人的権利の拡大をもたらした。宋朝の後、平民による私的所有は、法律によって完全に認められた。地代が現金で納められるようになり、平民は生産物をより柔軟に配分できるようになった。科挙の試験制度が適切に手順化され、もし合格すればの話であるが、政府高官に出世する可能性が実際に誰にでも開かれたのも、宋朝時代のことであった。今や貴族ではなく平民同士が教育、学問、芸術や国家経済の経営に凌ぎを削る時代となったのである。こうして宋朝では貿易、人口、都市化、近代的通貨、学術的・芸術的創造、国内および国際の輸送手段に急激な発展を見たし、また、政治過程への平民の参加の機会が飛躍的に伸びた。要するに、支那人の生活様式はどんどん近代化していった。内藤は、宋から清までの時代に専制政治と近代化が平行する形で進行したと見たのである。

しかし、専制政治からはさまざまな悪弊が生じ、支那の近代化の発展に大きな障害となった。例えば、学問と芸術の世界に耽溺する知識人の生活においては、政治はもはや重要な意味を持ち得なくなったと内藤は説いた。文官たちは支配者から敬意をほとんど払われず、支配者は彼らを奴隷主が奴隷を扱うような仕方で扱った。知識人文官たちは地方の暴動にも外国からの侵略にもほとんど無抵抗であった。彼らには権力も責任もなく、結果として統治能力ばかりでなく、政治への関心自体をも失ってしまったのである。

内藤はさらに論じ、支那の官僚制はより複雑となり、近代世界にあっては官僚制には社会的移動性が見られるのに対して、支那ではそう容易にはいかなかったという。昇任への明確な基準がないために、行政には狡猾さが求められ、省庁における違法行為は不可避であった。黄柳宏の『福慧全書』（幸福と利益を確保するための完全な教書）（一六九四年）が、近代支那で高官であることの難しさを示すために用いられた。知識人文官は自らの「福利」を求め、日常の行政事務を遂行するため、多数の個人的補佐あるいは副官（胥吏）を雇う必要があった。政治を自分が役者かあるいは観客かのゲームと見なし、国家利益に無頓着なプロの政治家集団も現れた。したがって、文化的な発展があったにもかかわらず、支那は無残にも腐敗し破産してしまったのである。

専制君主のもとに、中央集権化し、買収に弱い官僚が集結したため、支那社会は多かれ少なかれ一人歩きしていた。近代支那は、内藤にとって自活的村落および部族の集合にほかならなかった。国家中央の政治とは縁を切った村落の連帯あるいは郷党は、支那の人々の心に固く根ざすものとなった。彼ら郷党は、慈善を目的とする「共有地」（義田あるいは義倉）を所有していた。郷党の男子は、「共有地」からの収入で賄われる公立学校（義学）で無料の教育を受けることができた。郷党の構成員は、相互扶助のため、公的・私的な経済を支配した。こうして内藤は、郷党をある種の民主的精神を体現する自律的小国家になぞらえたのである。

郷党階級秩序の最高位は父老と呼ばれる指導的地主であり、この父老の主たる関心は郷党社会の安寧と繁栄であった。結果として、彼らの政治的・経済的立場は、二つの矛盾する特徴を含むものとなった。まず一方で、彼らは愛国心に関心を示さず、したがって国民精神にも欠けていた。彼らは、もし自分の郷党が平和と繁栄を維持できるならば、外国支配をも受け入れる傾向があった。自足を求めるあまり、父老はしばしば国家利益を考慮しなかった。しかしながら他方で、彼らはまた、近代的経済の発展が必要であり、可能でもあるということを理解できなかった。こうして、曾国藩（一八一一～一八七三年）が湘父老は騒乱に対応し、自衛のために郷党を動員することができた。こうして、曾国藩（一八一一～一八七三年）が湘軍を組織し太平天国の乱を平定した時のように、彼らは社会秩序を維持することによって王朝の目的に奉仕していた。要するに内藤は、郷党が近代支那の政治史において、「それだけが生命あり、伝統ある団体」[14]であると見たのである。

　ここでもまた内藤の議論は、その内容は正反対であったが、ヘーゲルを想い起こさせるものであったことに注目しておこう。ヘーゲルにとって、世界精神は西洋に興起したのであって、東洋は全体的に初期の原始時代から停滞社会であった。――これは内藤の時代に日本と支那で欧化主義を唱える人々の楽観主義に好都合の議論であった(15)。一方内藤にとっては、東洋の停滞という理念は考えられないことであった。支那には固有の問題がないことはないが、その歴史は事実上進歩を示してきたと内藤は論証したのである。

　この支那史解釈は、内藤が時事問題を論評する時、何を抱懐しているかを理解するのに最も重要なものである。中華民国に関するかなりの量の彼の評論は、上述したことの適例といえよう。

二　異常な共和国体制

　日本の同時代の多くの人々とは対照的に、内藤は一九一一年の辛亥革命以後の支那について、一風変わった構図を描いてみせた。すなわち、支那は「異常な共和国体制(16)」の下で支那本位の文化を継続発展させるであろうと説いたのである。もはや、世襲君主制や巨大で強力な中央政府は存在しえないであろう。国民政府は、市民に尊重され、支持されるであろうが、その権力をできるだけ地方政府に委譲するであろうし、強力な国民政府軍を必要としないであろう。歴史的に見て、共和国支那の出現は決定的な歴史的転換点であって、君主制への回帰は問題外であった。内藤は、共和国支那への転換は最も自然な展開であると確信した。というのも共和国支那は、支那文化が長い年月をかけて成熟した段階と思われたからであった。彼から見れば、歴史の成熟は政治や軍事の面にではなく、いつもまず文化面に現れる。彼は次のように書いている。

　国家本来の目的は文化にありと考へてゐるものであるが、支那の如き古い文化を持って居る国が早晩文化を

以て国家第一の目的とする意見に立ち帰るであらうといふことは予期されることである。(17)

この支那文化発展への信念は、梁啓超（一八七三〜一九二九年）や梁漱溟（一八九三〜一九六二年）のような支那人の仲間たちとの間に共通の基盤を与えた。第一次世界大戦反対運動や一九一九年の五・四運動で、内藤と支那の友人たちは主張の根拠は異なるものの、共に支那本位の国家建設が必要であることを強調した。(18)実際内藤は、自然な変革を抑制する人々に対して反対し、変革の進展を支持する側に立った。またアメリカ人とその支那人の弟子は、皮相な支那理解と支那史への無知のゆえに、内藤の非難の的になった。内藤はこう書いている。

米国の如き古い歴史を持ない国人が、単に現代文明を標準として支那を観察し、この古い国家に現代文明を応用すれば、すべての状態が国民として復活するものと考へ、多くの支那青年も亦自国の歴史に関する知識が浅薄であるが為に、矢張同様の考へをもつやうになって、全く歴史を顧慮せずして、新らしき青年の手によってのみ新らしき支那を創造することが容易であると考へた。(19)

一九二〇年代に、内藤は日本や欧州から共産主義や社会主義を含む新潮流が、熱狂的に支那に導入されていると述べた。(20)その政治的信念がどのようなものであれ、支那の若者は「富国強兵」を望んだ。彼らの姿勢は単純なものであった。それは、西洋流の社会体制を支那に取り込むために、支那の伝統的な社会的・政治的構造は、壊さないまでも変革せよというものであった。しかし、内藤はこれらの試みは理論的に見て不健全であり、支那の慣習や国民性（支那の国粋）の無視は、郷党に深く根づいた支那人の家族意識と心に耐え難い葛藤をもたらすだけであろうと論じた。西洋化計画はよく考え抜かれたものでもなかった。というのは、計画の立案者は、支那近代史に内包する致命的かつ常習的な障害に、気づいていなかったからである。内藤にとって、政治的・軍事的事象は、人間の営みのなかで最も基本的活動に属するものであったが、支那では宋以来、その重要性は減じられてきた。内藤は、

「単に支那のみならず、我日本においても従来の如く富強を以って国家の唯一の目的とするという誤ちを犯している」とまで言い切った。[21]したがって、近代的支那は支那発展の本流に忠実に、政治的・経済的・軍事的側面よりも、文化的側面に力を注ぐべきとされた。支那は、西洋に背を向けて、「支那に帰る」べきなのである。[22]

支那に帰るための鍵は、支那にとって最も緊要な国民の再興にあった。内藤の国民再興策については本章の別の所で述べることとする。内藤はまず、支那はその国民性を維持するために、中央政府を弱小にする必要があると論じた。[23]強力かつ巨大な政府は、専制政治に陥りやすく、政治的病弊や経済的苦悩の主要な原因となった。「異常な共和国体制」の下でも、政府の権限と大きさを制限し、郷党に権力を分与する形で地方自治の発展を促すことは可能とされた。地方分権化は、地方の人々の福祉と安寧に貢献するばかりでなく、民主的制度の発展に寄与するところも多大であろう。結局、先に述べたように、郷党だけが支那近代史にあって「唯一の活力と権威のある社会制度」であったのである。郷党の強化運動はしたがって、評判のよい政治活動となるであろう。そして、内藤によれば、地方分権化の勧めを説いたのは内藤ばかりではなかった。なぜなら地方分権化の理念は、黄宗羲（一六一〇〜一六九二年）、顧炎武（一六一三〜一六八二年）、および王夫之（一六一九〜一六九二年）[24]のような支那の学者が絶賛していたからである。内藤はまた、老子の言葉を用いて自己の議論を弁護した。老子が「大国を治めることは小鮮を煮るが如し」――大国を治めることも小魚を煮ることも大変な労苦であるが、どちらも労苦を減ずるべきであると教えたように、国民の負担が増幅しないようにしなくてはならないと論じたのである。[25]

内藤の批判者は、内藤が分権化した共和国の名の下に、実質的に軍閥の同盟を鼓吹していたとしばしば非難してきた。しかし、彼の作品を注意深く読めば、まったく対照的な見解に到達するはずである。内藤は軍閥政治を次の三点の理由で拒否した。第一に、支那の軍閥支配は必然的に圧政的な暴君政治を招くであろう。第二に、袁世凱以後に他のどの軍閥が支那を統一しようとしても、少なくとも三十年から五十年はかかるであろう。そして第三に、支那の民衆が軍閥支配の下ではあまりにも苦しむと思われたからであった。[26]内藤自身はずっと袁世凱体制の辛辣な批判者であった。そして一九一六年に袁世凱が王政の企てに失敗したことから、二つの結論を引き出していた。その結論とは、袁世凱の敗北は、第一に中央集権化の、第二に時代錯誤の失敗であるというものであった(27)。こうして内藤は、近代支那では地方分権化した共和国体制が望ましいとの歴史的審判が下ったと確信するに至った。ただし、望ましい政治体制が達成されるには、「不愉快」かつ「不活発な」障害物があることを彼も気付いていないわけではなかった(28)。

内藤は、一方で支那には地方分権が自然であり重要でもあると主張するとともに、他方で、西洋の進出に直面しても、支那には望みがないわけではないと信じた。西洋式の教育を受けた支那の若者に多くを期待した内藤の同時代人とは対照的に、内藤は、支那の国民の大多数を占める小作農に希望の光を見出した。一九一〇年代から二〇年代にかけての書物の中で(29)、内藤は、階級としての小作農は伝統的な主流の諸権力からまったく絶縁していたため、将来の力強い支那を建設する基礎となりうる「潜在的再生能力」を今も保持していると論じた。

内藤の観察によれば、小作農の潜在能力は、革命後の共和国時代に明らかに増進されていた。確かに清朝崩壊以後、小作農への課税は強化され、彼らの平和な田園生活は軍閥の影響下で大いに乱されていた。しかしながら、共和国時代では彼らの生産力が重税を上回っていたせいか、一般的にいって、その生活はかつてないほど豊かなものとなっていた(30)。内藤はさらに第一次世界大戦後、欧州諸国が支那の食材の輸入を増やしたため、支那の小作農はより豊かになったと指摘した。しかも小作農は、新たな経済的立場に刺激され、政治的にも自覚を深めるに至った。彼らは自身の防衛のため武装した組織を結成し、権力の基盤を確立した。この自衛軍は、共産軍が上海近郊を襲った時、この軍の撃退に成功したと内藤は書いている(31)。

支那史にあって、特にこの時代に小作農が強力になったことは驚くべきことではないと内藤は論じた。支那の文明が成熟したゆえに、小作農の勃興は地方の自律性と自由に付随する当然の産物であった。しかも、小作農の人々は、伝統的生活様式を維持しようと決意していたので、共産主義を含めて西洋の文化の受け入れに反対するはずであった。この点は、［その後の小作農の共産主義への傾倒を考えると］恐らく内藤の残した最悪の予見であったであろう。これは、内藤が父老（地方の指導者）と小作農を混考したことによるものと思われる。

しかし、西洋的な意味で、やはり支那は統一と近代化を必要としていた。問題は、「異常な共和国体制」がきわめて伝統的で閉鎖的な共同社会を治めている体制の下で、いかにしたらこれらが可能であるかということにあった。この問題への解答として述べられたことは、内藤の帝国主義的見解と解されうるかもしれない。なぜなら、内藤が示した解決策は、効果的な国家改造のためには、支那は一方で文化を発展させ、主権と統一性とを保持するとともに、他方では近代化のために一定期間状況掌握の目的で、外国勢力を導入すべきというものであったからである。しかし、ここでも内藤の立場の知的淵源を初めに見ておくことにしよう。

三　文化中心の移動

支那の国家発展における外国勢力、とりわけ日本の役割について、内藤の見解の知的背景を明確に述べてあるのは、一九二四年に出版した『新支那論』であろう。[32] この著作は、いささか内容に緻密さを欠いているものの、一八九〇年代に受容したヘーゲル派としての思考を明白に示すものであった。『新支那論』[33]や以前に発表した諸論文[34]では、特にこの「東洋文化中心の移動」という理論は、格別の位置を与えられていた。この理論の形成過程で、内藤は、三宅雪嶺や志賀重昻の影響のみならず、趙翼（一七二七〜一八一四年）[35]や岡倉天心[36]のような学者の影響を強く受けたと述べている。内藤の理論は、要するに、歴史展開の法則を知ってみれば、支那はもはや東洋文化の中心ではなく、その創造力は枯渇してしまったというものであった。しかも、ジャンバチスタ・ヴィーコ（一六六八〜一七四四年）と共鳴するかのように、またオズヴァルト・シュペングラー（一八八〇〜一九三六年）とアーノルド・トインビー（一八八一〜一九七五年）に先立って、内藤は西洋の没落を見ていた。

内藤によれば、文明の進化は決して無秩序ではなく、偶然のものなど何もなかった。それは、二つの基本的要因——時代と土地の精気（地気あるいは地精）により決定される。文化の進化は、実際、人間が「時以って之を経し、地以って之を緯し、錯綜して而して之を変化す、文化の史、斯に燦然として其の美を為す」[37]とされた。彼はまた、文化も自然の法則の一環として人間生活と同じように、幼年時代、成年時代、そして老年時代へと進化するものと信じた。有機的な生命にも似て、文化発展はそれぞれの段階で独自の特色を持っている。こうして古代には、文化は幼児の動きに似たものを包含し、新しい制度での実験主義が明白に見られた。中世時代には政治・経済の組織は堅固ではあるものの硬直的な状況に発展した。文化発展の最終段階である近代においては、文化は成熟し、そこから自然主義的傾向が生まれ、芸術や文学の分野でデカダンスが広く見られるようになったのである。

時代と地精に支配され、文化の進化は、いかに複雑に見えようとも明白な傾向を示した。すなわち、文化の中心が常にある地域から別の地域へ移動するという形で、文化は進化してきた。エジプト、インド、ペルシャ、フェニキア、ギリシア、そしてローマの栄枯盛衰は、内藤によれば、ただ文化の中心の世界規模の移動にすぎなかった(38)。この文化進化論は、ほぼ三宅のヘーゲル解釈を統合したものであり、志賀の自然環境論に手を加えたものであった。

こうした文化の中心の移動には、国境は重要ではなかったと内藤は論じた。支那史を見れば、明朝（一三六八～一六四四年）時代には、明らかに江蘇—浙江地方が支那文化の中心であったが、この地方は、古代には支那人以外の未開民族の居住地であった。現在では、支那文化の中心は広東であると思われるが、ここも実は前代には非支那人の部族の居住地であった。つまり、東洋文化の中心は、必ずしも支那人の居住していた地域とは限らないのである(39)。近代における東洋文化の中心がすでに日本に移動したことは、内藤にとっては自明のことと思われた。それゆえ、支那や他のアジアの国の学生が日本に留学したのである。日本は広東より早く支那文化の恩恵に浴してきたので、こうしたことはなんら驚くに値しないとし、内藤はこう論じた。

これは東洋文化の発展上、歴史的の関係から来た当然の約束といってよろしい。支那とか日本とか朝鮮とか安南とかいふ各国民が存在して居るのは、各国家の上には相当な重要な問題ではあらうけれども、東洋文化の発展といふ全体の問題を考へると、それらは言ふに足らない問題であって、東洋文化の発展は国民の区別を無視して、一定の経路を進んで行って居るのである(40)。

支那—日本の文化関係を再検討すると、文化史における日本の位置がさらに明確になると内藤は信じた。支那は確かに東洋文化の揺籃であった。東洋文化は黄河流域で生まれ、初め南方に、そして次に北方に伝播された、やがて日本もその影響下に入った。支那文化の影響は、内藤によれば、けっして突然展開したものではなく、日本に伝承された当初の文化的素材が変容する過程で生じたものであった。一つの例として、内藤は日本を、先に成熟した大人の支那から学ぶ勤勉な子供になぞらえた。[41] 他のところでは彼は文化の発展を豆腐の製造過程に譬えた。他国の文化発展にとって支那文化は、豆腐製造過程で大豆の絞り汁を固まらせるために投入する塩水あるいはにがりのようなものである。[42] 日本は支那から学んだものの、学ぶ過程でも独立した国家であったことは内藤には明らかであった。日本の独立はある程度日本民族の自覚に由来していた。最初に国民としての自覚が生まれたのは、歴史を溯り、日本国家を偉大さにおいて支那に匹敵すると考えた聖徳太子（五七四～六二二年）の時代であった。次に、日本文化の自覚は、ずっと後代の応仁の乱（一四六六～一四七七年）や支那文化の吸収の後になってから生まれたのである。[43]

支那から学んだことは日本の強化にとって大変役に立ったけれども、支那文化的要素は、継続的に日本人の手が加えられて変質し、日本独自の文化に同化していったと内藤は結論づけた。偉大な選集の『万葉集（一万枚の葉の収集）』、『祝詞《のりと》（神道の儀式用祈祷文）』、『宣命《せんみよう》（日本古代における天皇の言葉の公式発表）』は、『詩経（詩歌の教書）』や『尚書（堯と舜の規範集）』に優ることはないにしても匹敵するものであった。仏教では、法然や日蓮の教団はきわめて日本的であった。日本の儒教では、尊皇攘夷（天皇を尊崇し蛮族を放逐する）の思想が強力であったので、この思想は明治維新の一つの基本理念となった。芸術では、奈良にある彫刻は、インド、ギリシア、そして支那とも明らかに異なる様式のものであった。その作品群は日本独特の純粋性や趣向を体現するものであった。[44] それゆえ内藤は、日本が東洋文化の新しい中心であるとの主張は、ただ明治時代以降の業績に依存するのみではないと確信していた。

内藤は続いて日本が新しい「普遍的文明」（坤輿文明）[45] を主導するように運命付けられていると論じた。今日の西洋社会は老年期に近づいており、したがってその文明も沈滞し衰亡しつつある。四〇〇年間の繁栄の後、西洋は強烈な物質主義的傾向に示されるように、非人間化の時代に入りつつあった。西洋の没落の最も明白な兆候は、キリスト教の影響の低下であった。何世紀もの間、強固なキリスト教の信念が西洋文化発展の原動力であったけれども、今やキリスト教は、明らかにその信念に反する物質主義的・非人間的傾向に対して、なす術もなくその跳梁に任せている。西洋文明は、ここ数世紀の間に蓄積された富によって毒されてしまった。西洋人は、機械の奴隷であるから本当のところは自由を享受してはいない。大量生産は最も効果的に人間の個性を打ち砕き、機械化は自然や文化の征服と破壊に西洋人を駆り立てた。その結果、西洋人は緊張のみを強いられ、日常生活において文化と自由を味わうことがなくなってしまったのである。

さらに内藤は、西洋の老化が欧州の学者たちによっても予告されていたと指摘した。彼らは、彼ら自身の文化を活性化するための手段として、仏教や他の東洋文化の要素に次第に強い関心を示すようになった。内藤は一八九三年にこう書いている。

> 一百余年、南方小乗の教、久しく已に其の精緻確実を以て欧人の心を奪ひ、物質的文明に破壊せられて、準拠を知らざる社会をして、やや個人として身を処するの正路を悟ることを得せしむるものあり、彼間学士、或は資て一家の言をたつる者あり(46)。

同時代の西洋の人々と異なり、日本人は物質的には貧しかったものの、最高度の自由に到達することができた。彼らは、強化コンクリートで造られた装飾の多い人工的なアパートではなく、快適な木造の家で生活した。彼らは毛皮をとるために動物を殺すことを拒絶した。彼らは自然から最上の陶磁器を作り出した。日本人と同様、支那人も芸術や骨董品の鑑賞に優れていた。東洋人は生態系および環境保護に強い関心を持っていた。要するに、日本人と支那人は共に近代的生活にとって何が規範となるべきかを代表していた。その規範から判断して、西洋文明はまったく後進的で、恣意的で野蛮であった(47)。

しかしながら、日本と西洋は何と言っても強力に組織された強国であり、支那より圧倒的に強大であると内藤は警告した。これらの国々は支那とは異なる国家の発展段階をたどってきたがゆえに強国となった。単純な真理は、西洋が今や老年期に入りつつあり、日本が若年期で徳川時代にやっと近代が始まったばかりなのに対して、支那が老年期の、成熟した、そして歴史の終焉に近づいている国であるということであった。歴史の法則が支那と日本の運命を告げていた。内藤は次のように書いた。

今日では日本と支那とが国民性を異にして居る様であっても、日本が支那だけの長い歴史を経た時には、支那の如くなるかも知れぬ。支那が昔開闢からして日本位の時代しか経過せなかった時には、今日の日本に類似して居らぬものでもない。(48)

それゆえ、支那を歴史的窮地から救うために、支那—日本の協力と友好が最重要であった。内藤は一九二四年にこう解説した。

日本が、今日において東洋文化の中心とならんとして、……(中略)……日本でも有識者は恐らく支那人と共同するといって、国体とか政治とかいふ様な運動に拘ってゐるものはなからう。これよりもっと広い意味の文化運動によって、支那人と共同しようといふのが目的であるべきである。(49)

最後に内藤は、支那の共和国時代の経済的門戸開放に始まり、支那の国情管理には外国勢力の介入が歴史的に不可欠であると主張した。

四　支那の革新と日本

二十世紀の支那が徹底的な改革を必要としていたのは歴史上自明のことであった。しかし、支那は果たして自ら復興を効果的に行うことができたのであろうか？　内藤の答えは否定的であった。[50]なぜ自前の改革が支那では不可能なのかについては、簡潔にいって三つの理由があった。第一に、効果的な改革は「貧農」の「新たな可能性」に基づかねばならなかったが、この場合、貧農たちは国民的精神と必要な教育のどちらも欠けていた。第二に、改革は、軍事力に依拠して実行されねばならないが、そうすると諸外国が支那の国内にある自国の利益を守るため干渉し、支那の主権に直接かかわる領土の新たな争奪戦を招くかもしれなかった。第三に、政治的改革が郷党のレベルまで貫徹するとは考えられず、それゆえ、完全な改革は不可能であった。内藤は続けて次のように論じた。実際、五・四運動以後に支那で実践された文化的改革は、失敗を運命付けられている。なぜならば、改革者たちは、歴史的発展段階や変動に抵抗する支那の伝統の手強さを考慮に入れていなかったからであった。

「貧農」を効果的に革新することを容易にするためには、支那は、支那に成り代わって国家事情を掌握する外国勢力を雇い入れるという「不愉快」で「不活発な」歴史段階を経験する必要があると内藤は論じた。[51]彼は、支配なき利他主義的管理という理念の最初の提唱者であることを自任した。つとに一九〇〇年に彼がこの理念について書き始めた時、[52]この理念は多くの人々には「国際管理政策」として知られていた。彼の提案は、基本的に侵略や征服とは異なり、けっして軍事力によって支那人に侵略や征服を強制するものではなかった。この政策は、支那人や日本人が現実に望もうと望むまいと、歴史的必要性によって制度化されるかもしれないけれども、この政策が有効となるのは、支那人がイニシアチブをとった時のみであろうと内藤は主張した。[53]

内藤は、日本を含め諸外国が自国の体制を支那に移植するいかなる試みにも反対すると明白に述べた。外国人は、「近代的」国家制度の内部機能を自ら解説するために、支那滞在を許されるであろうが、彼らの最終目的は、支那の若い「小作人」を鍛え上げることであろう。[54] 支那は歴史の最も進んだ段階に到達しつつあるので、外国人が提供しようとしたものは、実際のところ、支那人が中世や古代にすでによく知っていた「後進的」かつ「初歩的な」精神と戦術でしかないと内藤は解説した。

内藤には、ロバート・ハーツ沿岸税関事務所や北京の川島難波の警察学校などが良い例であるように、外国人を雇用した結果が効果的かつ経済的であることは、歴史が証明していると思われた。一九一六年に内藤は次のように述べてさえいる。

軍備に就ても同様「外国人に託してよい」である。若し日本の将校に委託した軍隊が一大隊あるとすれば、支那人の組織せる軍隊の一箇師団よりも保安の効力は大である。[55]

内藤は支那の利益となるように、支那の外国による管理を急がせた。国内問題の外国勢力による管理は、決して支那の主権と独立を危機に陥れるものではないと、彼は受け止めた。支那に雇われた外国人は、裕福な主人に仕える「世話係」か「警備」であると位置づけられた。[56]

富豪が巡査を頼んで置くやうなもので、巡査が家を取締り、盗賊を防いでやったからと云うて、それが決して家の主人ではないのと同様に、其文明に対する迫害を他国人に依って防禦しても、其の自己の特色の文明を維持すると云ふことは、寧ろ高尚なる天職を尽す所以であるかも知れない。[57]

内藤はさらに、次のように述べた。今日の支那はいかなる形態[58]の破壊に対しても「免疫」ができてしまった。こうした破壊に対する免疫は、独特の社会構造と先進の歴史段階に由来するものであった。阿片は多くの国民を腐敗させたが、支那を疲弊し尽くすことはできなかった。西洋諸国と日本は、数十年間にわたり支那で領土と利権のために熾烈な争いを繰り返した。しかし一九二〇年代の支那は、分割され、軍事的には弱体であったが、それでも外国の支配からはほとんど自由であった。ある時内藤は、安全が社会の内部構造と歴史の諸力によって保証されているがゆえに、支那は国防を必要としないとまで言いきった。しかし、弱体国家の一つの否定的な結果として、中華民国は、異なる社会構造や文化的伝統を有するチベットや外モンゴルや内モンゴルのような属国を保護し維持することができなくなった(59)。

この面で支那を援助することのできる外国のうち、当然、日本が最適の候補であると内藤は考えた。日本の商人と支那人との関係は、西洋の商人と支那人との関係より良好であった。支那に来た西洋の商人は、大企業中心であり、必然的に支那のエリート商人ばかりと交際した。支那に赴いた日本商人は、主に小商人であり一般市民と連絡を取っていた。日本人は実際的で、支那が与えてくれるものは、どんなものでも商いすることをいとわなかった。しかしながら、アメリカ人はもっと積極的であった。というのは、彼らは自国で通常行っているような大規模な取引のみに関心を示したからであった。

内藤が主張したことは明らかであった。まず、日本は支那の経済発展に寄与すべきということであり、次に政治的・軍事的改革に着手すべきということであった。これらの援助は西洋の方式に従って行われてはならなかった。例えば、「西洋と同様の」産業革命への一足飛びの飛躍は非現実と見なされた。内藤は自説をこう解説している。

支那は、原料産出国として革新されねばならぬこともあり、……支那の如き旧い国民が持って居る経済組織を革新する運動としては、それと甚だしく事情の相違した工業国の組織を適用することは、まづ困難と見なければならぬ(60)。

その多くは西洋と東洋の統合である日本は、事実上支那の必要を満たすすべてを備えているというのが、長い間の内藤の確信であった。彼は一九〇一年にこう書いている。

現に清人が邦人に要する所は、其の新教育、新思想の豊富、欧米人と異ならずして、而して能く『東洋的頭脳』を以て、之を蘊醸化成したるに在り、決してかの卓牢不羈の士、一種の変物に非ず。(61)

にもかかわらず、中華民国樹立の後、日本が果たした役割は内藤にとってははなはだ不満足かつ失望を覚えるものであった。一九一一年革命の混沌が続く間、日本は、恣意的な自己中心的政策を展開した。政策は、満州国への軍事的支援から、支那を南北に分断し、二つの支那を生み出させることにまで及んだ。内藤の不介入政策の要請は無視されたのである。(62)

中華民国当初時代、内藤はまた、袁世凱の支那の指導者としての能力は過大評価されているとして、日本と袁との関係にも反対した。(63)内藤が支那の国際的軍事管理を説いたのはこの頃ではないかと言われている。池田真の研究で明らかにされたように、内藤は実際には、一九〇〇年の義和団事件(64)の収束期に押し付けられた最初の国際的軍事管理の記憶を蘇らせるとともに、またその時の例にならって、袁世凱政府がすぐにでも支那に第二の国際的軍事管理をもたらすかもしれないと警告したかったのである。『支那論』で内藤は次のように警告した。

袁世凱などの考では、最近の一時的反動的の潮流を、政治上変遷の大勢の発現と誤信して居る傾が歴々と見え、一日々々と其の国運を底なき暗黒の坑に投げ入れんとして居る。従来の五国借款は、尚ほ自国の財政権の独立を考へての上の借金であるが、……近日の油田及び淮河浚渫に対する外資輸入などは、殆ど自己の存立を認めぬ借金である。……自分はまったく支那人に代って、支那の為に考へて、此書を書いたのであるが、今日のやうな状態では、もはや支那の為に考へるといふ必要は、遠からず無くなるかも知れない。……第二の大なる都統政治が出現すべき時機は、あまり遠いとは思はれぬ。(65)

自らの理論に忠実に、内藤は支那の独立が損なわれる恐れがあることに対しては反対した。外国による支那の軍事支配はこうして決して受け入れられないものとされたのである。

一九一五年の二十一カ条の要求は、内藤によれば、外交上の失策であった。というのは、要求はまったく一方的で、支那の利益を完璧に無視していたからである(66)。第一に、北京が最も財政的援助を必要としていた一九一四年に要求を示す機会を逸した。第二に、日本政府は、初めから要求事項について支那人と議論することにより、彼らに敬意を表することを怠った。第三に、要求内容自体が貪欲で、支那人の感情に無配慮であった。それゆえ、要求のなかには、支那における日本人の宗教活動の権利の保証のような「愚策」も含まれていた。二十一カ条の要求は、内藤から見れば、支那人の国民性に無知な、怠惰な外交官、臆病な軍人、そして利己主義の日本の企業家によって支那に押し付けられた貪欲、恣意、無分別な「命令」の収集物であった。しばしば内藤は日本が利益を得るという考えには反対しないと述べたものの、生じた利益は同時に支那にも還流しなくてはならないと主張した。

内藤は、この要求を軍事力によって強制することに対して、それが何も解決をもたらさないという理由から反対した。支那の状況がまだ複雑化していない一九〇〇年の時でさえ、八大国は、徒手空拳で、しかも実質的には銃口を突きつけられた形の李鴻章を相手にしても、支那の完全な支配を手に入れることができなかった。二十一カ条の要求を押し付けるために軍事力を用いることは、したがって、日本に問題を招くのみであると内藤は指摘し、次のように解説した。

> 今日の如く支那の実力といふものが悉く暴露してしまって、……北京に日本兵を入れることなどは大した問題ではあるまい。その為に支那の秩序が紊乱するといふことになれば、今日では支那がその責任を負ふよりは、その相手の国が負はなければならぬ結果を生ずる恐れがある(67)。

内藤はさらにこう論じた。その諸結果のなかには、恐らく支那と日本の全面戦争も含まれるであろう。それは、両国が何としても避けたいと願うべきことである(68)。

内藤の理論に敵対意識が含まれていたことは確かであろう。しかし、それは西洋に対してであって支那に対してではなかった。こうして内藤は支那の反日運動を当然のことと見たが、しかし不要なこととも見た。[69]反日運動は、西洋人によって教唆され、人為的に作り出された敵意を現すものでしかなかった。[70]こうして内藤は、個人主義、社会主義、共産主義など、西洋で生まれたイデオロギーは何一つ支那で定着する可能性はなかった。アジア諸国の友を護るためなら、日露戦争の勃発以前と同様に、大陸で軍事力を行使することをも称賛したであろう。[71]

私は、支那に軍事力を行使することに反対した内藤の知的誠実と、支那自身の利益のために支那の国際管理を主張したことの彼の真摯さとについては確信している。これらの見解は、彼の広範な理論に基づく状況分析と矛盾しない。

一九三〇年代の彼の見解はもっと問題を含んでいる。残念ながら、彼のこの時代についてはほとんど何も知られていない。[72]内藤は学術活動から一九二六年に引退し、その後長い間病気を患った。彼は、講義ノートの整理に精を出し、時事に関してはほとんど何も書かなくなった。彼は一九三一年に満州国を建設した際に日本が深く関与していたことに対して、「深い恐れ」を抱き、深刻に悩まされたと言われている。[73]彼は九歳の時から知っていた犬養首相が一九三二年五月十五日に狂信的軍人によって暗殺されたことを聞き、深く落ち込んだ。そのことは、彼の三篇の漢詩が如実に示している。[74]この殺人は国家的損失であるとともに、内藤にとって個人的損失でもあった。[75]彼はこの暗殺者を、日本の将来の盗人であり、強盗であると、漢詩の一つで非難した。危険性があったにもかかわらず、彼は犬養家に依頼され、墓碑銘を作成した。傀儡国家満州国の建設の後、内藤は、「国家」建設の原則に触れた一文の中で、関東軍の「武勲」を称えたけれども、同時に日本軍が「新国家」の支配をできる限り速やかに収束させねばならないと警告した。彼によれば、この国家の「主権」は守られねばならなかったのである。彼はまた、日本の政治体制を満州国に移植することにも反対した。要するに、内藤は満州人のための満州を信じたのである。[76]以上は内藤の立場のほんの一部分の解釈にすぎない。さらなる研究が待たれるところである。

五　結論

以上の検討から、内藤湖南を帝国主義者として位置づけると大事な点を見失うことになる。確かに彼は著作の中で、もし支那の復興過程で必要性が生じたなら、「大なたかダイナマイト」を用いることに言及した[77]。しかし、彼は軍事制圧や二十一カ条の強制のために北京に派兵することに反対した。一八九四年に彼が日清戦争を支持していた時でさえ、彼は予想された軍事占領には反対した[78]。一九〇五年に満州で日本がロシアに勝利を収めた時でさえ、内藤はしばしば戦線の拡大に反対を唱えた[79]。要するに内藤は支那の将来に期待したけれども、それは、日本の非軍事的介入を前提とするものであったのである。

したがって、もし内藤の議論全体からその時事論を見れば、彼が問題にしていたのは軍事的拡大ではなかったことが分かるはずである。当時の問題は、狭量なナショナリズムではなく、日本と支那が起源を共有する東洋文化の生き残りと発展であった。重要な問題は、軍事制覇ではなく、もっと深いものであり、それはまず社会機構にかかわり、次に個々人の内面にかかわる問題であった。あるいは言葉を換えれば、それは文化の中心を形成する魂の問題であった。このように考えると、文化の中心の支那から日本への移動、そして日本精神の発展は、当時の誰もが悩んだ論争的問題への解答として好都合の枠組みを提供した。この枠組みを、同時代の人々がスペンサー、仏教、そしてマルクスに求めたのに対して、内藤はヘーゲルに見出したのである。

内藤をより深く理解するためには、諸問題が支那への西洋の進出に密接につながっていることを知らねばならない。支那は二重の役割を果たしていたのであり、一つは、西洋から同様な進出を受けた時、日本に何が起こりうるかを示すことであり、他の一つは、急速な変化の時代に、国家としてのアイデンティティを形成する確固たる日本文化の源泉の国家として行動することであった。しかし、支那が政治的・軍事的に弱体であることは何ら満足すべきことではなかった。むしろ、そのことは、西洋の干渉の脅威を不断に思い起こさせ、そして、日本に使命感を与えるものであった。最終的に日本のアイデンティティの問題が解決されるのは、日本と支那の文化の統合に基づいて、こうした使命感を日本人が持つことによってであった。このような思考様式は、内藤および京都の支那研究者のみではなく、明治と大正時代を通じて主要な思想家の多くに共通して見られたのである。

原注

（1）内藤の著作集、『内藤湖南全集』全一四巻、筑摩書房、一九六九～七六年（以後『全集』と略す）は、内藤の長男、内藤乾吉と、内藤の学生、神田喜一郎によって編纂された。

内藤の経歴と思想については、以下の文献を参照せよ。三田村泰助『内藤湖南』中公新書、一九七二年。小川環樹編『内藤湖南』（『日本の名著』四一巻）中央公論社、一九七一年。Yue-him Tam, "In Search of the Oriental Past: The Life and Thought of Naito Konan (1866-1934)," Ph.D. dissertation (Princeton University, 1975).

（2）内藤は初め、次のようなフランスの学者に支那の原典考証の権威として紹介された。Edourd Chavannes, "Naito Konan: Album de photographies des Mandchourie," *T'oung Pao*, serie II, vol. 9 (1908), p. 602; Paul Pelliot, "Manuscripts Chinois au Japan," *T'oung Pao*, vol. 23 (1924), pp. 15-30; Henri Maspero, *La Chine Antique* (Paris, 1927).

内藤の仮説の初めての簡単な解説は次の書評に見られる。Lien-sheng Yang, "Naito Torajiro: Chugoku kinseishi and Chugoku shigakushi," *Far Eastern Quarterly*, vol. 12, no. 2 (1953), pp. 208-209. 内藤の仮説の、より詳細な検討は次の論文に見られる。Hisayuki Miyakawa, "An Outline of the Naito Hypothesis and Its Effects on Japanese Studies of China," *Far Eastern Quarterly*, vol. 14, no. 4 (1955), pp. 533-552; Miyazaki Ichisada, "Naito Konan: An Original Sinologist," *Philosophical Studies of Japan*, vol. 8 (1968), pp. 93-116.

（3）例えば、次のような文献がある。野原四郎「内藤湖南〝支那論〟批判」『中国評論』第一巻第四号、一九四六年（再版、『アジアの歴史と思想』弘文堂、一九六六年、一五二～一六一頁）。竹内好「支那研究者の道」一九四三年（再版、『日本と中国のあいだ』文藝春秋、一九七三年、二八六～二九二頁）。Shumpei Okamoto, "Japanese Response to Chinese Nationalism: Naito (Ko'nan) Torajiro's Image of China in the 1920's" (mimeographed draft).

（4）内藤の知的展開、とりわけ政教社の三宅雪嶺（一八六〇～一九四五年）、志賀重昂（一八六三～一九二七年）の影響については、Tam, pp. 51-105 を見よ。

（5）内藤の仮説の叙述内容は Tam, pp. 261-290 に十分な資料と共に詳述されている。

（6）内藤の一九〇九年のノートは、一九六九年に初めて公刊された。経緯は、内藤乾吉「あとがき」『全集』第一〇巻、五二七～五三〇頁に説明されている。

（7）ヘーゲルによれば、世界史の三つの段階——古代、中世、近代——は、自由を享受すべきことを知る人が、一人か、数人か、多数かによってランクづけられ、自由の意識の三つの段階を代表している。自由の意識の相違から、ヘーゲルは、ゲルマン諸国家は「近代国家」、ギリシアやローマの帝国は「中世国家」、そして東洋の諸国は「古代国家」で「未開国家」と呼んだ。*Lectures on the Philosophy of History*, tr. J. Silbree（New York, 1956）参照。

（8）再版『全集』第五巻、二九一～四八二頁。

（9）例えば、「概括的闘争時代観」『全集』第八巻、一九二二年、一一一～一一九頁。「近代支那の文化生活」同右、一九二八年、一二〇～一三九頁。「支那近世史」同右、第一〇巻、一九四七年、三三五～五二二頁。

（10）内田の経歴の簡単な説明については、次の文献を見よ。西田直次郎「内田先生」内田銀蔵『日本経済史概要』創元社、一九三九年、一三〇～一三四頁所収。内田の内藤への影響については Tam, pp. 265-268 を見よ。

（11）例えば、「清朝衰亡論」『全集』第五巻、一九一二年、一八七～二九〇頁。

（12）曾村保信「大陸政策におけるイメージの展開」篠原一・三谷太一郎編『近代日本の政治指導——政治家研究』第二巻、東京大学出版会、一九六五年、二七六～二八五頁。

（13）「支那論」『全集』第五巻、三一三頁。

（14）同右、三六九頁。

（15）Marius B. Jansen, *The Japanese and Sun Yat-sen*（Cambrige, Mass., 1954）; Carmen Blacker, *The Japanese Enlightenment: A Study of the Writings of Fukuzawa Yukichi*（Cambridge, Mass., 1969）; Kenneth B. Pyle, *The New Generation in Meiji Japan: Problems of Cultural Identity, 1885-1895*（Stanford, 1969）.

（16）内藤は一九一一年に早くも支那における連邦制の可能性について言及し、共和制を主張した。内藤乾吉「支那時局と新旧思想」『全集』第四巻、四八八～四九四頁。後に彼は「変改した連邦制度」という言葉を作り出したが、その意味するところは、「異常な共和国体制」であった。同右、第五巻、三二八～三二九、三八〇頁。

(17)「支那に帰れ」『全集』第八巻、一九二六年、一七八頁。
(18)梁啓超『飲冰室合集』第五巻、第二三号。梁漱溟『東西文化吃之哲学』上海、一九二一年。
(19)『全集』第八巻、一七六頁。
(20)同右、一七一～一八一頁。
(21)同右、一七八頁。
(22)同右。
(23)「支那の政治」同右、第四巻、一九一六年、五六七頁。「支那国是の根本義」同右、一九一六年、五二八～五三〇頁。
(24)「支那将来の統治」同右、第四巻、一九一六年、五三九頁。
(25)「支那に帰れ」同右、第八巻、一七九頁。
(26)「支那将来の統治」同右、第四巻、五三五頁。「支那時局の私見」同右、一九一六年、五四七～五五二頁。
(27)「袁氏の失敗より得べき教訓」同右、一九一六年、五八八～五九三頁。
(28)「支那現勢論」『全集』第五巻、一九一四年、四六六～四六七頁。
(29)例えば次の論文を見よ。「支那の忠告者」同右、一九二一年、一四二一～一四五頁。「支那の国際管理論」同右、一九二一年、一五六頁。
(30)同右、一四三頁。
(31)同右。
(32)同右、四八三～五四三頁。
(33)特に第三章に見られる。同右、五〇八～五一六頁。
(34)「地勢憶説」同右、第一巻、一八九四年、一一七～一二五頁。「序論」『近世文学史論』同右、一八九七年、一九～一二三頁。「贈渡米僧序」同右、一八九三年、三四三～三四五頁。「重贈渡米僧言」同右、一八九三年、三四六～三四八頁。「日本の天職と学者」同右、一八九四年、一二六～一三三頁。
(35)同右、二一、一一八～一二〇頁。
(36)「支那学変」同右、三五七頁。
(37)「序論」同右、二二頁。同様の指摘は「地勢憶説」同右、一一八～一二〇頁。

(38)「序論」同右、二二頁。
(39)「新支那論」前掲書、五〇九頁。
(40)同右、五〇八頁。
(41)「日本文化とは何ぞや」『全集』第九巻、一九二二年、一四頁。
(42)同右。
(43)政治的自覚については、「聖徳太子」同右、一九二四年、五二～五七頁。政治的自覚と文化的自覚の対照については、「日本文化とは何ぞや」同右、一四～一五頁。
(44)「日本の天職と学者」前掲書、一二六～一二七頁。
(45)「所謂日本の天職」同右、第二巻、一八九四年、一三一～一三三頁。
(46)「贈渡米僧序」前掲書、三四五頁。
(47)「民族の文化と文明とについて」『全集』第八巻、一九二六年、一四〇～一五三頁。
(48)「新支那論」前掲書、五二六頁。
(49)同右、五〇九～五一〇頁。
(50)同右、五一七～五二四頁。
(51)「支那の国際管理論」前掲書、一五三～一五八頁。
(52)例えば、「清国改革難」『全集』第三巻、一九〇〇年、二八三～三〇四頁。
(53)「支那の国際管理論」前掲書、一五四、一五八頁。
(54)同右、一四四、一五六頁。
(55)「支那国是の根本義」前掲書、五三一頁。
(56)「支那将来の統治」前掲書、五四六頁。
(57)同右、五四五頁。
(58)「支那に帰れ」前掲書、一七九頁。
(59)「支那時局と新旧思想」前掲書、四九一、四九四頁。
(60)「新支那論」前掲書、五一六頁。

(61)「支那問題関係者の箴戒」『全集』第三巻、二五九頁。
(62)「支那時局の発展」同右、第五巻、一九一一年、四四六～四四九頁。「中華民国の承認について」同右、一九一二年、四五〇～四五五頁。
(63)袁世凱は「八方美人の男」、「便宜主義者」、「信念なき政治家」、「反動」、「支那人を忘れさせようとする罪深い政治家」、「世界人類の公の敵」と見なされ、袁の成功は、父老たちから明確な支持を勝ち得た結果に他ならないとされた。内藤は、「支那論」以外に袁批判を次の論文で展開している。「支那現勢論」前掲書、四六二～四六八頁、「革命の第二争乱」同右、一九一三年、四六九～四八二頁。
(64)池田真「内藤湖南の袁世凱論」『立命館法学』第四四巻、一九六三年、五〇一～五〇四頁。
(65)「支那論」『全集』第五巻、二九五～二九六頁。
(66)「日支交渉論」同右、第四巻、一九一五年、五一六～五二三頁。この論文は、二十一カ条要求の原文を検討した後、最初に書かれたものである。「要求」が公表される前の「交渉」についての彼の見解は、次の論文を見よ。「対支交渉問題」同右、一九一五年、五〇五～五一〇頁。「日支交渉を論ず」同右、一九一五年、五一一～五一五頁。
(67)「対支交渉問題」前掲書、五〇八頁。
(68)「日支交渉論」前掲書、五一六、五二一～五二二頁。
(69)「見当違ひの排日」『全集』第五巻、一九一九年、五七～五八頁。「支那の排日論」同右、一九一九年、六一～六九頁。「新支那論」同右、四八九～五〇〇頁。
(70)同右、五三三～五四三頁。
(71)例えば、次の論文を見よ。「迂謬なる非戦論」『全集』、第三巻、一九〇三年、五六五～五六八頁。
(72)この時期、内藤は支那で起こりつつある時局の展開に追い付けなかった。満州国の建設のような大事件でさえも、彼は友人の矢野仁一を通じて知らされた。三田村、前掲書、注(1)、二二〇頁。
(73)同右、二二一頁。
(74)三篇の漢詩は、一九三二年五月一八日に作られた。それらは内藤の政教社時代からの友人で、犬養の忠実な弟子となった古島一雄をつうじて、犬養家に届けられた。鷲尾義直『古島一雄』日本経済研究会、一九四九年、七九九頁。
(75)「犬養首相の事々も」『全集』第六巻、一九三二年、二四九～二五〇頁。

（76）「満州国建設について」『全集』、第五巻、一九三一年、一七〇～一八〇頁。「満州国今後の方針について」同右、一九三三年、一八一～一八五頁。
（77）同右、五一四頁。
（78）「所謂日本の天職」『全集』第二巻、一二七～一三五頁。
（79）例えば、「交戦地域の拡張」『全集』第四巻、一九〇五年、一四四～一四五頁。

第十章　石橋湛山と二十一カ条要求

岡本俊平

一　はじめに

一九一四年八月、世界大戦が欧州を巻き込んだ。欧州列強が一時的に極東を無視せざるをえなくなった状況に乗じて、日本はその地域に対する戦後の国際的競争を予期して支那における自らの指導的な立場を確保をする行動に出た。この目的に向けて、一九一五年一月、日本政府は支那政府に対して広範囲に及ぶ二十一カ条要求を突きつけたのである。

ほとんど例外なく、日本の世論は二十一カ条要求を是認し正当化した。批判的な声が聞かれる時でさえ、それらは政府の交渉の不手際に攻撃が集中した。当時のいわゆる「支那通」も一般民衆のもつ是認的な態度を共有し合っていた。例えば、吉野作造は二十一カ条要求は日本が国家的生存のために必要とされる「最小限のもの」であると書いているほどである。日本と西欧列強および支那との関係を考察しながら、彼は政府は交渉のための「頗る好適の時機」を選んだと判断した。そして、要求は全体として支那における日本の将来の発展のために「極めて適した処置」であったと主張し、吉野は第五号［七カ条からなる］の撤回は「甚だ遺憾」であると結論した。

しかしながら、二十一カ条要求を支持する吉野の積極的な主張は、日本の大陸への拡大を唱道した人々の余り思慮深くない意見とは異なっていた。彼は日本と支那との関係に絶えずつきまとう「理想的ノ政策」と「実際上ノ必要」の間の矛盾に気づいていた。日本にとっての理想的な支那政策は独立国家としての支那の健全な発展に寄与すべきものであると吉野は信じた。不幸にも二つの要因のために、そうした政策を日本は実現できなかった。一つは支那における列強の帝国主義的野心であり、他方は支那固有の政治的自律能力に対する疑念であった。列強が権益の領域拡大のために相互に競合し続ける限り、そして国内の混乱が支那の健全な政治的統合を妨げ続ける限り、隣国日本は極東における立場を守るために二十一カ条要求のような最小限の防御的政策を追求せざるをえないだろう。二十一カ条要求を支持する吉野の議論は「理想」と「実際」のディレンマに対する高度に相反する感情をさらけ出していた。それにもかかわらず、彼が支那に対する帝国主義的抗争への日本の参加を不可避の必要条件として進んで受け入れようとしていたことは否定できない(1)。

こうした二十一カ条要求に対する国内的な反応の文脈では、『東洋経済新報』の石橋湛山は顕著な例外として目立っていた。彼は最後まで主義として政府の行動に反対した。彼は『中央公論』に掲載された支那政策に関する吉野の論文をよく知っていたが、吉野が示した苦しい曖昧な言葉遣いのある問題について長々と考え込むことはしなかった。かわって、石橋は支那における日本の帝国主義的拡大にすべて反対する立場をとった。

大隈内閣が蒙古や満州問題の根本的な解決を求めて支那政府に圧力をかけ続けているという噂を聞くや、石橋は日本の要求の詳細を直接には知らなくても、そのことが日本にとって「容易ならぬ問題」をもたらすだろうと推測した。彼は満州を永続的に占領下におくという日本の野心に気づいていた。そして彼はまた、支那における最近の革命的な混乱が欧州における戦争とあいまって日本人を大胆にし、満州を越えて蒙古へと進出する野心を抱かせてきたこともわかっていた。そのような感情に支持されて、日本政府は参戦し、青島を占領した。これらの展開から考えて、石橋が政府が支那から新たな領土の割譲を要求するに際して「愚策」に乗り出したと結論したことはまったく道理に適っていた。

石橋は、国際関係における「道徳」と「功利主義」の二重の信念から彼の議論を引き出し、そのような行動に反論した。彼は国際関係においても「直《まつすぐ》」と「横道《よこみち》」の二種類の行動があると主張した。「横道」の行動は強さを意味しているように思われるが、結局、それは弱いものであった。というのは、国家間の行為において、正義が究極的な勝者であったからである。不正義はそれがもとで生じる身近な犠牲者のみならず、「世界の感情」の反撃によって破滅させられるにきまっていた。石橋によれば、このことがロシアが満州を失い、より最近ではドイツが青島を失った理由であった。決して日本は第二のロシアやドイツになるべきではない。

さらに、石橋は経済的な見地から、支那における日本の独占的な権益の拡大は無益であると主張した。日本は支那における自らの権益を拡大するのに成功するかもしれないが、日本は新たに獲得した権利を現実に利用するのに必要な資源を欠いているがゆえに、何ら実際上の利益にはならないだろう。石橋は支那が列強の投資に開放されている限り、支那と日本は最大の受益者になるだろうという楽観的な見解をもっていた。石橋は日本は自らの利益のためだけに支那の繁栄を望まなければならないと一貫して功利主義的な態度で結論づけた。日本は支那に対するいつもの「恩恵を施すような」――イソップ物語の羊に対する狼の――態度を放棄しなければならないし、究極的には支那の繁栄を自らの利益と見なす「功利一点張りの」政策を採用しなければならない。

石橋は一九一五年の日支条約を「根本的に大失敗」であると非難した。彼にとって、二十一カ条要求は日本の持続的な帝国主義政策の単なる直接的な表明にすぎなかったし、彼はそれが支那と日本の紛争の基本的な原因であると考えた。それゆえ、彼は日本が獲得したすべての領土や権利や利益の支那に対する早期の返還を唱えた。彼は自国民に支那人民を軽蔑するのでなく、支那の独立を尊重するように忠告した。そのような支那に対する態度は当時ではユニークであったが、彼は二十一カ条要求に対する自らの反対は「宿論の実際適用」にすぎないと断言した(2)。石橋はいわゆる「支那通」の一人ではなかった。彼はいかにして吉野作造を含めてほとんどの支那通の見解とは明らかに異なるこれらの見解をもつようになったのであろうか。彼の「宿論」はいかなる個人的な知的基礎の上に立っているのであろうか。

二　彼の環境

石橋は一八八四年、日蓮宗の住職の息子として東京で生まれた。翌年、彼は山梨県の父の新しい転地先に移り、そこで一八歳で中学校を卒業した。最初の五年間、石橋は住職の家族は寺に居住すべきでないという日蓮宗の慣例に従って、父と別れて母とだけで暮らした。六歳の時に石橋は寺にいる父と一緒になった。彼の父は子の養育について独特の哲学をもっていたので、四年後に石橋を遠く離れた寺の同僚に世話と教育を一任した。その後、石橋は両親とほとんど会うことなく、日蓮宗の修練者として少年時代のほとんどを過ごした。これらの感じやすく、辛い年月の間、彼は日蓮宗の教えによって育てられたが、そこでは福音伝道と圧迫への精神的抵抗が強調された。すでに中学校時代に、石橋は「何かしら宗教家的、あるいは教育者的職業」につきたいと願っていた(3)。

しかしながら、石橋は単純に盲信する日蓮宗の信者ではなかった。中学校時代に、彼は二度落第をしたが、そのことが皮肉にも彼を札幌農学校のウィリアム・S・クラークの第一期生であった大島正健という校長の下で最後の二年間を過ごさせることになった。回顧録で、石橋は自分は大島校長を通じて「クラーク博士の孫弟子」になったと書いている。クラークの民主主義的な教育哲学と開拓者精神は石橋にとって「一生を支配する影響を受け」「社会の教師たる心構え」となった。彼の変わらぬキリスト教への関心が彼に大学時代に英語で聖書を読ませ、後の著作に聖書の諸節を引用させることになった(4)。

「社会に具体的に役立つ仕事」をすることを願って、石橋は中学校卒業後、医学と宗教の職業を結びつけようと心に決めた。その目的のために、彼は第一高等学校の入学試験を二度試みたが失敗した。結局、一九〇三年、彼は哲学を勉強するために早稲田大学に入った。一九〇七年、彼は首席で文学部を卒業し、大学の卒業生プログラムで宗教研究のための一年間の奨学金が与えられた。石橋は大学時代にシカゴ大学でジョン・デューイの下で研究した哲学教授の田中王堂に深い影響を受けた。石橋は田中教授によって「初めて人生を見る目を開かれた」と回想している。「もし私の物の考え方に、なにがしかの特徴があるとすれば」「主としてそれは王堂哲学の賜物である」と彼は後年書いている。田中のプラグマティズムが学生の心に薄れることのない印象を残したということは石橋の思想を明らかに特徴づけている個人主義、自由主義、経験主義によって示されている(5)。

一九〇八年、石橋は明治の自然主義文学運動の指導者であり、早稲田大学の美学の講師であった島村抱月の推薦で新聞社に入社した。しかしながら、新聞記者になって、わずか八カ月後に石橋は兵役義務を果たすために軍隊に入隊したが、それは彼が大学に通うために延期されていたものであった。石橋は兵営生活は「社会の縮図」であり、「教育機関」であったと述べている。軍隊生活は彼が思っていたほど野蛮なものではないことがわかった。彼は規律と清潔さに好意的な印象をもった。個人と社会の間の有機的関係への彼の信念に照らして、石橋は陸軍の野外要務令の『独断専行』の綱領をとくに評価した。彼はその綱領は強力な団体生活が個々の構成員の最大限の貢献に依存していることを説明し尽したものであると断定した。彼は、綱領は「真の団体主義は個人主義に立脚しなければならぬ」ということを最も明白に示したものであると考えた。軍隊の規則は、石橋が解釈するように、個人から自由を奪いはしなかった。反対に、規則は個人の自由に依存していた。石橋の少年時代は日清戦争に時期的に一致しており、そのことが若者の間に職業軍人の経歴の魅力をかなり増大させていた。しかし、彼自身は決して職業軍人になりたいとは思わなかった。恐ろしい戦闘訓練が彼の反戦感情を強めた。「戦争のことを決して軽々しく考えるな。自分がそうする時はいつでも、自分自身や自分の身近な家族が飛び交う弾丸の中を突進するところを想像せよ」という考えが彼の反戦的な議論の効果的な部分となった(6)。

軍隊を除隊し、石橋は一九一一年一月に東洋経済新報社に入社したが、それは三五年間続き、一九四六年に社長として退職し終えるまで、彼の編集記者歴の中心的な舞台を提供した。しかしながら、初め石橋はその経済誌の記者として採用されたわけではなかった。彼の最初の担当は社会、思想評論の月刊誌『東洋時論』を編集することであった。この若き記者はその出版社の入社面接に論文、「福沢諭吉論」を提出した。あいにく、その内容はもはや知られていないが、石橋が福沢を非常に尊敬していたことは福沢に関する数編の論文から明らかである。彼は明治維新以来の日本思想史において最も際立っていると思った四人のなかで第一の人物として福沢の名をあげた。他の三人は板垣退助、坪内逍遥、島村抱月であった。[7]福沢の思想に「幾多の欠点」や「可成りの偏見」を見出しながらも、石橋は彼を常に自己を中心にして考え行動するがゆえに高く評価した。こうした思想や行動の個人的原理を日本国民の問題に適用することによって、福沢は日本固有の必要性に従って西欧文明を再解釈した。石橋は近代日本への福沢の最大の貢献は「独立自尊」の精神を奨励したことであったと信じた。この若き批評家は、批評家は自分自身が実行できると確信のある考えのみを主張すべきであるという福沢の戒めに従い、彼を生涯の模範とした。[8]『東洋時論』は売れず、一九一二年十月に廃刊された。『東洋時論』の部員は『東洋経済新報』に併合され、石橋は経済記者として新たな経歴を開始した。

松尾尊兊らによって広範囲に論議されてきたように、[9]『東洋経済新報』はロンドンの『エコノミスト』をモデルとして、一八九五年に経済的自由主義論者の町田忠治によって創刊された。日露戦争後、植松考昭と三浦銕太郎の編集者の手腕の下で、この雑誌は急速に変化する政治的、社会的動向の最前線に立つようになり、政治的自由主義の原理を唱え始めた。若き編集者たちはともに石橋の母校の前身である東京専門学校の卒業生であった。彼らは「反藩閥政府」と「反官僚支配」を唱えた。国内政治においては、この雑誌は元老政治に代わるもの、軍の文民統制、政党政治の原理、普通選挙の即時採用および婦人解放を支持した。外交政策においては、彼らは帝国主義的拡大に対する反対の一部として軍備増強に抵抗した。

一九一〇年の三月五日号の社説「支那畏るべし」において示されているように、『東洋経済新報』は支那の発展に重大な関心を払った。支那がもつさまざまな利点、例えば人民の優れた資質、巨大な領土、天然資源の豊富さなどを指摘しながら、この雑誌は支那は、ひとたびその政治意識が十分に目覚めるならば、「歴史上未曾有の大國」になるだろうと主張した。編集記者たちは自己改革に対する支那の能力について楽観的であった。『東洋経済新報』は当初から一九一一年の革命を広範な人民的基礎をもった運動として定義した。明治維新と同様に、それは東洋文明と西洋文明の接触から現れたのである。歴史的、政治的、経済的、軍事的見地から、この雑誌は日本や他の外国列強による革命への干渉は有害かつ無益になるだけであると繰り返し主張した。『東洋経済新報』の執筆陣のなかには片山潜がいたが、彼は危険人物として絶えず警察の監視下にあった。その雑誌の反政府的な姿勢が時として官憲の妨害を引き起こした。『東洋時論』は創刊号そのものを含めて、二度停止させられた。石橋はとくに三浦と親しかったが、三浦は彼を絶えず個人的に激励し指導した。一九一二年十一月、二八歳で石橋は学校教員と結婚したが、三浦夫妻がその媒酌人をつとめた(10)。

理想的な家庭と職業環境に落ち着いて、石橋は経済学を独学することを始めた。彼は通勤電車で過ごす時間さえも無駄にすることを惜しんで、いつもセリグマン、トインビー、ミル、スミスおよびマーシャルといった著者の経済学の古典を読んだ。同時に、彼は政治や社会思想の広範囲にわたる研究も続けた。彼は自由主義、戦争、労働問題および婦人解放に関する主要な著作を次から次へと読破していった。彼のお気に入りの著者にはルソー、ホブハウス、ベーベル、アンジェル、ベルグソン、サンタヤナが含まれていた。彼の研究への熱中や仕事の自信、将来への大望がすべて彼の日記の中に生き生きと証言されている。政治的職業へのいかなる関心も放棄してから五年後の一九一四年四月十日に、石橋は政界に入る準備をして新たな哲学を樹立する決心をしたと書き留めている(11)。

三　彼の思想

「リベラル」は石橋湛山を評するのに今日最も一般的かつ適切に使われている形容詞である。彼自身は自分はすべての「主義」を拒否し、実際の生活に照らして自由に考える「自由思想者」であると主張した(12)。彼の全集の序文で、石橋は「明治末年の私は、因習を破り新時代を開くことに夢中であった(13)。明治四十年代から大正のはじめに至る間に書いた私の文章も、この主旨のものがもっぱらである」と回顧している。彼がいう「因習」と「新時代」と言っているのはどういう意味なのか。彼はいかにしてそれらを識別したのか。当時の石橋の反形式主義的な思考過程は彼自身の「徹底的の自己観照」という語句によって要約されよう(14)。

石橋は人生を各個人が自己を完成させる過程として定義した。自己は絶えず変化する一群の欲望である。人の絶えず進展する欲望の満足はすべての人間の思想と行動の動力である。そうした満足は人生の最初でかつ最後の目標である。倫理、宗教、哲学、経済および政府のすべての理念や制度は個人の欲望の満足を促進する手段として人間によって工夫された。道徳、社会および国家は各人の欲望を十全に実現するために創りだされたのである。個人は孤立のなかで完全な人生を送ることはできない。つまり、共同生活がすべての人間にとって第一次的なものである。道徳規範、社会形態および国家制度は共同生活を規律する必要の結果として出現したのである。しかしながら、人間の欲望は絶えず変化するので、かつて個人の欲望の実現に仕えた理念や制度は時間の経過とともに時代遅れとなっていく。それらが新たな欲望を十分に満足させようとするならば継続的に改革されなければならない。個人は一緒になって国家を創設し、共通の目的のために自らを国民へと結合させていく。彼らは「国民」と呼ばれる超越的な実体として存在するためでなく、個人として生存するためにそうするのである。それゆえ、国家が変化する個人の欲望の満足を妨げるならば、国家は改造されるか、破滅を被るかのいずれかであるにちがいない。同じことが道徳にも当てはまる。道徳規範は個人の欲望を満足するために存在する。つまり、個人は一定の道徳規範が維持されていくために生存するのではない。

かくして、石橋のいう「自己観照」とは、個人の変化する希求を感得し、それらの希求に関連する現存の理念や制度を再検討し、新たな欲望の満足に必要な改革に着手する不断の実践的な努力を意味していた。彼の自己観照は現実の生活の改善に向けられている以上、彼は傍観者や現実逃避者の態度をとることはできなかった。彼は改革の実践的な効果に関心があったので、空虚な形式主義や誤った抽象的観念や宣伝に従うことはできなかった。石橋の自己観照は利己心に源を発していた。彼は各々の思想や行動は自己に対する関心から生じるべきであると強調した。しかしながら、こうした利己心は偏狭であったり、反社会的であったり、また盲目的であってはならない。そもそも彼は最大かつ永続的な結果でもってのみ終わる利己心の完全な満足を主張したがゆえに、一人の人間の目標は他の人間の利益と一致しなければならない。石橋の個人主義は社会的環境を無視して小さな主観的世界に閉じこもることを許さなかった。個人と社会は有機的かつ不可分に相互に関連しあっているという考えに基づいて、石橋の個人主義は継続的、実践的な社会改革の必要性を強調した。彼の個人主義は十全な、進歩的な社会的関心に根差していた。要するに、石橋は幸福の自己中心的な追求が人生の究極の目標であると公然と主張した。すべての理念や制度はそうした究極的だが変動する目標を実現するための単なる手段にすぎなかった。絶対的な道徳も神聖な国家もいずれも存在しえなかった。個人の幸福の諸条件は時間や環境とともに変化するがゆえに、それらを充たす手段は絶えず修正されなければならない(15)。

こうした基本命題から、石橋は明治時代の重要性と日本の近代化の諸段階について考察し続けた。彼にとって明治維新以降の五十年は正と負の両方の遺産を次の世代に伝える未完の革命の過程であった。彼は日本の帝国主義的発展は明治時代の真の達成事ではないと信じた。その軍事的な海外への拡大は日本が西欧の侵出に対抗して国家的独立を維持していくために採らざるをえなかった一時的な政策の結果であった。台湾、樺太、朝鮮の獲得と支那本土の権益は日本の国家を強力にし、主要な帝国主義的列強の一員になることが認められた。しかしながら、日本国民は絶えず増大する軍事上、国防上の要求の下で苦しんでいた(16)。確かに石橋はこうした国家中心の「富国強兵」政策の成果は明治時代の真の達成事と考えることはできないと主張した。石橋は明治時代の栄光は天皇が御誓文や帝国憲法と国会開設のために用意された他の詔勅のなかで繰り返し宣布した「デモクラシーの大主義」に基づく政治的自由の発展のなかに見いだされるべきであると強固に主張した(17)。

明治時代の中央集権化と国防の差し迫った必要性が官僚的専制主義と偏狭なナショナリズムの台頭をもたらした。結果として、人民の意志による政治の理想は十分な実現に到達することができなかった。しかしながら、明治時代は結局、過渡期であった。時代の要求は絶えず変化した。それゆえ、大正時代の大きな事業は前の時代の必要性は満たしたものの、今や時代遅れになり、負の遺産となった政治制度を改革し、その社会的結果を克服することであった。もしこのことがなされるならば、日本は明治時代の正の遺産、つまり民主主義の政治を十分に実現するだろう。また、そのような国内改革が「国権伸長主義から内治主義に、奔馬の勢を以って移り行きつつある」世界の変化する動向にも一致するというのが石橋の信念であった[18]。

国内政治においては、石橋は残存する寡頭政治の為政者たちの支配を明治時代の最大の負の遺産と考えた。政治の形式が何であれ、彼は「最高の支配権」は全人民に存在しなければならないと論じた。代議政治は「全人民の主権」を行使する最良の手段であった[19]。大正の政治的風潮の混乱のなかに、石橋は時代遅れの政治指導者たちが自由を求める人民の要求に応えることのできない明白な証拠を見てとった[20]。彼は寡頭政権力の継続的な衰退と政党の優位を見て喜んだ。しかし、「憲政擁護、閥族打破」というスローガンは彼を満足させなかった。石橋は政治的変革それ自身が目的ではなく、徹底した変革と人民の熱望に具体的に応じられる「善政」の確立を望んだ[21]。

事実、石橋は支配派閥との取引と妥協の前歴をもつ既存政党にはほとんど期待しなかった。彼は大正初期の政治を同じ年老いた役者たちが少し違った舞台で演じるおなじみの劇場の出し物にたとえている。彼は第二次大隈内閣を同じ懐疑主義でもって眺めた。つまり、いくつかの仰々しい声明にもかかわらず、後者は国内や対外のいずれの問題においても革新的な政策を採用しなかったのである。このように思い、石橋は彼の母校の創設者に対して感じた個人的敬意を押し退け、大隈内閣を批判するに際していかなる言葉も容赦しなかった[22]。英国の政治史からの例を引いて、彼は政党政治が専制政治に堕落しうることを警告した。こうした危険性はとくに日本において深刻であった。日本では厳しく制限された選挙制度が三三・五人中わずか一人の男性に投票を認めていたにすぎなかったからである。さらに悪いことに、そうした少数の投票人口は国民の間のさまざまな社会階層を公平に代表していなかった。選挙制度は圧倒的に地主の利害に有利に働いた。こうした状況が続く限り、石橋は議会政治のいかなる健全な発展も期待できないと論じた。それゆえ、彼は第三の代替政党とそれをもとに国民の要求に常に反応する政府を創設する唯一の手段として普通選挙の早期採用を強力に主張したのである[23]。

対外関係においては、石橋は明治時代からの最も重荷の遺産は間断なき軍事的な海外への領土拡張主義の政策であると信じた。人の真に内面的な感情が思想と行動を決定しなければならないと強調して、石橋は自国民の「自己を失える至誠」や「挙国一致」の精神を公然と軽蔑した。彼にとって、そのような国民的特性は日本の国民がいかに思慮がないかを示していた。つまり、それらは国民の長所ではなく、欠点と見なされるべきであった。忠君愛国の自発的で真実の発露と一般的に言われている明治天皇の崩御に対する全国民の慟哭を考察して、石橋は国民が「錯乱顚倒の気味」であると書き、いかにして「心の存在なく自己を失える」人が真に忠誠心もち、愛国心をもつことができるのかと反問している。(24) むしろ、彼はそのような盲目的な行為は単に形式主義を奨励するにすぎないと嘆いた。彼は政府内外の多くの日本の指導者たちを公然とあざけった。というのは、彼らは天皇の残された真の国家的事業の実現に再び献身する代わりに、天皇を記念した木造兼石造の神社建設の計画に奔走していたからである。天皇の崩御に対する哀悼の意を表すために、仏教各派の指導者たちは政府に「三日乃至五日間、殺生」禁断の令を発布するように請願した。一方、劇場の興行主のなかには自発的に数日間営業活動を一時中止した者もいた。石橋はこれらの忠誠心の行為を「迷信」、「無智愚昧な」行為と呼んで、人々に「資本家」の「無益なる行為」のために重要な賃金を失っている貧しい労働者の状況をよく考えるように力説した。(25)

また、石橋は日本国民のいわゆる「挙国一致」の特性が自由討議の精神を圧迫し、思慮なき多数者に少数者を異端者や反逆者として沈黙させることを許し、それによって問題をよりよく理解し、真の責任感を創造する貴重な機会を国民から奪っていることを嘆いた。石橋はこうした理由で日清戦争や日露戦争の時期に何ら重要な反戦運動が生じなかったという事実を遺憾に思った。もし両戦争が「挙国一致」の興奮によって推進されたのではなく、むしろ戦いの賛否両論に関する持続的な公開討議をともなっていたのであれば日本人は戦争の意義や目的をよりよく理解しただろう。(26) 彼はかつて「馬が皆声を揃えてヒヒンと鳴くような」と描写したほど日本国民の「挙国一致」を強く嘆き悲しみながら、(27) それを国民的な欠点とあからさまに酷評した。当然、石橋はこうした特性の最悪の現れを外部の世界に対する日本人の態度に見た。新しい時代の到来にもかかわらず、人々は過去の日本に奉仕した因習的な「偏狭な国家至上主義」に依然としてとらわれていた。変化する動向に気づかず、人々は依然として「大日本主義」の信条に執着していた。日本には一つも「小日本主義」や「反帝国主義」を標榜する政党がなかった。盲目的な献身でもって、人々は近年の過渡期に日本が採らねばならなかった軍事的領土拡張主義の政策をあたかもそれが国の永続的な行動の進路でなければならないかのごとく支持していた。今や時代遅れの信条によるこのことの国内的影響が「武断政治家」の台頭の促進と重税の負担の認可であった(28)。

こうした因習的な態度にとらわれた日本人を解放しようとして、石橋は根本的な問題、すなわち日本が海外に領土拡張する真の必要はあるのか、それは本当に日本に利益をもたらすのか、と問うた。石橋は天然資源の不足、人口過剰および国の安全といった日本の海外への領土拡張を支持する通常の説明すべてを根拠のないものとして論破した(29)。日本人移民に対するアメリカの差別をめぐる全国民的な興奮のさなかにあって、石橋は日本はいわゆる人口過剰や食料不足の問題を解決するための移民を必要としないと書いた。彼は国際的な緊張を引き起こす移民は中止すべきと力説した(30)。人々の関心を国内的な解決に向けようと努力して、石橋は産業化や貿易に基づく国内改善案でもって領土拡張を支持する因習的な論議に反撃した。例えば、統計の広範な利用によって、彼は未開発の島である北海道や樺太を開拓し、産業化することの可能性を証明した。これらの島が居住や経済にとってもつ十分な潜在力を実現するために、石橋は政府は海外植民地化や移民の無駄な資金を削減し、それらの金を北方の領土の急速な開発に投資すべきであると要求した(31)。

軍事的な海外への領土拡張論に反対して、石橋は日本の国家的な生存と繁栄を確保する最良の政策は国がもつ国内資源を十分に利用し、海外貿易によって不足分を補充できる独り立ちした工業国家として成長することであると主張した。こうした目的に向けて、日本は天然資源を欠いているので、豊富な人的資源に頼らねばならず、教育、労働、保健などの分野で広範な受益的立法を実施すべきである。かくして、石橋の国内改善案は不可避的に国防、軍事、海外開発費の削減を要求した(32)。同時に、日本のような貿易国家の利己心は日本が平和的な国際関係を維持し促進すべきことを要求していた。それゆえ、石橋は日本の領土拡大にすべて反対した。彼はそれを軍事費と国際的緊張の増大の最大かつ唯一の原因と考えたのである。これらの基本原理を日本と支那との関係に適用し、石橋は満州における日本の既得権益の早期放棄を政府に真剣に考えるように説いた(33)。

第一次世界大戦までには、「戦争は利益を生むものにあらず」という考えが石橋の確固たる信念となった(34)。それゆえ、欧州で戦争が勃発するや、彼は日本の参戦を阻止するために精力的なキャンペーンに乗り出した。彼は日本が欧州の戦争との関連で実行すべき唯一の責務はあらゆる外交手段によって戦闘が極東に波及することを防止することであると主張した。もし万一、日本が不運にもそうした努力に失敗するならば、日本は日英同盟に従ってイギリスと協力し、極東の交戦区域を最小限に限定し、その地域の戦闘をできる限り最短の期間に限定することに共同で努力すべきだろう。日本はこのことを越えて一歩も踏み出すべきでない。例えば、膠州湾の微々たるドイツの軍隊を攻撃することは日本の任務を越えた行動であろう。その他とりわけ、日本は支那における新たな権益を獲得するために、この戦争を利用すべきでない。石橋は戦争の到来を日本の発展の思わぬ幸運として歓迎し、日本の即時参戦を要求する人々を非難した。彼は、彼らは日本の国家を危険にさらし、国民の安寧と幸福を脅威にさらす獅子身中の虫であると主張した(35)。日本が参戦した後でさえも、石橋は政府の好戦的な行動に断固とした批判を続けた。同時に、彼は少数の策謀家たちが大きな富をなしている間に戦争が庶民にもたらす諸々の悲劇に対して読者の関心を呼び起こす諸論文を発表した。彼は山東への日本の軍隊の派遣に大失敗の烙印を押した。初めから石橋は日本の青島獲得に反対して警告した。彼はこうした行動は支那人民の怨恨と列強の猜疑心を招き、さらに極東の平和の基礎を脅かすだろうと信じた。さらに、青島を領有するならば経済や国の安全のいずれの見地からしても日本に利益をもたらさないだろう(36)。こうした重大時点に、石橋は日本政府が支那政府に対して不名誉な二十一カ条要求を押しつけたという噂を聞いたのである。

四　結　論

なぜ石橋は一九一五年、吉野さえも受け入れた支那に対する帝国主義的競争の普及した論理を克服することができたのか。二十一カ条要求に対する石橋の基本的な論破はとくに支那についての深い知識の結果ではなかった。むしろ、彼の独立した知性が基本原理に基づいてその問題を考え抜いたからである。こうした思考様式が彼の時代の日本の眼前の事業は未完の明治維新の真の目的を達成することであるとの結論に彼を導かせたのである。石橋は国民的な問題に対する解決として、そして現実生活の向上のために国内の改革と改善に集中するよう日本国民に説き、彼の国内的な提案を妨害するように思われた帝国主義に反対した。

支那に対する日本の侵略は少なくとも部分的には帝国日本の思慮なき誇りによって育成された好戦的愛国心のせいであるとしばしば述べられている。しかしながら、順序だった方法による自己観照という石橋の様式は彼に自国の欠点と未完の事業を鋭く気づかせ、かくして彼は隣国に対して増大する日本の傲慢さを共有せずにすんだのである。彼の自己観照は彼に支那の国民的覚醒に対して敏感にし、共感させた。そしてこうした態度が支那に関する彼の後年の著作の基礎となったのである。石橋のアプローチは、一方では成長する支那のナショナリズムへの彼の鋭い感受性と、他方では日本の侵略に対する歯に衣着せぬ批判によってしばしば他の人たちから区別されている。一九四五年以前の彼の人生と思想は対支那政策の政府の枠組みを共有しなかった者なら自らの立場を明確にしえたかもしれなかった点を示唆しているのである。

原注

（1）吉野作造『中国・朝鮮論』平凡社、一九七〇年、一一三～一一九頁。三谷太一郎『大正デモクラシー論』中央公論社、一九七四年、一五五～一二九頁。

（2）石橋湛山『石橋湛山全集』（以後『全集』として引用）東洋経済新報社、一九七一年、一巻、三九九～四一五頁。二巻、三一八～三三一頁。

（3）同右、一五巻、一六頁。一巻、六二一～六三六頁。

（4）同右、一五巻、一四頁。一〇巻、五二〇頁。

（5）同右、一五巻、四六～四九頁。判沢弘「田中王堂」朝日ジャーナル編『日本の思想家』所収、朝日新聞社、一九七五年、二巻、二六三～二七四頁。

（6）『全集』一巻、五三五頁。一五巻、六九～八五頁。

(7) 同右、二巻、四九九〜五〇一頁。
(8) 同右、二巻、四九二〜四九四頁。一三巻、五一三頁。
(9) 例えば、松尾尊兊『大正デモクラシー』岩波書店、一九七四年、六五〜九二頁。小倉政太郎編『東洋経済新報言論六十年』東洋経済新報社、一九五五年、三〜四六頁。大原万平『自由主義者――石橋湛山』石橋湛山記念財団、一九七五年、四〜五頁。
(10) 石橋梅子「思い出の記」長幸男編『石橋湛山――人と思想』所収、東洋経済新報社、一九七四年、四九九〜五〇一頁。石橋夫人はかつて三浦夫人の生徒であった。
(11) 『全集』一五巻、三四九頁。
(12) 同右、一三巻、五七七〜五八三頁。
(13) 同右、一巻、五〜六頁。
(14) 同右、六八頁。
(15) 同右、三〜一五、四〇〜四八、五八〜六三、一二五〜一三〇頁。
(16) 同右、二三一〜二三三頁。
(17) 同右、二三一、四八二〜四八四頁。
(18) 同右、二四一〜二四三頁。
(19) 同右、三四八〜三五三頁。
(20) 同右、三〇九〜三一七頁。
(21) 同右、三〇五〜三〇九頁。
(22) 同右、二巻、三一八〜三一九頁。
(23) 同右、一巻、三四五〜三四八頁。
(24) 同右、一一一〜一一三頁。
(25) 同右、二三二〜二三六頁。
(26) 同右、一一三頁。
(27) 同右、五〇〇〜五〇二頁。

(28) 同右、二四三〜二四四頁。
(29) 同右、二巻、一九二〜二一八頁。
(30) 同右、一巻、三五四〜三五七頁。
(31) 同右、二巻、一三七〜一四九頁。
(32) 同右、一七四〜一八五頁。
(33) 同右、一巻、二四四〜二四五頁。
(34) 同右、三六一〜三六三、三八二〜三九五頁。
(35) 同右、三五八〜三六一頁。
(36) 同右、三七五〜三八一頁。

第十一章　宇垣一成の対支観と支那政策

——一九一五〜一九三〇年——

池井　優

宇垣一成は戦前期日本における陸軍指導者であり、同時に政治的にも大きな役割を演じた人物であった。大正から昭和にかけての政界を、表舞台から裏舞台へと幅広く活躍したため、「政界の惑星」という異名を与えられることになった。宇垣の活動分野は、広く軍から政界へと及んだが、国民の注目を初めて集めたのは、最初の陸軍大臣任期中の一九二二年に陸軍軍縮を推進した時であった。一九二五年には、幣原喜重郎外務大臣の対支内政不干渉政策に反し、支那における内戦の結果を日本に有利に運ぶための裏工作を行ったこともあった。一九三一年、陸軍内の急進派が宇垣を首班とする内閣成立を目論んでクーデターを計画したが、結果として宇垣からの協力が得られず、失敗に終わった。しかし、より公的な形で首相への就任を要請されたこともあった。一九三七年には、天皇からの組閣の大命が元老西園寺を通して伝えられながら、陸軍の反対にあって組閣を断念せざるを得なかったのである。

宇垣の経歴を知ることは、戦前期の政治史研究のうえで極めて重要であると考えられ、宇垣研究を行ううえで第一級の史料である一九〇四年から一九四九年にわたる彼の日記が公刊されているにもかかわらず、宇垣についての研究は驚くほど少ない(1)。本章は、こうした研究史上の欠陥を補おうとする試みの端緒となることを目的としている。

本章では宇垣の対支観およびその支那政策を主として一九一五年から一九三〇年までに期間を限定して考察する。時期を限定する第一の理由は、まずその当時の外交と内政の流れに則して言うと、この期間は対華二十一カ条要求問題の解決の時点から満州事変勃発の前夜までに相当する。この間、支那国内は一貫して軍閥による内戦のもとにあえぐ一方で、日支関係において特に重要な歴史的意義を持ったパリ平和会議、ワシントン会議、張作霖爆死等の事件が生じた。また、この当時の日本の内政において、支那大陸との関係は最大の外交的争点であった。

第二の理由は、宇垣自身がこの一五年間に、その生涯で最も注目すべき経験を送った点が挙げられる。宇垣は一九一五年から一九三〇年の間において、ほとんど日本を離れることがなく、陸軍省と参謀本部の主要ポストを歴任しながら、軍事的、外交的利益の観点から支那問題について比較的冷静な観察を行った。しかし、一九三一年以降になると、軍人としては現役を退き、朝鮮総督に任官して政治の中枢を離れることとなる。彼の日記からは、ほぼこの時期から宇垣自身、権力への野心が膨らんでいったことをうかがい知ることができる。また陸軍の政治力の上昇に伴い、国内の権力争いにおいて陸軍の利益をより得ようという関心を強く抱くこととともなった。その結果、宇垣はその日記に支那について詳細に触れることがなくなり、それ以前の時期と比較検討することが困難な状況となっている。

一　宇垣の対支観を形成したもの

宇垣について考察する際に、彼が社会的出自および出身地において、政界や軍内部で有力であった薩長藩閥出身者とはほとんど共有するものがなかった点に留意することが重要である。宇垣は、備前（現在の岡山県）において、貧しい農民の両親から生を受けた。備前は、明治維新においてほとんど重要な働きを見せることのなかった藩であった。宇垣は、小学校の教員をしながら岡山の英学塾で英語を勉強したり、後に軍人になってからはドイツに留学するなど、教育の面においても特殊な経歴を有していた(2)。つまり、宇垣は、支那の古典、漢学、儒教といった伝統的に武士層が身につけていた教養に通じていなかったことから、多くの同僚とは違って、支那に対する文化的親近感を抱くことはなかったのである。

以上の要因、特に貧しい農家の出であったがために、立身出世を果たすまでには長い階段を登らなければならなかったことは、宇垣の強烈な野心を育てることになった。宇垣の野心は、彼の属した世代的な特性によっても強められた。すなわち、宇垣は、個人的には明治維新を経験していない明治第二世代の指導者であった。その世界観は、日清戦争、三国干渉、日露戦争によって形作られた。日本もまた、貧しい農民の子であった宇垣と同様、野心的とならねばならない条件下に置かれていたのである。

日露戦争によって日本は大陸への足掛かりを南満州に得た。しばしば、その権益は、十万の英霊と二十億の国帑によってあがなわれたという言い方がされた。この時期以降、「中国の問題は、わが国にとって、近代西洋の侵出の前に立たされた近代アジアの運命の問題ではなくて、むしろ一つの地理的・物理的な大陸の問題、領土の問題へと転化したのであり、そしてまた、中国問題は、明治の後半から大正の時代をくぐり抜けるにつれて、何よりも思想・文明の問題であるよりは、むしろ力関係によって支配される政治の問題へと転化していったのである(3)」。

宇垣は、一九〇四年に日露戦争に従軍するために召喚されたものの、一九〇二年から一九〇四年までと、一九〇六年から一九〇八年までの前後二回、四年間に及ぶドイツ留学を経験した。ドイツにおいては、欧州の外交と政治の実情を研究することに多くの時間を費やした。この留学中に宇垣は、パワー・ポリティックスの論理、すなわち国家間の生存競争として国際政治を捉えるという現実主義的な見方を身に付けた。「力は政治の唯一の指揮者である。有利なる機会に乗じて自己の勢力を利用せざる国家は自己に対して罪を犯すものである(4)。」宇垣は、ドイツ留学の往復の途上で、支那の各地に立ち寄る機会を得たが、そこで最も強く感じ取ったものは、欧州列強による支配の現実であった。とはいえ、宇垣は支那の苦吟する姿に同情を示すどころか、むしろ日本も支那をめぐる権益争奪戦に乗り遅れることのないように、これに参加すべきだとの考えを抱いた。したがって、宇垣は、「之れが第一の手段としては当路者は無限の宝庫たる揚子江沿岸の実況を邦人の脳裏に注入するにあり(5)」と論じた。

宇垣は、一九〇二年と一九〇六年の支那沿海部をめぐる二度の視察旅行の際に、支那は弱体化しており、列強によって収奪される以外にはない状態にあることを感じ取ったが、この認識は一九一八年春の支那訪問によって、いっそう強化されることとなった。この時宇垣は、段祺瑞政権との間でロシアに対する共同防衛を規定した日華共同防敵軍事協定を締結するために派遣されたのであるが、その際、内陸深く北京にまで足を踏み入れ、それまでの視察に比べ、より深い観察を行った。

しかし、これらの経験を通じても、宇垣は「陸主海従」という典型的な陸軍中心の考え方を絶対視する立場を変えようとはしなかった。宇垣は、その論拠として、第一に陸軍強化政策の遂行はロシア、支那に対してのみ脅威を感じさせるだけであるが、大海軍の建設は上記二カ国の他にイギリス、アメリカ、フランス、ドイツに対してまで影響し、世界的に日本に対する脅威感を醸成してしまう点を挙げた(6)。宇垣が「陸主海従論」の根拠として明示する第二の点は、今日では費用—便益計算と呼びうるものである。宇垣は「一艦に三千万金を投じて制作し而も其の保存期は十年内外との事なり。随分高価の国防費なり(7)」と論じ、海軍建設費用を産業投資に充てる方が有益であるとした。

最後に宇垣は、理想的な国家は必要不可欠な物資を自給自足できなければならないと考えていた。ところが日本は天然資源に恵まれず、領域が本国の範囲に限定されるならば、この理想の達成は望み得ない。そこで宇垣は、日本は経済的にも領土的にも海外に伸張しなければならず、またその方向は、当然の判断として、抵抗を招くことが比較的少ない朝鮮半島、支那、満州に向けられるべきであるとした(8)。

二　宇垣の対支観

まず宇垣の支那人およびその「国民性」に対する見方を検討することから始めたい。宇垣によれば、支那人は個人の利益の追求に没頭するあまり、国家の興亡について考慮することができず、いわんや自民族の前途について憂慮することなどできない民族とされた(9)。宇垣には、支那人はとりわけ尊大で自己中心的であると映っていた(10)。支那人の自負心を満足させるためのいかなる譲歩も、ただ単に支那人の対日軽視を増長させることになるので、日本としては支那人を矯正するだけではなく、支那人に日本の権威を認識させることが必要であるという。[11]日本の支那に対する地位を優越させる方法として、日本が支那と列強との間を斡旋することで、支那人に日本に借りを作ったと感じさせることも一策であると、宇垣は考えた。[12]また、支那人は強大な力の前には簡単に屈するものであると考え、日本が働きかける改革に対する支那人の反抗も、単に一時的なもので、さほど懸念することはないと論じた。[13]

宇垣は、支那人の国民性を以上のように把握していたのであるが、それでは支那の指導者についてはどのような捉え方をしていたのであろうか。宇垣の目には、その指導者もまた打算的で、将来入手しうる利益を計算した後に初めて行動するものであると映っていた。支那に生じてくる新勢力は、それが国内のいかなる政治的派閥に属していようとも、日本の存在を考慮することなしに政治を行うことはできない、そして宇垣の見方によれば、このことは支那の指導者らも十分に承知しているというのであった。[14]「彼等の四六時中の仕事は自己の地位の保持と聚財と豪奢を貪らんとするに在る。従って軍隊の如きも全く個人用のものにして前記欲望の達成に利用するに過ぎぬ。四百余州今や対外敵用国防用たるべき国家の軍隊は一隊も存せずと謂ふべきなり。[15]」

しかし、支那が日本のことを考慮しない限り、どのような行動もなしえないとした場合、日本にとって支那はいかなる存在となるのであろうか。第一に、政治的には、支那は、民族および指導者に、列強に対抗するだけの根本的な能力が欠けているので、予想しうる将来において独立を達成することはできないものとされた。それゆえ日本は、支那を列強の手から保護してやらなければならないが、そのためには支那の指導者を選別して支援し、日本の意思を尊重させることにより、支那の国力を日本の意思に従って行使させることが必要であるという。[16]

第二に、宇垣の支那に対する領土的計画は、日本の人口増大予測と結びつけられていた。日本の持続的な人口増加を予測した宇垣は、いずれ日本は殖民、移民のための土地を必要とするようになると考えていた。とはいえ、この目的のためには、日本の領土的要求は南満州と東部内蒙古のみで充足されうると見なしていた。宇垣は、これらの地域は日本の年々増加する五十万から六十万の人口を吸収する土地として不可欠というだけにとどまらず、支那人がこの未開発地域を発展し続ける日本国民に譲り渡すことは、その人道的義務であるとまで論じた。南満州と東部内蒙古だけで、その「面積は帝国の本土及新領土（台湾および朝鮮）を合したるものよりも広く而も其住民は一千万人を出でぬ。故に、此地方をして帝国と同じ密度は却て置き其二分一の密度たらしむるにも尚二千万人以上を収容せしむることが出来る。年々五十万人づゝ移住せしめても裕に四十余年間は増殖人口の始末をすることが出来る」。そして日本と同じ人口密度にまで発展させれば、一〇〇年間は容易に日本の過剰人口のはけ口となりえるという。「即ち帝国として遠き将来はいざ知らず未来百年間は之れ以上の領土的欲望を抱くは非理である。[17]」

第三に、宇垣の見解によると、日本の支那における経済的利益は、日本が天然資源に恵まれていないことによって決定づけられているという。つまり、日本は支那の原料を必要とし、同時に輸出品の販路としても支那市場は不可欠であるとされていた。「帝国の方では工業原料でも製品販路でも支那を除きては我工業も商業も成立せぬ。[18]」一方、宇垣は、支那にとっては日本との経済的関係を深めることは、それほどの利益となるわけではないと認識していた。例えば、日本との関係の緊密化により原料を売却することが多少容易になることや、製品が若干安い価格で輸入できることがあるぐらいで、日本への経済的接近の差し迫った必要性を支那側は感じていないという。「原料の対日輸出が自国製造よりも便利なりとか、日本製品輸入が自他の製品使用よりも有利であるとか、物によりては支那に製造せしめ之れに日本の智識と器械を入るるとか、就中当分彼等の欠乏を訴えて居る資本を十分に注入して行くことが彼をして対日関係の切実を感ぜしむるの基礎である。[19]」

宇垣は、支那人がどのような考えを抱いているかについて、日本が常に留意すべき点として、以下の五項目を列挙している。

一、原料対日輸出と他邦への輸出の利害関係
二、自国製造の成否
三、自国製造と日本製品購買の利害

四、日本が支那の製造に貢献すべき智識と器械に余力ありや
五、資本輸入に逡巡する原因と利害[20]

第四に、先に述べたように、宇垣は、支那の古典の影響に縛られることがなかったために、支那文化というものに対して、陸軍内の多くの同僚とは異なる見方をしていた。一九一八年に宇垣は、「支那国民を以て同文同種なるに依り吾人と親近易しと断ずは誤りの基なり。然り、同文同種たるには相違なきも二六時中五感に触るる処の衣食住の関係は寧ろ吾人よりも西洋人に類似の点多しとす[21]」と記している。しかし、翌年には日支の文化的、人種的な類似性が両国の親善を可能にすることを認めている。[22]

結論として、宇垣は「恩誼とか同文同種とか云ふ情義は利害の前には全く光輝なき（支那人の）国民性の常として必然なりと考へ得る。此等の辺を深く考ふるときは日本として支那と共に東亜の大局極東の安寧を維持せんとせば、是非共日対支間は上下の関係（当然、日本を上として）にならざる以上は完全を期することは出来ぬ[23]」と断じている。

三　宇垣の対支政策姿勢

宇垣は日本の国力と外交を次のように見る。宇垣が第一に重視するのは軍事力であるが、彼はこれを軍備と国民からの支持によって構成されるものとして、より広い視点から考察する。この二点について、日本には問題がないとされた。宇垣が第二に重視する経済力は、日本の場合は領土の狭小さと資源の乏しさによって、大きく制約されていると考えていた。この領土の狭さは、朝鮮半島、満蒙、支那といった抵抗の少ない地域への領土的拡張によって解決されるべきであるとする。宇垣は、日本のこのような拡張にとって、ソ連、アメリカ、支那が抵抗するであろう潜在的勢力であると考えていた。彼の表現によれば、「世界に於て国の前途のXに属せるもの三個あり。米露

支之れなり。吾人は此の3Xによりて包囲せられあり」[24]というのである。すなわち、日本の既定の政策であるアジア大陸への領土拡張に対するこれら三国の対応は常に未知の変数であり、日本は、いかなる行動に出るとしても、上記の三国の動向を注意深く見つめなければならないという。

宇垣の対支観が、その政策主張にどのように影響したかを知るための最も有効な方法は、一九一五年から一九三〇年にかけて生起した、対華二十一カ条要求に始まる一連の重要問題への宇垣の態度について調べてみることである。まず、宇垣は二十一カ条要求に反対することも、それを不都合なものと見ることもなく、むしろその要求はどこまでも正当で当然のものと受け取った。これは宇垣が、日露戦争以後に獲得した政治的、経済的な権益を条約によって確固たるものとすることが、日本にとって緊要であると考えていたためである。彼はまた絶好の機会を捉えて、こうした条約を締結することの重要性も十分認識していた。[25]

宇垣はこれらの要求自体を適当であると見ていたのであるが、要求は実現を見ないままに終わった。宇垣は、この過程で日本外交が犯した過失を以下のように非難した。

> 世界動乱の渦中に投じたるは第一の過失なり。須《すべか》らく厳正なる中立を維持して東亜の局面を支配し適時に戦争中止の救世主たるべきこと、日本をして偉大ならしむる要道なり。青島得喪の如きは末葉のみ。此問題の如きは戦争の経過中に支那をして処理せしむるも可なり。
>
> 対支要求の提出時機は青島陥落の直後たるを要す。之れが時機を誤りたる第二の過失なり。
>
> 偉大の人物を送りて問題の解決を荘厳迅速ならしむべきに策茲に出でず、過失の第三なり。
>
> 対手国の主権に関する大なる処の第五項問題を提出する前に確乎たる決意を欠くこと、過失の第四なり。
>
> 交渉最中に機宜を失して（悪いタイミングで）兵を動かす、過失の第五なり。
>
> 日本の正義を世界に公表し得べき重大関係ある青島還附を（二十一カ条要求をめぐって）行詰れる問題解決の資に利用したる浅薄なる行為、過失の第六なり。

最後に至るまで恋々として譲歩して断の一字を欠き、遂に東洋永遠の平和を確立せんとする目的に始まりし交渉も遂に支那の侮慢と怨恨を増長し近き将来に於ける禍根を移植したる、過失第七なり。

之を要するに昨夏（一九一四年）以来の外交は如何に贔屓目を以て視るも過誤失敗と認むるより外なし(26)。

このように宇垣は二十一カ条要求を誤った目標設定とは考えなかったものの、その処理における不手際を強く批判した。日本は第一次世界大戦の局外に立つべきであったのであり、そこで誤ったとしても、日本は獲得した権益を有利な立場を得るために利用すべきであったという。「千載稀有之好機を得て絶対優勝の実力を控へ開始したる日支交渉も、殆んど既定之事実を約《ママ》文上に現はすに終［ら］んとす。樽俎折衝の妙用何処に存するや。否、武と信とを潰したるに過ぎざるなり(27)」と、宇垣は一九一五年に記していた。

一九一七年十月のロシア革命は、同時代の世界中の政治家に与えたと同様に、宇垣にも大きな衝撃を与えた。ただし宇垣にとっては、それは特別な意味を有していた。すなわち、ロシア革命は、日本が北満州、シベリアに進出する絶好の機会となるとされたのである(28)。したがって、宇垣はシベリア出兵に全面的賛意を表明したのであった。

ところがボルシェヴィキが勢力を得たと見るや、宇垣の関心は、ロシア革命の進展が日支関係にいかなる影響を与えるかという点に移った(29)。宇垣は、とりわけソ支の政治的接近を危惧し、日本の採るべき対応策について参謀本部の幕僚との間で論議を重ねた。最終的に参謀本部は、共産主義の脅威に対抗するために段祺瑞政権との間に軍事同盟を締結することを策定し、宇垣は寺内正毅内閣によって交渉団の一員として北京に派遣された。宇垣は、日支間の反共協定締結のために一九一八年三月に北京へ赴き、その後二カ月間にわたって支那に留まることになる。こうして結ばれた日華共同防敵軍事協定は、宇垣には十分満足のいくものであった。この協定の主要事項は次の通りである。(1)共産主義への防壁としての日本軍隊の満蒙への駐兵権、(2)共同作戦計画立案のための両国軍事顧問団の交換、(3)兵器・資材の相互供給、(4)戦略地図の交換。結果として、この協定により日本は、支那の軍事力に対する管理と支那での影響力拡大のための基盤を得た(30)。

日本は、西洋列強が第一次世界大戦に専念せざるをえない間隙を利用して、対華二十一カ条要求や段祺瑞を中心とする軍閥政権へのいわゆる西原借款などにより、支那における地位を強化した。[31] しかし宇垣は、大戦後の支那の状況に、日本の地位に重大な影響を与えかねない大きな変化を見出していた。宇垣は、第一に、ソ連が革命後の混乱により、支那から手をひいている状況は一時的なものであるとして、ボルシェヴィキが権力基盤を確固たるものとした後の動向について憂慮を示した。第二に、宇垣は、イギリスのかつての絶対的優位は衰退し始め、今や自国の植民地を守るために、その国力のほとんどを傾注して現状維持を図らねばならない国になったと認識した。この観点から日本は支那、オーストラリア、他の植民地のイギリス権益に挑むことは避けなければならないと考えて、以下のように述べた。

英としては露独の現況に対しては当分印度に対する顧慮はない、従って日英同盟の成立の基礎的動機は消滅に近づいて居る。然るに両雄併び立たずの喩によりて英と米との今後の競争対峙も起り得べき要素がある。然るときは東洋における一大勢力日本を友邦とすると否とは世界少くも太平洋南洋上には権衡上至大の関係がある。今後の日英同盟の継続若しく日米接近の如きは此の意義より来りはせんか。[32]

第三に、宇垣はアメリカから非常に強い印象を受けた。彼は、「米国々力の偉大は今次の戦争に於て適確に証明せられたり」[33]と、率直な驚きを見せるとともに、その一方でアメリカの国民性については判然としないと述べて、この点について周到な注意が必要であるとした。すなわち宇垣は、アメリカ国民が本当に平和的国民であるのか、それとも実際は平和主義の美名によって仮装された好戦的国民であるのかについて結論が下せないでいたのである。しかし、一九一八年の上下両院の議会選挙での共和党の勝利は、後者の見方が真実であるとの根拠を、宇垣に与えた。[34] また宇垣は、アメリカ国民が自らと文化的傾向を異にする国民と調和しえるのかについても疑問を抱いていた。宇垣の観察によれば、アメリカのアジア政策には、自らの指導のもとでアジアの経済発展を達成させることと、アメリカ型の民主主義とその価値観とを浸透させることという二つの目標があるという。ところで宇垣は、アメリカには日本の君主制を侮蔑する傾向と、日本を民主主義の敵と捉え、アジアの民主化の妨害者と考える風潮があるとみていた。したがって、アメリカに対し日本の考え方を理解させる必要があり、仮に理解されない場合の方策をも考えておく必要があるという。(35)

宇垣は、大戦後新設された国際連盟を、国際社会の現状維持を謀る英米の動きであると見なしていた。彼は「聯盟其者の目的は平和の維持にある、換言すれば現状の維持にある。尚一歩を進めて云へば進取競争の抑制にある。而かも精神力と武力とを抑制して資本力は国際間に無制限に活動を許して居る」とし、(36)さらに「英米が国際聯盟によりて他邦の武力を封じ込み自家の長処たる資本主義を以て他邦を蚕食せんとす。軍国主義の征服と資本主義の蚕食と差違幾許もなかるべし(37)」と書いた。

第一次世界大戦終結後の時点で、宇垣は、国内の政争で混乱した支那を独立国として扱う必要はなく、またその意思や力を考慮することさえも必要ないと論じた。しかし、日本の力が国際連盟によって制約されたことが、支那に日本を恐れる必要はないという考えを植え付けたという事実を、日本は是非とも認識しなければならないという。(38)それでは、支那で燃え盛る排日運動に日本はどのように対処すべきだと、宇垣は考えたのであろうか。宇垣は、この敵対的行動は英米の煽動の結果であるから、この両国に、日本にとっての支那問題の重大さを認識させることが必要であると指摘する。(39)また彼は、反日的傾向を持つ、極東における英米資本の新聞を操作することも示唆する。(40)宇垣は、日本は支那の排日感情を、逆に反英、反米感情へと向けさせるために、英支間のチベット問題やアメリカの対支借款問題を、その手段として利用すべきだといい、(41)また支那の排日暴動に対しては力で対抗すべきであると論じた。(42)

次に、アメリカ、イギリス、フランスの援助により形成されつつあった対支新国際借款団についての宇垣の考えを見てみよう。これらの諸国は以下のような考慮によって行動していると、宇垣は見ていた。

一、個々の競争より生ずる紛糾を避け又支那人をして此の隙に乗ぜざらしめんと欲するに在る。
二、支那の国情に鑑みて個々投資の危嶮を恐れ強国合同の保護強制によりて支持せられんと欲するに在る。
三、共同組織によりて某一国殊に日本の優勝的に経済の支那に発展するを抵制（ママ）せんと欲するに在る。[43]

そこで宇垣は、仮に日本が共同借款団の投資対象から満州を除外させ、山東省における特殊権益を認めさせることに成功するならば、米英仏の最初の二つの目標は挫折することとなり、三番目の目標達成も不可能になるという。また彼は、こうした主張を堅持すれば、他の三カ国は共同借款団計画を放棄せざるをえなくなると考えていた。そして宇垣は、日本にとって必要なことは、日本資本への門戸を支那に開放させておくことであると結論した。宇垣は、フランスは上記の三番目の項目にはさほどの関心を有していないとし、フランスに日英米間の仲介をさせるように事を運ぶことが緊要であると論じた。[44]

新四国借款団をめぐるその後の経過は、ほぼ宇垣の予想した通りとなった。日本は交渉の過程において適用範囲からの満蒙除外を主張し、日本が大戦中に獲得した山東権益を放棄する内容の宣言を、英仏の勢力圏であった華南および揚子江流域を開放させる手段として持ち出そうと謀った。日本は、表向きは列国との協調への努力を見せる一方で、「裏面に於ては飽くまで親日派を援助して失望せしめざるの方針を取るべし、之が為めには年々五六百萬乃至一千萬圓の金は投ずるの覚悟を要する」[45]という［原敬首相の］考えから判明するように、支那への単独借款実施を追求し続けた。アメリカは国際借款団の適用範囲からの満蒙除外に強硬に反対し、ランシング（Robert Lansing）国務長官は日本を除外した三カ国による借款団の形成を真剣に考慮した。しかし英仏支の三カ国とも、借款団からの日本除外には躊躇を示し、その結果、新四国借款団の成立を遷延させるという日本の政策は成功を収めた。最終的に日本は、東部内蒙古の除外方針を放棄し、南満州のみを適用範囲除外と規定した新借款団形成に同意した。

次に生じた問題は、段祺瑞政権軍をめぐる問題であった。段祺瑞派の軍隊は、一九一八年に支那が第一次世界大戦に参戦した際に結成された。それは事実上、日本から輸入した兵器で武装され、日本の資金提供によって維持され、日本の軍人によって指導されていた三個師団からなる軍隊であった。この軍隊は段祺瑞派の管理下におかれ、段祺瑞政権に強力な政治的基盤を与える存在となっていた。したがって段政権に対抗する列強や南方諸派は、当然のように、日本による段政権軍への借款供与の打切りと軍隊の解散を要求していた。実際に、これらの師団は一九二〇年七月の安直戦争に際しては安福派の軍事力の中心となっていた。この当時、陸軍大学校校長であった宇垣は、支那における日本の政治目的のために、この軍隊への借款供与と援助とを、段を操縦する手段として利用しようとしていた。しかし、安福派の崩壊と段の退位、およびそれに伴う張作霖の支那本土への勢力進捗を見た宇垣は、自らの態度を変更し、張を華北地方における日本の野望実現の代理人として確立するための支援を主張した(46)。

ワシントン体制期は、宇垣の国際関係観に新しい視角をもたらした。ハーディング（Warren G. Harding）大統領がワシントン会議の開催を呼びかけると、宇垣は、アメリカは一般軍縮の実現を表向き表明しているが、実際には極東問題、海軍軍縮問題、太平洋問題という三大争点に関する協定の成立を望んでいると考えた。そこで宇垣は、これらの問題を討議するための会議開催に反対する。というのは、これらの争点、特に極東問題は、日本に十分満足のいく形で解決されたものと考えていたからであった。原敬は、この会議開催の重要性について、宇垣とは著しく異なった見方をしており、日本の利益を同会議の場ではっきりと表明せねばならないと考えた。原は、海軍軍縮は日本の財政危機を救うことになろうし、支那問題での国際協調は長期的に見て日本の利益になると論じた(47)。一方、宇垣は、同会議を英米両国による日本の勢力拡大、特にその原料と市場が日本には死活的重要性を持っている支那への進出を抑制しようとする試みであると考えた。しかし、ひとたび日本が実際に同会議に参加した時点では、宇垣は海軍軍縮は不可避であり反対はしないと譲歩した。一方、陸軍と陸軍軍縮については、国際的な会議の対象とはなりえない厳密な国内問題であるとした(48)。宇垣は、四カ国条約については、それがほとんど形骸化した日英同盟に終止符をうち、アメリカを満足させることになるのならよいとして賛意を表明する。また九カ国条約は、いかなる強制力も持っていないことから、一般的な意味で支那問題を定義し、門戸開放・機会均等原則を宣言したものに過ぎず、全般的にいって何の意味もないという。(49) 宇垣は海軍軍縮問題の解決は後に持ち越されたと考えた。なぜなら、主力艦についてのみ米英日の間に五対五対三の比率が成立しただけで、他の補助艦艇の建造に制限が加えられなかったために、各国とも希望する海軍力を自由に強化できたからである。そして、ワシントン会議の諸取決めからは、長期的な平和はまったく生まれえないと断言する。

宇垣は、シベリアからの撤兵は日本にとって不幸であるが、シベリア出兵は日本国民に北満州とシベリアについて多大の知識を与える結果となり、また日本の力量と発展の意図をソ連に理解させることができたという。また日本は干渉によって実力と勇気を示しえたともみていた。(50) その一方で宇垣は、日本政府が、出兵の意図を国民に知らせるための広範な宣伝活動を十分に行わず、国民の支持獲得に失敗したと批判する。(51) また当然、宇垣は山東権益の支那への返還を失策であると論じた。(52)

ワシントン体制期の日本外交に対する宇垣の見方は、国防問題よりも経済的利益を重視した幣原外相の外交方針と対比させて理解されなければならない。幣原は、日本の主たる利害関心は満州にあると考え、かつ日本はいかなる国とも満州をめぐって直接抗争することはないと考えた。また幣原は、日本の軍事力は、日本周辺の海の守りを確保しうる程度で十分であるという。必然的に幣原は、ワシントン体制は大体のところ日本の国益を確保するという目的にかなっていると判断していた。幣原は、支那での排日排貨の動きとナショナリズムの高揚に関心を寄せながらも、支那の内争に干渉することは反日運動をさらに激化させることになるとして、これを控えた。仮に支那本土の日本の権益地域が、北伐の際に現実のものとなったように、支那人の行動によって脅かされる場合にも、日本居留民を危険地域から一時的に避難させることでその十分な保護が可能であると、幣原は考えていた。(53) 満州について、幣原は日本の地位を確保するためには、いかなる国との協議、協力も辞さないとの見解を有していた。幣原は一九二四年六月、就任時の新聞記者との談話の中で、「今や権謀術数的の政略乃至侵略的政策の時代は全く去り、外交は正義平和の大道を履みて進むにあり(54)」と語った。

一九二四年六月に加藤高明内閣が成立したが、この内閣には幣原が外務大臣として新入閣し、宇垣は清浦内閣から引き続き陸相として留任した。幣原と宇垣、この二人はここで繰り返すまでもなく、まったく相反する国際政治観を信念として持っていた。(55)宇垣にとって、幣原の外交運営は軽蔑の対象でしかなかった。彼は、幣原外交を「譲歩に譲歩を重ねた屈辱外交」、「失敗外交」、「無為無能外交」と評した。(56)宇垣は、幣原外交の継続が最終的に在支権益の放棄につながるのではないかと危惧したのである。宇垣は、不干渉政策には、利害関係諸国の協力が必要であり、支那政府も自力で日本の権益を防禦できるほど強固なものではないので、この政策は効果を生まないと結論付けていた。また同時に、満州ではいかなる国との協力をも辞さないという幣原の方針は、満州への共産主義勢力の浸透を野放しにし、最終的には支那全体をも共産化の危殆に陥れることになると指摘する。宇垣は、張作霖のみが満州を安定した状態に置きうる唯一の実力者であると考え、日本が張に対して援助を与えることこそが解決策であると論じた。また張による満州の安定は、日本が間接的にコントロールすることを通してのみ可能であるという。(57)

例えば、華北地方の支配をめぐって呉佩孚と張作霖の間で争われた一九二四年の第二次奉直戦争の際に起こった、呉に対する馮玉祥の突然のクーデターは、宇垣にとって待ち望まれていたものであった。馮玉祥の軍事顧問は日本軍人で構成されており、彼らは、陸軍の機密費から一〇〇万円を工作資金に用いて、このクーデターを実行させたのである。宇垣は、日本政府の一切関知しない、この現地陸軍当局による裏面工作の計画を事前に知っていたと思われる。(58)宇垣は、この辺りの事情を次のように記している。「(幣原と外務省は)昨秋奉直戦の際に於ける無為無能政策が成功したるが如き外観丈けを知りて張の戦勝、馮の寝返りが何処に原因して居るかをも知らずして得意がりて居る彼等の態度は憐むべく且笑止の至りである。(59)」また、一九二五年に張作霖と郭松齢が、日本が保有する南満州鉄道の近接地域で争った際、白川義則関東軍司令官は郭に対し、もし張作霖の軍隊を追撃して、満鉄沿線に設定されていた付属地周辺から約三十キロの保護地域に足を踏み入れるようなことがあれば、関東軍は同地域の日本の権益擁護のために「必要な手段」をとると警告を発した。白川と宇垣は、陸軍士官学校の同期生であり、支那問題に関してはほぼ同じ見解を有していた。(60)

宇垣は、幣原の北伐への対応に対して、最も激烈な批判を浴びせた。幣原は、北伐軍が南京および漢口の日本人居留民の生命と財産に危害を与えることとなった、一九二七年の三月から四月にかけて発生した南京事件、漢口事件の解決を図る際にも、その不干渉政策を堅持しようとした。(61) この時、米英両国からは共同干渉を提議してきたが、幣原は北伐軍の司令官であった蔣介石に列国への賠償支払と公式の謝罪を行わせる道を選び、日本軍の派遣は断固として拒絶した。その一方で幣原は、共産勢力を抑圧させようと蔣介石に圧力をかけ続けていた。しかし、日本の世論は幣原外交を評して「軟弱外交」と嘲笑し、野党政友会は議会において攻撃し、その一方で宇垣は閣内から批判を浴びせたのであった。同年四月七日、宇垣は若槻禮次郎首相に口頭で外交問題に関する私見を伝え、その要旨が畑英太郎陸軍次官の手によって外務省に届けられた。(62) 宇垣は若槻に、基本見解として以下のことを述べた。「支那の共産運動は列強が袖手傍観此儘に放任し置けば、遠き将来はいざ知らず、当分の間は決して下火にもならず範囲も漸次拡大して、夫れが直隷満蒙に迄瀰漫し来るのは単に時日の問題たるに過ぎずと認め得る。」次に、緊急に実施を要する三項目の政策要綱を提示した。

第一、列強間の対支協調を緊密ならしむることに今日迄よりも更に歩を進むること。少くとも列強の支那に対する立場と企図に就き相互に隔意なき意見の交換を為し（中略）帝国を中心としたる協調の完全なる形成に導くこと。

第二、列強の協調によりて共産派を包囲すべき政策を採ること。

其一　列強間の言論機関を通して露国の対支態度及支那共産派の行動を排撃して彼等の反省自覚を促すこと。

其二　実力を以て山東、江蘇、浙江、福建、広東の要点を押へて封鎖的の形を造り特に露国よりする軍器、軍需品の輸入を抑止し又之れを支持の基点として漸次貿易及企業の恢復を図ること。

第三、長江上流地域及其の南方に於ける共産派の抑圧駆除は、主として南北両派の穏健分子に軍資と武器とを列強諒解の下に或は協同して供給し彼等をして其の衝に当らしむること。之れが為には両派の妥協協同を必

要とするを以て更に其の成立にも相当の助力を与ふること。(63)

宇垣は、もし日本が即座に上述の政策を実行できなければ、将来において多大の犠牲を払わなければならず、強い痛惜を味わうことになろうと論じた。また、その当時、支那における排外運動の対象は、主にイギリスに対して向けられていたが、宇垣は、近い将来、再び日本が排日運動により苦しむことになると見ていたので、日本は排英運動に安心してはならないとした。それゆえ宇垣は、イギリスに対する支援を主張する。支那への武力介入とイギリスとの協調行動を支持する宇垣の見解は、支那在留の日本人に見られた政府の介入を求める意見や、幣原の方針を国辱と捉える政友会の主張と軌を一にするものであった。したがって宇垣は、若槻内閣の倒壊と幣原の降板を評して、次のように述べた。「一党一派の為には可愛相なれども帝国の大局より見れば寧ろ幸福となるかも知れぬ。(64)」

しかし宇垣は、一九二七年四月二十日に発足した田中義一内閣で、外相を兼任して幣原の後を襲った田中自らが標榜する対支積極政策に、心からの同調を示したわけではなかった。第一に、田中の積極外交方針は、宇垣には実質的内容が伴わない虚声外交にすぎないものであるとされた。東方会議は、田中の新外交方針を宣伝することや、森恪外務政務次官の野心を満足させるためにのみ開催されたものという。宇垣は、外交問題を国内政治目的に利用することは誤りであるとの考えを持っていたため、重要な外交政策の転換は、東方会議のような意味のない場で公表されるべきではなく、密かに在外外交官、軍関係者に伝達されるべきだというのである。(65) 第二に、三回にわたって行われた山東出兵は、張作霖と蔣介石の間の妥協に役立たなかったことから、微温的であり徹底したものではなかったと評した。宇垣が田中に同意していた唯一の点は、満州において張作霖を擁護するという政策であった。したがって、張が関東軍に暗殺されると、宇垣は憤激し、日記に次のように書いたのである。「作霖の爆撃に参加する企画する様な馬鹿者は吾邦人には無い筈である。(66)」宇垣は、張作霖爆死事件が満州および支那本土における日本の地位を弱体化させたと考えた。しかし宇垣は、従来と同様に陸軍軍人としての立場から、軍人がこのような事件で公にとがめられることは軍の名誉にかかわると考え、天皇が叱咤していた犯人の解明調査を骨抜きにさせるために、田中へ圧力を行使する動きに加わった。

張の死後、宇垣は、極東における将来の日本の役割について、陸軍省宛ての覚書を一九二九年九月に作成した。宇垣は、このなかで、日支両国が共産主義勢力の拡大を防止するために東部シベリアにおいて協力することを提言する。また機会均等・門戸開放の原則に基づいて、日支共同の財政管理の下で、英米の資本を満州に誘致することを主張した(67)。次に、日本の行動によって共産勢力の抑制が成功すれば、吉林省のポセット湾を獲得することとなり、日本の勢力拡張によって北方の共産主義に対抗しうる形勢を生み出すことから、相当の利益となると論じた。また日支両国の将来の共存共栄を実現するために、両国間に経済同盟を締結することを説く。その一方で、宇垣は、少なくとも十年間は支那の指導者に満州と支那本土とを統一させないように強制することを主張した。結論として、宇垣は支那政策に関して、幣原の「軟弱外交」にも田中の「積極外交」にも満足をしていなかったことがわかる。幣原には最小限のやるべきことをやらせることが必要であり、逆に、軽率で支離滅裂な田中には失敗を積み重ねさせないことが大切であるという評価を下していたのである(68)。

張作霖爆死事件によって辞職した田中に代わって、一九二九年七月、再び幣原が外務大臣に就任した。宇垣は今回の幣原の対支政策は、一九二〇年代半ばの第一次幣原外交時に比べて改善されたと考えた。今や幣原は、支那側に全般的な法制度を整備する必要性があるとはするものの、支那の治外法権の撤廃に向けての努力に理解を示していた。その上で、支那に対して、治外法権の完全撤廃後の自立準備が整うまでは、それを漸進的に進めることを希望していた。また幣原は、特に満州、東部内蒙古における日本の特殊権益を保持する決意を固めていた。宇垣は、こうした幣原外交の明確な変化に好意を抱き、「彼も多年の試練を経て追々と吾人の欲する軌道に上りつつある(69)」と皮肉をこめて記している。

四　結論

一九二〇年代はさまざまな意味で転換期にあったと言える。第一に、日本外交の主柱であった日英同盟が消滅した。第二に、帝政ロシアは一九一七年のロシア革命の混乱のなかで解体し、極東の国際政治において重要な役割を果たす強力な新国家ソ連が誕生した。第三に、第一次世界大戦後にはアメリカの国際的名声が高まり、さらにワシントン会議によってアメリカの力が格段に増大した。第四に、第一次世界大戦後における支那ナショナリズムの勃興は、極東における支那の将来の永続的な変化を予想させた。また、一九二〇年代の日本は、二大政党制のもとでの政治指導という状況を初めて経験することとなった。

宇垣は、欧州の没落と日英同盟の弱体化を予測した点で、ヴェルサイユ条約以降のアジアにおける国際政治の展開を見通す力において、多くの同時代人より優れていたことを示した。宇垣は、特に支那における共産主義勢力の伸張に着目し、満州および支那に反共地帯としての日本の勢力圏の設定を主張し、日支共同反共戦線の形成を提議した。その一方で宇垣は、支那での勢力増大を図る日本は、その行動を英米にある程度は一致させる必要があると考えていた。もっとも、宇垣には、そうした協調を達成するための具体的な計画があったわけではなかった。

ところで、宇垣の最大の失敗は、大戦後の支那ナショナリズムの勃興を完全に無視したことにあった。宇垣は、必要とあれば武力を使用すること、その一方で支那政界の親日的な指導者と協力すること、また特に重要と考えていた支那における英米の権益を脅かさないこと、といった点に注意すれば対策は十分であると考えていた。彼は五・四運動のような反日運動を、英米の煽動活動と少数の支那人資本家の裏工作によって生じたものにすぎず、重要視することはないとして片付けてしまった。

宇垣は一九三一年四月、陸軍大臣を辞任すると同時に現役から引退し、朝鮮総督に任命されて同年七月に就任することになった。京城での任務に就くために東京を離れる直前の一九三一年七月一日、宇垣は、その日記に以下のように書き留めている。「朝鮮統治の局に当るものは第一に足元を見て之を踏み堅め、次に北方東北方（満州およびシベリア）を見て仕事することが必要である。（中略）然るに従来の当局者は兎角内地殊に東京に向て仕事して居たのではないか。[70]」

今や朝鮮総督となった宇垣一成は、朝鮮における植民地統治にその力を傾注することになったが、自らの職務を常に支那政策との関連で捉えていた。その宇垣が朝鮮総督に任官して二カ月も経過していない九月十八日、満州事変が勃発した。宇垣は、ほぼ二十年間抱き続けた主義に忠実に従って、事態をより良い結果に導くため、国民世論の統一と軍部と他の勢力との一体化を図ることを、日本政府に対して要請した。彼は、列強や国際連盟の理解が得られることを前提としつつ、満州に新政権を樹立し、支那本土から政治的に切り離すべきであるとの勧告を行った。[71]わずかな期間、宇垣の期待が実現されるかに思えたが、陸軍の大陸への拡張意欲は留まるところを知らなかった。

一九三八年五月、宇垣は第二次近衛内閣に外相として入閣し、「蔣政権を相手とせず」とした同年一月の近衛声明の実質上の取り消しを行った。近衛は対支和平に向けての政策を追求しようとしたが、その試みは、宇垣の強い反対にもかかわらず、陸軍が宇垣率いる外務省の管轄から東亜局の主要機能を分離させ、支那政策の責任当局として独立した形の興亜院を新設することに成功したことで、中途で頓挫させられることとなった。宇垣は抗議のため外相を辞任するが、これは政治の檜舞台からの最終的な引退を意味するものであった。こうした展開は、宇垣がそれまでに外務省の地位を低下させる行動に努め、二重外交の実現に支援を与えていたことに鑑みると、当然の報いであったと言えよう。支那に対する日本のしかけた全面戦争が、支那における共産主義勢力の最終的な勝利をより容易なものにしたという事実は、宇垣にとって、さらなる歴史の皮肉であった。

宇垣の対支観における誤りは、第二次世界大戦が終結を見た折りにも、はっきりと示されている。終戦後においてもなお宇垣は、「大東亜戦は日本の侵略ではない、自存自衛の必要と既得権益の自衛と東洋弱小民族が欧米人から奪取せられたものを取り返し遣るのが基準であ[72]」ったと記していたのであった。

原注

（1）宇垣についての研究書は三冊を数えるのみである。例えば、額田坦『秘録宇垣一成』芙蓉書房、一九七三年、および渡辺茂雄『宇垣一成の歩んだ道』新太陽社、一九四八年が、また多少見方に偏りはあるものの良質の研究として、井上清『宇垣一成』朝日新聞社、一九七五年、がある。宇垣の日記は、二度にわたって公刊されている。一つは、宇垣の手によってかなり手が加えられ、一冊の量におさめられて出版された宇垣一成『宇垣日記』朝日新聞社、一九五四年であり、宇垣の死後、実物に即した形で、宇垣一成、角田順校訂『宇垣一成日記』（以下『日記』と略記）全三巻、みすず書房、一九六八〜一九七一年、として刊行された。［その後、本訳書刊行までに、渡邊行男『宇垣一成』中央公論社、一九九三年、堀真清編著『宇垣一成とその時代』新評論、一九九九年、が刊行されている。さらに一次資料として、宇垣一成文書研究会編『宇垣一成関係文書』芙蓉書房出版、一九九五年、も刊行されている。］

（2）宇垣一成、鎌田澤一郎『松籟清談』文藝春秋新社、一九五一年、二七頁。

（3）野村浩一「大陸問題のイメージと実態」橋川文三・松本三之助編『近代日本政治思想史』第二巻、有斐閣、一九七〇年、五三頁。

（4）『日記』第一巻、一一一頁（一九一五年）。

（5）同右、四四頁（一九〇六年）。

（6）同右、一〇八頁以下（一九一五年）。

（7）同右、一〇九頁（一九一五年）。

（8）同右、一一二頁（一九一五年）。

（9）同右、一〇六頁（一九一五年）。

（10）同右、一六八頁（一九一八年）。

（11）同右、四六八頁（一九二五年六月十三日）。

（12）同右、四六九頁（一九二五年）。

（13）同右、一六六頁（一九一八年）。

（14）同右、三一五頁（一九二〇年八月）。

（15）同右、一六〇頁（一九一八年）。

(16) 同右、一六八頁(一九一八年)。
(17) 同右、一一一頁以下(一九一五年)。
(18) 同右、二三八頁(一九一九年)。
(19) 同右。
(20) 同右。
(21) 同右、一六五頁(一九一八年)。
(22) 同右、二三八頁(一九一九年)。軍人であると同時に政治家でもあった宇垣は、何年間にもわたり一定不変の対支観を抱いていたわけではないことに留意しなければならない。したがって、ある年とその翌年とで明らかに見解が食い違うということは、その日記においてしばしば見出されることである。
(23) 同右、一六八頁(一九一八年)。
(24) 同右、一五四頁(一九一八年)。
(25) 同右、一〇二頁(一九一五年)、一六六頁(一九一八年)。
(26) 同右、一〇三頁(一九一五年)。
(27) 同右、一〇二頁(一九一五年)。
(28) 同右、五四四頁(一九二六年十月十日)。ボルシェヴィキ革命への日本の対応については、James W. Morley, *The Japanese Thrust into Siberia* (New York, 1957)、細谷千博『シベリア出兵の史的研究』有斐閣、一九五五年、細谷千博『ロシア革命と日本』原書房、一九七二年、参照。
(29) 『日記』第一巻、二四〇頁(一九二〇年一月)。
(30) この協定の正文は、外務省編『日本外交年表並主要文書』上巻、原書房、一九六五年、四四一~四四四頁。またこの協定についての最も優れた研究は、関寛治『現代東アジア国際環境の誕生』福村出版、一九六六年、一九五~三九五頁。
(31) 西原借款に関する最も優れた研究として、鈴木武雄監修『西原借款資料研究』東京大学出版会、一九七二年、がある。また西原亀三著、北村敬直編『夢の七十余年　西原亀三自伝』東洋文庫、一九六五年、および勝田竜夫『支那借款と勝田主計』ダイヤモンド社、一九七二年、も参照。
(32) 『日記』第一巻、一八七頁(一九一八年十二月)。

(33)　同右、一八五頁（一九一八年）。
(34)　同右、二二五頁（一九一九年）。
(35)　同右、二七〇頁（一九二〇年）。
(36)　同右、一九七頁（一九一九年の四月一日から二十日までの間のものと推測される）。
(37)　同右、一九五頁（一九一九年の二月もしくは三月のもの）。
(38)　同右、三一五頁（一九二〇年八月）、二二八頁（一九一九年）。
(39)　同右、四三二頁（一九二三年）。
(40)　同右、四三四頁（一九二三年）。
(41)　同右、二〇二頁（一九一九年）。
(42)　同右、二〇六頁（一九一九年）。
(43)　同右、二一七頁（一九一九年）。この問題については、臼井勝美「一九一九年の日中関係」『志林』第三号、一九六〇年、六一～八〇頁、参照。
(44)　『日記』第一巻、二二七頁（一九一九年八月）。
(45)　原奎一郎編『原敬日記』第五巻、福村出版、一九六五年、一〇九頁（一九一九年六月十九日）。
(46)　安直戦争に対する日本の対応についての最も優れた研究は、臼井勝美『日本と中国――大正時代』原書房、一九七二年。藤井昇三「一九二〇年安直戦争をめぐる日中関係の一考察」日本国際政治学会編『日本外交史研究　日中関係の展開』一九六一年、一一九～一三三頁。
(47)　三谷太一郎『日本政党政治の形成』東京大学出版会、一九六七年、二六〇～二六五頁。増田毅「原敬の中国観」『神戸法学雑誌』第一八巻、一九六九年、三～四頁。
(48)　『日記』第一巻、三四九～三五〇頁（一九二一年の六月か七月）。
(49)　同右、三六三頁（一九二一年十二月）。
(50)　同右、三八〇頁（一九二二年七月二三日から八月十日の間）。
(51)　同右、四四三頁（一九二三年八月）。
(52)　同右、三三三頁（一九二二年一月）。

(53) 弊原外交に関しては、Akira Iriye, *After Imperialism* (Cambridge, Mass., 1965) 参照。
(54) この引用は、臼井勝美「ヴェルサイユ―ワシントン体制と日本の支配層」橋川・松本、前掲書、一一七頁による。
(55) 宇垣と幣原の対照的な言明の例は、同右、一一七頁以下を参照のこと。
(56) この引用は、同右、一一八頁による。
(57) 『日記』第一巻、四九六頁以下(一九二五年十二月二六日)、五三九～五四三頁(一九二六年九月)。
(58) 同右、四九五頁(一九二五年一二月)、および池井優「第二次奉直戦争と日本」『法学研究』第三七巻三号、一九六二年、三頁。
(59) 『日記』第一巻、四九五頁(一九二五年十二月七日から十四日の間)。
(60) 江口圭一「郭松齢事件と日本帝国主義」『日本帝国主義史論』青木書店、一九七五年、九〇～一二四頁。
(61) 南京事件に関する最も優れた論稿は、衛藤瀋吉「南京事件と日米」『東アジア政治史研究』東京大学出版会、一九六八年、一四九～一七六頁。北伐に対する日本の対応について最も信頼できる研究は、臼井勝美『日中外交史――北伐の時代』塙書房、一九七一年。
(62) 『日記』第一巻、五六八頁以下に、畑が外務省に持参した意見書がそのままの形で収められている。以下の引用はこの意見書による。
(63) 同右、五六八～五七〇頁(一九二七年四月八日)。
(64) 同右、五六八頁(一九二七年四月二十日)。
(65) 同右、五九八頁(一九二七年八月二五日)、六〇五頁(一九二七年九月六日)。
(66) 同右、六六四頁(一九二八年六月七日)。
(67) 同右、七一一頁(一九二九年一月のものか)。
(68) 同右、六一六頁(一九二七年十月八日)。
(69) 同右、七三三頁以下(一九二九年九月七日)。
(70) 『日記』第二巻、八〇一頁(一九三二年七月一日)。
(71) 同右、八一二頁以下(一九三一年九月二六日、一九三一年十月五日)。
(72) 『日記』第三巻、一七二七頁(一九四八年二月八日)。

第十二章　北支那開発株式会社の成立

中村隆英

一　はじめに

盧溝橋事件の後、日本は広大な華北の地域に兵を進め、主要鉄道路線とそれに沿う都市を占領して、その地域から、日本の工業生産、とくに軍需生産のために必要な原料資源を開発、入手することを目的とする「北支那開発株式会社」を創立した。本章はこの会社の創立とその直後の事情について、日本側の基礎資料に基づいて展望しようとするものである。第二節には、その経過を理解するためには必要な一九三三～三七年六月の間の日本の華北への経済侵略の過程について要約する。事変勃発後の日本側各種機関の開発構想と、それらの対立相剋の分析が第三節の主題である。具体的な会社設立過程と、各子会社の成立過程と、創立当初の事業について、第四節で検討し、この会社の特色と役割について、むすびで簡単な展望を行うことにしよう。なお、本章は拙著『戦時日本の華北経済支配』（山川出版社、一九八三年）、とくにその第二章「占領地支配機構の成立」を基礎として書かれているので、詳細にわたっては同書を参照して下されば幸いである。

二　事変前の華北経済侵略

満州事変の後、「満州国」を建設した関東軍、南満州鉄道株式会社（満鉄）、および支那駐屯軍（天津軍）の二者は、それぞれの思惑を秘めて、華北に対する政治的、軍事的、経済的侵略を企てていた。東京政府は、少なくとも一九三五年秋ごろまでは、その全貌を承知してはいなかったし、むしろ東京政府との間で国交を調整し、「満州国」の成立を既成事実として承認させたいと望んでいた。しかし、一九三六年夏以降、東京政府は、支那に進出していた三つの機関が作りあげた東北経略の方針と既成事実の圧力に屈し、華北侵略に踏み切ってしまうのである。以上の経緯を、主として経済的側面から見てゆこう。

塘沽協定（一九三三年五月）ののち、関東軍は、華北への侵略を企図するようになった(1)。その目的は、「満州国」の西の国境を安全にして、ソ連に備えるとともに、「満州国」の資源だけでは日本の需要を充たしてない資源（強粘結炭、鉄鉱石、塩、綿花、羊毛等）を入手することであった。当時、世界の経済恐慌の結果、金本位制度が崩壊して、英帝国ブロック、南北アメリカなどを中心に、ポンドやドルを決済通貨とする「ブロック経済」化が進行しつつあった。日本も、「満州国」を含めた「円ブロック」を形成しようとしていたが、これを華北に拡大しようとする野望を抱きはじめていたのである。さらに、関東軍と満鉄の間にも、微妙な対立が存在していた。関東軍は、「満州国」の開発を満鉄だけに委ねるのでは非効率であるとして、満鉄は鉄道経営に専念させて、「満州国」において支配していた鉄鋼、石炭、アルミニウム、自動車等の国策会社を、日本内地の専門各社に行わせ、満鉄を持株会社にする構想をたてていた(2)。満鉄はもちろんこれに抵抗したが、関東軍に逆らうことはできず、その意向をうけいれるかわり、華北の鉄道を支配し、資源開発に乗り出したいという意向をかため、一九三三年以降、華北の経済調査を開始していた(3)。

また支那駐屯軍も、華北において第二の「満州国」を建設したいという野望を抱き、また資源開発のために、満鉄経済調査会の援助を求めるなど、華北侵略の準備を進めていた(4)。満州事変以後、東京政府に連絡しないで、「満州国」や華北の軍部が勝手に既成事実を作りあげてきたが、その動きがまたはじまったのである。これらの動きは、当時「華北工作」といわれていた。

一九三五年六月、支那駐屯軍は、天津において発生した親日派新聞社長の暗殺事件をきっかけに、「梅津・何応欽協定」を成立させ、ついで察哈爾省においても「土肥原・秦徳純協定」を結んで、河北・察哈爾両省から南京政府の機関と軍隊とを撤退させた。以後「華北工作」は公然化し、十一月末には、関東軍は殷汝耕を主班とする「冀東防共自治政府」を設立して傀儡とし、南京も十二月には冀・察両省を宋哲元の主宰する冀察政務委員会に統合させることになった。冀察政務委員会は、南京と日本側の間にあって、日本側の要求もある程度まで受け容れつつ、決定的な譲歩をすることなく、盧溝橋事件を迎えたのであった。これに反し「冀東」政権は、日本、とくに関東軍の傀儡として行動し、経済面でも冀東密貿易を公然と認め、関税のかわりに低率の〝査験料〟を徴収するだけで密輸入品を支那市場に流入せしめた(5)。密貿易は一九三三年ごろから、この地域に対して行われていたが、「冀東」政権のもとで公然化し、やがて密輸入品が過剰となり、採算割れを生じた結果、衰退したのである。

支那駐屯軍は、「梅何協定」を契機に華北「開発」を促進しようと企て、「満州国」政府や満鉄から調査員を招き、大規模な調査を実施した。「満州国」政府の派遣者を中心とする甲嘱託班と満鉄の派遣者から成る丙嘱託班とは、華北が南京から切り離された場合の経済政策や政治・外交・交通政策を検討し、十一月ごろまでには調査を終えた(6)。また満鉄社員からなる乙嘱託班は、十月から翌三六年にかけて、鉱業、工業、鉄道、港湾、経済の五班に分かれ、資源の賦存や開発計画についての調査を行い、鉄道についてはとくに詳細な調査が進められた。延べ二八八人を動員したこの調査は八五冊にまとめられたが、全体として、満鉄自体の華北「進出」の準備としての色彩が濃いものとなった。

また北支駐屯軍は、冀察政権と交渉して、「経済提携」の実現につとめ、一九三六年九月三十日、宋哲元と田代皖一郎軍司令官との間で「諒解事項」に調印した(7)。定期航空事業（のちに恵通公司として実現）、津石鉄道（天津―石塚荘間）の建設、炭鉱開発、龍烟鉄鉱の開発、塘沽付近の新港建設、電業の拡充と水力資源開発、綿花、塩、羊毛等の対日輸出などが謳われたが、その実現ははかばかしくは進まなかった。

また、支那駐屯軍は、一九三五年十二月二七日、「北支産業開発要綱」を作成した。その内容は、「須要なる国防資源」について日本の投資を仰ぐこととし、産業を統制企業、自由企業、禁止企業の三者に分かち、鉄鋼、石炭、鉄道、港湾、電業などは統制すること、ソーダ、硫安、セメント、製紙などは日本と競争にならないように適度に抑制することなど、「満州国」の統制方式に酷似していた。[8] ただし、その「中枢機関」として資本金二億円の「華北開発有限公司」をつくり、その出資を「日本側の有力なる資本家」に求めることにしていたのは、満鉄の進出を警戒する支那駐屯軍の立場を示すものであった。[9] 以上の「開発要綱」は、東京における陸軍省、海軍省、外務省三者の作成になる「北支処理要綱（一九三六年一月十三日）」が、「北支五省」の自治化を望むが、強行はしない、「経済進出」は企業の自由に委ねるとしていたのとは対照的であった。[10] しかし、東京も、同年八月十一日決定の「第二次北支処理要綱」は、「北支の特殊地域化」、国防資源の「特殊資本」による開発を謳うなど、現地軍案に近づいていった。[11] この後日支関係は、急速に悪化し、一九三六年十一月には関東軍参謀田中隆吉らの謀略によって綏遠事件が惹き起こされたが敗戦に終わった。一九三七年に入ってのち、宋哲元も中央擁護の通電を発し、「経済提携」交渉は暗礁に乗り上げてしまった。東京政府はこの事態を反省し、一九三七年四月、「北支指導方策」を作成して、強引な華北分離工作を取ることなく、支那側の資本を誘致して、「経済開発」をはかることにしたが、もはや悪化した日支関係を改善することは不可能であった。[12]「梅何協定」以後の現地軍の謀略と策動に東京政府も追随して、ついに日支関係を決定的に悪化させてしまったのである。

また、一九三五年十一月、満鉄の投資にもとづく「興中公司」が設立されたことは、「華北工作」の重要な段階を劃する事件であった。[13] 一九三四年当時、満鉄理事であった十河信二が、二度にわたって支那本土への進出計画を立案したこと、[14] 一九三五年二月には満鉄経済調査会に第六部を置いて支那の調査を本格的に開始したこと、関東軍からも慫慂されたことなどから、一九三五年三月、満鉄は興中公司の設立承認方を申請し、同年八月政府の認可をうけたのである。同社は資本金一〇〇〇万円（うち四分の一払込）の満鉄の子会社で、社長は十河信二、社員も満鉄からの出向者が多かった。興中公司は、「満鉄ノ分身」として満鉄の指揮のもとに「日満支経済提携工作ニ当ル」はずであったが、実際には、一九三五年八月に満鉄総裁になった松岡洋右と十河の仲が悪く、支那駐屯軍と協力して事業を展開した。(15) 天津の電気事業を、天津市と合弁の天津電業股份有限公司（資本金八〇〇万元、半額払込）を成立させ、日本の電力企業を誘致して実務に当たらせたのはその成功の一例である。冀東地区の電気会社の統合も、ある程度は進捗していた。さらに、長蘆塩の対日輸出事業は一九三六年十一月から折衝がはじめられたが、曲折の末に、一九三七年分二三万トンの契約がまとまり、生産制限の撤廃についての交渉も進んでいた。しかし、それ以外の事業計画、たとえば龍烟鉄鉱の開発計画、井陘炭鉱のドイツ出資分の買収計画、津石鉄道建設計画などはいずれも冀察政権との話し合いが進まず、山東省での織布工場建設計画も実現しなかった。興中公司の役割は、日中戦争開始後重要なものになるが、この時期には、日支関係の暗雲のためにはかばかしく活動することはできなかったのである。

なお、一九三五〜一九三六年には、日本の紡績業をはじめとする企業は、天津を中心とする華北地域に争って進出し、支那工業を買収したり、新設拡張に乗り出していた。(16) こうした状況下で、日中戦争が勃発したのである。

三　「開発会社」構想の成立

一九三七年七月、日中戦争が勃発し、戦線は拡大して、日本軍は山西省、山東省、河南省に侵入した。日本陸軍は、支那駐屯軍を吸収した北支那方面軍（総司令官寺内寿一、参謀長岡部直三郎）を編成し、その下に特務部（部長喜多誠一、方面軍司令部付根本博、部員石本五雄ら）を置いて、占領地行政を担当せしめた。(17) また関東軍は、内モンゴルと察哈爾省に侵入し、この地域を占領した。関東軍はこの地域に侵入すると、かねての計画に基づいて、九月から十月にかけて、察南、晋北、蒙古連盟の三つの「自治政府」を樹立させ、十一月二二日には三者の連合体としての「蒙疆聯合委員会」を組織させた。関東軍は、同委員会からの要請にこたえるという形をとって、軍事協力と内面指導、日満人の顧問、職員の推薦、主要企業の経営委任、中央銀行（蒙疆銀行）に対する援助、駐兵等の権利を取得した。(18) 以後この地域は「満州国」の延長という色彩が強くなったのである。他方、北支那方面軍は、九月末には、占領地に政権を樹立して、やがては全支那の中央政権たらしめようという構想を抱くに至った。(19) この方針のもとに、一九三七年十二月十四日には、北京に中華民国臨時政府（行政委員長王克敏）が樹立され、方面軍特務部の内面指導下に置かれることになった。(20) 経済面では、華北と蒙疆とは、日本円と等価の儲備銀行券、蒙疆銀行券が通用する地域とされ、いわゆる「円ブロック」に組み込まれた。この事実を前提にして、華北を中心に経済開発計画が展開されるのである。

満鉄では、盧溝橋事件以前から、詳細は明らかでないが、「大陸経済会議」の開催を予定し、「北支経済開発計画」を作成していたが、(21) 事変勃発の八月にはこれを拡大して、華北五省を対象とし、所要資金十二・六億円のうちに鉄道の改築、新設、塘沽と青島の築港、龍烟鉄鉱の開発、石景山、天津の製鉄所建設、石炭の増産と液化、礬土頁岩とアルミナの開発、硫安、パルプ、電力の建設などを含む計画とした。(22) 開発事業の中心が満鉄であることはもちろんである。満鉄総裁松岡洋右は、九月に上京して、この案をもって運動を開始した。満鉄は戦争勃発とともに、華北に人員と車輌を急送して軍事行動を援助していた。このことも、満鉄の主張に力を添えていたと思われるし、関東軍の後援も期待されていたかもしれない。

一方、興中公司も、戦争勃発とともに、にわかに多忙となった。一九三八年二月の「興中公司事業概要」によってその概要をみよう。まず電気事業。興中公司はすでに天津の電気事業を開始していたが、八月には北京の電車会社と、九月には電気会社と合併契約を締結し、同年十二月には冀東電業会社を創立したのをはじめ、占領地の電気事業の復興と、各地の電気会社の経営を委託されていた。(23) 塩業においては、興中公司は、一九四一年までに四十万トンの対日長蘆塩供給が可能となるよう、休晒塩田二〇〇〇町歩の復活と全塩田九一〇二町歩の改良、さらに新塩田の開設を進めていた。また永利化学工業公司（ソーダ工業）、久大精塩公司の経営も軍から受託していた。龍烟鉄鉱の経営と開発も、一九三七年十一月から興中公司の受託となり、一九三八年一月からは鉄鉱石の対日輸送を開始した。興中公司は、石炭鉱業においては、井陘、正豊、磁県、盂県、寿陽、平定、陽泉、石門口・西山、牛坨村、中興、華県、華豊などの経営を委託されていたし、大同炭鉱の処分配給も委任されていた。このほか、軍用輸送のため、トラック一三一台を購入し、軍用道路の建設、自動車修理工場の買収などの仕事も担当していた。

以上のような軍への協力の事実を背景に、興中公司は、親会社満鉄に対抗して、九月には「興中公司組織改正案」を提出した[24]。それは、興中公司を「一元的ニ北支経済指導ノ綜合機関」たらしめようとする案で、相談役として、満鉄、日本銀行、三井、三菱の代表者をいれ、また各産業の代表者を取締役に迎える。産業を三種類に分類し、興中は鉄道、自動車輸送、軍が接収した大型の炭鉱、塩業と塩利用工業、金精錬を自ら担当し、鉄鋼業、石炭利用工業、接収鉱区外の炭鉱、鉄鉱、採金、電力および電気軌道、通信、航空、礬土頁岩およびアルミニウム工業、石灰セメント、硫安、築港等については興中公司が中心となって調整し、その他の産業は企業の自由進出に委ねようというのである。軍から経営を委託された諸事業を足場に、事業の拡大をはかろうとする案と見てよいであろう。興中公司に対しては、参謀本部第七課の支持があり、その「北支経済開発要綱案」は、ほぼ以上の案を骨子とするものであった[25]。

しかし、日本内地の経済界には、突如開かれた華北の資源を自ら進出して開発したいという希望が強く、満鉄や興中公司の案に対しては反対の空気が圧倒的であった[26]。また、北支那方面軍特務部は、九月三十日付で「北支経済開発基本要綱（案）」、「北支開発国策会社要綱案」の二文書を作成し、十月十五日付で陸軍次官あてに送付した。その内容は「華北興業公司（仮称）ヲ新タニ設立シ之ニ興中公司其他既存ノ事業ヲ統合シ満鉄竝広ク内地資本ヲ糾合シ成ルベク現地土着資本ヲ参加セシム」ることとされていた[27]。この当時、華北には鐘紡、東洋紡などが進出して、天津、青島で事業を経営するほか、支那人経営工場の委託経営にも積極的だったし、日東製粉、日清製粉も委託経営に乗り出していた。また、浅野セメント、王子製紙、東洋製紙、製糖工業会なども、それぞれ現地で事業を企画していた。当時経済統制がようやく厳しくなりつつあった内地よりも、華北の天地に「自由進出」をはかろうとする期待が強まっていたのである。こうして北支那方面軍の構造と内地財界の意向が一致したことによって、「北支那開発株式会社」創立の方向が定められたといえよう。

一九三七年十月、内閣に第三委員会が設けられ、「支那事変ニ関聯シ支那ニ於ケル経済ニ関スル重要事項ヲ審議」することになった。委員長は青木一男企画院次長、委員は対満事務局次長、外務省東亜局長、大蔵省理財局長、陸・海軍省軍務局長の五名である。(28)この委員会で審議されたが、十二月に「中華民国臨時政府」の成立が予定されていたため、急速な決定を迫られていた。その際決定的な影響力をもったのが陸軍省軍務局に代表される陸軍の意向であって、その陸軍内部で有力だったのが、「北支那方面軍」案だったことは事実であろう。方面軍は十一月三十日付で「北支那経済開発基本要綱案」を作成したが、その内容は九月三十日案と大差はないけれども、方針中に次の二点が付加された点が注目されよう。(29)その第一点は経済統制を避けて「卓越セル事業家ヲシテ自由ナル手腕ヲ発揮」させようという理由で財界の要望を容れた点、第二点はできるだけ「第三国ノ投資」を「積極的ニ誘導」すると述べて、当時危機的な状況にあった国際収支対策を織り込んだ点であった。以上の方面軍案を基礎に、第三委員会は、十二月十六日付で「北支経済開発方針」を決定した。(30)その内容は、大筋においては方面軍案を踏襲したものであったが、この時期に急激に表面化した日本国内の経済危機を反映して、次のような文章が追加されたことが注目される。まず、「開発実施ニ当リテハ日満及北支ノ国際収支ノ適合及物資需給ノ調節ヲ尊重シ緩急ヲ誤ラザル様措置」することが謳われたのは、一九三六年六月のいわゆる「賀屋・吉野三原則」にはじまる経済の直接統制（物資の割当、輸出入の制限、資金統制）のもとに、華北を包含することを明示したものであった。そして設立される国策会社は、「挙国一致ノ精神ト全国産業動員ノ趣旨ヲ具現スル如ク之ヲ組織スル」ものであって、その運営は「日満両国ノ重要産業計画ニ即応スルト共ニ我国ノ事情ニ鑑ミ緩急宜シキヲ制スルコトニ意ヲ用フ」べきこととされた。それは、華北を生産力拡充計画の一環とし、日本内地の経済政策に従属させることを意味していた。「右重要産業以外ノ事業ハ特別ノ理由アル場合ノ外特別ナル統制ヲ加ヘ」ないというのが、「自由進出」論の痕跡であったが、この時点で、統制反対の財界の希望はほぼ潰え去ったと見てよいであろう。第三委員会がこの案を決定するとき、二つの諒解事項が付加され、十二月二四日「事変対処要項」として閣議決定された際にも、そのままに残された。まず諒解事項(1)は五項から成るが、その一項と五項とは次の通りであった。「一、主要交通運輸事業、主要通信事業ニ就テハ満支ヲ通ズル一会社ノ一元経営ハ之ヲ認メザルコト」「五、北支ニ於ケル経済開発殊ニ鉱工業開発ノ計画ヲ樹ツルニ当リテハ内地産業ノ実情ニ考慮ヲ払ヒ且事情ノ許ス限リ内地ニ於ケル当該企業ノ技術、経験及資本ヲ利用スル様措置スルコト」。この二項は明らかに満鉄と満州電信電話会社を意識し、両社の華北に対する直接の進出を否定し、かつ内地企業の華北進出を奨励するものであった。ところが諒解事項(2)は、次の通りであった。「日満支ノ交通、通信ノ円滑ナル連絡ニ資スル為北支ニ於ケル交通通信事業ヲ経営スル機関ハ満鉄竝満州電々会社ト常ニ緊密ナル関係ヲ保持セシムル様措置」し、満鉄と満州電々社員の経験や適性を考えて、その人材を充分活用すべきである。この内容は諒解事項(1)の一における一貫経営の否定をかなりの程度打ち消し、両社の役割の重要性を強調したものになっている。詳細は分からないが、おそらく陸軍内部の満鉄・満州電々擁護派と反対派の妥協が、この対立した二つの諒解事項をうみだしたのであろう。それゆえに、満鉄も上記の決定に承服したのであった。諒解事項(2)を強く推したのは参謀本部第三部であったが、その提案（一九三七年十二月二八日付）には、満鉄鉄道局長を、国策会社の副総裁とし、かつその子会社たる交通会社（北支鉄道総局）の社長とするという一項があったほどである。[31]

ともあれ、このようにして挙国一致を標榜する国策会社の創立が決定され、形の上で財界の希望は達成されたのであった。

四　「開発会社」と子会社の創立

「北支那開発株式会社」は、「中央那振興株式会社」とともに、一九三八年三月十五日、その大綱が閣議決定され、四月三十日には設立委員が任命された。設立委員長は日本経済連盟会長郷誠之助であって、設立委員には各省次官、両院議員各五名のほか、大中の財閥、特殊銀行、民間金融機関、阪神・中京財界、各産業界の代表を網羅し、満鉄の松岡や興中の十河なども加わってはいたが、その発言力は低いものであった(32)。しかし、実質的な創立事務を担当したのは、陸軍省軍務局だったらしく、重役の人事などにもその意向を固執したといわれている。設立事務が完了して同社が創立されたのは、一九三八年十一月七日であった。この設立目的は「日満北支経済ヲ緊密ニ結合シテ北支経済開発ヲ促進シ以テ北支那の繁栄ヲ図リ併テ我国防経済ノ強化ヲ期スル為」とされ、資本金は、三億五〇〇〇万円、その半額は日本政府、他はそれ以外の出資とされた。日本政府の出資のうちには、日本の占領した華北の鉄道（北寧線、津浦線、京漢線、京包線、正太線、膠済線）と鉄道車輛、機械類、電信施設などが含まれていた。戦争相手国の政府を否認し、占領地域の政府財産を日本政府の所有と見なすことで、約三〇五九億円分を「現物出資」したのである。この会社の総裁は、前拓務大臣大谷尊由、副総裁には元満鉄理事、昭和製鋼所常務の神鞭常孝、理事には官僚出身者二名、財界から二名、元大学教授一名が選ばれたが、全体として人物の小粒さは否めないところであった。

発足した新会社の前途は多難であった。日本は、この時期には国際収支の制約に悩んでおり、輸入に依存する重要戦略物資については、物資動員（物動）計画によって割当を行っていたし、設備資金についても、産業によってその供給を統制していた(33)。そのため、「北支開発」会社に対しては、資金計画とその調達計画、さらに子会社の事業計画をも求め、開発会社用の輸入物資についても、一部の鉄道材料などを除き、一九三八年度には物動計画に含められていないので、各官庁の努力でその必要品を捻出するほかはないし、「円ブロック」外からの輸入品の発註に際しては日本政府の許可を要するというのであった。鉄鋼、銅、機械類などの入手難は、この会社の事業にとって最後までつきまとう制約になったのである(34)。

一九三八年一月から、北京において、方面軍特務部は満鉄北支事務調査室（以下調査室と略称）に実務を委ねて、具体的な事業計画の立案が開始された。そこで三月には「北支産業開発九箇年計画」、「主要資源対日輸出計画案」が作成された(35)。その内容は表12-1の通りであるが、石炭、鉄鉱石、銑鉄、液体燃料（石炭液化）、綿花などについて、楽観的な生産増加を期待し、大量の対日輸出を見込んでいた。「北支那ノ繁栄」よりも「国防経済ノ強化」こ

表 12-1　北支主要資源の対日輸出計画総括表（要約）

（千トン）

		生産量	北支消費量	対日輸出量	その他輸移出量	備考（要点のみ）
石炭	1938	12,850	8,850	3,000	1,000	開灤炭の中南支向け移出予想2000万トンの中，1000万トンを日本向けに振替 液体燃料原料炭として1940年度50万トン，46年度500万トンまでを計上
	1941	26,950	15,150	8,000	3,800	
	1946	60,000	24,000	31,000	5,000	
鉄鉱石	1938	483	83	400	—	太原，陽泉など土法製鉄用鉄鉱石は計上していない 金嶺鎮鉄鉱は38年6月より採掘可能とする
	1941	2,044	1,044	1,000	—	
	1946	2,700	1,350	1,350	—	
鉄鉱	1938	68	85	—	—	鋼材生産を行わなければ，1940，41年度の対日輸出は70万トン，140万トン増加する　39年度末500トン炉1基完成，40年度より出銑，41年度は増設500トン炉2基より出銑，42年度には増設500トン炉1基より出銑と仮定 鋼材は42年度10万トン，41年度20万トン，42年度以降30万トン生産と仮定
	1941	700	294	369	37	
	1946	870	389	421	60	
礬土頁岩	1938	17	—	17	—	アルミニュウム原鉱としてのみ計上し耐火煉瓦原料を含まず
	1941	134	—	92	42	
	1946	407	—	362	45	
塩	1938	1,236	655	669	142	長蘆塩は生産量の外現貯塩66万トンを38年度23万トン，39年度23万トン，40年度20万トンに割当て日本向け輸出するものとす
	1941	1,707	720	829	158	
	1946	2,494	721	1,614	159	
液体燃料	1938	—	18	—	—	北支消費量中1割に相当する量は代用燃料としてアルコールを使用するものとす　39年度末10万トン工場完成，41年度末30万トン工場完成，42年30万トン工場完成，44年度末30万トン工場完成（→大同）41年より半運転，43年より全運転（→天津）
	1941	125	37.8	87.2	—	
	1946	1,050	62.1	987.9	—	
綿花		生産量（出廻量）	紡績消費			38年綿花の生産量は河北及び山東は36年の10％減，山西は20％減とする 北支各地紡績は38年より41年までは毎年既設錘の2割，42，43両年は毎年1割，44，45年は5分増錘を見込，なお青島工場は39年27万錘，40年は18万錘の復旧，天津は現在建設中の14万錘が39年中に完成と想定
	1938	247(248)	62	171	15	
	1941	343(291)	185	82	24	
	1946	597(540)	251	256	33	

（資料）　満鉄調査部『北支那産業開発計画立案調査書類一編　北支那産業開発計画資料（総括ノ部）』12～14頁。

そが目標であることがこの計画には露骨にあらわれていたのである。その一方で、同じ三月には、現地において興中公司は開発会社に吸収されることが決定された。華北侵略の「走狗」の役割は終わったのである。

以上の計画を前提に、交通（資本金三億円――以下同じ）、電信電話（三五〇〇万円）、発送電（五〇〇〇万円）、鉄鉱（一億円）、炭鉱（五社、合計九〇〇〇万円）、塩業（一七五〇万円）の十社、資本金五億九二五〇万円の子会社を設立することなどが立案された。もちろん、当初計画と実現した結果とは異なっていた。以下に各子会社の設立について要約しよう。

華北交通会社については、上記参謀本部第三部の意見もあり、満鉄の出資や発言力が大きいものになることが予想されていた。とくに満鉄本社では、総裁、副総裁の選任につき満鉄総裁の推薦による、華北交通の社員は満鉄社員をあてる、給与体系は満鉄に準ずる、輪転材料等は満鉄と統一するなどの条件を固執したので、設立をめぐる交渉は難航したが[36]、結局資本金三億円の半額の一億五〇〇〇万円は「北支那開発会社」、一億二〇〇〇万円は満鉄（うち二〇〇〇万円は適当の時期に一般に開放の約束）、「臨時政府」三〇〇〇万円の出資で会社が成立し、満鉄理事宇佐美美爾が総裁となり、理事三名も満鉄から派遣された[37]。このようにして、満鉄の華北進出の野望はある程度達成されたのである。

華北電信電話会社は、一九三七年十二月、現地において陸軍省、北支那方面軍、関東軍、満州電々会社の代表者の間で理事の人事が内約され、とりあえず華北電政総局をつくって彼らが中心にすわり、やがて華北電々会社に移行する形となった[38]。出資者は「臨時政府」一〇〇〇万円（六〇〇万円は現物出資）、国際電々、日本電信電話工事、満州電々の三社が各四〇〇万円、北支開発が一二〇〇万円、一〇〇万円は一般公募とされ、合計三五〇〇万円であった。理事は当初日本人のみであったから、「臨時政府」の王克敏も不満であったが、のちに若干の譲歩をえて妥協せざるをえなかった[39]。

石炭会社については、当初は華北の全炭鉱を一社で経営しようとし、生産の規模も一九四一年度四〇〇〇万トンを見込んでいた。しかし、一九三八年五月から七月にかけて、日本の石炭カルテル、昭和石炭会社の古田慶三らが現地を視察してのち、方針は変更された。炭鉱の被害が大きく、当分は現地需要を充たすのが先決問題であること、能率的に開発可能なのは大同、井陘、中興など数炭鉱に限られているので、これら炭鉱ごとに別会社を組織して内地大手会社に経営させるのが現実的であることなどの説得が効を奏したのである。また、大同炭田はすでに満鉄が稼行中であって、これを手離す意志はなく、この面からも一元経営は不可能であった。かくて、最終的には、⑴博山、淄川、⑵中興、大汶口、⑶井陘、正豊、⑷磁県、六河溝、⑸太原、平定、⑹大同、下花園の六社に分け、日本の大手各社と満鉄に経営させる方針が定められたのである。当時、輸送条件は極めて悪く、出炭はすべて貯炭となる始末だったから、まずその条件整備が急務とされたのである。なお、石炭液化会社は、ＩＧ法による三菱資本のグループ、石炭熔解法による日本油化を中心とするグループ、フィッシャー式ガス合成法による三井・帝国燃料グループの三社が予定されたが、技術的困難、資金不足、物資不足などのため実現を見ずに終わった。(40)

鉄鋼会社は、龍烟、金嶺鎮の鉄鉱石を開発し、製鉄所を建設する計画であったが、その理蔵量が疑問であり、しかも蒙疆地区を支配する関東軍（のちに駐蒙軍）の反対で行きなやみ、一九四二年にいたってようやく実現したが、本来の構想とはほど遠い結果となった。(41)電業については、一九四三年の電力需要を二三・七万ＫＷと予想し、これに蒙疆分一〇・四万ＫＷを加えて、合計三四・一万ＫＷの火力発電設備と、これに見合う送変電設備をつくる計画であった。(42)また塩業は、一九四一年度二〇〇万トン（うち対日輸出九八万トン）の設備を完成する計画であった。(43)以上のようにして、子会社の計画が一応まとまり、一九三九年に相次いで創業されたのである。

五　むすび

こうして発足された「開発会社」は、ひとつには日本内地の経済力の弱さ、とくに主要物資と資材の供給力の不足のために、また現地における支那側の抵抗のために、さらには急転する国際環境下での状況の変化のために、多くの困難に遭遇しつつ一九四五年の敗戦までの生涯をたどることになる。しかしその経緯については、別の機会に

表12-2　華北石炭の生産と対日供給量（蒙疆を含む）

（万トン）

	生産量	供給実績				日本の物動計画における華北よりの輸入数量
		対日供給量	対満供給量	対華中供給量	地場消費量	
1939年	1,387	325	21	165	549	330
1940	1,774	477	48	189	917	
1941	2,274	480	206	177	1,070	
1942	2,511	510	255	192	1,152	570＋40
1943	2,214	372	280	132	1,191	635＋45
1944	2,006	222	178	131	1,166	455

（資料）「対華北四省（不明）ノ建設及其ノ企画ノ具体案」（外交文書館蔵）。

論ずることにして、ここでは本社の創業までの足跡について、若干のとりまとめを行ってみよう。

一九三五年以後、日本はすでに華北への経済侵略を開始していた。日本の軍部がその先頭に立ったが、折から国際的な経済摩擦などにいらだっていた日本の財界は、軍の保護のもとに、しかも「自由」に華北に進出することを望んでいた。「満州国」における経済統制主義と、満鉄の優位に対する反感も手伝って、財界、とくに紡績業界などは天津地区への大規模な投資を一九三六年から進めていた。そのなかで、日中戦争が開始され、華北の広大な天地が、実際には都市と鉄道からなる「点と線」にすぎなかったにせよ、日本軍の占領下に入ったとき、華北「進出」は財界一致の熱望となった。関東軍と満鉄の巨大な勢力に対抗しようとする支那駐屯軍（のちの北支那方面軍）は、財界の意向をうけいれ、内地の大企業や財閥の力を結集する「北支那開発株式会社」を構想し、それが実現したのである。「満州国」と華北における陰謀が表面化してから、この会社が成立するまでの期間は三年余であった。

しかし、軍の主導下に戦争に備えて重化学工業と軍需工業を建設しようとしていた（生産力拡充計画）うえに、支那との長期の戦争に突入したことは、明らかに日本の経済にとって耐え切れぬ重い負担であった。そのために、輸入に依存する資源は不足し、インフレーションの危機は迫り、一九三七年秋以降、日本政府は、全面的に経済の直接統制に踏み切っていた。華北における「自由経済」の期待は、この条件下に泡沫と化し、一九三八年六月以後、日本からの企業進出は、方面軍の全面的規制のもとに置かれることになった[44]。成立した「北支那開発株式会社」は、日本内地の経済統制を華北において実施する下部機構の役割を果たすことになったのである。「開発会社」のいまひとつの役割は、日本に不足する資源、とくに石炭、鉄鉱石、塩、綿花、羊毛等の対日供給であった。石炭についての実績は表12-2に示す通りであるが、このために、「開発会社」とその子会社は、民衆の生活物資の輸送量を削減してまで、目的達成をはかったのである。「開発」は、日本のための「開発」であり、華北のために行われたのではなかった。「開発会社」はもっとも露骨な経済侵略の象徴であったといえよう。

原注

（1）秦郁彦『日中戦争史』河出書房、一九六一年、三三七頁。
（2）原朗「一九三〇年代の満州経済統制政策」満州史研究会『日本帝国主義下の満州』御茶の水書房、一九七二年、八～五六頁。高橋泰隆「南満州鉄道株式会社の改組計画について――軍部と満鉄首脳の対応を中心に」早稲田大学社会科学研究所『社会科学討究』二七―二、一九八二年、五三～一一二頁。
（3）満鉄調査部『支那立案調査書類　第二編第一巻其二支那経済開発方策竝調査資料』三三九～三六〇頁。
（4）支那駐屯軍参謀長酒井隆発、満鉄総務部長石本憲治宛「北支に於ける重要なる資源、経済調査の要領」（一九三四年九月二三日）満鉄調査部上掲資料、三八四～三九九頁。
（5）冀東密貿易は、おそらく一九三三年以来はじめられ、一九三五～三六年にもっとも活発化した。満鉄・天津事務所調査課（高見信雄執筆）「冀東地区の貿易概況と関税事情」（一九三六年二月）、同人執筆「冀東特殊貿易の実情」（一九三六年六月）。
（6）支那駐屯軍司令部乙嘱託班、北支産業調査書類第一編第一巻『乙嘱託班調査概要』。小林英夫「華北占領政策の展開過程――乙嘱託班の結成と活動を中心に」駒沢大学経済学会『経済学論集』九―三、一九七七年一月。
（7）燕秘情報第四号（大使館附武官補佐官桑原重遠）「華北日支経済合作説ニ就テ」東大社会科学研究所蔵『島田俊彦文書』第四二巻。
（8）前掲『乙嘱託班調査概要』二八～三八頁、および『支那立案調査書類　第二編第一巻其二支那経済開発方策竝調査資料』一〇三～一〇六頁。

(9) 前掲『支那立案調査書類　第二編第一巻其二支那経済開発方策竝調査資料』一一六〜一二〇頁。
(10) 『現代史資料　八　日中戦争　一』みすず書房、一九六四年、三四九〜三五〇頁。
(11) 前掲『現代史資料　八』三五九〜三七一頁。
(12) 前掲『現代史資料　八』四〇〇〜四〇三頁。
(13) 興中公司『会社設立ニ関スル経緯』一九三五年十二月。
(14) 十河信二『中華民国経済事情視察報告』出版年不詳。
(15) 中村隆英『戦時日本の華北経済支配』山川出版社、一九八三年、五八〜六八頁。
(16) 高村直助『近代日本綿業と中国』東京大学出版会、一九八二年。
(17) 防衛研修所戦史室戦史叢書『支那事変陸軍作戦　一　昭和一三年一月まで』朝雲新聞社、一九七五年。
(18) 『現代史資料　九　日中戦争　二』みすず書房　一九六四年、一二〇〜一二六、一七六〜一七八頁。
(19) 中村、前掲書、九四〜一〇一頁。
(20) 中村、前掲書、一〇八〜一〇九頁。
(21) 満鉄調査部『支那立案調査書類』第三編第一巻。
(22) 『北支産業開発計画概要』（泉山三六旧蔵文書）。
(23) 「興中公司事業概要」（一九三八年二月、外務省外交文書館蔵）。
(24) 「興中公司組織改正案」（泉山三六旧蔵文書）。
(25) 参謀本部「北支経済開発要綱案」「華北産業公司設立要綱案」（外務省外交文書館蔵）。
(26) たとえば小島精一『北支経済読本』千倉書房、一九三七年を参照。
(27) 「陸軍支受密大日記」（防衛研修所図書館蔵）。
(28) 「第三委員会規則」「昭和一二年度公文雑纂」巻一一三（国立公文書館蔵）。
(29) 注(27)に同じ。
(30) 注(28)に同じ。
(31) 満鉄東亜課長発文書課長宛、一九三七年十二月三一日付文書に添付（筆者蔵）。
(32) 北支那開発株式会社『北支那開発株式会社設立書類集』、一九四二年。

(33) 中村隆英『戦前期日本経済成長の分析』岩波書店、一九七一年、第九章参照。
(34) 注(32)に同じ。
(35) 満鉄調査部『北支那産業開発計画立案調査書類第一編　北支那産業開発計画資料　総括ノ部』、なお以下にはこの資料を『産業開発』と略称する。第二編は炭鉱、第三編鉄鋼業、第四編は塩及び曹達、第五編電力である。
(36) 満鉄「重役会議決議事項」(筆者蔵)。
(37) 注(32)に同じ。
(38) 外務省外交文書館所蔵資料。
(39) 注(38)に同じ。
(40)『産業開発』第二編。
(41)『産業開発』第三編。
(42)『産業開発』第五編。
(43)『産業開発』第四編。
(44) 一九三八年六月二二日付　大阪朝日新聞。

監訳者補記

本章は、原文(英文)からの翻訳ではなく、執筆者の希望を容れ、井上清・衞藤瀋吉編『日中戦争と日中関係――盧溝橋事件五〇周年日中学術討論会記録』原書房、一九八八年所収の論文、中村隆英「北支那開発株式会社の成立」をそのままあてた。

第十三章　新文化秩序へ向けて
——新民会——

入江　昭

新民主義（支那の国民新生運動）は、長い間忘れ去られてきた。今日では、一九三七年から一九四五年までの悲劇的な日支関係史におけるごくささいな付け足しのように扱われているにすぎない。しかし、この運動が始まったころは、この運動とその母体である新民会は、日支双方の公職にある者と知識人とに非常に大きな衝撃を与えたのである。南京政府［主席は汪精衛（兆銘）］の調査によると、一九四四年におけるこの運動の指導者は五〇〇〇人、会員は三六四万三〇〇〇人を超えている。このような運動を歴史の片隅に追いやっておいて、事足れりとするわけにはいかない。(1) その簡単な歴史を見て行くと、日本人と支那人が一般に受け入れられるような日支提携のイデオロギーを提示するために、両国の利益と伝統を結合しようとして、はかなくも涙ぐましい努力を試みたことが明らかになってくる。本章は、このイデオロギーを考察し、新民会の活動に関する資料をいくつか提供することによって、支那事変期の理解において現在欠けている部分の一つを埋めようとするものである。

一九四〇年、京都帝国大学経済学部の谷口吉彦教授は、東亜の新秩序として建設されるべきものは「文化上の新秩序でもなければならぬ」と書いた。(2) さらに彼は、新秩序は単に政治的、経済的な体系にとどまってはならない。それは宗教的、道徳的、哲学的、科学的、文学的、思想的、芸術的、教育的土台に根差したものでなければならない。そのようなものであってはじめて、日本は、今日まで支配的であった西洋文明に真にとって代わりうる秩序を建設しつつあるということができよう、と説いた。一九三七年の支那事変勃発後、日本の公職にある者や評論家たちは新しい国際関係を形成しようと模索し始めたが、そのとき、彼らの出発点となったのが、右のような考えであった。彼らの声明や著作物は、いたるところで「新秩序」・「新支那」・「新生」・「革新」・「復興」という言葉が乱舞しているが、そこには、彼らが新しい世界を創造するための重要な努力であると見なしているものに、新鮮さを感じ興奮を抑え切れないでいる様子がうかがえる。

そもそも新秩序の文化的基礎を問題にしなければならなかったのは、日本が支那での行動を正当化する新しいイデオロギーを必要としていることに気づいていたからである。政治と文化は、これまで西洋では別個の存在であったが、今やそのようなものではなくなったとは、当時、非常に多くの人たちが強調したところである。彼らにとって、今こそ両者を再統合して、支那における軍事的努力を支え、すべての日本人の忠実なる協力を調達できる総合的な観点と体系的な運動を育成すべきときであった。より基本的な問題としては、日本人以外の人々に訴えるところがあり、日本の支那における行動に普遍的な意味を付与してくれるようなイデオロギーを創り出すことが、このうえもなく大事なことであった。それは利己的な侵略策としてではなくて、世界文化を再構築するための高貴な努力の一部として見られる必要があった。北平の新民会中央指導部の役員となった大東文化学院教授の藤沢親男が言ったところによれば、日本はその運命を世界の運命と一体化しつつあり、その政策は新しい文化秩序を求める人類普遍の願望に一致していた(3)。さらに彼は次のように主張した。世界は分岐点にさしかかっていて、商業主義・都市化・自由主義・個人主義・法律主義といった従来の西洋的原理や観念は、いまだはっきりとした形をとっていない新しい力に道を譲りつつある。そして、この力が何であるかを明確にして、政治と文化の問題への体系的な取組み方を構築することが、日本に、特に日本の知識人に課せられた使命である、と。

谷口や藤沢は、当時でもそれほど有名な著述家とはいえなかったが、彼らの著作に多用されていたのは、一九三〇年代の終わり頃には、多くの著名な学者によって世間一般に広められていた観念や概観だったのである。彼らのイデオロギー上の基本的な枠組みになっていたのは、西洋における資本主義文明は永続的な経済成長を維持することも、また産業国家間の利己的な抗争を防止することもできなかったという見解である。左翼の尾崎秀実や平野義太郎から右翼の亀井貫一郎や井上哲次郎にいたるまで、また、法本義弘や大谷孝太郎のような今では忘れられた人たちをも含めて、多くの著述家たちはほぼ全員一致して、次のように主張した。西洋社会において産業文明は、互いに激しい敵意をいだき、たえず抗争しあっている、自己中心的で、原子のように個々がばらばらの社会を作り出した。また西洋は、非西洋に対して搾取をほしいままにし、帝国主義的にふるまい、発展の遅れた地域を自分たちの資本主義的自己利益に従属させようとしてきた。個人の欲望以外に何ら統一的原理もなく、国家間には便宜的なかりそめの取り決め以外何の安定もない(4)、と。

この種の産業主義・資本主義批判は、十九世紀半ば以来、西洋においてはありきたりのものになっていた。カール・マルクスからエミール・デュルケームまでいろいろな人たちが、近代資本主義の勃興に随伴する不均衡と社会不安という現象について解説を加えている。日本のイデオローグたちは、この批判のレベルではほとんど、あるいはまったく何も付け加えてはいないように思える。しかしながら、彼らは、西洋の資本主義と産業化に内在する弱点に関して言われてきたことすべてが、一九三〇年代になって正しかったと証明されたと確信するにいたった。膨大な失業と激烈な労働争議と排他的な貿易ブロックを生み出した世界経済恐慌が、それまで世界中に浸透し、国際関係の基礎構造を提供していたブルジョワ文明の破綻を立証しているように思えたのであった。かつては疑われることのなかった西洋の優越性が、終末を迎えたように見えた。このようなときに、いやそんなことはないと、もし他の国々、とりわけ日本が、西洋文明を依然として政治と文化の規範的な枠組みであるかのように見なし続けていたとしたならば、これほど馬鹿げたこともあるまい。

このように考えると、日本の行動は、まさしく歴史の要請に正しく応じたもののように思え、世界の再建に必要な任務の一部と見なすことができた。世界は深刻な経済的、文化的危機に直面しているので、今や信用が地に落ちた西洋の体系に代わるもの、すなわち国民生活と国家間の生活を組織化する選択肢を、日本は先頭に立って提案しているのであり、まさにこの点において、日本はアジアの伝統に注意を払って、これを普遍的な原理に高めることができるし、またそうしなければならないと、彼らは考えたのである。北平の新民学院の教授となった法学者、滝川政次郎の主張によれば、確立されるべき国際秩序は、西洋的な観念の否定の上に基礎づけられる、したがって、それはアジアの文化的な教えを促進するという基礎の上に樹立されねばならなかった(5)。新民会の顧問であった川村宗嗣によると、アジアの伝統は、西洋の物質主義・原子的孤立・個人主義とは正反対の誠実・一体性・有機的統一というような道徳的な教えを尊重した(6)。藤沢に言わせれば、そもそもアジア哲学においては平和なるものは、人間同士、および天と地の間に存在する調和感にあって、西洋のような単なる法的に定義された戦争状態の不在ということではなかった。これらすべての論者も、新秩序が成功するためにはアジアの経済的発展が必要であることを認めているのだが、その経済発展でさえアジアでは、近代の西洋の歴史と切り離せない関係にある激烈な競争や対立などなしに行われる。つまり、アジアの国々は、民族的な利己心を地域全体の共通の利益に従属させるとみられていたのである。これが可能なのは、アジアは伝統的に緊密に統合され一体化しているからである。彼らは、岡倉天心の著作の同じ節を何度も何度も引用して、アジアは一つと主張した。この文化的な一体性があるので、経済発展に自滅的な個人主義と民族主義が伴う恐れはまったくないというのであった。

このような反西洋的なレトリックがマルクス主義者のブルジョア資本主義攻撃と似すぎては困るので、日本の論者たちは急いで次のように付け足す。共産主義は自由主義とまったく同様に物質主義的で、人為的であり、両方とも政治と文化、天と地の調和を図ることを拒んでいる点ではまったく変わりがない、と。藤沢によれば、共産主義は自由主義の極端な形態にすぎず、ソ連と、その支那などの同盟者たちは、西洋の資本主義民主国家と同じように苛烈な物質主義の支配を永続化しようと試み、またアジア人の不可避的な結合を邪魔しようとアジア人を唆しておい互いに戦わせようとしているのであった。

日本の論者たちは、アジアの伝統というものを再発見することによって、支那における侵略をアジアの覚醒に向けての創造的な一歩として提示することができた。日本の指導下で支那が更生することを通じて、アジアもまた再生することになっていた。このような関連づけ方は、日支両国が長い文化的伝統を共有している点からするかぎり、あったのである。

筋が通っているように思われた。すなわち、滝川が断言していることだが、日本はすべてのアジアの美点の貯蔵庫であり、他のアジアの国々がそれぞれ固有の文明を維持するのを助ける理想的な位置を占めているが、日本にもっとも近いのは支那であるので、この両国がまず最初に協力してアジアの再生に向けて努力するのが自然なやり方であったのである。

日本のイデオロギー宣布者にとって幸いなことに、再生のイデオロギーの起源は、支那の古典、特に『大学』に求めることができた。その最初の方に理想的な統治者の統治法を述べた部分があるが、その一つの方法は、「新民」（民を新たにす）であった。すなわち、民衆に徳に則った新生活を始めさせるために、彼らを道徳的意識に目覚めさせる再生法であった。このように解釈すれば、『大学』のこの部分は民族覚醒の原理として利用できた。ここからほんの一歩進めさえすれば、多くの論者によって繰り返し唱えられた次のようなもっともらしい解釈も可能となる。すなわち、新民主義とは、人々に過去の過ち（もちろん、自由主義や個人主義や共産主義などによって特徴づけられるもの）を捨て去り、新しい社会の建設に協力しようという呼び掛けなのである、という解釈である。

一九三七年十二月二四日に創立された新民会は、再生のイデオロギーを一つの制度として表現したものである。このような具体的な制度的枠組みができたので、これに依拠して日本人と支那人はその新しい理念を促進するために協力することができた。こういう意味で、この会は十二月十四日に発足した北平の臨時政府のイデオロギー的な手足であったとも言える。この政府は日本の占領軍（北支那方面軍）が作り出したものであったが、喜多誠一少将を部長とする同軍の特務部が、この新民会の創設に一役買っていたのである。このように初めから、新民会は、華北に駐在する日本人の文官だけでなく、現地日本軍とも明らかに一体のものであった。北平にある同会の中央諸機関は、日本人職員で満たされた。彼らは、新民学院や中央指導部における重要なポストを占めた。後者は地方分会へ活動方針を出すことになっていた。また、日本人と支那人の青年を新民運動の将来の指導者として訓練することになっていた中央訓練所も、同じく要職は日本人で占められた。これらの日本人のたいていは、儲かりそうな職を求めて占領地域をあちこち渡り歩く、いわば植民地の寄生虫のようなものたちであった。朝日新聞の特派員であった田村眞作によると、新民会の初期の指導者になったもののほとんどは、かつて満州国の協和会に雇われていたものか、あるいは上海の東亜同文書院と関係があったものかのどちらかであったという(7)。田村の記述では、彼らは傲慢な輩で、支那人自身より自分たちの方が支那をよく知っているつもりでいた。だが、これは、彼らばかりでなく、日本にいながらこの新運動について熱狂して書いた日本人の著作家についてもいえる特質であった。彼らにとって、新民会は知的にも情緒的にも満足できるもののように思えた。彼らが新民運動に期待を寄せることができたのは、この運動は日本帝国主義に歴史的、文化的に重要な意味を与えてくれるので、これを日本帝国主義に普遍性を持たせる手段として使えると考えたからである。日本の政策を擁護するものにとっては、ここに来てようやく、日支提携の新時代の到来を指示する展開に出会ったように思えたのである。ある人が言ったことだが、支那事変は、アジア覚醒運動を促進する日本の努力の一つの表れにすぎず、日本人は、支那の「亜細亜への回帰」を助け、英米やソ連の影響を払拭した支那を再建するために支那に来ているのであった。こうして新民主義は、近代の西洋との誤った軽薄な交際を克服し、現代の支那に伝統的な文化的理念を実現せんとする文化復興運動である、と見なされたのである(8)。

このような考えは、随分と身勝手なものであったが、その唱道者は大まじめであった。彼らがさしあたって必要であったのは、再生の思想を受け入れ、支那の文化復興に協力しようという支那人をみつけることであった。この仕事は今から思うほど難しいものではなかった。というのは、臨時政府と新民会の職員は、お互いに入れ代わることが多かったからである。初代行政委員長の王克敏と二代目の王揖唐を含めて政府の高官たちも会員となり、両委員長はそれぞれ名誉会長をつとめた。これに加えて、新民会は、献身的な支那人もある程度集めることができた。彼らは、新民会を少しばかりごまかしの飾りつけを施した傀儡組織ではなくて、真に両国合同の組織に見えるようにするために日本人職員と誠心誠意協力したのであった。

新民会が両国合同の組織としての実質を備えるまでになったのは、一人の支那人の熱意と献身によるところが非常に大きかった。その人物は、会が発足したときから中央指導部長をつとめていた繆斌であった。繆は、一八八九年江蘇省に生まれ、国民党党員として要職にあったことがあり、蔣介石が黄埔軍官学校を設立したとき、蔣とは密接な関係にあった。彼は北伐中は党の政治および軍事上の問題で積極的な働きを示し、一九二八年、中央執行委員会執行委員となった。しかしながら、一九三一年、蔣介石と胡漢民の闘争を引き起こした憲法問題に関する危機が起こったとき、彼は蔣と疎遠になり、党の問題から身を引いた(9)。その後一九三七年に、臨時政府の組織を手伝うために北平に入り、再び脚光を浴びるが、それまで彼がどうしていたのかについては、あまり多くのことは知られていない。支那では、日本の支配に対して抵抗と黙従との中間を行こうとするものがいたが、繆はそのような指導者の一人であった。彼は日本で教育を受け、日本の歴史に通じていた。支那救済の最善の機会は、日本との提携にあると信じて、新民会の設立を積極的に支持し、そのイデオロギー面での指導者になろうと決心したのであった。

新民会ができてほんの一カ月しか経っていない一九三八年の一月には、繆は、新民運動のイデオロギー的な基礎を築くために、早くも『新民主義』という小雑誌を刊行している。「西洋文化の衰頽を矯正せよ」と彼は主張し、そうするためには、アジア人はその固有の文明、特に「王道」の原理に立ち帰らなければならない、と唱えた。繆斌によると、この原理は、さまざまな特質を有していた。例えば、西洋の個人主義や階級闘争に対抗するものとして、東洋の伝統的な家族主義的倫理が尊重されることになる。国家の統治は、家族生活の延長として行われるので、すべての構成員は、互いに尊敬しあい、一致協力して調和を保ちながら生活することになる。同様に国際関係においても、各国家は、西洋の国家のように権力政治に明け暮れることなく、それぞれの利益を調和させて、王道を実現させることになる。新民主義は、この小雑誌によれば、堕落した資本主義に汚されてしまった西洋式の代議制度でもなく、ソ連やイタリアやドイツや国民党の政治のような一党専政独裁でもない新しい政治形態を力説している。それらのものとは違って、この新形態では家族のうちの明徳の者だけが統治する資格を有すということになっていたので、家長が皆で村長を選び、村長が区長を選び、そうこうして省のレヴェルにまで達する。そして最後に、省長の中から国長が選ばれることになっていた。

繆斌の説くところによると、産業化はこの新運動の重要な目標ではあるが、西洋に倣った産業主義を再現するだけではだめであった。むしろ、機械類は、農村部の社会構造を破壊することなく農業生産率を高めるような形で各村落に配給されるべきであり、そのような農村部の発展方式が採用されて初めて、生産性の向上に資するものとされていた。この点に関連して、繆は具体的に次のように述べている。自分は、大規模な土地の再配分には反対であり、再配分の程度としては、「有徳」の人に限り土地を給付してやる程度がよいと思う、と。最後に、この小雑誌の締めくくりとして、「狭義の民族主義」を否定して、王道に基づいた協和万邦の創造に究極的にはつながる大亜細亜連盟の基礎として、日華満三国連盟の形成を呼び掛けていた。繆は、蔣介石もこの運動に加わるべきであったのに、そうしないで、西洋および共産主義者と手を結んでしまったと批判し、日本がちょうどよいときに支那に援助の手を差し伸べにやってきたので、両国が一緒になって「東方文化の復興」に貢献できるようになったが、これはこのうえもなく幸運なことであると結論づけている(10)。

繆斌は、一九四〇年に新民会を去って南京へ向かうときまで、このようなテーマを繰り返し繰り返し奏で続けることになる。一九三九年の終わり頃には、名誉職的な王揖唐会長のもとで、副会長になった。一九三八年から一九三九年までの間、彼はこの新運動のイデオロギーの指導者として抜きん出た存在であった。さらにいくつか小雑誌を著し、数多くの講演活動も行ったが、それらはすべて、伝統的な「天人調和」のイデオロギーと「滅私奉公」の精神でもって、偏狭な民族主義と個人主義と闘うことの重要性をくどくどと強調するものであった(11)。その理論が全体として、対日協力の正当化を意図したものであることは、明らかであった。しかし、繆に言わせれば、そうするのが民族の救済と発展への唯一の道であった。なぜなら、日本と支那はその根源を共有していて、伝統的な美徳を体現しているからであった。単に排外的な扇動を行ったり、あるいは「国民革命という西洋化されたイデオロギー」に追随しているだけではだめだと、繆は何度も何度も繰り返して言った。というのは、彼が言うには、そうすることによって、支那人は、自分たちの伝統を忘れて行き、西洋の言うがままになってしまうからであった。「支那人にとって、自分たちの国は、世界の建設において中心的な影響力をもつ存在にならねばならない」、しかし、それは、日本人と緊密に協力して初めて可能になるのであった。

しかしながら、新民会のイデオロギーを宣布する支那人は、繆斌一人しかいなかったわけではない。会は当初からその他の多くの支那人に支援されていた。彼らは北平の対日協力者と運命を共にする覚悟で、この運動に積極的に参加した。新民会の支那人会員による講演を集めた二九六頁からなる本が、一九三八年十月に発行されているが、そこには日支協力の知恵を称える文章がいくつも収められている。例えば、新民会副会長の張燕卿は、いかに彼が満州国の事業に参画したかを述べ、また満州国を民衆が安心して生活を営むことができ、しかも高い文化水準をもった偉大な模範的社会として描いて見せた。彼は、徐州の陥落は蔣介石が脆く、人民の信頼を失った証拠だと言い、日本の勝利は日支間の絆を強固なものにするのにきっと役立つと断言した。また、今、日本から帰って来たばかりだという別の講演者は、日本人が忠誠心や勇気や勤勉といった「東洋の精神」を保持しているのに強烈な印象を受けたが、他方、支那人はというと、五・四運動以後この精神を失ってしまったと述べている。一九一九年以後の近代支那はあまりにも西洋化してしまったというこのテーマは、新民会にとって、日本の侵略に対して向けられた支那のナショナリズムを攻撃するのに実に都合のいい題材であった。支那が伝統に背を向け、真実の自己をすっかり見失ってしまったまさにそのとき、日本が支那を救済しにやってきたかのように言えたのであった。さらに別の講演者は次のような主張をしている。支那と日本が華北で協力している今、支那の知識人は農村部へ戻って、伝統的な美徳を復活し、共産主義と国民主義の悪影響を根絶すべきである、と。(12)

この講演集の編者は、宋介という人物で、新民会中央指導部の教化部長であった。繆斌を別にすれば、おそらく最も多くものを書き、最も熱心に運動理念を推進したのは彼であろう。彼の思想は繆ほど哲学的なものではなく、彼は日本の軍国主義と帝国主義を率直に擁護した。例えば、一九三八年一月に出されたパンフレットで、彼は懐疑的な支那人聴衆に向かって日本の政策を正当化しようとして、簡明にして直截的な議論をいくつも展開している。宋の言によると、西安事件後、国民党は中国共産党と手を組んで、国民の利益を犠牲にした。国民党は民権主義を固守していると言い張っているが、これは茶番としか言いようがない。四億の支那人は単なる奴隷にすぎず、重税と反動的な独裁政に苦しんでいる。三民主義者たちは、ソ連・イギリス・アメリカに与する政策を採り、日本の誠実なる申し入れをはねつけている。支那人にとって幸いなことに、今、日本人が援助に駆けつける決心をしてくれた。彼らがそのような決意をしたのは、支那人が自力で必要な政治改革を実行しえなかったからである。こういうふうに見てみると、七・七事変［盧溝橋事件］はバスチーユ襲撃と類似している。すなわち、このとき、国民党に対して、支那民衆による真の革命運動の火ぶたが切られたのである。それゆえに、臨時新政府は支那の大衆がまさしく欲していたものである。その政体は民主政ではなくて、王道に基づく統治である。民主政は支那のような大きな国では機能しないからである。民衆は内乱と失業と重税と乱脈な政費によって長い間苦しめられてきたので、匪賊や兵士になったものも多い。唯一の望みは、経済発展と産業化によって民衆の福利を促進することにある。支那は資源が豊富であるが、資本と技術が不足している。しかし、この二つは日本から供給してもらえる。支那の産業発展には新しい政治的、社会的組織が必要であるが、日本が提供してくれたものは、まさにこの支那に必要不可欠なものなのである。さらに、日支両国の起源をたどれば同じところに行き着く。すなわち、同じ言語、同じ宗教を共有している。だから両国は自然の兄弟と言えるのである。一九三七年七月の「不幸な事件」が起こったのは、三民主義者と共産主義者が支那と日本との間のこのような基本的真実を忘れて、欧米に助けを求めたからである。日支関係の歴史において新しい一頁が開かれた今、両国民は一致協力して、共産主義と闘い、白色人種による世界制覇を防ぎ、支那の産業発展を成し遂げなければならない。そうすれば、第二次世界大戦は決して起こりえないであろうし、ソ連の陰謀と英米の野望はくじかれることになろう。以上のように、宋は述べたのであった[13]。

このような思想を華北各省の占領地域に住む支那人の間に広めるために、新民会は、さまざまな活動を組織し、多くの団体を結成する努力をした。各種のパンフレットや本のほかにも、北平の本部は、いくつもの定期刊行物を発行した。例えば、日刊新聞、週刊誌、半月に一回の雑誌、月刊誌、青年向けの雑誌などである。新民会は、またラジオを使って、毎朝十分間の講演や、週に二、三度、夜間二十分間の特別講演や、新民会のさまざまな歌と劇を放送した。新民会の図書館や茶館が各地に置かれ、また宣伝映画が映写されたりした。一九四〇年の報告によると、新民会が後援する映画会は、北平地区で五八回催され、総計五万六七五人の観客を集めた[14]。

しかしながら、新民会の主目標は教育にあった。すなわち、新民主義の精神を吹き込まれた支那人指導者を育成することであった。教育が非常に重視されたのは、一九三七年七月以来、学校での三民主義と共産主義の強い影響と闘う必要があったからでもあるが、単にそれだけでなく、学校をとりまく状況がずたずたに破壊されていたからである。例えば、河北省では、一九三二年には二万八五〇三の小学校があり、一一五万二〇〇〇人以上の生徒が通い、七万三〇〇〇人近くの先生が教えていた。ところが一九四〇年には、小学校はわずか八二七三校、生徒三二万八八〇〇人、教員一万五七〇〇人になっていた。一九三二年でさえ、学齢期に達した児童のわずか二七％しか学校に通っていなかったが、八年後の数字は五％にも達していないのである。日本の華北占領が宣伝活動方面で成功するためには、支那の教育を立て直し再活性化すべくなんらかの手を打たねばならなかった。これは誰の目にも明らかであった。したがって、臨時政府の教育部は、一九三八年四月、新しい教育令を発布して、学制再建の指針を確立した。親国民党的、親共産党的、そして反日的影響を根絶することに力点が置かれることになった。この目的のために、教科書は改訂され、女子には別個の教科課程が用意され、教員は「その間違った思想を矯正する」ために指導方針会議に出席することになった。これらの会合での講師は、新民会からあてがわれることが多かった。高等教育において、教育部が力を入れたのは、「我が国固有の美徳」に基づいた東亜新秩序の建設に貢献する将来の指導者の育成であった。学生たちは、物質主義と功利主義の邪悪と闘うことができるように、防共・友隣提携・伝統的家族制度・厳しい規律という原則に従って教育されることになった(15)。これらは新民会によって唱えられた原則と同じものであるが、「政府と会」の両方にまたがっている職員もいたので、さほど驚くべき一致でもなかった。一九三八年の終わり頃、東京で興亜院が設置されたとき、その北平連絡事務所が支那の教育政策を指導する仕事を受け継いだ。

これらの正規の学校と高等教育機関とは別に、新民会は、すべての年齢層とあらゆる階層の支那人の教育を狙いとして、独自の学校を設立した。一九三七年以前にはそのような学校は、「人民学校」と呼ばれ、老若男女区別なく出席して、農業技術や簿記のような実用科目だけでなく、三民主義をも学んだ。一九三三年、河北省でこのような学校は一万一〇八九あった。支那事変勃発後、これらはすべて閉鎖されたが、このうちのいくつかは、新民学校として再開された。一九三九年、そのうちの五二九校は河北で開かれ、三一校は北平市で開かれていた。三民主義に代わって、学習生たちは読み書きの基礎を教えられた。北平とそのほかのいろいろな都市で、新民学校は、新設の新民教育館によって運営された。その数は一九四〇年現在で一五〇にのぼっていた。北平にはそのような組織は四つあり、それぞれが学校を経営し、読み書きのクラスを開き、映画を見せ、図書館や茶館や保育所や診療所や、そのほかさまざまな施設を運営していた。北平にあったそのような新民教育館のうちの一つに関する資料を見てみると、そこには二四人の職員がいて、その学校には合計四十人の学習生が通っている。そして一日約一〇〇〇人の人がその展示物を見に訪れている。ほとんど驚くに足りない数字であるが、それでも、日支協力に関するメッセージを流布し、新指導体制が提供する教育的、文化的な機会に支那人の関心を引きつけるために、重要であると見なされていたのである。

一般の支那人向けの以上のような活動に加えて、新民会中央指導部は、もう一つの狙いとして、会の支那人指導者の一団を教育しようとした。例えば、一九三八年、中央指導部は、共産主義と国民党に対するイデオロギー的な反撃を開始するために、活動要綱を作成した。新民会は、教育キャンペーンを展開して、アジア固有の文化への回帰と、安定勢力としての日本とアジア的連帯の理念とを強調することになった。要綱によると、その究極的な目的は、「新たなる世界観に基づいたアジアの新文化体制」の樹立であった。そのような抽象的な目標の意味するところがなんであれ、新民会は、特別な研修会を開くことによって、信奉者を結集しようとしたのである。ある計画では、三カ月の会期を予定し、十七歳から二五歳までの三十人の支那人青年の出席を見込み、彼らに新民主義を詳しく紹介することになっていた(16)。

このような思想にそって、北平に中央訓練所が開設された。所長には繆斌が就任し、彼に三人の日本人が仕えた。行政部長の伊藤千春と訓練部長の横山銕三と秘書の山本舜二であった。さらに四人の日本人の軍事訓練将校と、宋介と朱華を含む一三人の支那人所員がいた。一九三九年十月の報告書によると、合計八二人の訓練生が六カ月の学習計画に登録されている。訓練生の何人かが書いた小論文集が彼らの卒業時に発行されているが、これによって、訓練生の知的水準だけでなくこの訓練課程の成功の度合いも、測定できるかもしれない。ある学生は王道について書いている。また別の学生は次のように論じている。白色人種と共産主義者は国民党を利用して、支那の日本への抵抗を長引かせ、国民の苦しみを大きくしているが、この「白禍」や「赤禍」に屈することなく新しいアジア文化を作るのが、新民青年の使命である。アジアは、独自の遺産の継承者である五億三〇〇〇万のアジアの住人の手に回復されねばならない、と。さらに別のものは次のように主張する。日満支三国の青年は、黄色人種に共通の福利を促進するために団結しなければならないのに、支那の青年はそうしないで、特に五・四運動以後、だらしなく気ままに振る舞ってきた。愛国心は大事だが、支那の三民主義者たちは、支那はアジアに属していることに気づくべきであり、またこの国を再生するためには日本と手を組んで、すべての黄色人種の大同団結の旗のもとに結集しなければならないことを知るべきである、と。さらにもう一人の学生は、次のように述べている。西洋諸国を利するだけの両国間の不幸な戦争を終わらせる唯一の方法は、新民主義の名のもとに日本と協力することである。別の論文にも書かれているように、この戦争は、漁夫の利を得ようとする利己的な西洋人の挑発によって起こされたのであるが、現実には、この「聖戦」は、西洋とその傀儡である国民党と共産党に大打撃を与えた、と。また別の学生は、七・七事変は共産党の陰謀であると推測し、またある学生は、日本が今、滅ぼされるようなことになれば、独立を願う満州国、支那、シャム［タイ］の希望は、永久に挫かれることになるだろう、と付言している(17)。

この間、新民会の地方分会も各地で設立されていた。地方の指導部と訓練所は、道レベルと同時に県レベルでも設置された（公式的には、日本軍の占領下にあった華北は、五つの省から成り立っていた。河北・山東・山西・北河南・北江蘇の五省である。各省は道に分けられ、各道はさらに県に分けられていた。臨時政府の管轄地域には合計二四の道と三八五の県があった）。おそらく各県・各道ともそれぞれが新民会分会を持ち、北平から派遣された会員の指導のもとで教育活動や宣伝活動やその他の活動を行った。例えば、河北の望都県では、県長の孫永茂は、早くも一九三八年二月には、地方分会を開くために中央指導部の会員を招くことを決定している。彼は、こうするのが七月七日以来の無法状態を終わらせ、地区の住民に自分たちの家に戻り、日常生活を再開するように説得する最もよい方法だと思ったのである。不運なことに、孫はその後すぐに反政府の地元警察に誘拐されたが、それでも四月には、新民会の地方分会が設置され、その結果、日本と支那の治安隊による巡察が強化され、同地の治安は改善された。新民会は、早速、仕事にとりかかり、住民に講演を行って、邪悪な共産主義者と戦っている日本軍に協力するよう要請した。さらに、青年訓練所、小学校、茶館、クラブ、市場、ホテル、「経済再建協会」も設置された。一九三九年、この支部は、共済組合を組織して、農業指導を行い、種を配布し、地域団体に貸付けを行った。(18)

望都新民会の組織は、他の地方のものと類似していた。指導部長は逍汝笵で、彼は、孫の後に県長になった官僚である。彼の下に日本人の監督官がいたが、この男は満州で八年間働いた経験があった。青年訓練所の所長も、満州で働いたことのある日本人であった。この例から、このような日本人がいかに準植民地行政官として占領地域を渡り歩いたかがよくわかる。しかし、この新民会分会での日本人職員は、この両名だけであった。二人の部下三一名は、出納係から運転手にいたるまですべて支那人であった。三人の支那人が訓練所で働き、別に四人が新民会の小学校で教えていた。前者は一九三七年以前は地方警察官で、後者は教師であった。これからみると、新民会は、占領地域にとどまることにした住民のために職を確保しただけでなく、ある程度継続感をも与えていたように思われる。同じことは、共済組合のいろいろな地位に任命された支那人についても言える。彼らは、必ずと言っていいほど、戦争前は各地で下級官吏をしていた青年たちである。

青年訓練所は、常に北平の新民会中央指導部によって特に重視されていた機関であった。というのは、地方の青年の大多数は農業に従事していたと思えるが、彼らに教育を施して影響を与えることによってのみ、会はその目標を推進して目的を達成しうると考えられたからである。だから、中央訓練所は地方訓練所の教科課程に対するかなり厳格な指導体制を固めたのであった。各地方の訓練所は小人数（五十人を超えない程度）の参加を予定した二カ月間の教育計画を実施することになっていた。訓練生は起居をともにし、まったく同じ活動に従事することになっていた。北平で作られた計画案によると、訓練生は毎朝五時に起きて、一日中、学科の学習と農業と酪農の仕事とを交互に繰り返すことになっていた。学科のなかで論題となるものに、地方財政・衛生・新民主義・日満支三国関係などがあった。後の二つの論題で強調されることになるのは、例えば、国家建設の道徳的基礎、自己犠牲的精神、反共主義、共存共栄、「東洋の精神を最もよく体現していて、しかも最も創造的な国は日本である」[19]という考えであった。望都県では、このような指針がよく守られ、同地の訓練所は、十月一日、第一期生三十名を集めて発足し、訓練生は学科を学び、収穫と種の改良技術を習った。彼らはまた、村落から共産ゲリラを掃討しようとする日本軍に協力して、監視役やスパイとして破壊活動分子を摘発するのを手伝った。漢口が陥落したとき、彼らは自ら先頭に立って祝賀集会を開き、蔣介石に辞任するよう求めた。このような働きぶりが評価されて、十二月一日、彼らは卒業証書を授与され、卒業記念旅行に北平へ行った。この卒業生たちは、それから新民青年団の団員となり、そしてさらに何年かの訓練を受けたものもいたかもしれないが、つづけて、道レヴェルの訓練所で六カ月間の研修会に参加したものも多かった。これらの青年に期待されていたのは、彼らがやがては新民運動の信頼できる指導者となり、国民党と共産党の指導にとって代わりうる前途有望なる選択肢を提示してくれることであった。

望都の新民学校は、初めのうちは控え目なものであった。戦争によって生じた教育の空白を埋める目的で、県の新民指導部は、一九三八年五月、教員がたった一人の学校を開設した。教科書も、机も椅子も、校舎も、教育用具もなく。四十人強の生徒は床に座って、新民主義を学び、新民歌を歌った。だが、そのうちついに一九三九年三月には、生徒数も一年生の三二人から当時の最高学年であった四年生の二四人まで合わせて、一二〇人に膨らんだ。このうち六九人は農家出身で、二九人は商人の子弟であった。北平の新民会中央指導部からの指導要領は、「郷紳」は基本的には民衆の利益に反する勢力であるが、新民運動の推進に利用すべきである、と指示していた。生徒のほとんどがこの階層の出である可能性があった。戦争の前にはこの県で七二の小学校があり、三二二七人の生徒がいたことを考えると、総生徒数一二〇人規模の学校が一校ということは、学齢期の全児童のほんの一部しか受け入れることができなかったことになる。一九三八年十月、省政府は、望都に小学校を一校開き、第一期生として八十人の一年生を受け入れた。小学校は一九三九年現在この二校しかなく、ほかの学齢期の子供たちは皆、自宅にいたものと思われる。一九三七年以前でさえ、きちんと学校に通っていたのは、全児童の三十%足らずと推定されるので、一九三九年以後の教育環境は、まさに混沌といってもよいほどのものであった。こういう状態を改善するために、新民会はさらにもっと何らかの措置をとるべきだったようにも思われるが、それはともかく、これは新民会の底辺が狭くて頭でっかちな性格を示す好例である。会は組織としてかなりきっちりとした中央構造を有し、相当な規模の地方職員をそろえていたが、小学校教育に関しては、まったく不十分であった。

しかしながら、望都やその他でも、郷村の共済組合は段々と軌道にのったように思える。新民会は、会の実際的な恩恵を示すために、県共済組合を作り各村落に支部を置いた。一九三九年には、県内に四八の郷村共済組合ができ、組合員の数は一七一六名に達した。組合は組合員に貸付（合計一万五〇〇〇元まで）を行い、組合員の種苗・収穫・農具の改善努力を補助した。県組合事務所の職員は九人いたが、全部支那人であった。彼らは、各支部を回って組合員を指導した。このうちの三人は全員一九歳であったが、組合で働くようになる前に、青年訓練所で第一回目の訓練を受けていた。もう一人は、北平の中央訓練所の卒業生であった。この二つの訓練所は、県訓練所の訓練生が組合員に講義をするために定期的に村々を訪問しなければならなかった点で、関連していたのである。これらの青年に期待されていたのは、そのうち組合の指導者となり、地域の政治的安定だけでなく経済改良に貢献することであった。

新民会が支那人の考えに影響を与え、現地の日本軍との積極的あるいは消極的協力へと彼らを導くのに、どれほどの効果があったのか、これを確定することは不可能である。もちろん、結局のところ、このような宣伝はすべて、華北での日本人の実際の行動に比べると、ほとんど取るに足りないものであったということになろうが、それでも、華北外の支那人指導者のなかに、新民会のイデオロギーに深く染まっているものもいたという証拠がある。一九三八年から一九四〇年の間、彼らのなかで、日支関係について書いたり、はっきりとものを言ったりする人が増えていた。単純に日本の傀儡とは非難できないような人たちも、新民会の思想のいくつかを反映した意見を述べるようになったのである。例えば、Chou Hua-jen は、一九三九年に、孔孟の教えにさかのぼって、大アジア主義には哲学的基礎があると、次のように書いている。この伝統に帰ることによって、アジアは西洋の支配から解放されるが、これこそ支那自身の自由と独立の前提条件である。日支の戦争はこのうえもなく不幸な中休みとなっているが、この戦争によって、人はアジア主義の重大な真実に気づくようになった。大アジア主義を受け入れて初めて、両国は平和に到達し、アジアの偉大さを取り戻すために協力しあえるようになるのだ、と。[20] Teng Tu-ching は、日支両国には共通点が非常に多いことを指摘し、過去に日本が支那から制度を借り入れたのとまったく同じように、今後、新しい更生支那は日本の近代的業績から学び、両国は力を合わせて新しいアジアの建設に貢献することになろう、と述べている。支那文明が日本の発展の基礎を提供したというテーマは、ほかにも多くの著述家によって取り上げられているが、彼らはそうすることによって、日支協力という考えを歴史に根ざしているものとして、それゆえに不可避のものとして正当化したのである。つまり彼らに言わせれば、かくも多くのことを支那に負ってきた日本は、今、その恩恵を与えてくれた国に援助を申し出ている。両国は新しい支那を建設するために協力することができ、そしてそれを土台に新しいアジアが築かれることになるのである。彼らが両国共通の文化遺産を強調する狙いは、西洋の影響を減らすという共通の利益を指し示すことであった。Chang Lü-sham が言うには、これが殊に重要なのは、西洋列国が有色人種に対する支配を永続化するために、有色人種を分断しようとたくらんでいるからであり、それゆえに、西洋の野心をくじき、アジアの解放のために日本と積極的に協力するのが支那人の務めであった。

明らかに、このような考えのほとんどは新民主義に含まれている。新民会が後援する思想が先で、それから次に華北外の支那人に影響を与えたものか、その正確な連鎖を定めるのは困難であろう。結局、孫文も一九二四年に大アジア主義を取り上げたという事実があり、この事実は、一九三七年以後の日支関係を論じるほとんどすべてのものが強調しているところである。しかしそれでも、十分次のようにも言いうるのではなかろうか。新民会の猛烈な宣伝活動が、国民党と共産党のいずれの指導にも従う気のなかった支那人の間にいくつかの観念を広めるのに役立った、と。一九三七年から四〇年の間、新民主義は、彼らに受け入れやすいイデオロギー的枠組み、すなわち、自分たちが国を愛し平和を願っているものであるという外観を提供してくれるほど柔軟な枠組みと思えるものを彼らに与えた。それは伝統に基づいて彼らの立場を正当化することができ、また、西洋の帝国主義と白人支配という共通の認識に訴えることができた。このようなテーマを繰り返し奏でることによって、また平和で解放された調和的なアジアを再建すべき支那人と日本人の共通の運命という考えを繰り返し唱えることによって、支那人の著述家たちは支那の政策だけでなく日本の政策にも影響を与えたいと思っていたにちがいない。なかには次のように言うものもいた。日本は、平等と平和が保証された真の共栄圏を建設するために、大アジア主義の真の精神を貫徹すべきであって、利己的な目的に役立てるためにこの精神を覆すことがあってはならない。万が一そのようなことがあれば、日本は西洋列国と同じ穴の帝国主義国家だということになる、と。このように、彼らは、日本人に自分が言ったことには忠実であれということを忘れさせないために、新民主義を利用することができたのである。

このような立場からすると、一九四〇年の出来事には勇気づけられるところがあった。ジョン・ハンター・ボイルズの詳細な研究が論証しているように、なるほど汪精衛の南京政府の発足は、日本の指導者自身がこれにあまり本腰を入れなかったことそれ自体がその失敗の原因であったにしても、結果的にまったくうまくいかなかったことには変わりなかった。だがそれでも、少なくとも次のような可能性はあった。すなわち、このような体制を樹立したこと自体が、占領下にある支那に対する日本の軍事的支配力を減じて、地域の安定と秩序ある生活感をとりもどすように働くかもしれなかったのである。両国の調和的協力という新民会の理念は、汪に従っている支那人によっても期待されていたかもしれず、今やこの理念が華北以外に適用されて、支那の新しい中央政府の基礎となる可能性が出てきた。一九四〇年一月、汪精衛は次のような主張を行っている。日支両国はアジアにおける共産主義と帝国主義の掃滅をはからねばならない。日本は軍事的にまた経済的に支那よりも強いから、支那は日本に助けを求める必要がある。同時に、日本は、支那がその潜在能力を完全に発揮し、両国共通の闘争における責任を分担する自由を与えられた場合にしか、両国間に真の協力は成立しえないことを悟るべきである。アジアの先進国として、日本は支那のような後進国を助けなければならないが、その援助が干渉の形をとるようなことがあってはならない(21)、と。このような思想が南京政府の公式教義となった。その本質は、新民主義とほとんど変わるところがない。南京政府の宣伝部はごく初期の刊行物のなかで次のように言っている。「日中両国民間の平等を基礎とした協力は、大アジア主義の形をとらなければならない。これこそ王道の精神であり、博愛・誠心・徳義の原則を求めるものである」、と。この新しいアジア主義によって日本の政策が、支那の独立闘争を積極的に推進するようなものに限定されるのではないかと期待されたのである。(22)

少なくとも理論の上では、南京政府の成立によって、華北を越えて新民主義の教理が広まっていく可能性もあった。たしかに、新民会の活動がすぐさま南京政府支配下の地域を対象として展開されることはなかったが、汪精衛は好んで自分を孫文の遺鉢を直接受け継いだ者と見なし、南京を国民党の正統なる本拠地と見なしていた。彼の見解からすれば、南京政府とは別にさらにもう一つ政治的、イデオロギー的組織体が存在する必要はまったくなかった。北平の新民会の指導者の方では、南京政府に与えられた特権を嫉妬しがちで、南京政府の権威の北方拡大に抵抗した。しかし結局は、占領下にある両地域のつながりは段々と強化されていった。繆斌は、汪精衛の政府で働くために、北平を去った。一方、汪の方は、北へ何回か旅行を試み新民会の会合で演説した。両地域の接触は、一九四一年十二月以後はさらに密接になった。以後三年間、十二月八日［日本の対英米蘭開戦の日］は、支那で占領下にあったすべての地域で祝われ、その祝賀会にふさわしい演説が新民会の指導者と南京政府当局の両方によって行われることになる。

一九四三年、新民会は南京に分会を開いた。名誉会長には汪が就任し、副会長には Ying T'ung がなった。会は、汪精衛の新国民運動を構成する一部と見られるようになった。南京中央通信社が一九四四年に出した刊行物によると、新民会は、政府と民衆の意思疎通手段と見なされる唯一の機関であり、それゆえに性質上新国民運動と完全に一致した。両者の狙いはともに、アジアを愛し、徳義を重んじ、堅く規律を守ることによって、国家に奉じることであった。この刊行物は、この二つの運動は一体となって、「中国を覚醒させ、国父が唱えた大アジア主義を実践しなければならない」と強調した。(23)両運動は、大衆を動員して支那から共産主義と反日分子と有害薬物（阿片）を追放する粛清活動に従事させることになる。これらの活動は、重慶当局もその宣伝文書で注目するほど、実際にかなりの範囲に広がっていた。一九四四年、重慶は、新民会が無邪気な大衆を動員したことを認めたうえで、疑うことを知らない民衆を騙していると新民会を非難した。[24]

南京政府が成立したことによって、非国民党・非共産党地域の行政は、支那人が中心となるべきだということもまた、以前に増して強調されるようになった。新民運動の支那人指導者は、経験と自信を身につけるにつれ、新民会の活動に対する支配権を日本人から引き取ろうとした。支那人と日本人の非難の応酬は段々と頻繁になり、ついに一九四三年には新民会のほとんどの行政機能は、支那人の手に移された。日本人の職員は辞職するか、名誉職を辞退させられるかして、五〇〇〇人以上の支那人に取って代わられることになった。わずかの日本人が顧問として残っただけであるが、彼らは、そのうちの最も不満をもつものに醒新会を作らせた。[25] しかし新民会からの日本人の撤退は、支那人自身の問題の処理は支那人に任せておいて、日本人は法と秩序の維持に専念することをもくろんだ「対支新戦略」の一部であった。それはますます絶望的になってきた太平洋での戦況を反映するものであった。すなわち、南洋方面に日本の人的、物的資源を割くことがどうしても必要になっていたのである。[26]

新民会のこの五〇〇〇人の指導者たちが一九四三年以後に何をしたかを知れば、問題の理解に大いに役立つであろうが、残念なことに、ほとんど具体的な情報はないのである。今や、新民会の刊行物に載るほとんどすべての論文は支那人によって書かれるようになったが、その文章は、依然、アジアの解放を基礎に新支那を建設する必要性を強調しつづけていた。日本が敗北するや、新民会の元の指導者の何人かが、逮捕され処刑されたのは明らかである。例えば、東京と重慶との間の和平を成立させようと最後の努力を行って失敗した繆斌も、逮捕され処刑された。戦争中アジア主義者であった日本人のなかで戦後自主転向したものは非常に多かったが、新民会の支那人職員にもそうしたものもいたかもしれない。新民会の支那人職員と日本人職員のどちらの活動も、結局のところ、支那の独立闘争というより大きな史劇からみると、目立たない幕間にすぎなかった。しかしそれでも、彼らの思想は単に自己の利益だけを考え、奴隷根性から発する虚飾であったとあまりに厳しく非難するだけでは、片手落ちではなかろうか。もし反西洋的アジア主義という感情が対日協力のイデオロギーにとどまらず、国民党にも影響を及ぼした、日本の近代史のみならず支那の近代史における一大要因であったとすれば、おそらく新民会は、前途有望な運動であったと同時に、内在的な矛盾を孕んでいた最も劇的な好例であろう。新民会は、日支両国の近代史がイデオロギーの面で触れ合った一つの場であって、この遭遇の性質を明らかにすることに、二十世紀における日支両国の悲劇的な相互関係を理解する重要な手掛かりが存在しているように思われる。

原注

（1）『新民会與新国民運動』南京、一九四四年、一二三頁。
（2）谷口吉彦『東亜綜合体の原理』日本評論社、一九四〇年、四九頁。
（3）新民会『新民主義論叢』中華民国新民会出版部、一九三八年、八〇～八一頁。
（4）特に次の文献を参照せよ。尾崎秀実『東亜民族結合と外国勢力』中央公論社、一九四一年。平野義太郎『大アジア主義の歴史的基礎』河出書房、一九四五年。亀井貫一郎『大東亜民族の途』聖紀書房、一九四一年。井上哲次郎「思想上より見たる支那事変」新民会中央指導部『新民主義論叢』所収。法本義弘『支那文化雑攷』国民社、一九四三年。大谷孝太郎『支那国民性と経済精神』厳松堂、一九四三年。宇田尚『対支文化工作草案』改造社、一九三九年。
（5）新民会、前掲書、一一七～一三〇頁。
（6）川村宗嗣『東方精神と新民会』中華民国新民会出版部、一九三八年。
（7）田村眞作『繆斌工作』三栄出版社、一九五三年、七四～七七頁。梨本祐平『中国のなかの日本人』平凡社、一九五八年、第一部、六七頁。新民会と北支方面軍付属宣撫官の関係について論じたものとしては、青江舜二郎『大日本軍宣撫官』芙蓉書房、一九七〇年を見よ。新民会の創設と活動についての西洋側の報告書としては、かなり簡単ではあるが重要なものが、George E. Taylor, *The Struggle for North China* (New York, 1940) に含まれている。新民会の起源と初期の組織構造に関するより詳しい研究としては、八巻佳子「中華民国新民会の成立と初期工作状況」藤井省三編『一九三〇年代中国の研究』アジア経済研究所、一九七五年、三四九～三九四頁。
（8）中谷武也「對支文化工作の諸問題」新民会中央指導部『新民主義論叢』工作資料・第三号、一九三八年所収。
（9）東亜問題調査会『最新支那要人伝』大阪朝日新聞社、一九四一年、一八五頁。
（10）繆斌『新民主義』新民会中央指導部、北平、一九三八年。

（11）新民会出版部編輯『新民会講演集』北平、一九三八年、五〜六頁。『繆斌先生新民主義講演集』北平、一九三八年、六五頁以下。
（12）同右、『新民会講演集』諸所に散見。
（13）宋介『新民会大綱之説明』北平、一九三八年。
（14）興亜院華北連絡部編『北支における文教の現状』北平、一九四一年、一一九頁。
（15）同右、三一〜四八、七三〜七五頁。
（16）新民会中央指導部『新民会工作大綱』工作資料・第二号、北平、一九三八年、八八〜九〇頁。
（17）新民会中央訓練所『中央訓練所紀念冊・第二期』北平、一九三九年。
（18）新民会『河北省望都県事情』北平、一九三九年、諸所に散見。
（19）新民会中央指導部、前掲書、一二〜四二頁。
（20）興亜院『支那民間に流布さるる指導原理』一九四〇年、一三〜一五頁。この節で触れている他の例も、この日支関係に関する支那人の論文を集めた同書に依拠している。
（21）同右、二一〜三一頁。
（22）同右、三三頁。
（23）『新民会』序文。南京政府編集・発行の論文集『大東亜戦争言論記』南京、一九四二年、に収められている論文も参照せよ。そのうちのいくつかは、はっきりと新国民運動と新民会を同一視している。それらの論文は、今や新民会は西洋支配からの自由を求める支那の英雄的闘争の一部になったと見ている。
（24）李超克（演講）『僞組織政治經濟概況』重慶・商務印書館、一九四四年、二九〜三八頁。
（25）イギリス情報省極東部、ニューデリー、"Chinese Translation Series," no. 34, October 13, 1943.
（26）防衛庁防衛研修所戦史室編『北支の治安戦』第二巻、朝雲新聞社、一九五八年、三一三〜三一七頁。

監訳者補記

漢字に置き替えのできなかった固有名詞は最終的に原著者に照会したが、教示を得ることができなかったので、遺憾ながら原文そのままを表記した。

第十四章　矛盾した関係の諸相

——戦時下の密貿易、傀儡、残虐行為（一九三七〜一九四五年）——

ロイド・E・イーストマン

一　はじめに

一九三〇年代および四〇年代の、日本の侵略によって生じた支那ナショナリズムのうねりについては、すでに多くのことが書かれている。支那あるいは支那人が、侵略者との妥協を許さない、激しい敵意から変容していったというのは、今日受ける一般的な印象となっている。とはいえ、日本の侵略に対する支那の反応は、一様ではなかった。社会における特定層、殊に知識人層が強力なナショナリズムに傾倒したことは確かである。しかしその一方で、支那人の生活にかかわるさまざまな側面において、支那とその「敵」との間には驚くほど平和的な相互交流が存在していた。戦時下における支那と日本の相互感情は、実際のところ矛盾に満ちあふれている。汪兆銘を中心とする南京政府の設立やしばしば蔣介石自身がかかわったとされる和平工作などは、その典型的な例といえよう。と同時に商業的な相互交流、日本軍の指揮下にあった傀儡部隊、日本軍と支那民間人の日々の接触といった、より日常的でそれだけに見過せない事象にもまた、こうした矛盾した関係の諸相が明確な形で現れているのである。

二　「密」貿易をめぐる建前と現実

支那における日本の占領地と非占領地とを分ける「戦線」は、大方架空のものにすぎなかった。戦線は、北は山西から南は広東に到るまで、優に二〇〇〇マイルを超えていた。いずれの側も、その全域を掌握できないことは、明らかであった。戦線は穴だらけで、交戦地域の一方から他方へと、人の流れも物の流れも多かれ少なかれ着実に存在していた。両地域を結ぶ郵便業務も、戦時期を通じて事実上、支障なく継続された(1)。長江上流の万県の宿泊場には、国民政府の領内から日本の占領する漢口に向かう人々を助ける「旅行斡旋業者」がいた。学生も商人も重慶政府の役人の家族も、日本の占領する沿岸都市から奥地に移動することは戦争の全期間を通じて可能であった。こうした移動に定まった段取りなどなかったが、それで移動に際して特に巧妙な手口が必要であるとか、大きな不都合に直面するといったことはなかった(2)。

両地域を結ぶ往来のなかで最も規模が大きく、重要であったのは、商業的なものであった。何百万人もの人々が通商に携わり、タングステン、歯磨き粉、羊毛、魔法瓶、木材、煙草、自動車タイヤ、さらに阿片といったさまざまな商品が戦線を越えて両地域を行き交っていた。こうした通商は「密貿易」と呼ばれるのが普通であったが、ほとんどの場合それは公然と行われていたし、輸出入にかけられる関税も、アメリカ合衆国とカナダの間の貿易に課せられる程度のものにすぎなかった。したがって「密貿易」という表現は、実際にははるかに複雑で刻々と変化する相互関係をかえって覆い隠してしまうのである。

戦争の最初の段階では、支那側も日本側も、相手国とのいかなる通商をも禁止する措置を採った。一九三七年九月の時点で日本側は、国民政府下のあらゆる港の全面封鎖を宣言した(3)。その翌月に国民政府は、それまでしばしば外国製品のボイコットを引き起こしていた抗日気運の盛り上がりに応じて、いかなる日本人との貿易、日本占領地域との通商、日本製品の取引を禁止したのであった。しかし、そのような公式の政策とは別に、実際には一方から他方へとおびただしい量の商品が流れていた。この段階ではそのような貿易は違法であり、したがって、それが密貿易と見なされたのは、至極当然のことであった(4)。

一九三九年までに国民政府は、経済力のない支那西部の山岳地方に追い込まれており、次第に経済的孤立の影響を被り始めた。消費物資に対する需要が急騰し、危険なまでに物価上昇圧力が強まった。重慶政府は外部からの供給を絶たれ、自らの生産能力も需要にとても追いつかないことから、唯一の供給源として占領地に活路を求めた。一九三九年七月に重慶政府は、「その供給源を問わず」――「日本占領地域から」を意味する国民政府の婉曲表現――としながら、全面的な輸入禁止品目を一六八品目（一九四二年には一〇三品目）にまで解除した。国民政府はこうした貿易を容認するだけでなく、積極的にそれを押し進めた。政府の公人やそれに近い立場の人々もこれに大きく関与した。政府はこうした経済活動を刺激するために、関税を戦前の三分の一にまで切り下げ、貿易業者に資金援助を約束した。一九四四年には、占領地域からの輸入に対する鉄道輸送料金を十五％引き下げるまでにいたった(5)。

重慶は、他の外国貿易に対してと同様に、占領地との輸出入に対して関税を課した。しかし税逃れは横行し、それは戦争期間を通じての主要な問題となった。それを取り締まる戴笠将軍[1]の指揮下の運輸統制局監察処は、六万人を超える要員を動員していた(6)。

国民政府側における日本占領地との交易は複雑で、あるものは合法とされ、あるものは違法とされた。その点日本側には、少なくとも公式にはそうした複雑性はなく、日本側当局は戦争の全期間を通じて、国民政府の地域に対する経済封鎖を維持し、それを徹底した。しかし実際には、こうした政策の実行は、彼らの能力を超えていた。そのため日本の封鎖は、当初から主として国民政府の戦争遂行に直接かかわる通商を阻止することに集中するという、実際の状況に応じた選択的なものになったのである(7)。戦争が勃発して間もなくの時点で、日本側の当局の多くは、さまざまな形で行われている貿易に目をつむっていたし、それどころかそれに積極的に加担することさえあった。

戦争の初期の時点で、華北華中の商業ネットワークは完全に破壊されてしまったので、国民政府領向けの主要な貨物集積地は香港となった。他には仏領インドシナ、マカオ、広州湾の諸港が、この時点における主な抜け道であった。一九三八年十月に日本軍が広東を、一九三九年十一月には広西省の南寧を占領したことで、華南の貿易ルートは締め付けられた。そのため貿易活動は、まだ日本の手に落ちていない浙江省や福建省の諸港に移動した。例えば一九三九年には、上海で生産された輸出用布地の五五％以上が、寧波、温州、福州を通じて船積みされたが、当時上海は、国民政府領に輸送される製品の主要な供給地となっていた。広東の雷州や北海は、非占領地で使用される輸入布地のほぼ二三％を陸上げするほどの主要な輸入港であった。ただしそうした輸入布地の内で、国民政府領内に長江上流を経由して船輸送されたのは、十％にすぎなかった(8)。

一九三九年の終わりに戦況が膠着状態に陥ったことで、交易活動は次第に北から南にいたるまで広く一般化した。とはいえ、占領地における貿易の実体を正確に特定するのは不可能であり、当時にあっても推計は大きく変動した。例えば一九四〇年に国民政府は、貿易の額を四億元（およそ二一〇〇万ドル）と見積もっていた。その一方でこの年の合衆国戦略事務局（Office of Strategic Services）は、その額をおよそ二二億八〇〇〇万元（およそ一億二〇〇〇万ドル）と報告している(9)（この食い違いはおそらく、前者が合法的な貿易のみを計算に入れたのに対し、後者は非合法のものも含めたためであろう）。一九四一年には貿易総額はさらに拡大したであろう。各月毎に平均二万トンもの物資が、香港、マカオ、広州湾から持ち込まれており、これはビルマ・ルートで運ばれた物資のほぼ倍に相当した。同時に「莫大な量の」車両、トラック、タイヤ、工具類、ガソリンなども、上海や香港から寧波や温州を経由する船舶によって輸送された。織物やピン、針、ボタン、医薬品、釉を施した陶器の皿、石鹸など、それほどかさばらない消費物資は、華北華中の穴だらけの境界を大量に流れ出していた(10)。

こうした貿易全体についての正確な集計は利用できないが、それが国民政府領内の消費者に重要な意味を持っていたことは明らかである。一九四〇年および四一年の各商店の商品棚は、日本占領地からの商品で溢れ返っていた、と伝えられる(11)。小売商品の七十％は占領地からものであった、とするまずありえない見込みまで存在する。当時、海兵少佐であったエヴァンズ・F・カールソン（Evans F. Carlson）も、支那東部を視察した後に、浙江省から貴州省までの店は日本商品で「溢れかえっている」と報告した。戦時期を通じて重慶と西安の民衆は、歯磨き粉や石鹸など、日本占領地で生産された商品を購入していた。それらは支那の現地生産の品よりもはるかに高品質の品であったからである。(12)

戦争もさらに後の段階となると、こうした輸入は減少していった。一九四三年には、占領地からの合法的な輸入額はせいぜい二二七〇万ドルにすぎなかった。その後一九四四年には、六〇〇万ドルにまで減少した。とはいえ、これらの数字はそれぞれの年の国民政府の合法的な輸入の四六・五％と三四・六％の割合を占めており、しかもこうした高い比率は、国民政府の支配地域が戦争後期には極端な経済的孤立にあったことを反映しているという事実に照らしてみれば、こうした貿易は引き続き重要な意味を持っていたと考えられる。(13)さらにこの時期の非合法貿易の規模は、おそらく増大していたであろうが、不明である。

このような占領地との貿易は、合法にしろ非合法にしろ、事実上組織化されていた。例えば河南省北東部の隴海線上の都市・商丘では、支那の荷主は一九四〇年には従価四％の手数料を日本人に支払っていた。その後商品は五マイルほど離れた町に運び込まれ、夜間に町から三、四マイル離れた国民政府との境界線を越えて、界首集の支那海関へと輸送された。そこで十％の関税を支払って、商品は洛陽や西安、その他の華北の国民政府支配域内へと運ばれた。(14)

他の例として、華南では沙坪が貿易の中心地であった。沙坪は珠江の南岸、広東から三五マイルのところに位置している。戦争が勃発したときには小さな村にすぎなかったが、一九四三年までに町の人口は二万人を超え、そのほとんどが商人かあるいは彼らを商売相手とする人々、すなわち宿屋経営者、飲食業者、金融業者、あるいは海関職員などであった。沙坪への輸入品は小型船か、あるいは苦力《クーリー》によって運び込まれたが、それらは概して上海に由来するものであった。綿製品や綿織物は国民政府領内ではひどく不足しており、輸入品のほぼ半分を占めた。他の輸入品には、電気製品、紙、工具類、釘、日本製の医薬品、ゴムの靴底、化学製品（漂白剤、炭酸アンモニウム、苛性ソーダ、燐）などが含まれていた。これに対し支那側は、日本占領地域に食料（米、大豆かす、植物油）や木材、桐油、麻、水銀、銅などの資源を送った。これらは広東に食料を供給する際の日本の負担を軽減したし、あるいは日本の産業に必要なものであった[15]。華南における重要な輸出品のなかにはタングステンがあり、これは鋼鉄の精製に使用された。国民政府の関係者はこの貿易を低く見積もっており、それによれば、毎年二〇〇トンから三〇〇トン程度のタングステンが日本に密輸されたにすぎないという。しかし非公式の推定は、実際にははるかに多くの量が輸出されていたことを示している[16]。

国民政府は沙坪に海関の支所を置いて、関税や特別付加税を徴収していた。また支那軍は、沙坪やその他の輸送線上の要衝に検問所を設置していた。これらの機関の目的は、表向きは日本への密輸、課税を逃れた商品の流れを阻止することにあったが、実際には検問官も非合法の貿易を黙認しており、その結果密輸は横行し続けた。そして日本側もまた、そのような取引を黙認していたのであった。沙坪は事実上無防備な状態に置かれていたことから、日本軍は沙坪を三度にわたって攻撃したが、その度毎に日本軍は撤退した。この間、通商はほとんど障害なく継続された[17]。

福建省や浙江省といったさらに北の沿岸地域では、日本軍が寧波やその他の主要な港を一九四一年春に占領したにもかかわらず、大規模な貿易が続けられた。一九四三年には、およそ三〇〇から五〇〇隻の大型ジャンクが、日本占領港（例えば上海など）と、国民政府支配地域に進入するための流通の拠点（福州の南方の福清や泉州など）との間の貿易に専従していた。これらは毎月およそ三〇〇〇トンもの米を日本地域に輸送していた。「大量の」木材も輸出された（国民政府当局によって臨検されたある船の場合、一万六〇〇〇本を超える木材を輸送していた）。他の輸出品目には植物油、豚の剛毛、桐油や革などがあった。国民政府領内への輸入品は、大部分、綿製品や絹製品、医薬品や阿片などからなっていた[18]。

こうした福建省や浙江省における貿易は、日本側においても実際には支那人が、日本人の代理としてその大部分を管轄していた。彼らは、あらゆる商品に対して税を課したばかりか、貿易業者の通行の度に手数料を強要した。日本海軍への賄賂も支払われた。支那側においては、合法的な貿易には海関によって課税されていたが、一九四三年には、支那の関税は新たな従価二五％の付加税によって引き上げられ、これは他の合法的な貿易の多くを密輸へと走らせることになった。その結果、この地域での最大規模の取引までもが、時として非合法の下で行われた。その場合、国民政府の兵士は、海賊からだけでなく、海関の職員から船荷を守るために同乗したのであった[19]。

このような占領地域との貿易に対する軍人の関与は、全戦線にわたって公然と行われていた。雲南では、インドシナやビルマに滞在する日本人との貿易が定期的に行われており、軍のトラックによって物資が輸送されることも稀ではなかった。その結果、昆明の商店は日本のビールや煙草、綿製品やさらにガソリンまでも揃えていた（昆明にはビルマ・ルートを通じて、日本以外からの輸入品も多く供給されていた。これらもまた大抵は非合法の貿易であった）。雲南の陸軍部隊のなかには食料を日本占領地で調達する部隊さえあった。実際一九四三年一月に、毎月届くはずの米の割当が届かなかったとき、支那人の指揮官は日本側関係者に不満を述べ、その結果直ちに特別の小型船で米が輸送された[20]。米に対する支払いとして支那軍は、野菜の他——未確認だが信頼できる情報によれば——キニーネやサルファ薬、アスピリンといった赤十字の供給品までも送ったという。これらは、国民政府の地域ではひどく不足していたものなのである[21]。

散漫な戦争が五、六年も続いた結果、支那の将校は、事実上、あらゆる層で通商にかかわることになった。蔣介石の側近で、河南・安徽省第一戦区の副司令でもあった湯恩伯[2]は、通商に熱中しすぎるあまりに軍務をおろそかにしたとして、戴笠将軍から叱責されたという。雲南では、将官級の将校をも含めた「あらゆる階級の将校」が、「正規の業務よりも重要で確実に儲かる」通商に関与していた。一九四三年に河南では、将校の「圧倒的多数」が貿易に従事しており、この年ジョン・パットン・デーヴィス（John Paton Davies）は、湖南省の支那指揮官は「妻や家族と共に定住し、貿易に従事している」と報告している[22]。

このように国民政府軍の軍人が商業に傾倒するにつれ、彼らは自らの軍務をおろそかにするようになった。その点で、広東の支那軍部隊の司令官であった余漢謀[3]は典型的な例といえる。余は、日本の占領地に隣接した花県付近の炭坑に特別な利権を保有していた。一九四四年三月に彼の代表が、日本軍の代表と香港において口頭で合意に達し、それによって余は、広東を攻撃しないことを約す代わりに、日本軍は、余の炭坑その他の彼の支配地域に対する攻撃を仕掛けないことを約した。協定ではさらに、余は石炭やタングステンを広東に船で送り、日本側は、衣服や織物、その他の消費物資を余の支配地域に引き渡すことを規定していた。戦後の日本軍将校の証言によれば、余はその後もこの取引に忠実で、彼は蔣介石の命令に服することなく、広東に攻撃を仕掛けることはなかったという。(23) もちろん国民政府軍の部隊が、常に日本側とそのような協定を結んでいたわけではない。しかし結果は、似たようなものであった。湖南省では、あるイギリスの破壊部隊が、日支間の貿易に使用されている橋梁を破壊しようと計画したことがあったが、これを聞きつけたこの地域の支那軍司令官は、「イギリス軍に撤退するよう命じ、別の地域で自分らの戦争をすればいい、と提案した。ここではすべてが平和で順調なのであって、イギリス軍は問題を引き起こそうとしている」というのであった。(24)

ほとんどの西洋人は、このような日本占領地域との貿易について報告する際、そのような行動を「密輸」と表現し、極めて批判的な態度を取ったが、そこには少なくとも、このような密輸は、支那の行政や軍部の完全な腐敗・堕落を示すものという意味合いが込められていた。イズリアル・エプスタイン（Israel Epstein）は、そのような敵との通商は「道徳的に麻痺しているばかりでなく、戦略的にもばかげた行為である」と述べている。(25) しかし重慶政府のゲリラは、このような貿易を維持し続けた。彼らは、あるアメリカ人が報告しているように、「日本人をカモとしている」という確信を持っていた。(26) そうでないとすれば、ヒューバート・フレイン（Hubert Freyn）が問題を提起したように、「もし日本軍のガソリンが支那軍の手に渡る道を見つけた場合、あるいは日本の衣類が兵士の軍服や寒さに震えている支那の農民の衣服になった場合、あるいは上海や香港の製品が、現地の生産では埋めることのできない穴を後方で埋めるために「密輸」された場合、どちらの側が利益を得、どちらの側が損失を被っているのであろうか(27)」。

経済的に見れば、さまざまな商品が流入することから国民政府が総じて利益を得ていたことはありえよう。衣類やその他の消費物資が占領地から持ち込まれることがなければ、内陸の生活は一層苛酷で、耐え難いものになったであろう。そのうえ、これらの商品が部分的にしろ需要を満たしたという意味では、こうした貿易はインフレ圧力を緩和する効果もあった。

とはいえ、仮に国民政府が貿易から経済的利益を得たとしても、こうした利益は、それが支那の戦争遂行にもたらした悪影響とも比較しつつ評価しなければならない。敵に糧食や工業原料を供給することが極めて有害であったことは確実である。また、軍が大規模に貿易に関与した結果、貿易に関与できる地域に駐留した将校は徹底して腐敗にまみれた。彼らにとっては、日本側との紛争を回避するほうが、彼らの個人的な利益に適ったのである。(28)そして彼ら自身が商業に携わった結果生じた腐敗や利己的な利益追求は、すでに低水準にあった支那軍の道徳的な素質を一層低下させたのである。

日本側も国民政府と同様、こうした奇妙に友好的な戦時中の両国関係を合理的に解釈しようとした。彼らが貿易を通じて必要な食料や原料を得たことはいうまでもない。また彼らは、支那の商人が支払えるよりはるかに高額の代価を支払うことによって、国民政府領内のインフレ傾向を助長した。広東では、日本側の貿易代理業者は、一ピックル当たりのタングステンに五〇〇〇元から七〇〇〇元を支払っていたが、重慶側は価格の上限を一ピックル当たり一〇〇〇元に固定していたのである。(29)一九四三年にアメリカ代理大使を務めたジョージ・アチソン（George Atcheson）は「こうした法幣［国民政府の通貨］の使われ方は、支那の非占領地域からの商品の流出と通貨供給の増大をもたらし、物価の高騰を倍化させた」と記している。(30)さらに日本側は、支那の商人や政治家あるいは軍の将校などを通商に従事させることによって、彼らを汪兆銘政権への支持者に変えることまでも考慮していた。(31)こうした政治的な考慮から、日本側がなぜそれほどまでに通商に関与したのかは、部分的には説明できよう。しかし、ジョン・P・デーヴィスは、一九四三年に次のように記すことで、日本人の別の側面をおそらく正確に言い表している。すなわち、「日本人は支那人と同様に腐敗している。その違いは、……日本人は腐敗しても一向に気力が衰えないのである」。(32)

三　謀略か利害の一致か——傀儡部隊をめぐって

戦時中、日本側の軍務に携わった支那人は五十万から一〇〇万人にも達した。こうした人々は、国民政府の側からすれば〝偽軍〟すなわち傀儡部隊というべきものであって、蔣介石をはじめとする重慶政府の高官は度々、そうした漢奸は必ず処罰され、許されることはありえない、と言明していた[33]。しかし実際には、蔣介石は日本側に通じる背信行為を好意的に見ていたようにも見える。戦後、いわゆる偽軍の司令官や部隊の多くは、裏切り者として処罰されることがなかったばかりか、階級も名誉も貶められることなく、国民政府軍に復帰したのである。

傀儡部隊の正確な兵数を確定することは不可能である。重慶の当局は、戦争終結の時点でそのような部隊の総兵数を六八万三五六九と見積もっていた[34]。しかし一九四五年の初期の時点で中国共産党の当局はアメリカ政府に対し、傀儡部隊の兵力をおよそ九十万とする情報を伝えており、しかもその内の四一万が正規軍で、残る四九万が地方部隊とされていた[35]。正確な数字はともかく、その多くは日本側へ逃亡した国民政府軍部隊の将校および兵士とその装備からなっていた。それ以外の傀儡部隊は、占領地において徴集されたものであった[36]。

戦争の初期の段階では、逃亡する国民政府軍部隊は比較的少なかった。しかし戦争が消耗戦の様相を帯び始め、国民政府側地域のいたるところで士気が落ち始めると、逃亡兵の数は格段に増加した。イズリアル・エプスタインによると、一九四一年には、十二人の将軍が麾下の部隊を伴って日本側に投降した。その後一九四二年にはその数は十五人に、一九四三年には頂点を迎え四二人にも達したという[37]。この数字は、中国共産党側の資料ともほぼ合致しており、それによれば、一九四一年から四三年までの間に、六七人の将官級の将校が五十万を超える兵力の部隊を引き連れて投降したというのである[38]。

投降した部隊は、捕虜収容所に入れられたわけではなかった。それどころか彼らは、日本の傀儡政府の下で再編成され、新たな徽章を与えられたうえで、日本側の軍務に投入された。時として戦闘に参加することもあったものの、日本軍は彼らに十分な装備を支給せず、効果的な戦闘部隊にすることはなかった[39]。日本軍は、支那人協力者をほとんど信用しておらず、これら傀儡部隊の大部分には、都市の守備や連絡線の警備など、ゲリラの攻撃対象の警戒に当たらせた。中共側の資料によれば、傀儡部隊の九十％から九五％は、中共軍に対して投入されたという。このような主張はおそらく、日本軍が傀儡部隊を主として後方の安全確保のために動員していたことを反映しているのであろう[40]。

中国共産党が、とかく不愉快な現象を重慶政府の悪意に帰することは一般に見られることであり、彼らは傀儡部隊について言及する際にも、それを国民党の反共化という視点から説明する。一九四一年一月に新四軍事件[4]が起こると、中国共産党は、中央政府にとっては日本の侵略などはどうでもよく、彼らは占領地における共産党の勢力拡大を憂慮している、と強硬に主張した。一九四三年には中共の新聞『新華日報』は、今や国民政府当局は、日本を共産主義よりも害の少ない敵と見なしている、と断じた。国民政府の部隊には抗日の気概も失せており、それゆえ日本や汪兆銘の誘いに容易に屈してしまうというのである[41]。しかし、一九五一年に中共史家の李一葉は、偽軍は単純に敵に降伏したわけではない、と論じた。それによれば偽軍の六二％は、国民政府の指示に基づいて投降したのであった。重慶軍にとっては、公然と共産党を攻撃するのは愚策であり、そこで蒋介石は、各部隊に投降を指示し、中共に対する軍事作戦を可能にした。それによってアメリカやその他の日本と戦っている部隊との政治的軋轢も回避できたのだという[42]。

こうした国民政府謀略説は、面白い解釈ではあるが、せいぜい共産党の宣伝にすぎない。共産党は、重慶が麾下の部隊に日本の軍務に携わるよう命じたことを証明する文書を押収したと主張しているが、私の知る限り、そのような文書は公表されていない[43]。日本側の資料もまた、彼らの圧倒的多数は、せいぜい日本軍かあるいは共産軍によって蹂躙されそうになったときに投降したことを示している[44]。

したがって国民政府が、少なくとも大規模に麾下の部隊に投降を命じていた、と結論づけることはできない。また投降の動機も、共産主義と戦うため、というような単純なものではありえず、はるかに複雑なものであったろう。

例えば龐炳勳[5]や孫殿英[6]、孫良誠[7]といった重要な傀儡部隊の指揮官の誰一人として、蔣介石の中央軍に属していなかったことは重要であろう。彼らは軍閥時代色の濃い、〝雑派〟と呼ばれる雑多な地方軍に属していた。これらの将校は、蔣介石と強い忠誠心で結びつくことはまったくなかった。それどころか、彼らが自分以外に忠誠心を感じるとすれば、それは蔣介石によって追いやられた馮玉祥や張学良など、かつての軍閥の統領であった。

彼らが国民政府と強くかかわることはなかったし、国民党の目標を共有することもなかった。彼らは本質的に損得勘定に基づいて行動していた。彼らは、報酬の高低あるいは戦況次第で容易に与する陣営を変えたのであり、まさに軍閥としての経歴に忠実であった。一九二〇年代の終わり頃にこうした地方軍閥が国民政府に忠誠を誓ったのも、せいぜい力の均衡が、蔣介石率いる国民政府の側に傾いたからにすぎなかった。ところが今や、彼らは、蔣介石に対する「忠誠」という幻想から次第に覚めていった。彼らは国民政府から十分な報酬も受けられず、補給も不足していた。さらに〝雑派〟の指揮官たちは、蔣介石が、彼らの部隊を優勢な日本軍の装備の前にさらすことで、彼らの軍事力やさらには政治的な影響力までも消耗させようとしており、しかもより装備の整った中央軍は後方で兵や武器を温存している、という確信を強めていた[45]。そのうえ、日本の工作員がこうした〝雑派〟の諸将に、日本人と忠義心のある支那人とが互いに戦っている限り、共産主義を打ち破ることはできないとか、大東亜共栄圏の下で協力することによってのみ、支那からイギリスやアメリカの帝国主義を追い出すことができるとか、あるいは日本は蔣介石の与える以上の報酬、糧食、武器等々を提供するなどと宣伝したのであった。さらに〝雑派〟の諸将は、日本にではなく、支那人の行政組織、特に汪兆銘政権に投降するよう促された。汪兆銘は、重慶から脱出した後となっても、支那全土において政治的に際立った存在であった。こうした状況下において、〝雑派〟の諸将たちは、仮に強烈なナショナリズムの信奉者であったとしても、投降への決断を容易に合理化していったのである[46]。

国民政府の指導者たちが、〝雑派〟の諸将に投降を命じた、というのは疑わしいが、重慶では、彼らが投降して傀儡部隊になることに潜在的な利益を見出していたことはまず確かであろう。一九四三年から四四年までに共産主義は、上海周辺やその他の重要な沿岸地域を含めた占領地全般にわたって影響力を拡大していた。その一方で一九四三年以降、日本の敗北が現実問題として浮上してきていた。そこで国民政府の指導者たちは、日本の崩壊の後、あたかも熟柿が自らの重さで自然に落ちてくるように、日本の占領地がここぞと待ちかまえている共産主義の手中に落ちるのを懸念するようになったのである。とすればひとまず傀儡部隊が、落ちてくる熟柿を重慶の代わりに受け取るべきであったろう。一九四四年十二月にジョン・P・デーヴィスは、蔣介石は『投降』を是認することはなかったにしろ、それを好意的に見ていた」と記しており、それはまず正確な観察であったろう。(47)

重慶政府と傀儡部隊の関係は、時として過度なれ合いともいうべき状態にあった。傀儡の諸将は、国民政府関係者と食事を取ったり、ゲリラが日本の占領する港に機雷を敷設するようなときでも、それに保護を与えていた。(48)したがって重慶側としては、こうした傀儡諸将と容易に交渉に入ることもできたし、その際、戦後の共産主義の拡大に対抗するため協力するなら、戦後も裏切り者として処罰はしないとの保証を与えることもできた。実際、一九四四年後半にアメリカがフィリピンに上陸した後には、太平洋戦争の帰趨は連合国の側に決定的に傾いており、傀儡部隊の多くが、再び勝者の側に取り入ろうとして、国民政府と接触するようになった。ある傀儡の航空部隊は、国民政府の諜報機関の長たる戴笠に、再投降を許可してくれるよう求めた。しかし戴は彼らに、そうすべきではないと説得した。しかもそれは、戴の友人でよき支援者でもあったミルトン・マイルズ（Milton Miles）提督の言葉を借りれば、「傀儡たちが与する側を変えれば、日本側は敗北を自覚するであろう、と認識していたにもかかわらず」にである。戴笠自身の見積もりでは、およそ五十万もの傀儡部隊が、「友好的な傀儡」であった。(49)

一九四五年八月十五日の日本の降伏の後、国民政府はこうした戦略に沿って、傀儡部隊を気前よく扱った。広東では、汪兆銘政権の下で広州要港司令部司令および海軍次官を務めた招桂章が、重慶政府によって暫定的な管理を任された。招桂章は重慶との合意の下で、傀儡部隊を前衛と呼ばれる部隊に再編成し、前衛はその後二カ月間にわたって秩序を維持し、アメリカの諜報機関の報告によれば、「共産主義が降伏時の状況に付け入るのを阻止した」のであった。十月中旬までには、国民政府軍が広東に入り、前衛は、国民政府軍の正規の部隊として、第二戦区に統合された。(50)

重慶政府は、公式には、佐官以上の傀儡部隊の将校はすべて裏切り者として処罰される、と言明していたが[51]、それにもかかわらず、広東の例は終戦直後の時点で、国民政府がどのように傀儡部隊を扱ったのかについての典型的な事例であった。実際、日本が降伏する三日前の八月十一日には、蔣介石は傀儡部隊に、現在の地歩を確保し、彼の承認なく他の軍隊――これが共産党を指していることはいうまでもないだろう――に統合されないようにすることで、「罪をあがない、名誉を回復しようとしなければならない」との布告を出した[52]。それ以前に重慶側とどのような合意があったのかはわからないが、龐炳勳[8]や孫良誠、張嵐峰、呉化文[9]、劉祖笙、高徳林などの傀儡部隊の主要な将校の多くは、中央軍の部隊司令官に任ぜられた[53]。国民政府が傀儡を逮捕し始めたとき、それは支那の一般に対して驚きを与えるほど比較的稀な事例であったが、処罰されたのはもっぱら文官に限られた。軍人はおそらく、「汚名を返上する」のが適切と見なされたのであろう[54]。

日本側にも、傀儡たちの矛盾に満ちた「忠誠」を受け入れる素地はあった。彼らは、傀儡たちが重慶と恒常的、時には緊密に接触していることを知っていたし、その多くが極めて愛国的であることも認めていた[55]。しかし彼らの立場からすると、投降者を捕虜収容所に収容するよりも、憲兵隊として動員するほうがはるかに有益であった。それによって、非生産的な何十万もの捕虜の居住や食料の面倒を見るという負担を回避することができたし、自軍の部隊を、華中の鉄道警護に充てるなどよりはるかに戦争遂行にとって有効な方面に振り向けることもできたからである。

さらに戦争の後半では、日本側も、国民政府ほどではなかったとしても、共産主義が支那の大部分を掌握してしまうことを望んではいなかった。日本の司令官たちは長期にわたって共産主義を嫌悪してきた。彼らは敗北を間近に控えて、国民政府は共産党よりも報復的ではないであろう、と判断していた。一九四三年から四四年までには、日本軍は傀儡と重慶の接触を黙認しただけでなく、たとえ可能であったとしても、もはや国民政府の転覆を望んではいなかったのではないか、とさえ思われる[56]。

戦争の最後の年に、日本が共産主義に対する恐怖から、国民政府を打倒しようとはしていなかったのではないか、との仮説は、さまざまな状況証拠によって支持されている。一九四四年四月から一九四五年二月まで発動された一号作戦[10]の期間中、日本軍は河南から広東までの支那守備軍を圧倒的な兵力で分断した。一九四四年後半に日本軍は、桂林や柳州などの広西省の都市を占領し、昆明に至る連絡路を脅かした。もし昆明が陥落するような事態ともなれば、重慶は外部からの支援を断ち切られることになる。国民政府の運命は風前の灯火であるかに見え、恐怖が走った。しかし十二月三日、突如日本軍は進軍を停止した。アルバート・ウェデマイヤー（Albert Wedemeyer）将軍は、日本が依然として攻撃を続行するに十分な力を持っていることを知って、「この中断をどう理解してよいか戸惑った」のであった[57]。

当時支那政府の高官の間にさえ、日本が進軍を停止したのは、彼らが蔣介石と密かに通じ合っていたからではないか、との憶測が飛び交っていた。しかしウェデマイヤーが蔣介石に直接問い質したとき、「総統は何の言質も与えなかった。感情その他からも、肯定否定いずれの兆候も読みとれなかった。彼はただ、そっけなく笑っただけであった[58]」。

蔣介石が日本側から、国民政府支配域の拠点を攻撃しないという何らかの公的な保証を受け取っていたことはまずありえない。それは、そうした合意があったとすればそれにかかわっていたはずの日本人が、戦後の質問に対しそれを完全に否定していることからも確認できる[59]。しかし蔣介石自身は、日本の宣伝や「様々な情報径路」を通じて、一号作戦の狙いが、支那軍の壊滅にあるのではなくて、単にアメリカ航空部隊の基地を排除しようとすることにあることについて十分な確証を持っていた[60]。

ではなぜ、日本は敵国たる重慶の感情や運命について、それほど気遣ったのであろうか。一九四四年末に国民政府の自由主義的な批評家である羅隆基[11]が、次のような鋭い指摘をしている。

日本が支那の現在の体制を維持しようとしているのは、第一に、新たな体制が日本に対してより有効に戦争を遂行するのではないかと警戒しているからであり、第二に、将来や戦後に対するある見通しがあるからである。今や日本人は敗北を自覚しているが、同時に、国民党の指導力の弱さのために、支那が近い将来に極東地域で決定的な役割を果たしたり、あるいは日本の復活に反対するほどの強国となることはないであろう、と見ている。現在の国民党の指導者は、自由主義的な［および共産主義の］指導者よりも、日本に友好的であろうと期待されている。(61)

日本側が戦後支那における共産党支配よりも国民政府の支配を望んでいたことは、終戦時の彼らの行動からも明らかである。一九四五年八月十日、中国共産党は日本軍に、共産軍を含めた「いずれかの抗日軍」に投降するよう呼びかけた。(62)しかし、支那派遣軍総司令官であった岡村寧次大将は、これを拒否した。その代わりに彼は、日本軍は蔣介石軍のみに降伏するように、との八月十五日付のダグラス・マッカーサー（Douglas MacArthur）の命令に服したのであった。(63)実際には岡村は、日本占領地の引き渡しに際し、共産主義に協力すべきか、国民党に協力すべきかを判断するうえで、マッカーサーの指示など必要ではなかった。マッカーサーやあるいは蔣介石からの命令がなくとも、岡村はすでに自軍に対して、国民政府に降伏するよう命じていたからである。そして岡村の部下たちは、この命令に忠実に従った。彼らは、戦時中にも滅多に見られなかったほど献身的に共産主義と戦った。そして国民政府のために、北京や天津、上海、太原などの重要拠点を確保したのであった。(64)

蔣介石は、こうした日本側の協力的な態度を十分認識しており、そのことは岡村の戦後の扱いからも明らかである。岡村は主要な戦犯の一人として裁判にかけられ、名目的にしろ少なくとも投獄はされた。しかし蔣介石は、戦後の共産主義との内戦に際して、この以前の「敵」を丁重に扱い、顧問として利用した。一九四九年一月に蔣が総統の地位を追われる直前、岡村の刑は見直され、無罪を宣告された。その後共産主義の勝利が確実になると、彼は日本に無事送り返されたのであった。共産党側の資料によれば、蔣介石は翌一九五〇年に、岡村を革命実践研究院の高級教官として招聘したというが、国民政府の側はこの事実を否定している。(65)

以上のことから、戦争末期において蔣介石と日本軍の間に共謀があったとはいえないにしろ、少なくとも、日本と蔣介石の関係が一律に敵対的であったわけでもないことは窺えよう。またそれは、おそらく日本側が、戦後においては共産主義ではなく国民政府による支那支配が実現するよう、戦争下の制約のなかでも最善を尽くしていたことをも示しているのである。

四　支那民衆と軍隊

とはいえ、日本人が無防備の支那市民に対して行った殺人や拷問、強姦、略奪、気まぐれな破壊等々の無意味な残虐行為の後に、どのような多義的な関係が存在しえたであろうか。なかでも悪名高いのは、南京事件〔12〕であった。一九三七年七月七日の盧溝橋事件から数カ月もすると、日本兵士の残虐さについての報道が、世界中のニュース編集室に流れ出していた。しかしその時点では、それをそのまま信用するにはあまりにも陰惨なものだったので、大抵の記者や編集者は、国民政府側の純粋な宣伝にすぎないと受け取めていた。しかし南京においては、日本軍の行動は西洋人の目に疑いようもなく曝された。その結果世界は驚愕し、茫然自失に陥ることになった。

国民政府の首都南京は、一九三七年十二月十二日から十三日にかけて陥落した。日本軍は八月以来、支那との全面戦争によって苦戦を強いられていた。損害も極めて多く、上海周辺の戦闘だけでも、日本側でおよそ四万、支那側で二五万をはるかに超える死傷者がでた。日本軍が上海から南京へと進撃する過程で、三十万人もの市民が殺された(66)。蔣介石は最後の一兵まで南京を防衛すると言明していたが、大部分の支那人は、日本軍が近づくにつれ、恐怖のあまり南京を逃げ出していた。南京守備軍司令官であった唐生智〔13〕も、打算が勇気を圧倒し、十二月十二日の夕刻にはさっさと逃げ出した(67)。したがって日本軍が南京に入ったときには、もはや支那側の抵抗はなかった。

南京に残った支那の住人たちは、日本人の下で秩序が回復し、平静が取り戻されるであろうと期待していた。撤退しようとする国民政府軍は、最後の瞬間には恐怖のあまりほとんど暴徒と化し、敵から逃れるため市民を殺害して衣服を奪うことさえあった(68)。日本軍は空から「日本軍は善良な市民を保護し、安心して生活できるよう、極力努力する」などと書かれたビラを撒いた。虐殺が始まる二日前に日本軍司令官は、「日本軍は、抵抗するものには苛酷かつ無情であるが、一般市民および日本に敵意をいだかない中国軍に対しては、親切かつ寛大である」と言明したのであった(69)。

ところが日本軍は、微塵の寛大さも持ち合わせてはおらず、単なる野蛮さを示したにすぎなかった。略奪は、個人によるせせこましいものから、トラックを用いた兵士による組織的なものまで行われた。腕時計やペンから、グランド・ピアノ、自動車にいたるまであらゆるものが略奪の対象となった。商店や政府公舎、豪邸から薄汚れた酒場まで、鐚一文残らないまでに繰り返し襲撃された。都市のいたる所で、故意による放火が横行した。

とりわけ忌まわしいのは、日本軍による民衆の扱い方であった。日本軍は、大多数の国民政府軍兵士が武器や軍服を投げ棄てている、との情報を得たことから、それらの兵士を生きて逃さないため組織的に敵の逃亡兵を捜索し、殺害することにした。日本軍は捕虜を収容しない方針を定めており、その方針を遂行するための手段は悲惨なものであった。例えば日本軍は、ある人物を逃亡兵かどうかを決定するに際して、単にその人物の手を検査しただけにすぎなかった。もし手に「タコ」ができていれば、そいつは脱走兵だと判断され、処刑集団に入れられた。あるいは、帽子を常習的にかぶっている跡が頭にあれば、それは明らかに軍務に服していた証拠と見なされた。その結果、おそらく何千という苦力《クーリー》や輪タクの運転手その他の無実の市民が、死刑宣告を受けることとなった。彼らは機関銃で掃射されたり、あるいは一五人程度でまとめて吊るし上げられたり、手に灯油を掛けられて死にいたるまで燃やされたり、あるいは銃剣の生きた練習台とされたり、生き埋めにされたりしたのであった(70)。

女性だからといって容赦されることはなかった。ジョン・P・デーヴィスはこう記している。「他の軍隊ならば匍匐前進(on the stomachs)で行動するであろうが、……日本軍は情欲(on its libido)で行動する(71)。」日本軍は一般家庭や病院に押し入り、支那人女性を捕らえた。抵抗する夫はしばしば殺害された。こうした女性は、道端で白昼堂々と犯されたり、日暮れの猥雑な騒ぎの場に引き出されしばしば複数の男に強姦されたりした。彼女らのなかには二度と帰らない人もいた。妊娠六カ月のある女性は、激しく抵抗したあげく、腹部を含めた顔や全身を十六カ所も刺されることとなった。金陵大学の構内では、九歳の少女から七六歳の女性までもが襲われた[72]。日本軍による南京占領の時期を通じて南京にとどまっていたサール・ベイツ（Searle Bates）は、十分な確証に基づきつつも控えめに、一カ月足らずの間におよそ八〇〇〇人の女性が強姦された、と報告している。当時南京安全区国際委員会の委員長であったジョン・H・D・ラーベ（John H.D. Rabe）の推定によれば、日本軍が南京に入ってから最初の一カ月で、少なくとも二万人の女性が強姦されたという[73]。

こうした南京における蛮行は、ほぼ三週間にわたって猛威を振るった後、その後次第に収まりながらも、さらに四週間も続けられた。この七週間の間にどれだけの人間が殺害されたのか、正確なところはわからない。サール・ベイツは、東京裁判における証言で、その数字を少なくとも四万二〇〇〇人と見積もった。彼は、二五万人の市民のうち、少なくとも一万二〇〇〇人は殺されたと証言した。南京が陥落する七二時間以内に、三万人を超える兵士が殺された[74]。実際に殺害された人の数は、おそらくこれよりもさらに数千人多いのではないかと思われる。というのも、死体の多くは川に投げ込まれたり、その他さまざまな方法で地中に埋められたりしており、単純には計算できないからである[75]。

南京事件は、日本の虐殺の歴史のなかでも、その規模や激しさ、さらに第三者の目撃にさらされているなかで行われたという点で際立っている。しかしだからといって、それが何か特別な事件だったというわけではない。歴史家にとっては、似たような残虐行為の記録を繰り返し読まされて、うんざりするほどなのである。無意味に焼き払われた村々、女性や少女を強姦し、その後銃剣で、それも時にはむごたらしく刺し殺すことさえあった部隊、針金で縛られ、銃剣の訓練台にされた人々等々、そうした記録の山々に接すると、個々の事件の特殊性を考えてみようなどという気持ちはたちどころに失せてしまう。とはいえ、そうした雲霞の如き残虐行為のなかにも、際立って心を痛めるものはやはりあるのである。一九三八年に漢口付近で起こった事例では、ある少女が、襲いかかってくる日本軍兵士から逃れようとして池に飛び込んだ。おそらく彼女は頭だけを水上に出していたのであろう。すると苛ついた兵士たちは、彼女を射撃し始めた。少女の父親はやめてくれるよう懇願したが、彼らはそれを押しのけ、少女を射ち続けた。そしてついには彼女を殺してしまった[76]。一九三七年に河北省で起こった事例では、八人の兵士がよってたかって十三歳の少女を強姦し、その後彼女は死んでしまった[77]。一九四一年の事例では、日本軍は、共産ゲリラに協力したという理由で、河北省の潘家峪という村に制裁措置を加えた。日暮れに村を包囲し、住人を広場に集めて虐殺し、村を完全に焼き払った。女性や子どもを含めた一〇〇〇人を超える人々がその日に殺された[78]。また日本軍兵士のなかに、強姦している最中を写真に収めて喜ぶ者がいたことには驚かされる。ある者は自らの蛮行を堂々と日記に記していた。ある兵士は、七週間の間に十九人の女性を強姦した、と日記に記している。彼自身の見積もりによれば、対象の女性は十一歳から五七歳にまで及んだという[79]。

ではどれだけの日本軍兵士が、そのような犯罪的行為を犯したのであろうか。彼らのほとんどが残忍で非道な人々であったのだろうか。それとも、戦争の初期の時点で日本の公式の配付文書類が謳っていたように、そうした残虐行為にかかわっていたのは、陸軍全体から見ればほんの一％にも及ばない、おそらく〇・一％程度にすぎなかったのであろうか[80]。私自身は、一％よりは確実に高かったとは思うが、その正確なところは不明である。しかし日本の占領政策の全体的な文脈において見れば、残虐行為は、恒常化していたというよりは、やはり例外的であったというべきであろう。日本が支配を確立した地域においては、生活や労働は、多かれ少なかれ平常通りに営まれていた。確かに日本軍が、支配下の支那人に対してしばしば手荒で横柄な態度をとっていたことは事実である。彼らはプロイセン張りの厳格さを示していたが、それは普段からざっくばらんで個人主義的な支那人の行動様式からすれば、極めて耐え難いものであったろう。また支那人にとっては、日本の馬に対してまでお辞儀を強要されたり、あらぬことで平手打ちを食わされたりしたことは、大いに自尊心を傷つけられることであったろう。ある支那の農民は、そうした日本の兵士を一言でうまく言い表している。「他們的脾气不好」（彼らは癇癪持ちだ[81]）。しかし、そのような短気な気性や不寛容な態度、規律にこだわる気質は、せいぜい摩擦や不和を生じて終わるのが普通であった。それが残虐行為にまで及ぶのは（相対的に見れば）稀だったのである。

しかも多くの日本人は、支那人にむしろ同情していた。公刊された日本兵士の回想を信じれば、彼らは、飢えて怯える民衆を哀れんだり、支那の民衆が日本に残る彼らの隣人たちとどれほど似ているかに思いを馳せたりしていた。ある兵士は、支那兵士の死体を見て、彼とは「仲のいい友人になれたかもしれない」と思案していた。またある兵士は、漢口の西湖の幻想的な美しさに魅了され、またある兵士は、蘇曼殊[14]の漢詩を鑑賞し、またある兵士は支那人と友人となり、あるいは支那人女性と恋に落ち、結婚しようとした兵士もいた[82]。また河南守備隊指揮官のサトウ少佐のような温厚な軍人も存在した。彼は子供が、「天皇陛下万歳、蔣介石打倒」と叫んでいれば飴を与えたが、逆に「蔣介石万歳、天皇打倒」と叫んでいても激昂することなく、我慢強く諭したという（この話には後日談がある。後に支那のゲリラがこの守備隊を攻撃した際、サトウは、村人に対し断固たる措置を取らなかったとして、上官から厳しく譴責された。その結果、彼は数人の仲間と共に自決したのであった[83]）。

上層の日本人指導者のなかにも、支那の民衆に対する人道的な配慮を示す人々はいた。一九三八年当時日本の首相だった近衛文麿公は、「隣接する友好国」として対等に支那と接し、支那の再建と近代化を支援したいとの希望を表明していた[84]。南京事件の折りに中支那方面軍司令官であった松井石根大将（彼は一九四八年に戦犯として処刑された）は、「日本と支那の友好関係の促進」を生涯の目標としていたのであった[85]。

こうした支那人に対する好意の表現は、まったくの偽善かあるいは皮肉な姿勢から出ていたのかもしれない。しかし彼ら自身は真剣だったのかもしれない。多くの日本人の知己を持つハルドア・ハンソン（Haldore Hanson）は、一九三九年に「私はこうした人々［日本の将校や兵士］は心の底から平和を望んでいたと確信している。しかし彼らは、手段を誤ったのだ。日本の理想主義は、決して面白半分の偽善ではなかったのである[86]」と述べている。エドガー・スノー（Edgar Snow）も同様に、日支間の友好関係を築くことに関しては、「日本人は……特有の真剣さを示す、と時折感じた」と述べている[87]。しかし理想はどうであれ、支那における日本軍の行動は、日本国民の歴史のなかでぬぐい去ることのできない汚点として残っている。

（公平を期すため、支那人兵士もまた日本人に対する虐殺とは無縁でなかったことを記しておく必要があろう。一九三七年八月、支那側憲兵によっておよそ二八〇人もの日本人が殺害された通州事件はよく知られている。また、林彪はこの年、共産軍は

「日本人捕虜を生き埋めにしたり、焼き殺したり、腹を割くなどの過ちを犯している」と批判している。(88)

日本軍兵士の荒っぽさや残虐さにもかかわらず、多くの支那人が彼らに敵対的であったわけでは決してない。それも農民の場合には特にそうであったようである。華北においてある日本の航空機が非占領地に不時着した際、村人たちは、彼を逮捕したり殺害したりしようとはせず、彼が飛行機を修理し、再度離陸していくのを終始傍観していた。(89)多くの支那人は、占領地では高賃金が得られるとの噂に惹かれて、日本軍のために道路を建設したり、塹壕を掘ったりするために日本占領地に向かった。(90)日本軍兵士であった火野葦平は、「一箇所に女子供や老人が集まつて避難して居るところには、ぐるりと垣を作るように旗を持つたのが取巻いて居る。道路にずらりと旗を持つて出迎へるのもある。籠に卵を入れて来たり、鶏を何羽も括つて来て、進上します、と云ふ。まるでこれは凱旋して居るみたいだな、と我々は笑つた」と回想している。(91)農民たちは普通、絶望的なまでに物を持っていなかったので、彼らが日本人を気前良くもてなすことはまずなかったであろうが、村人たちが、征服者をお茶や笑顔で迎え、援助さえ申し出ることは、普通に行われていた。国民政府領内の農民たちは、グラハム・ペック（Graham Peck）の見るように、戦争に対しては「奇妙なほど中立」(92)であった。

自国の運命に対するこうした無関心は、農民に見られる政治意識の極端な低さから部分的には説明できるかもしれない。重慶から四十マイル余りに位置する四川省のある村の農民のなかには、一九四八年になってもなお、蔣介石の名を聞いたことのある者はほとんどいなかったし、まして毛沢東について知っている者など存在しなかった。彼らは国民政府とは何のかかわりも持たず、内戦がいたる所で起こっていることもほんの曖昧な程度でしか理解していなかった。(93)とすればなおさら、こうした農民たちが戦時中、同様に日本との戦争にも無関心であったと想定してよいであろう。この戦争は彼らの戦争ではなかった。自分に実害が及ばないことだけを望んでいたのである。

農民におけるナショナリズムの欠如には、彼らの出会う政府の代表が徴税吏や保甲制度〔15〕の長、徴兵官、軍隊など、大抵の場合、強権的で苦痛を与える人々であったという事実が大きな意味を持っている。農民と支那軍の接触は、なかでも格好の例といえよう。

一般の民衆にとって、支那軍はしばしば天災のようなものであった。彼らは重慶政府から十分な補給を受けられず、腐敗した将校にだまされ、そのうえ物を奪われ酷使された挙げ句、凄惨な戦闘に投入されてしばしば暴徒化していた。こうした部隊が村に駐留した場合、食料、燃料、寝床から寝藁まで彼らのしたい放題であった。そして移動に際しては、荷車や牛馬をかっさらっていった。村人が苦力《クーリー》として無理矢理動員され、装備を運ばされたり、塹壕を掘らされたりすることはごく当たり前に行われた。こうした労働に賃金や食料が支給されることはないか、あってもごくわずかであった。一九四三年五月に湖北省西部での作戦期間中、支那軍は作戦上の必要から、いくつかの都市に立ち退き命令を出し、その後ありとあらゆるめぼしい物を略奪した。年老いて動けない者、町から動こうとしない者は、裏切り者として殺害された。(94) そのような虐待の結果、あるアメリカ人は一九四四年に、農民は兵士を「極度に嫌悪している」とまで報告していた。戦時中、退却中の支那軍兵士が、激昂した民衆に襲われることも時折生じた。彼らは兵士を武装解除し、殺すこともあったし、時には生き埋めにすることさえあった。(95)

こうした民衆たちのなかには、占領地の農民たちは、日本の支配下でいい暮らしをしている、との噂を口コミで聞いた人々もいた。(96) 我慢の限界を越える苦痛に直面し、それを逃れる拠り所として日本軍に期待を寄せる人々さえ現れた。一九四三年に湖北省に駐留していたある支那軍の司令官は、「田舎の人々は、……人目を盗んで豚や牛、米、酒などを敵地に送っている。彼らは敵に支配されることを望んでも、自らの政府の下で自由になりたいとは望んでいない」との不満を露わにした。(97)『大公報』のある記者は次のように記している。前線付近の住人たちは「敵が到来しても、何等の妨害になることはない、と考えている。……日本軍は通過するときも、せいぜいお茶や水を求めるにすぎない。人々は口々に、支那軍より敵の方がましだ、と述べている」。(98)

農民たちがこうした期待を裏切られることもあった。日本軍がある地域から撤退する際には、それまでの「懐柔策」を投げ捨て、復讐の鬼と化し、人を殺し、女性を強姦し、水路を破壊し、町全体を焼き尽くしたからである。先に紹介した『大公報』の記者は、「敵は支那民衆に対して非常に巧妙で狡賢い」と記している。(99)

全体的に見れば、支那民衆が日本軍から被った破壊活動や残虐行為は、支那軍が与えたものよりはるかに大規模であった。また、支那軍が破壊や暴行に及んだ動機も、日本軍とは大きく異なっていた。支那軍兵士は、物資の欠乏が激しく、強奪や徴発などは時として彼らが生き延びるための唯一の手段であった。これらは軍務に対する「給与」や報酬の一部と見なされた。それは将校が動員兵の給料をくすねていたことに機能的に対応するものであった。これに対して、日本軍が支那民衆を虐待した背景は、もっと複雑であった。この現象に対するさまざまな解釈がなされてきたが、明確な説明からはほど遠いという点で、今も一九四〇年代当時もそれほど変わるわけではない。これまでは日本軍兵士の行動は、例えば彼らの非人間的な軍事訓練の結果だとか、将校にとって自由主義的な教育に接する機会がひどく不足していたためであるとか、国民的な劣等感のせいであるとか、あるいは支那軍の頑強な抵抗に直面し、苛立ちがつのった結果であるなどとされてきた。またこれとは別に、日本人の行動は「状況の倫理」によって習慣的に左右される、といった解釈もしばしばなされてきた。それによれば、ある特異な状況下における日本人は、自己に内面化された、状況の変化に左右されない絶対的な倫理基準（「罪の倫理」）に基づいて行動するのではなく、他の人々がどう振る舞うかによって大きく影響された。日本軍兵士が異国の地である支那に移され、さらに戦闘という極限状態に置かれると、彼らは普段の倫理基準を失い、文字通り道徳のない人々になった、というのである。(100)

しかしながら、こうした心理的な解釈も、実際にはほんの僅かな回答を与えてくれるにすぎない。というのも、支那民衆に対する日本軍の虐待は、威嚇によって支那人を屈服させようとする、意識的な政策としての側面もあるからである。日本軍は、占領を維持できない地域に対して、時として焦土戦術を採ることがあった。支那のゲリラ戦術に対抗するために、しばしば何の関係もない民衆に恐ろしい制裁措置を加えた。支那人女性に対する虐待ですら、実務的な考慮に基づく側面があった。日本軍将校は、少なくとも一般兵士向けの売春婦が得られるまでは、そうした行為を大目に見ていたからである（将校自身は、慰安婦を伴っているのが普通であった）。それが得られれば、日本軍兵士による強姦は、それほど一般的ではなくなった。(16)

さらに、国民政府軍の兵士の一般民衆に対する行為をも併せて考えると、日本軍の残虐行為は、日本や支那に共通する、伝統的な軍隊と民衆の関係からも部分的には説明できるかもしれない。しかしだからといって、こうした伝統が何か「アジア」的な特別なものであるかのように見なすべきではないであろう。第二次世界大戦中のドイツの虐殺、朝鮮戦争時のアメリカ軍による韓国人女性への強姦、ヴェトナム戦争時のミライ（Mylai）事件[17]などを思い起こせば、戦争というものは、その国や文化的背景の如何にかかわらず、人間の最も醜悪な面を露呈させるということを思わずにいられないであろう。

五　結　論

支那と日本の矛盾に満ちた関係は、本質的には、支那民衆が近代ナショナリズムに十分に感化していなかったことに由来している。大部分の支那民衆にとって、外国からの侵略者である日本は、生活に対する深刻な脅威であると感じられたわけではない。また彼らが、自分の生活は国家や政府の命運と直結している、という認識を持つこともなかった。近代支那の歴史は、大部分は昂揚するナショナリズムの歴史ではあるが、一九三〇～四〇年代においてそうした感情に強く動かされたのは、支那の人口全体から見れば、まだまだ少数派であった。教育を受けた若者や知識人、政治指導者や都会の人々の一部は、最もナショナリズムの精神を露わにした人々であった。しかしながら、ナショナルな感覚の欠如は、戦時中においてさえいたる所で顕著であった。戦争の初期の段階で産業界は、国民政府の訴えかけにもかかわらず、内陸地に移動しようとはしなかった。彼らは、奥地の苛酷さや先行きの不透明性よりも、上海や香港などの利便性を選択した。財界は自らの財産を沿岸の諸港に留めたままか、でなければアメリカに輸送して安全を確保したのであって、資金不足に喘ぐ四川省の政府を支援しようとはしなかった。国民政府の高官、将軍、地主などは、戦争遂行に明らかに実害を与える、戦争の利益享受者となった。また、農民が時に率先して日本軍に協力したり、あるいは国民政府軍に対して敵対的であったことも、すでに紹介した通りである。

これほどまでに支那人が自らの命運と国家の命運とを同一視することのなかった根本的な理由は、おそらく、共産政権以前の如何なる政府も、民衆の政治参加を汲み上げるような政治組織を発達させなかったことにあると考えられる。国民政府は軍事力に基づくエリート主義を取っており、民衆にではなく自らにのみ責任を負う官僚機構によって動かされていた。その結果として、民衆の大部分は政府から排除された。当時の支那における政治の本質とは、相互に敵対する軍閥と官僚閥の間で繰り広げられた、権力や名誉や富をめぐる争いであった。

したがって、日本の傀儡になった軍の指揮官たちは、国民政府内の権力闘争に敗れた側の人々でもあった。農民たちが日本軍に協力したのも、彼らの関心が主に食料や家族の安全に向けられていたからであり、しかもしばしば、日本軍が支那の軍隊や徴税吏よりも危険が少ないように見えたからであった。個々の事例を見ればその動機はもっと複雑で、広大な支那だけに時期が違ったり、地域が違ったりすると、そこに見られる傾向も大きく変わった。しかしその根本においては、日本に対する支那人の多面的な対応は、政府の性格と直接関係し続けていた。国民党の支那は、近代国民国家ではなかった。それはごく限られた一部の層によって支配され、しかもあまりに腐敗しており、自己の利益に汲々としていた。したがって、政府の組織も行動も、民衆をそれに一体化させる動機とはなりえなかった。多くの支那人にとって、個人を超える忠誠の対象は存在しなかった。そこで彼らは侵略者に対しても容易に協力することとなったが、逆に政府と民衆の密接な関係に慣れ親しんだ外国人は、そうした支那人の姿に大いに困惑させられたのである。

原注

（1） Paul K. T. Sih からの聞き取り（イリノイ州アーバナ、一九七六年五月）。Gerald F. Winfield, *China: The Land and The People* (New York, 1948), p. 219.

（2） OSS (Office of Strategic Services), doc. C: China 2. 3-c, "Trade between Occupied China and Free China," June 16, 1942, p. 2 (Office of War Information, Box 397); William L. Tung, *Revolutionary China: A Personal Account, 1926-1949*, (New York, 1973), pp. 222-223; State Dept., doc. 893.00/15019, Atcheson to State, June 20, 1943, encl.,

p. 1; *Foreign Relations of the United States, 1943, China,* (Washington, 1957), pp. 229, 435（以下 *FRUS*）.

（3）南満州鉄道株式会社調査部支那抗戦力調査委員会編『支那抗戦力調査報告』三一書房、一九七〇年（一九四〇年版の復刻）、二七七頁。

（4）経済部編（譚熙鴻主編）『抗戦時期之中国経済』、香港、龍門書店、一九六八年（『十年来之中国経済』一九四八年初版の再版）、五七二頁。

（5）*China Handbook, 1937-1945,* comp. Chinese Ministry of Information, (New York, 1947), p. 421; *FRUS, 1943,* pp. 435-436; *FRUS, 1944,* pp. 138-139; 拾遺「戴雨農的一封親筆信」『春秋』第一一〇期、香港、春秋雑誌社、一九六二年二月一日、五頁。Chang Kia-ngau, *The Inflationary Spiral: The Experience in China, 1939-1950,* (Cambridge, Mass., 1958), p. 327; OSS, doc. C: China 2. 1, "A Fortnightly Letter on Economic Conditions in China," issued by the Foreign Dept. Head Office, Bank of China, no. 47 (June 16, 1944), p. 8 (Office of War Information, Box 397). 日本占領地との貿易を主管した国民政府側の組織とその活動については、喬家才撰『鉄血精忠伝——戴笠史事彙編』台北、中外図書出版社、一九七八年（のち喬家才『浩然集』台北、中外図書出版社、一九八一年に再録）、三九九～四〇一頁を参照。

（6）楊明堂撰『従無名英雄到有名英雄——戴雨農先生的奮闘歴程』台北、正中書局、一九七六年、五七～六〇頁。陳恭澍『藍衣社内幕』上海、国民新聞図書印刷公司、一九四二年、一四～一五頁。OSS, "A Fortnightly Letter," no. 47, pp. 8-9.

（7）『支那抗戦力調査報告』三五〇頁。Israel Epstein, "Japanese Goods in Free China," *Asia* (Sept. 1941), p. 502.

（8）『支那抗戦力調査報告』三三三～三三九頁。数値は、同書三三七頁の表より作成。

（9）Hubert Freyn, *Free China's New Deal,* (New York, 1943), p. 73; and OSS, "Trade between Occupied China and Free China," p. 1.

（10）OSS, "Trade between Occupied China and Free China," p. 1.

（11）Hugh Deane, "Scarcity Breeds Repression: China's Economic Problem," *Amerasia* 5. 6 (Aug. 1941), p. 251.

（12）State Dept., doc. 893.00/14631, encl. 1, Carlson to Hornbeck, Dec. 19, 1940, p. 2. 重慶居住経験者からの聞き取り。

（13）Yu-Kwei Cheng, *Foreign Trade and Industrial Development of China,* (Washington, D. C., 1956), pp. 148-149. 引用された数値は、日本およびドイツからの商品についてのものである。ヨーロッパ枢軸国からの商品の輸入はごく少なかったことに照らし、おそらくドイツの商品は、戦争の初期の段階で支那の沿岸諸都市に保管されていたのであろう。

(14) State Dept., doc. 893.00/14641, encl., Davis to Johnson, Oct. 31, 1940, p. 4.
(15) State Dept., doc. 893.00/15275, Ringwalt to State, Feb. 10, 1944; *FRUS, 1944*, pp. 138–139.
(16) *FRUS, 1943*, p. 659; OSS, doc. 52918, "Smuggling between Free and Occupied China," Nov. 30, 1943, attach. 1e, p. 1, and attach. 1i.
(17) State Dept., doc. 893.00/15275, Ringwalt to State, Feb. 10, 1944; *FRUS, 1944*, pp. 2–3.
(18) OSS, doc. 52918, "Smuggling," attach. 1d, pp. 1–3; State Dept., doc. 893.00/15300, encl., Feb. 26, 1944, "General Report on Fukien Province," pp. 5–7.
(19) 同右。
(20) *FRUS, 1943*, p. 28.
(21) OSS, doc. 52918, "Smuggling," attach. 1L, pp. 1–2.
(22) Ibid.; OSS, doc. 116311, Rice to Atcheson, Jan. 6, 1945; OSS, doc. 43615, "Memorandum of Conversation with Graham Peck," Mar. 12, 1942, p. 2; *FRUS, 1943*, pp. 27, 435.
(23) "Statements of Japanese Officers, World War II"（in Office of the Chief of Military History）, vol. 5, Statement no. 512, pp. 1–2.
(24) *FRUS, 1943*, p. 28.
(25) Israel Epstein, *The Unfinished Revolution in China*,（Boston, 1947）, p. 311.
(26) State Dept., doc. 893.00/15300, "General Report on Fukien Province," Feb. 26, 1944, p. 5.
(27) Freyn, p. 73.
(28) 陳達『浪跡十年』上海、商務印書館、一九四六年、一九三～一九四頁。
(29) OSS, doc. 52918, "Smuggling," attach. 1i. および *FRUS, 1943*, p. 436 も参照。
(30) *FRUS, 1943*, p. 440.
(31) "Statements of Japanese Officers, World War II," vol. 5, Statement no. 516, p. 1. および *FRUS, 1943*, p. 46 も参照。日本側は、真珠湾攻撃以前は「密貿易」の主な狙いを国民政府との通貨戦争に置いていたが、真珠湾攻撃後は貿易を通じての物資獲得に重心が移動した、とする説については、鏡升『戦時中国経済的輪廓』（出版地・出版社不明）一九四四年、九一～九二頁を参照。

（32）*FRUS, 1943*, p. 28.

（33）*FRUS, 1944*, p. 389.

（34）Ibid. しかし国民政府の指導的軍人であった何応欽は、戦争終結の時点でおよそ一〇〇万もの傀儡部隊が存在したと主張している。何応欽「紀念七七抗戦再駁中共的虚偽宣伝」『自由鐘』第三巻第三期、香港、宇宙出版社、一九七二年九月二十日。

（35）State Dept., doc. 893.00/2-2345, Atcheson to State, encl. 3, p. 1. 他の共産党側の推定は様々で、一九四三年においては六二万から七八万の傀儡部隊が存在したとしている。八路軍留守兵団政治部宣伝部編『国共両党抗戦成績比較』（出版地不明）東北書店、一九四六年、一頁。李一葉編『中国人民怎様打敗日本帝国主義』北京、開明書店、一九五一年、六六頁。

（36）Joseph W. Esherick, ed., *Lost Chance in China : The World War II Despatches of John S. Service*, (New York, 1974), p. 49 ; Epstein, *Unfinished Revolution*, p. 317.

（37）Epstein, *Unfinished Revolution*, p. 317.

（38）李『中国人民怎様打敗日本帝国主義』六〇頁。『国共両党抗戦成績比較』四五頁。

（39）State Dept., doc. 740.0011 Pacific War/3450, Atcheson to State, Aug. 31, 1943, encl. 1, p. 1 ; *Lost Chance in China*, pp. 49-50.

（40）『国共両党抗戦成績比較』一頁。李『中国人民怎様打敗日本帝国主義』六六、七五頁。

（41）『国共両党抗戦成績比較』七〇～七二頁。

（42）李『中国人民怎様打敗日本帝国主義』六〇、六六頁。

（43）『国共両党抗戦成績比較』四六～四七頁。

（44）Tetsuya Kataoka, *Resistance and Revolution in China : The Communists and the Second United Front*, (Berkeley, 1974), p. 287.

（45）State Dept., doc. 740.0011 Pacific War/1-2045, Richard M. Service to Hurley, Jan. 20, 1945, p. 2 ; State Dept., doc. 893.00/7-644, Ringwalt to Gauss, July 6, 1944, encl. 1, pp. 1-2. ある日本軍将校もまた、蔣介石は地方軍を冷遇していた、との証言をしている。"Statements of Japanese Officers, World War II," vol. 5, Statement no. 516, p. 5.

（46） *Lost Chance in China*, pp. 53-55.

（47） *FRUS, 1944*, p. 726.

（48） Milton E. Miles, *A Different Kind of War*,（Garden City, New York, 1967）, p. 59.

（49） Ibid., pp. 345, 489.

（50） OSS, doc. 28796, "The Handling of Former Puppets in Kwangtung Province," pp. 2, 15-16, 22-23.

（51） Ibid., pp. 3-5.

（52） 中国陸軍総司令部編『処理日本投降文件彙編』第一巻、南京、一九四六年、一七〜一八頁。

（53） OSS, doc. 18104, "Developments in China after Japan's Surrender," Sept. 15, 1945, p. 33. 中国陸軍総司令部編『受降報告書』南京、一九四六年、表九。

（54） *Hsin-min pao* [『新民報』], Nov. 5 [sic], 1945, in : [United States. Consulate General, Chungking,] *Chinese Press Review*（*Chungking* [重慶]）no. 299（Nov. 4 [sic], 1945）, p. 2 ; *Shih-shih hsin-pao* [『時事新報』], Dec. 10, 1945, in : [United States. Consulate General, Chungking,] *Chinese press review*（*Chungking* [重慶]）no. 328（Dec. 10, 1945）, p. 3 ; *Shih-shih hsin-pao* [『時事新報』], Dec. 14, 1945, in : [United States. Consulate General, Shanghai,] *Chinese Press Review*（*Shanghai* [上海]）, Dec. 14, 1945, p. 1.

（55） Masao Kanda, "China after Four Years of Hostilities," *Contemporary Japan*, vol. 10, no. 8（Aug. 1941）, p. 996 を参照。

（56） *Lost Chance in China*, p. 52 ; *FRUS, 1944*, p. 726.

（57） Charles F. Romanus and Riley Sunderland, *Time Runs Out in CBI*,（Washington, 1959）, p. 176 および Wedemeyer to War Dept., telegram #CFBX31783, Jan. 22, 1945, in Archives of the Joint Chiefs of Staff, 381 Chinese Theater（12-7-44）, Sec. 1, p. 1 も参照。

（58） Romanus and Sunderland, *Time Runs Out*, p. 176.

（59） "Statements of Japanese Officers, World War II," vol. 5, Statement no. 516, pp. 3-4.

（60） Ibid., p. 4. および Romanus and Sunderland, *Time Runs Out*, pp. 9, 56 ; Charles F. Romanus and Riley Sunderland, *Stilwell's Command Problems*,（Washington, 1956）, pp. 316, 409-410 も参照。

(61) State Dept, doc. 893.00/8-2344, encl. 2, Sprouse to Gauss, Aug. 18, 1944, p. 2. ジョン・P・デーヴィスも同様の解釈を示している。John Hunter Boyle, *China and Japan at War, 1937-1945: The Politics of Collaboration,* (Stanford, 1972), p. 321 を参照。

(62) 李守孔『中国現代史』台北、三民書局、一九五四年、二四六頁。*FRUS, 1945,* pp. 514-515.

(63) Herbert Feis, *The China Tangle: The American Effort in China from Pearl Harbor to the Marshall Mission,* (Princeton, N.J., 1953), p. 341.

(64) 『処理日本投降文件彙編』一〇五頁。Lionel Max Chassin, *The Communist Conquest of China: A History of the Civil War, 1945-1949,* (Cambridge, Mass., 1965), p. 57; Theodore H. White and Annalee Jacoby, *Thunder Out of China,* (New York, 1946), pp. 283-284.

(65) Graham Peck, *Two Kinds of Time,* (Boston, 1950), p. 683.『毛沢東選集』第四巻、北京、人民出版社、一九六一年、三三一頁、(三)[邦訳『毛沢東選集』第四巻、外文出版社、一九六八年、四三三頁]。国民党中央党史委員会主任委員・秦孝儀からの聞き取り（台北、一九七八年六月二六日）。

(66) 秦郁彦『日中戦争史』増補改訂版、河出書房新社、一九七二年、二八一頁。F. F. Liu, *A Military History of Modern China, 1924-1949,* (Princeton, N.J., 1956), p. 198; Edgar Snow, *The Battle for Asia,* (New York, 1941), p. 57.

(67) H. J. Timperley, ed., *Japanese Terror in China,* (New York, 1938), p. 26 [邦訳、H・J・ティンパーリー編「戦争とはなにか——中国における日本軍の暴虐」、洞富雄編『日中戦争・南京大虐殺事件資料集』第二巻、青木書店、一九八五年、所収]; Frank Dorn, *The Sino-Japanese War, 1937-41: From Marco Polo Bridge to Pearl Harbor,* (New York, 1974), p. 90.

(68) Timperley, p. 26.

(69) Ibid., p. 18 [ビラおよび松井声明の訳は、洞『日中戦争・南京大虐殺事件資料集』第二巻、二四頁より].

(70) 注(75)参照。

(71) John Paton Davies, Jr., *Dragon by the Tail: American, British, Japanese, and Russian Encounters with China and One Another,* (New York, 1972), p. 201.

(72) Searle Bates の証言。*International Military Tribunal for the Far East,* p. 2634.

(73) Ibid., pp. 2633–2634; Haldore Hanson, *"Humane Endeavor": The Story of the China War*, (New York, 1939), p. 142.

(74) サール・ベイツの証言、p. 2642. ベイツの証言と同様の記述は、以下の文献にも見られる。Lewis S. C. Smythe, *War Damage in the Nanking Area: December 1937 to March 1938*, (Nanking, 1938), pp. 7–8 and especially p. 8, note 1［邦訳、ルイス・S・C・スミス「南京地区における戦争被害　一九三七年十二月〜一九三八年三月　都市及び農村調査」洞『南京大虐殺事件資料集』第二巻］.

(75) 南京事件に関しては膨大な文献が存在する。Shuhsi Hsü, *Documents of the Nanking Safety Zone* (Shanghai, 1939)［邦訳、徐淑希編『南京安全区档案』、洞『南京大虐殺事件資料集』第二巻所収］は、南京安全区国際委員会のやり取りした通信を広範囲に収録している。この委員会は、事件当時、南京に滞在した外国人の小集団で構成されていた。当時の資料を収めたティンパーリーの上記引用書および *International Military Tribunal for the Far East* も参照。後者の手引き書としては、Paul S. Dull and Michael Takaaki Umemura, *The Tokyo Trials: A Functional Index to the Proceedings of the International Military Tribunal for the Far East* (Ann Arbor, 1957) が挙げられる。

　南京事件で虐殺された人数に関しては、原注(74)の資料の挙げる数が比較的信頼できるであろう。しかし他の資料には、はるかに多くの被害者がいたとの推定を示すものが多い。南京における戦争裁判では、三十万人とされた（石美瑜「審判戦犯回憶録」『伝記文学』第二巻第二期、台北、伝記文学出版社、一九六三年二月、に引用されている将校の証言を参照）。Dorn, p. 93 は「二十万人以上、もしかすると三十万人にも及ぶ一般市民が無意味に殺戮された」と述べている。Hsu Long-hsuen and Chang Ming-kai, comp., *History of the Sino-Japanese War, 1937–1945*, (Taipei, 1971), vol. 1, p. 377 は十万人との数字を挙げている。

　鈴木明『「南京大虐殺」のまぼろし』文藝春秋、一九七三年、は修正主義的見解の代表である。鈴木は、南京で殺戮が行われたとする多くの証拠を重視せず、南京ではそれほど重大な事件は起こっていないと主張する。しかし彼は、自己の見解を積極的に支持する証拠を挙げていない。彼の議論は、当時の死者およびその他の虐殺事件の推定に際しては、極力慎重に扱わねばならない、との点に集中している。

(76) State Dept., doc. 893.00/14374, encl., Davies memorandum on "Conditions in Rural Areas near Wuhan," p. 4.

(77) 河北省出身のある支那人の証言。*International Military Tribunal for the Far East*, p. 4615.

（78）郭士杰『日寇侵華暴行録』北京、聯合書店、一九五一年、一五〜二〇頁。文翰編『日本軍閥侵華痛史』香港、経緯図書公司、一九六三年。これは日本人による回想を集めたものである。
（79）Hanson, pp. 144-145.
（80）Timperley, p. 135.
（81）Hanson, p. 180.
（82）Ashihei Hino, tr. by Lewis Bush, *War and Soldier*（London, 1940）［原著は、火野葦平『麦と兵隊』改造社、一九三八年］. Masaru Taniguchi, tr. by R. Toombs Fincher and Yoshi Okada, *The Soldier's Log: 10,000 Miles of Battle*（Tokyo, The Hokuseido press, 1940）［原著は、谷口勝『征野千里・一兵士の手記』新潮社、一九三八年］の各所。
（83）State Dept, doc. 893.00/14374, encl., Davies memorandum on "Conditions in Rural Areas near Wuhan," pp. 9-10.
（84）H. G. W. Woodhead, ed., *The China Year Book, 1939*,（Kraus Reprint, 1969）, pp. 428-430.
（85）Snow, p. 71. 日高信六郎の証言。*International Military Tribunal for the Far East*, pp. 21446, 21448.
（86）Hanson, p. 174.
（87）Snow, p. 71.
（88）Hanson, pp. 65-69; The Foreign Affairs Association of Japan（comp.）, *What Happened at Tungchow?*（rev. ed., Aug. 1937）, p. 21; Kataoka, p. 65.
（89）Donald G. Gillin, "'Peasant Nationalism' in the History of Chinese Communism," *Journal of Asian Studies*, vol. 23, no. 2（Feb. 1964）, p. 280.
（90）Ibid.; Peck, pp. 238, 261.
（91）Hino, p. 439. 火野、前掲書、［引用部は『火野葦平選集』第二巻、東京創元社、一九五八年、二八〇頁より］。Taniguchi, p. 29［谷口、前掲書、四〇頁］.
（92）Peck, p. 261. 共産党の勢力地においてさえ、今日、多くの学者が考えているほど、抗日感情が強かったわけではない。Elinor Lerner は「中国共産党は、多くの支配地域、とりわけ戦闘からはかけ離れた地域においては、農民を抗日戦争に駆り立てるうえで大きな困難に直面していた」と記している。"The Chinese Peasantry and Imperialism: A Critique of Chalmers Johnson's *Peasant Nationalism and Communist Power*," *Bulletin of Concerned Asian Scholars*, vol. 6, no. 2

（Apr.-Aug. 1974), p. 51. 同様の結論は、Kataoka, pp. 281-283, 295-302 にも見られる。

（93）A. Doak Barnett, *China on the Eve of Communist Takeover*, (New York, 1963), p. 115.

（94）State Dept., doc. 740.0011 Pacific War/3559, encl., "Report of What I Saw and Heard on the Lake Side District in West Hupeh," pp. 6-7 [『大公報』記者の秘密報告].

（95）Ibid., p. 3; OSS, doc. 2032, Hal to Donovan, p. 2; OSS, doc. 116311, Rice to Atcheson, Dec. 18, 1944, p. 2.

（96）Peck, p. 261.

（97）State Dept., doc. 740.0011 Pacific War/3559, encl., "Report of What I Saw and Heard," p. 3.

（98）Ibid., p. 9.

（99）Ibid., pp. 3, 9.

（100）Boyl, pp. 341-344; Hanson, pp. 143-146; Edwin O. Reischauer, *The United States and Japan*, (New York, 3rd ed., 1965), pp. 139-141.

訳注

〔1〕戴笠（一八九七～一九四六年）。字は雨農。一九二六年黄埔軍校第六期騎兵科に入校。一九二八年国民革命軍総司令部連絡参謀。一九三二年国民政府軍事委員会調査統計局第二処処長。一九三八年軍事委員会調査統計局（いわゆる軍統、対共産党特務警察）副局長。一九四〇年運輸統制局監察処処長。一九四三年財政部戦時貨運管理局局長。一九四五年陸軍少将。軍事委員会調査統計局局長。一九四六年飛行機事故にて死亡。

〔2〕湯恩伯（一八九九～一九五四年）。一九二一年日本へ留学、明治大学で政治経済を専攻。一九二四年陸軍士官学校入学。帰国後国民革命軍総司令部参謀として北伐に参加。一九三五年陸軍中将。日中戦争勃発後、保定、台児荘各戦役に参加。一九三八年第三一軍集団軍総司令。一九四二年第一戦区副司令長官。一九四四年陸軍総司令部第三方面軍司令官。一九五〇年総統府戦略顧問。一九五三年来日、台湾に帰国後、病気治療のため翌年再来日し死去。

〔3〕余漢謀（一八九六～一九八一年）。一九一六年中華革命党に参加。一九二五年第二次東征に参加、一九三一年第一集団軍第一軍軍長。一九三六年陸軍中将、第四路軍総司令。一九三七年第四戦区副司令長官。一九四〇年第七戦区司令長官、第一二集団軍総司令。一九四八年陸軍総司令。一九五〇年渡台。

〔4〕　新四軍事件（皖南事件）。一九四一年一月安徽省南部で起こった、日中戦争中における国共両軍最大の衝突事件。新四軍とは、元来、一九三四年に紅軍主力が西遷した後も華中・華南に残留してゲリラ活動を行っていた部隊で、一九三七年の抗日民族統一戦線の結成に伴って紅軍主力が八路軍として国民革命軍に編入された際にも行動を共にせず、同年十月に新四軍として再編成されたもの。新四軍は、日中戦争中、華中を中心に行動し、八路軍と並ぶ抗日戦の主力となった。一九三九年頃から国民党と中共軍の衝突が頻発するようになるが、一九四一年一月、蔣介石は江南の新四軍に江北への移駐を命じ、これを受けて新四軍が安徽省南部の茂林に達した際に、顧祝同指揮下の七万余の国民政府軍が新四軍に攻撃をかけた。これにより新四軍は、五〇〇〇人余りの戦死者を出して潰滅した。

〔5〕　龐炳勲（一八七九～一九六三年）。一九三〇年の中原大戦時には馮玉祥軍の第六路総指揮。一九三五年陸軍中将。一九四三年日本軍の捕虜となり、汪兆銘政府の第五方面軍総司令。戦後、重慶国民政府先遣軍第一路軍司令。一九四九年渡台。

〔6〕　孫殿英（一八八九～一九四七年）。一九三〇年の中原大戦に馮玉祥軍に参加、安徽省首席に就任。敗北後、張学良麾下の師長。一九四二年陸軍中将。翌年日本軍の捕虜となり、汪兆銘政府の第二四集団軍副司令、軍事委員会委員に。戦後国民政府第四路軍総司令。一九四七年人民開放軍の捕虜となり、獄中で病死。

〔7〕　孫良誠（一八九三～一九五一年）。一九一二年馮玉祥軍入り。一九二八年国民政府軍事委員会委員、山東省首席。一九三六年陸軍中将。一九三七年日中戦争勃発後、冀察戦区遊撃総指揮。一九四一年第三九集団軍副司令。一九四二年魯西で投降、その後汪兆銘政府の第二方面軍総司令に任命。戦後、蔣介石により先遣軍司令などに任命。一九四八年に中国人民解放軍に投降するが、後蔣介石側に再度離反。

〔8〕　張嵐峰（一九〇二～一九五二年）。一九二六年日本の士官学校に入学。一九二九年帰国、馮玉祥軍に参加。中原大戦に破れた後、一九三一年早稲田大学に留学。一九三六年冀察政務委員会参議。一九三八年北平へ移り、日本軍と接触、一九四〇年には汪兆銘政府の軍事委員会委員。一九四四年第四方面軍総司令。戦後同方面軍を国民政府軍事委員会第三路軍に改編、司令に任命。一九四七年人民解放軍の捕虜となり、獄中で病死。

〔9〕　呉化文（一九〇四～一九六二年）。陸軍大学卒業後、馮玉祥軍の参謀。一九三九年第四師師長。一九四三年山東方面軍総司令。一九四五年一月汪兆銘政府軍事委員会委員。戦後、第三方面軍を第五路軍に改編、総司令に。一九四八年第九六軍軍長に任命されるが、後中国人民解放軍第三五軍軍長に転身。

〔10〕　一号作戦（「大陸打通作戦」とも）。一九四三年暮頃から大本営で構想された作戦で、支那大陸を南北に通ずる回廊を打

通することにより、日本本土と南方圏との陸上交通路を確保し、その沿線上の米空軍B-29基地を壊滅すると同時に、重慶政府の継戦意志を挫くことをその狙いとした。作戦は一九四四年四月中旬から発動され、総兵力四十万人以上を投入して、四五年二月までに所期の作戦目標はほぼ達成した。しかし、この回廊を通ずる鉄道・自動車の運行はできず、また太平洋戦局の悪化のために本土空襲も阻止できず、さらに重慶政府の戦意の喪失も見られなかったことから、作戦の意義はほぼ失われていた。作戦目的について、一九四四年三月十日付の支那派遣軍の「一号作戦計画」は、「敵ヲ撃破シテ湘桂、粤漢及南部京漢鉄道沿線ノ要域ヲ占領確保シ以テ敵空軍ノ主要基地ヲ覆滅シテ帝国本土空襲並ニ海上交通破壊等ノ敵企図ヲ封殺スルト共ニ重慶政権ノ継戦企図ヲ破摧衰亡セシムルニ在リ」としていた。東条陸相は敵航空基地の破壊に目的を一元化することを強く求めたが、支那派遣軍は必ずしもそれに応じず、とりわけ東条内閣総辞職後はさらにその傾向が強まった。大東亜戦争中、支那派遣軍と蔣介石との間に秘密裏の接触は存在していたとしても、それと一号作戦の展開とは別問題で、本文の解釈には無理があろう。防衛庁防衛研修所戦史室『一号作戦〈1〉河南の会戦』〈『戦史叢書』第四巻〉朝雲出版社、一九六七年、同『一号作戦〈2〉湖南の会戦』〈『戦史叢書』第一六巻〉一九六八年、同『一号作戦〈3〉広西の会戦』〈『戦史叢書』第三〇巻〉一九六九年を参照。

〔11〕羅隆基（一八九八～一九六五年）。一九二一年コロンビア大学留学、哲学博士号を取得。次いでロンドン大学へ留学。帰国後、呉淞中国公学政治経済系教授、光華大学政治系教授。一九三一年張君励らと「再生社」を興し、雑誌『再生』を出版。一九三八年長沙の国立西南連合大学政治学系教授。戦後、政務院政務委員など中共要職を歴任するが、一九五七年の毛沢東批判を契機に失脚。

〔12〕南京事件については、特に以下の文献も参照。南京戦史編集委員会編『南京戦史』『南京戦史資料集』Ⅰ・Ⅱ、増補改訂版、偕行社、一九九三年。秦郁彦『南京事件――「虐殺」の構造』中央公論社、一九八六年。板倉由明『本当はこうだった南京事件』日本図書刊行会、一九九九年。北村稔『「南京事件」の探求――その実像をもとめて』文藝春秋、二〇〇一年。なかでも北村の著書は、本章の著者が大幅に依拠しているティンパーリーが、中国国民党国際宣伝処の委嘱と資金提供を受けて、支那事変勃発後の対外宣伝と著作の出版を行っていたこと、また、本文でも紹介されている兵士による放火やとりわけ猟奇的な事件の数々について、その信憑性が極めて薄いことなどを明らかにしている。

〔13〕唐生智（一八九〇～一九七〇年）。保定軍学校卒。湖南省の軍閥・趙恒惕の部下になるが、後これを排して代理省長。一九二六年国民党に参加、国民革命軍第八軍軍長、湖南省首席に。翌年南京国民政府成立に伴い、国民政府委員。一九二

九年の馮玉祥の反蔣運動に際して討伐を命じられるが、密かに馮玉祥と通じる。その後、南京政府と妥協し、日中戦争勃発時には、南京の防衛にあたった。

〔14〕蘇曼殊（一八八四～一九一八年）。横浜に生まれ、一九〇二年早稲田大学入学。翌年、振武学校に転入。詩文や絵画に堪能で、英仏日梵語に通じた。一九〇三年に上海『国民日報』の編集に携わった他、『新生』『南社』『民国』などの各紙で活躍。一九一八年上海にて三四歳で夭折。多数の著作がある。

〔15〕保甲制度。支那の伝統的な社会組織制度で、元来は宋代の汪安石の新法によって始まった軍事制度。明・清の時代にも類似の制度が設けられた。近代支那においては、一九三二年に蔣介石が、河南・湖北・安徽省の三省で十戸を一甲、十甲を一保に編成してそれぞれに甲長・保長を置き、保甲内の各戸に相互監視や密告をさせた制度を指す。保甲制は、各種の強制労働や壮丁の徴発を行うための基盤ともなり、一九三四年には国民党の支配地域全体に広められた。

〔16〕慰安婦については、秦郁彦『慰安婦と戦場の性』新潮社、一九九九年を参照。慰安所は将校と一般兵用とに分かれる場合があり、本文の記述はこうした状況を指すものと思われる（吉見義明『従軍慰安婦』岩波書店、一九九五年、七五～七六頁）。ただし、慰安所設置の目的は、一般兵士による強姦事件の防止や現地売春宿の利用に伴う性病蔓延の予防であり、将校が恒常的かつ優先的に慰安所を有していたかのような記述は、おそらく実態にそぐわないであろう。なお、秦の著書によれば、支那事変から大東亜戦争の全期間を通じ、慰安婦の総数は一万人から二万人、民族別構成は、日本人‐現地人‐朝鮮人‐その他の比率はそれぞれ四‐三‐二‐一と推定されており、支那戦線では当然支那人の比率がかなり高かったであろう。

〔17〕ミライ事件。一九六八年三月十六日に南ヴェトナム中部沿岸のクアンガイ省ソンミ村ミライ地区で発生したアメリカ軍による虐殺事件。アメリカ陸軍の小部隊がゲリラ殲滅の目的で同地区に派遣され、当地に残っていた無抵抗の老人・子供・婦女子五〇〇人余りを射殺した。当初事件は軍の機密とされたが、一年後に帰還兵が事件を暴露、マスコミがこれを大々的に報じたことからセンセーションを引き起こした。

訳者補記

翻訳に際しては、原文にない節題を設けた。

第十五章　「協力者《コラボレーター》」としての周仏海

スーザン・H・マーシュ

汪兆銘の率いる和平運動については、ジェラルド・ブンカーおよびジョン・ボイルによって巧みに、そして徹底的に明らかにされている(1)。本章はこの和平運動のスポークスマンであり、「総参謀長(2)」であった周仏海（一八九七〜一九四八年）に焦点をおく。

汪は長年にわたる孫文博士の弟子であり、名高い革命家であった。また国民党の主導権をめぐって、蔣介石と長きにわたるライバル関係にあった。挫折とロマンティックな殉教(3)への熱望が、蔣と異なる対日政策を追求する汪に重慶を去らしめた。以前から汪は、政治情勢が行き詰まると外国へ渡るのが常であった。ゆえに一九三八年十二月、重慶を発ってハノイへ向かったのも、汪の政治行動のパターンと一致する。それまですべての場合、汪の外国滞在は政治情勢が転換すれば支那へ呼び戻されて重要なポストを得る、その前置きにすぎなかった。それに比べて、周仏海にはそのような強みはなく、汪のような才覚も名声も持たないことは明らかであった。周は遅くとも一九二四年には汪に会っていて、そのカリスマ性にひかれていたにもかかわらず、一九三七年まで汪と距離を置いていた(4)。むしろ周は蔣介石側の人間であった。

また周は、被占領地域で捕らえられ、なだめられ脅されて否応なしに日本に協力させられた、多くの事実上の、または自称「協力者」とは違っていた。周は計画的に重慶を去って被占領地域に向かったのである。その行動には決意や熟慮があったに違いないが、国民党陣営の中心部を脱せんとする兆しがまったくなかったというのも謎めいているのである。日本の降伏の前夜、周は上海・南京地方においてかなりの軍事力と行政力、金融・物資という財源を支配下に置く、最も力のある人物であった。周のもとへは、重慶からも延安からも密使が送られた。周がたやすく戴笠に捕らえられ、投獄されて反逆の罪で裁かれるとは誰も予期しなかっただろう。任援道のように安全な亡命生活の準備をしていた者などは少数であった。なぜ周は自己保身を考えなかったのだろうか。

そもそも、なぜ周は重慶を離れたのか。その際、どのような「協力」案を心に抱いていたのか。そして、自分のひいたくじがはずれたことをどう思ったか。これらの問いに答えるために、以下の三つの問題点について考察しようと思う。第一に周の生涯を貫く野心と、それを蔣介石のもとで実現するにあたって彼のなした判断について。第二に政治的に可能だという判断を周に下させた、「協力」の歴史的先例と同時代の「協力」に対する見方について。そして、第三に反蔣介石運動としての和平運動について。この三点である。

一　周仏海と蔣介石

周仏海は多作で筆が立ち、少なくとも二つのベスト・セラーの作者であった。一つは後で論じる『三民主義之理論的体系』、もう一つは彼の半生における重要なエピソードを回想した『往矣集』(5)である。同時代の政治についての新鮮なコメントも含めて、『往矣集』からは作者について多くのことを知ることができる。というのは、周は自慢も、自己批判も、ためらいなくやったからである。伝えられるところによると、あけっぴろげで率直なのは、周が友人や同僚に愛された点であったという。

若き日の周は、直情的ではあるが才気走って聡明な少年であった。周は成功への最初のハードルを自分がいかにして越えたかを読者に語っている。中等学校の入学試験で、愛国心についての小論文を課せられた時、梁啓超の著作をいくつか読んでいた周は、その情緒的に議論を飾り立てるスタイルをまね、梁から学びとったあらゆる新しい用語を使って論述した。それは周の育った湖南省の小さな県立の学校では前代未聞の出来事で、周の小論文は最優秀と評価された。こうして周は同級生たちから抜きんでることに成功した。(6) また東京の第一高等学校の入学試験の時には、周は口頭試験を通るほど日本語が巧みではなかったにもかかわらず、まったく心配していなかった。口頭試験では現在湖南で戦われている戦闘について述べればよいと考えた周は、日本語の流暢な友人に頼んでそのテーマについて作文してもらい、それを暗記した。試験当日、周の目論見はうまくいった。周はテーマについて日本語で雄弁に議論することができ、第一高等学校入学を勝ち取った。その当時、支那政府は日本の五つの官立学校のいずれかの入学資格を得た者に無条件で奨学金を与えていた。第一高等学校はその五つのうちの一つである。こうして周はエリート教育への参入を果たし、一九二四年には京都帝国大学を卒業した。(7)

支那の水準から言えば、周は経済的にかなり恵まれた出自である。父親を早くに亡くしたにもかかわらず、家族はまだ一〇〇畝〔約六ヘクタール、六万平方メートル〕以上の土地を持っていた。しかし周は外国で学ぶうえで家族をあてにするわけにはいかなかった。幸運続きのおかげで自分の境遇以上のものを得ることができた周は、これらの幸運を「命運」(8)と呼んだ。人生のきわめて早い段階から、周は満足する予言が出るまで占者に相談をもちかけていた。(9)

高等教育のほとんどを日本で受けたため、周もまた明治維新と明治の元勲の業績に影響を受けていた。日本の近代化推進と国力の伸長が、支那の知識人にとりわけ影響を与えていた頃であった。(10) 明治の元勲たちは絶対的な価値や理想よりも、人間や政治機構を実際に操作する有効性の方を信じていた。周は人間の歴史は人知の及ぶところであると自分に言いきかせる時、また名ばかりの上役に代わって行動する時には明治の指導者たちをまねていたのである。

周は早くから自分が政治的野心を抱いていたことを告白している。その野心はパリ講和会議とロシア・ボルシェヴィキ革命という同時代の二つの出来事によって培われたものであった。はじめ周はヴェルサイユの四強のように、人類の運命を決定する権力を手に世界の舞台に立つ外交家になることを夢見ていた。後にはレーニンやトロツキーのような、支配階級打倒を志す大衆の指導者になることを夢想する。[11] 周は日本留学時代を通じて支那人学生の弁論組織を主催し、毎週演壇に立っていた。巧みな演説が国家の指導者に不可欠の資質だと考えていたからである。演説を誉められた周は、自分を支那のレーニンになぞらえた。[12] マルキストとなった周は、一九二一年七月に上海で行われた中国共産党の創立大会に十二人の代表者の一人として出席した。そこで中国共産党の総書記代理に選ばれ、陳独秀の不在中その代わりを務めたが、同年秋、周は京都での学業を終えるため党活動を中止して日本に帰らなければならなかった。[13]

一九二四年周は戴季陶の招きで、国共合作後間もない広東の国民党宣伝部に属した。周と戴は、一九三八年に周が重慶から去るまで親しい友人であり続けた。戴はかつて孫文の秘書を務めたことがあり、マルクスを翻訳し、マルクス主義経済理論で支那情勢を解き明かした最初の支那人の一人であった。戴はのちに反共主義をとり、孫文の三民主義を説いた。周がじきに共産党を脱退して三民主義の理論家になったことから見ても、二人の知的関心は同じ方向にあったといえるだろう。やがて周は黄埔軍官学校の政治部で教え始めるが、それは蔣介石の親友でもある戴の伝手《つて》によるものである。周の国民党官僚としてのキャリアの開始と、広東の共産党員に対するボロディンの支配への反発は無関係ではない。共産主義運動への傾倒を正式に捨てたとはいっても、周は分析の道具としてのマルクス主義を捨てることはなかった。そのため周は陳公博と同様、国民党からは共産主義者と疑われ、共産主義者たちからは裏切り者と非難された。ボロディンに我慢がならなくなった周は、武昌商科大学で教壇に立つため広東を去った。

武漢の国民革命軍に合流してから、周は再び政治にかかわるようになった。蔣介石から鄧演達を長とする国民革命軍武漢総司令部の秘書に指名されたのである。それと同時に中央軍事政治学校の秘書長兼政治部主任にも任命された。周はここで非常に有能で抜け目のない共産党員、惲代英と共に働くことになり、国民党と共産党のやっかいな権力争いに直面した。一九二七年一月、蔣介石が武漢を訪れた。ある夜遅く、周は蔣のもとを訪れて校内の複雑極まる状況を訴え、蔣はその訴えを評価した。[14] この時から周は蔣に接近していったと推定できよう。にもかかわらず、一九二七年の粛正で周が上海で逮捕されたことから見ても、彼の国民党内での立場は確固たるものではなかった。周は友人の仲介で助けられ、蔣から南京で働くよう誘われることで嫌疑を晴らし、忠実な国民党員と認められた。陳公博と周仏海は、共に中国共産党初期の指導者から国民党員に転じたのだが、コミンテルンとボロディンに支配された共産党のひどい弊害を経験している。彼らは二度と共産主義者を信用することなく、一九四五年には共産党の申し出を退け、国民党による処罰に立ち向かう道を選んだ。もちろん、数年にわたる和平運動の反共的活動を経て、その頃には彼らの中国共産党に対する嫌悪はいっそう強まっていたので、共産党員のたび重なる接触にも動じなかった。

一九二九年から一九三二年にかけて、陳公博は汪兆銘率いる国民党改組派のスポークスマンとして蔣介石の主流派を批判していた。それに対して周仏海は、この主流派に与することで国民党内のヒエラルキーを上ろうとしていた。国民党三全大会の代表は党幹部が指名すると決められていたからである。陳はその選出方法に批判的で、その結果国民党から追われた。一方、周は「フィリピンの国民党員代表」に指名された。四全大会で中央執行委員会および中央監察委員会の全委員の留任が決定した際、周仏海を筆頭とする新しい委員が加えられた。周は代表たちから最多票を得、「状元中委」と称せられた。その呼び名は、彼の地位が国民党の新しい指導者たちのなかでもトップにあることを意味している。(15)

この時期、周はかわるがわる、時には同時に、蔣介石が発行する『新生命月刊』の編集者や南京の中央軍事政治学校の政治部主任、そして蔣の側近の一員として文書の起草者を務めていた。一九二八年、『三民主義之理論的体系』を出版したことで、周は孫文理論の最も権威ある学者としての地位を確立した。周の筆のもと、三民主義は高度に整備され、内容的にも一貫したものとなった。最初の三カ月で四万部が売れた(16)『三民主義之理論的体系』は、孫文主義の包括的な解説書であるだけでなく、国民党の青写真でもあり、それを段階的に実行していくための手引き書であった。これは中央軍事政治学校や、国民党支配下のたくさんの大学やミドル・スクールで党義の教科書としてカリキュラムの正課に取り入れられた。周が孫文主義の権威になったのと国民党内で孫文崇拝が出現した時期は一致する。孫文崇拝は、蔣介石一派が蔣に孫文の正統な後継者にふさわしい雰囲気を付与するために広めたものであった。周は黄埔軍官学校や中央軍事政治学校の卒業生の人脈によって、国民党内のCC派「特務機関・中央倶楽部を中心とする一派」の重要幹部に、そして藍衣社の最高幹部になった。CC派の最高幹部である陳立夫との友情は、おそらく二人が一九二八年に蔣の側近として北京を訪れた時に始まったのだろう。彼らは意気投合し、北京と天津の調査旅行を楽しく過ごした。二人の気質や活動的なところは、蔣派のなかでも陳布雷のようなまじめな者たちと一線を画していた[17]。

一九三一年、蔣介石は自分の重要性を証明するための策略で下野する際に、のちの復帰に備えて顧祝同に江蘇省の統治を命じた。軍人の顧は己の限界を知っていたため、周仏海の登用を蔣に願い出た。そうして、周は六年にわたって江蘇省政府委員と教育庁長を務め、この地方を国民党の文化・教育の拠点となすことに成功した。江蘇省での在職期間で周は自らの行政能力を実証してみせ、江蘇省出身でないことでいっそう評価された[18]。

こうして周は支那における最高権力に近い地位、少なくとも支那で最も力を持った人物に最も近い地位を手にし、国民党および国民政府内で急速に台頭した[19]。周は自分の利益を伸ばしていくにあたって、派閥の価値を重視していて、組織が個人の出世に決定的な意味を持つことを理解していた。周は多くの年長の軍人や政治家が彼と親しくなりたがり、つき合いを求めてくるのを喜んだ。これは周の能力や才気が広く知られるようになったためだといえるだろう。だが、周はそのように思うことができなかった。おそらくこれらの軍人や政治家は、周の知己となることで蔣介石へ接近したかっただけだと考えた。周は自分の新しい地位や影響力、富に大体満足していたが、自分の役回りを不快の念を多少込めて「跑龍套的演員」(一座の主役のご用を伺う従者の役)と呼んで軽蔑してもいたのである[20]。その当時の周の同僚は、博学でウイットに富む彼は国民革命軍の高官のほとんどとうまくいっていると見ていた。ワインと女性を好み、話術と輝くばかりのユーモアのセンスを持つ周の性質は、軍人たちの好みに合った。周は蔣の一般政務を担当していたため、これらの人々にしばしば会っていたのである[21]。

「従者」を自称する周は蔣介石式行動をそつなくこなした。とりわけある事件が観察力に優れた周の印象に残った。一九三〇年、閻錫山と馮玉祥が南京からの独立を宣言した時、蔣は二つの前線におもむいて反乱を鎮めた。軍事的には蔣の北進は柳河で足止めをくっていたが、政治的には蔣の密使である張群と呉鉄城が奉天で任務に励んでいた。その任務とは、「若き元帥」張学良を説得して山海関に向けて出兵させ、閻の背後を脅かすことであった。周はこれを「老閻はいやいや金を使っているが、こちら側はゴミのように金をばらまいている」と評した。やがて、この若き元帥は兵力を山海関にはこび、閻・馮軍を崩壊させた。「無論、この結果は必ずしも多額の金の出費のおかげではないが、使われた金は決定的要素の一つであった」と周は結論している。[22]後年、周は個人の資産を増やすことには興味を示さず、派手な暮らしもしなかったが、政治交渉を有利に運ぶためや人々の忠誠を買うために意識的に金を使った。周は蔣にならって、定期的に唐生智のような権力を奪われた人々にまとまった金を与えていた。[23]陳独秀さえ、一九三七年に出獄してからは芸文研究社［会］を通じてなされた周の援助に頼っていた。[24]被占領下の上海に着いた周は、和平運動の中心に立つために人を定給で募集し、組織的に確保することを始めた。[25]

周は蔣を上役として好いていたのだろうか。周は公に蔣を非難するようなことは何一つしていないが、蔣のやり方を知りつくしていたことが蔣の下を去る一因になったに違いない。周は間接的に、しかし間違いなく蔣の冷酷さを心に刻み込んでいた。周は一九四〇年にこう記している。[26]日本と支那が和平の方向に向かうならば、蔣は一、二年の間は周をたいそう頼りにするだろうが、やがて暗殺するに違いない、と。このように深く蔣を理解するのは、周のような野心的な人物が蔣の側近くに留まるうえでよいことではなかった。他にほどよい選択肢があるならば、であるが。蔣と汪兆銘とを比べると、周には汪の方が自分と気が合い、暖かい人柄で目が高いように思われた。何が何でも和平運動は運命づけられているのだと信じていた時期でさえ、自分は決して汪を見捨てることはないと周は断言していた。なぜなら、汪は周を国士として扱ってくれるからである。[27]それに対して、蔣の下では周は侍従室の補佐官でしかなかった。周は蔣に仕えていた年月の間しばしば、危機的状況において蔣の行動を予測しなければならなかった。採用する政策や計画、あるいは遂行すべき戦略について相談を受けるような優遇を周はまったく受けなかった。自分は単にこれこれの見解に従ってこれこれの文書を起草するよう命じられるだけだと周は考えていた。汪といる時、周は指導者の完全な信頼、つまり物事を指導者の思うとおりに遂行できるという信頼を受けていると感じた。[28]

一九三七年から三八年にかけての蔣の周囲には、周から見ると自分が主席になる見込みなどないと思わせる人材が揃っていた。張群をはじめとする人々が主要な官僚ポストを占めていた。彼らはまた蔣の信頼する密偵でもあり、軍閥時代の政治によく通じ、派閥間交渉に熟練していた。他の多くの重要なポストは、蔣と姻戚関係をもつ宋子文、孔祥熙や孫科のような人物のものであった。他方、相当量の地方ポストはたいてい蔣の信頼する将軍たちに割り当てられた。蔣の側近では、陳布雷・陳立夫・陳果夫・邵力子らが仕事を分担していた。周は単にそのなかの一人にすぎず、後進の者も同様であった。蔣の側近として長く働いていた人間の最期を記すとなると、不快な事実に行き着くのである。陳布雷は、蔣の長年にわたる親友であった戴季陶と同様、一九四八年に自殺している。陳立夫はその青年時代の二〇年以上を蔣のキャリアのためにひたむきに働いたが、一九四八年以降、蔣の下を去るには用心深くしなければならないと察し、アメリカに亡命生活を求めた。もし周が重慶の蔣の下にとどまっていたら、もっとうまくやっていただろうか。あるいは周が独立した役職を与えられていたら、呉国楨よりは——蔣との別離が苦く取り返しのつかないものとなった呉よりはうまくやっただろうか。

周の野心を満足させることに関していえば、蔣に仕えていてはさまざまな理由で行き詰まっただろう。[29]自分の能力を最大限に生かすことができるなら、どんな選択肢も周には魅力的に思えた。明治の元勲に倣おうとする周に状況を打破する好機は、名ばかりの指導者である汪の下で働くという形で到来した。一九四〇年三月、被占領地域に汪を主席とする南京政府が樹立され、周は行政院副院長、財政部部長、警政部部長、軍事委員会副委員長、中央儲備銀行総裁の職についた。加えて、周は個人的に特務機関を率いて、汪の代わりに日本との交渉にあたった。周は日記において、「中央政府は十分間で私の筆によって誕生する［中央政府即於十分鐘之内在余筆下産生矣］」と豪語している。[30]こうした喜びは重慶の蔣の下にいては決して得られないものであった。

二　歴史的慣例と同時代の見解

反逆事件にはある歴史的慣例がある。一例を挙げると、一九〇〇年義和団の乱の時の張之洞と劉坤一がそれである[31]。彼らは、省を中央権力の支配下から一時的に分離させることに賛意を示したことになるが、それは事実上の反逆であった。しかし重要なのは、張と劉が諸外国の大規模な軍事介入を出し抜いて帝国［清朝］を護り、その後義和団およびその支援者を処罰することで西太后にその権力を維持させたということである。張と劉は勲功ありとされ、報奨を得た。支那近代史にその名を知られる人々にとって、忠誠の基準とは法的に政府に従っているかどうかという問題ではなく、その行為が国家の利益を伸ばすかどうかにあった。一九三七年から三八年において、前線における日本との戦闘が実行不可能として退けられたなら、和平方針の追求は公然に非難されるべきでなかった。重慶を去る際、汪の如き地位を持つ人間でさえ自分の意見を口にする機会がなく、ましてや公然と議論をすることなどできなかった、と周と汪は強調した。したがって彼らの最初の行動は、より正しい政策を追求し、平和のために発言し活動する自由を得るために重慶の一党派支配から逃れるものであったと説明されるのである[32]。

その頃、被占領地域では日本の蛮行のために現場当局者が避難してしまっていて、混乱とおびただしい無用の災禍が起こった。このようなことがなければ引退したままでいるつもりだった、多くの土地の長老たちが思いきって日本当局と直接交渉し、日本軍と支那人市民の間に立って働くことを志望したのは、日本兵、「浪人」、および支那人の無法者の暴虐に抗するためであった。こうした役割は支那の歴史において先例があると彼らは主張した。お歴々は中央の官僚機構に雇われてはないものの、内乱の時や複数の権力者の間で、土着の指導者として平和と秩序の維持に努めた。彼らのグループはナショナリストのきらめきを持つ新しい知識人ではなかったが、伝統的にも、この役割に就いて地方の富を守る者が反逆者あるいは妥協者の汚名を着ることはなかった。小さな町や県の都市に設けられた「治安維持会」のほとんどは、侵略軍による打撃を和らげるために、公共奉仕の精神を持つ土地の長老た

ちによって結成された。征服者のもとで正式な統治団体が発足すると、これらの指導者のほとんどは姿を消した。(33)

支那全土に日本による戦乱が広がると、「治安維持会」は最小規模の統治機関として増えていった。やがて日本の軍政方式によって、県や市のレベルまで正式な統治が復活した。華北では冀東防共自治政府と同様の、いくつかの復興した地方政権が統一されて、一九三七年十二月十四日、中華民国臨時政府が日本軍の援助で北平に樹立された。上海・南京地方では、かなりの数の初期「協力者」たちがいわゆる大道市政府を率いていた。この政府は、一九三七年十一月の支那軍の撤退後、共同租界およびフランス租界を除く上海の司法権を有するにいたった。翌年三月には日本軍の後援で南京に梁鴻志を首班とする中華民国維新政府が樹立され、大道市政府は名目上これと合併した。梁は引退した北洋官僚で、詩才でかなり名の知れた人物であった。

日本は軍閥の将軍だった呉佩孚を含む、より名声のある人物にこれらの傀儡政権を率いらせようとしていた。呉の「協力」条件は日本側の受け入れるところではなかったが、一九三九年十二月の呉の早すぎる死でその問題は決着した。被占領地域の市民はこの交渉の間、呉に注目し、彼が日本人と語らうのをとがめなかった。占領者と協定を結ぶという考えは、いまわしいことでも嫌悪するようなことでもなかった。むしろ「協力」条件は重要な関心事であった。呉がその身を日本に委ねることなく死ぬと、彼は忠誠心と愛国心に篤い崇高な人物とされて、日本との交渉は呉の名声をいささかも曇らせなかった。国民政府のとった、日本の提案に対する支那人のこのような行動をやめさせる唯一の方法は暗殺であった。例えば、元中華民国総理である唐紹儀は日本との交渉を疑われて暗殺されたし、第一次世界大戦期の優秀な外交官であった陳籙も同様である。

重慶の役人から見れば、被占領地域において日本に協力することは反逆行為であった。しかし、被占領下にある人々の日常生活からいうと、暫定協定の策立は一刻を争う最優先事項であった。確かに多数の組織されていない支那人民は、ある種の協定なしには占領軍と共存することができなかった。そして、代表者として条件にかなう人物を得ることは確実にその地方の人々の利益となった。土地にとどまり、かつ尊敬されている共同体の指導者はそうした圧力を受けがちであった。汪兆銘や周仏海以前の「協力」政権の大半は、国民党のイデオロギーを決して支持しなかったかつての北洋政権の政治家や官僚で、ほんの十年前ならば彼らは支那の政権を担っていた人物たちである。被占領地域の人々にとっては、残虐と専横で知られる外国の征服者よりも彼ら北洋政治家・官僚の方が取り引き相手としては受け入れやすかったのである。

清朝の崩壊以来、支那の政治は転覆の繰り返しであった。新しい政権はその都度自身の支配者集団を擁し、前政権の政治家や官僚を退職に追い込んだ。上海や天津といった都市には、どの政権下にあってもその経験や能力が役立つであろう隠居中の政治家や官僚が数多くいたが、そのイデオロギーの点で不適当であった。彼らの多くは日本で教育を受け、日本とのコネクションで知られていた。そして、彼らにとって親日政権は好まざるものであっても我慢のならないものではなかったのである。

そうした支那の政治状況の分析において、周仏海は革命家と生え抜きの官僚の補完的役割を認識していた。というのも、北伐（一九二六～二八年）の結果、国民党のイデオロギーが北方に広がる一方で、北方の官僚たちの影響力は南京まで南下した。どんなに優れた政策や計画も優れた統治者なしには実行できないのだから、それも仕方がないと周は考えた[34]。革命家たちはたいてい忙しすぎて統治の実務訓練も専門技術も得られない。だが、前政権の官僚たちは革命政権においてもきっと役に立つ。周にとって、国民党に雇われていない人間や抗日戦線から除外された人間は、活用されていない人的資源のプールであった。汪兆銘と周ははじめ、重慶からかなりの数の名のある軍人が彼らに続くと期待したが、思い通りにいかなかった。にもかかわらず、周は不屈の態度を崩さなかった。なぜなら、周は被占領地にあぶれている人材を説得することができると見込んでいたからである。上海に到着した周が最初にしたのは、「使える」人材への接触と勧誘であった。南京の新中央政府の組織が整う前から俸給を払って、これらの人々を雇っておいたのである。

周に先んじる日本への「協力者」は自分自身のイデオロギーから抜け出すことができなかった。華北の臨時政府のイデオロギーは、汪兆銘と周仏海の二人にとっては問答無用の、退化した非難すべきものであった。他方、維新政府は南京・上海地方が放棄される以前は国民党の本拠地であったという事実に対抗しなければならなかった。そのため孫文主義の新解釈を宣伝することで、国民党の正統性とその長江流域の統治を傷つけようとした。維新政府のスポークスマンは、孫文が一九二四年から二五年にかけて国民会議開催の努力をしたことを強調して、孫文は一党支配について明確な指示を与えていない、すなわち国民党の一党独裁はナショナリズムと代議制の発展の障害になると主張した。彼らは孫の大アジア主義概念を引き合いに出して、戦禍を避けるための日本との交渉を主張した。「同じ黄色人種同士で内輪もめをすべきではない。」(35)維新政府は日中戦争の原因を、西洋列強による隣国への侵略に直面した日本の自衛的行為によるものとし、国民政府に対しては、東の隣国との交渉において分別を欠き、平和を保てなくなった時のための国防上の準備に欠けると非難した。「平時には人民の主張を抑圧し、戦時には大衆を導く術がない」――これは不幸なことに多くの人の耳に真実と聞こえ、また中国共産党のプロパガンダと似てもいた。加えて、赤の脅威はあらゆるやっかい事の源と考えられた。維新政府は国共合作を引き合いに出して、それがアジアの全人民の安全を脅かすものであるとし、日本の行動は反共的であるがゆえに、支那への侵攻も防衛上理にかなったものとした。(36)こうした考え方は、汪や周といった組織的抗日運動に悲観的な人々の見解に近い。ただし、汪と周は維新政府による孫文主義の異端的な小細工を容赦できなかった。汪は孫文の最も信頼する弟子として、周はその主義についての権威として、二人は孫文主義の正しい解釈と実践において利害関係にあった。日本と「協力」するにあたっては孫の教えを根底に据えなければならないが、それは維新政府の解釈とは異なるものであった。正統国民党とその後援する政権の樹立が「協力」の必須条件であった。日本に「協力」しなければならないとしても、従来通りのやり方でうまくやれると二人は信じていた。

国民政府は沿海地方の産業や熟練工を奥地に引き上げることがほとんどできず、のみならず上海や南京をはじめとする、敵の基地になりうる戦略上重要な都市の流通をそのままに撤退した。そのために日本に利益をもたらせたのである。日本は沿海地方の豊富な支那人労働力を雇い入れただけでなく、資源や産業プラントを手に入れることができた。占領軍はあらゆる国民政府の富、あらゆる大規模生産の手段を引き継ぎ、流通事業を独占した。また国民政府の貨幣を両替する見返りに、日本製品を支那市場に押しつけた。国内市場として支那と交易したので、日本は関税をまったく払わずに莫大な量の商品と資本財を輸出入した。このような「一戦用戦（戦争を賄うために戦争を利用する）」といわれる事態に、多くの支那の指導者は支那の資源が枯渇するのでは、との危惧を抱いた。加えて、日本政府はイギリスに強い圧力を加えて、一九三八年四月二七日から東京でイギリス大使と協定交渉に入ることに成功した。この協定は、南京の維新政府に対して支那の外債を控除したうえで、関税収入を引き継がせて横浜正金銀行に預けさせるというものであった。こうして支那の関税収益は日本の手に渡った。開戦前、国民政府の歳入の約四十〜五十%は上海の関税収入で占められていた(37)。周はこの巨大な歳入源を手中に収めることの重要性と将来性を見過ごすことはできなかっただろう。事実周は、一九三九年に上海に到着後、日本を動かしてこの預金の一部を横浜正金銀行から解約し、和平運動に融資させることに成功した。周はこれを支那の資源を支那人の手に取り戻す第一歩と考えていた(38)。次いで、周が財政部長や中央儲備銀行総裁に就任しようとする際にも問題はなかった。周はかつて京都で政治経済についての教育を受けたとはいえ、蔣介石のもとでは金融や財政上のことにはまったくかかわらなかったのだが。

日本占領下の支那の都市は、産業、商業、流通事業のすべてにおいて、「解放区」には不似合いな繁栄を享受していた。周仏海らは、支那の資源が日本に流出するなどして枯渇してしまうのを防ぐ必要だけでなく、沿海地方の重工業の生産力と富が新政府建設の優れた拠点となることを確信していた。その際、周は今まさに始まろうとしている和平運動の成功の見込みと、北伐のそれとを意識的に比較していた。北伐前夜、純粋に軍事的観点から見れば、国民革命軍とは呉佩孚と孫伝芳の有する兵力にすぎないことを国民党内の者はよく知っていた。しかし北伐は達成され、支那における勢力地図は塗り替えられた。華南の一角を占める地方勢力にすぎなかった国民党政府がまったくの意志の力によって三年で支那全土を統一することができたのに、どうして長江流域のあらゆる資源を擁する和平運動が支那の運命を変えられないことがあろうか(39)。

汪によると、一九三七年の暮れにドイツ大使オスカー・トラウトマンを介して示された日本側の和平条件は蔣介石の受け入れ得るものであり、蔣が自分の地位に固執しなければ調停も実を結んだであろう。一般には、日本の和平条件に抵抗することによってのみ、蔣は国内の諸政治集団の忠誠を集め得たと信じられている。もし蔣が和平派ならば、党内の別の一派が中国共産党のように正面きって蔣の支配に挑戦したであろう。蔣にとっては外国との戦争をやめて内戦を起こすのは賢明でなかったが、汪は「国が滅びてしまうのなら、国内の統一など何の役に立とう」と問うた。(40) 一方、周仏海は国民政府の軍事力を日本と戦うには全く足りないが、共産主義者たちを根絶やしにし、国民党内の反対派を鎮圧して蔣を権力の座にとどめ、平和と秩序を保つには十分であると見積もっていた。戦争が長引くにつれて徐々に日本が財政的、軍事的に崩壊していき、国際状況がさらに複雑化すれば支那側に有利な協定が可能になる、との見込みだけで支那が日本との戦争に突入することに周は反対してきた。

周ははじめ、汪兆銘のもとに国策についての見解を調整するために蔣介石によって送り込まれた。周はすぐに汪と同調し、戦争を継続するよりも相当の犠牲を払ってでも平和を得る方が良いと考えるようになった。戦争の継続を選択すれば、共産主義勢力に台頭を許し、再建不能なまでの国の荒廃を招くだけであろうと考えた。(41) 重慶からの移動の間、周は昆明、香港そして上海へと汪の先導役を務めた。(42) 汪を伴う道すがら、周は徐々に汪を自分の方針に傾倒させていった。(43)

頭脳明晰で機知に富む周仏海の参加によって、新しい政策を主張する機会を得るために始まった和平運動に劇的な転換が訪れ、(44) いわゆる周仏海路線が展開していった。周仏海路線とは、和平運動の勢いとその可能性を食いつぶさないように、またすべての自称和平工作者が再び結集するためにも、被占領地域に政府を樹立しなければならないというものであった。重慶は和平交渉に失敗するにちがいないから、代わって新政権が独自に日本と交渉する。周はその事業のために被占領地域で有効に使える物的人的資源の見積もりをすでに手配していた。一九三九年四月初旬、周は上海で日本側の工作員と会い、日中戦争を終結させるためにも汪の指導の下に南京に政府を樹立する後ろ盾になってくれるよう日本に要請した。上海で汪が主催した会議で周はこの方針を強く主張し、汪の提案を退けた。この策を採用するにあたって、周と汪は支那の窮状に対する国際的関心が欠如していることに不満をぶちまけた。そうした不満は多くの高名な支那の指導者たちの共有するものであった。国際連盟によって召集されたブリュッセル会議は事態の鎮静化に失敗し、集団安全保障という考え方も完全に信用を失っていた。ルーズヴェルト大統領の「隔離演説」にもかかわらず、アメリカから支那に対しては何の実のある救済措置もとられなかった。アメリカの中立法は日本に対しては有効だったが、支那にはほとんど役に立たなかった。その一方で、支那と日本は満州事変以来の慣習にのっとった直接交渉を行っていた。日支間の調停で第三国に頼っても、これまでほとんど成果を残していなかったのである。最終的に、しかし最も根本的なところで、周と汪の二人は信じていたのである。日本は反ソ反共であるし、アメリカやイギリスを刺激しないだろう、よって支那はこの西洋二大列強が抗日の側を援助するのを期待しても無駄なのである。彼らの持論では、被占領地に汪を主席とする支那政府を作ることは部分的な平和を実現するということであったが、この部分的平和は、全面的平和を引き出す梃として利用できるのである。[45]

周は支那人民が分割されているなかでの戦争か平和かという問題の曖昧さはもちろん、被占領地域において手に入るすべての人的物的資源を利用していた。周仏海路線に乗り出すにあたって、周は自分の計画の実現のために欠くことのできない人物となっていた。別の機会に周は実に率直に認めている。高みに上るためには自分を不可欠の存在にしなければならない[46]、と。

三　政治的対抗としての和平運動

日支開戦直前までの国民党内の分裂、そして蔣介石と他の党内派閥との対立は周仏海のような人物に政治的覚醒を促した強烈な要素であった。自分の重慶からの逃亡がどう捉えられるかという計算にそれはよく表れている。周は自分の力で一九二七年の寧漢分裂を切り抜けた。数カ月の反目の後、武漢と南京の両政府は交渉の末に統一されたが、その際いかなる法的権威も処罰を行わなかった。そうする明白な権威が存在しなかったからである。

一九三〇年、汪兆銘は再び閻錫山や馮玉祥と手を組み、北京に政府を樹立しようとした。この運動が不成功に終わった時も閻や馮は何の非難も受けず、地元での彼らの影響力は無傷だった。汪は広東に転じ、一九三一年、広東および広西で反蔣運動を起こしたが、敗北した。汪は幾度も敗北を重ねたにもかかわらず罰せられることがなかった。唯一の制裁は、汪の親しい仲間が国民党から「永久除名」されたことだが、汪自身は無傷であった。間もなく国家の非常時が叫ばれ統一交渉がなされるなか、この「永久除名」者は復党を許された。そして汪は統一政府の行政院長の座につくよう呼び戻された。

一九二七年から三七年の間、周は汪と対立する派閥にあったが、蔣介石が汪以上の正当性を持たないことが分かってきた。ただ蔣と対立しているという理由だけでは、蔣は汪を反逆罪に問うことができなかったし、また胡漢民にしたように自宅監禁にすることもできなかった。そうしようとして失敗したのである。汪の政治理論と根っからの市民感覚の前では蔣の軍事力はかすんでしまう。かといって暗殺することもできず、汪を止めることは不可能であった。国民党内には蔣に敵対する者に同情的な、地方軍閥から成るかなりの意見集団が常に存在していた。これらのことを理解したうえで、反蔣勢力についても大丈夫だと周は考えたのだろう。

一九三七年から三八年にかけて、周は蔣介石の侍従室にいて高宗武から蔣への通信を伝えていた(47)。高は国民政府の役人だが(48)、彼による日本との秘密交渉は明らかな反逆行為であった。しかし、そう指摘されても蔣はただ「荒唐！　荒唐！」と言っただけだった。蔣は高の非公認の行動を大目に見ていて、高たちは表立ってとがめられなかった。このとき蔣は日本に接近する動きに寛容であったが、むろんそれが自分の権威に対抗する政府の樹立に帰結していくとは予期していなかったようである。おそらく、開戦前に日本がとった内政干渉政策に慣れてしまっていて、蔣ですら、抗日宣言後になおも日本と交渉を続けることの意味を深く考えていなかったのだろう。

「協力者」としてまっ先に挙げられる周仏海と汪兆銘は、一九三八年から四〇年にかけての自分たちの行動が支那の国益を損なうものだとはまったく考えていなかった。「協力」に対する彼らの認識は、汪兆銘夫人である陳壁君が戦後の裁判で行った「抗弁」に最もよく表れている。「不当な手続き」にだまされたと彼女が感じていたことは、そのかたくなな態度が示している。彼女は汪が生きていたら、南京政府についての問題はすべて「政治的」手段によって解決するだろうと熱っぽく述べている(49)。事実、彼女は訴訟や裁判を決して受け入れなかった。一九四五年の支那の新たな国際的地位と、きわめて強大になった共産党の用心深さが、「協力者」たちの処分についての重慶側の自由を制限していることを、周は陳璧君や多くの他の者たちよりもよく自覚していた。だが、一九三九年の時点では汪の側につくというクジが、逮捕、裁判そして死刑宣告に行き着くものだったとはまったく予想していなかっただろう。せいぜい国外追放あるいは引退が周の運命だったのかもしれない。悪くすると暗殺だが、確実なのは非公開裁判だけだったろう。これは、一九三八年の重慶脱出時には国民党に適法の伝統がなく、蔣介石政権にも他の党派を法で裁くという感覚があまりなかったという事実による。「協力者」たちは実際に遡及法によって裁かれると予測していなかった。この意味では、戦争と平和の問題の重要性にもかかわらず、一九三八年の周は自分の行動を、少なくともその一部を過去の反蔣運動への処罰の軽さに照らして考えていた。では彼が成功する見込みはあったのか。

周仏海と汪兆銘はともに孫文の三民主義の普及に賭けていた。汪は未完成に終わった孫文の仕事を成し遂げるための正統的国民党を欲していた。周は、政府の形態は変化することが可能だし国民党すら改造できる、だが孫文主義は何を犠牲にしても維持すべきであると考えた(50)。同じ青天白日旗の使用を主張したうえで、汪は上海で国民党第六回全国代表大会を召集し、それを中央政府成立の第一歩だとした。会議の代表者はそれぞれ汪から任命されたり、彼の信頼する副官に推薦され保証されたりしていた(51)。こうした手続きは国民党の歴史上前例があり、被占領地域におけるこの「復興国民党」が非占領地域の国民党より代議制色が薄いと考える制度的根拠は皆無であった。

和平運動は、その支持者にとっては裏切り行為ではなかった。日本の支那に対する態度や政策を緩和させることも彼らの目的の一部であったからである。戦後の裁判で陳公博は、日本の中堅将校たちはこちらの言うことを聞かず、政治感覚を持ち合わせていなかったと嘆いた(52)。周も同じ意見を述べている(53)。しかし、周のグループがはじめ日本との交渉において望みをかけていたのはまさにこの日本陸軍の中堅層であったのだ。周らが影佐［禎昭］大佐とその同僚たちと会見した際、軍人たちは日本の政策決定過程についての知識をいくつか披露した。影佐の影響力は、軍部ヒエラルキーにおけるその地位から想像するよりもはるかに大きいものではあったが、あくまで大佐のレベルにとどまっていた。周らの失敗は、支那の内戦終結を望む一部の中堅将校をすべての中堅将校の代表とみていたところにあった。日本人に対してふるまう際、周は自分の影響力を意識して相当の知的尊大さをかいま見せていた。周の日記には、日本人のジャーナリスト、作家、政治家の訪問を周がどのように受け、彼らが支那問題について適切な見解を抱くよう、周がいかに啓発しようとしたかが述べられている。(54) 周の『三民主義之理論的体系』は犬養健によって日本語に訳され、日本の知識人たちの扱いについて周は自信を深めた。事実学生時代から、特に一九三八年の重慶脱出以来、周は自分の主要な著作が翻訳され日本で出版されていると承知していた。(55) 周は日本で幅広い読者を得て、日本の世論、特に若い世代の世論に働きかけ、日本国民が支那との協力に対して本物の感覚を養っていくことに期待した。(56)

梁鴻志やさらに古参の人物を南京政府に受け入れざるを得ない状況にあったにもかかわらず、周とその同僚たちは自分たちを並の「協力者」と考えたことはなかった。むしろ彼らは自らを道義に篤い、アジアの新秩序の建設者と見ていた。支那と日本が反共産主義というイデオロギーの糸で団結することを望み、第二次世界大戦後の衛星政府に似た政権を被占領地域に作ることを、周はおそらく目指していたのだろう。その政権は、支那人が内政自治を任され、日本が重慶の兵力を無力化する軍事的任務を負うという機構である。このシナリオによると、周は徐々にその政治権力を固めていって、彼と彼の部下がそこで地位を占めているということそのものが政権の正当性となっているのである。

四　結　論

戦後の裁判で被告人たちは、重慶から脱出したとき自分は何も持たずに被占領地域に向かったということを中心に議論を進めた。その後数年間に彼らが築きあげたものは敵の手からもぎ取ったものだった。だが彼らは実際のところ支那の資源を支那人の手に戻したのだと主張した。例えば、陳璧君はこう問うた。「国民政府によってたくさんの国土が放棄されて日本の手に渡ったというのに、汪氏が日本に売り渡すことができた国はどこにあるのですか」と。(57)反逆罪裁判はパンドラの箱となり、たくさんの理論的な問題がとび出した。例えば、何が一貫して合法的権威であったのか――事実上のルールか先験的な規範か。ナショナリズムとは何か。愛国心や忠誠心の基準とは何か。そうして、共産主義者たちは日本に抵抗した結果として多くの省を統治し、正当な支配と忠誠を要求していた。

『往矣集』の数ある版の数ある前文の一つにおいて、一九四四年に周は和平運動の業績として次のものを挙げている。「（一九三八年の憂鬱な日々において）国民政府が南京に帰ることができ、青天白日旗が紫金山に翻るなど誰が夢見ただろう。治外法権が撤廃され、諸外国の利権が支那に帰ってくることを誰が想像しえただろう。我々は和平が実現すれば、日本はすぐさま支那の領土から全兵力を撤退し、義和団事件の際に規定された華北の兵力駐留権すら放棄するという約束を得ていたのである。(58)」周は裁判で、汪政権の前半は支那の利益のために日本と協力し、後半は日本にそむいて重慶に協力したのだと述べている。(59)彼は南京・上海地域において、連合軍の攻勢という事態もしくは日本の敗戦による混乱にそなえ、支那人の生命と財産を守るために念入りな手配をしていた。周にとって不幸なことに、連合軍が支那沿岸に上陸する前に日本が降伏したため、これらの手配は実行に移されることがなかった。戦争の最終局面において周は、予想される重慶軍の日本への反撃を支援するのに十分なだけの綿、新聞印刷用紙、金を含む原材料を集めておいた。その使われることのなかった資産は後に、重慶当局に引き渡された。その総量は茫大なもので、朱子家［金雄白］の汪政権についての書物の一つにリストが載っている。朱によると、共に裁判を待っていた拘留中に、中央儲備銀行副総裁だった銭大槐から直接聞いた情報であるという。(60)この情報は他の国民党の出版物からも裏付けられている。戴笠を記念する本に、戴が周仏海を巧妙に操って「押収」した財産の完全なリストがある。(61)この意味では、支那のためになったと言う周の主張は本質的には正しい。究極的には、周の支那への貢献はその組織能力であり、訓練された人材を被占領下支那の戦略的位置に組織的に配することで平和と秩序を整え、日本の支配下にある支那人の最小限の尊厳を維持したという点にあるといえよう。(62)戦勝後、南京政府が崩壊した際、その支配下にあった人々が南京政府に対して暴力的行動をまったく起こさなかったという事実は、政府として南京政府がある程度有効な内政機能をそなえていたという証拠である。ゆえに、周仏海とその仲間が日本軍の下で支那人による政府を設計し維持していたのは、重慶による日本への武力的抵抗に対して、平和的抵抗を行っていたのだといっても間違いではあるまい。

周やその仲間の「協力者」たち個々の悲劇は、彼らの取引や行動が、物事が流動的であった戦前の国民党から学び取ったものだったにもかかわらず、戦後の基準で裁かれる運命にあったことである。その戦前のやり方は将軍式の政治を通じて学んだもので、適法という意味では不十分であった。連合軍の勝利によって重慶政府は八年間にわたる抗日戦争後の正当性を独占する力を得た。中国共産党の挑戦に対して新たに勝ち取ったこの力を強く押し出すために、重慶は「協力者」たちを容赦なく扱った。

周が野心的であったことは疑う余地はなく、自分の能力を十分に発揮できる状況を作り出す信用詐欺師であったという事実すらつけ加えることができる。蔣介石の優秀な代役であった彼は蔣の巧妙な操縦手腕の多くを学び取った。しかし、党派政治で長く鍛えられたにもかかわらず、蔣をしのぐことはできなかった。その高尚な主義や感性、『三民主義之理論的体系』に概説された尊敬すべき計画と青写真にもかかわらず、周の南京・上海地域の支配はあらゆる権威の中心である一人の人間と共にあった戦前の国民党の慣習の限界、すなわち分割と支配の範囲を脱するものではなかった。

信用と決断力のあった周が、一九四五年長江地域におけるその軍事的行政的地位を利用して自分だけの安全を確保するという考えを拒んだとき、軍閥時代が真に終わりを告げたのである。過酷な仕事量をなんとかやろうとしていたにもかかわらず、このときすでに周は病み、疲れ切っていた。周はほんの五年ほど最高権力を手にするだろうと占者が語ったことがあった(63)。一九四五年の八月から九月にかけて、その五年間は終わりを告げ、運命が自分に用意したものに屈する時が来たと周には思われた。戦争末期の二年間、周が国民政府のために長江地域を手つかずのままにしておくよう貢献したことを蔣介石は評価していたと、周に代わって証言しようという戴笠の約束に周は賭けた。周は蔣によって死刑判決が終身刑に減刑されるまで力を尽くしたが、一九四八年獄中で死を迎えた。

原注

（1）Gerald E. Bunker, *The Peace Conspiracy: Wang Ching-wei and the China War, 1937-41* (Harvard University Press, 1972); John H. Boyle, *China and Japan at War 1937-45: The Politics of Collaboration* (Stanford University Press, 1972).

（2）左筆「記周仏海先生」周仏海『往矣集』第一〇版、上海、古今出版社、一九四四年、一三九頁［原文では一四九頁とあるが、誤りか。以下同書は『往矣集』上海版とする］。また、朱子家『汪政権的開場与収場』第二巻、香港、春秋雑誌社、一九五九年、一七～一八頁。

（3）Howard L. Boorman, "Wang Ching-wei: China's Romantic Radical," *Political Science Quarterly*, vol. 79 no. 4 (School of International Affairs, Columbia University, 1964).

（4）周仏海「汪精衛先生行実録序」『往矣集』上海版、二頁。

（5）これらの論説は、はじめ雑誌『古今半月刊』に掲載され、後に『往矣集』に集められた。初版は一九四三年一月で、年内に八版まで版を重ねた［上海版第九版の奥付によると、第八版は四四年二月に出ているから、七版の誤りか］。一九四四年八月には第一〇版が出た。要約された香港版が出版されたのは、一九五五年である。

（6）周仏海「苦学記」『往矣集』香港、合衆出版社、一九五五年、六～七頁［以下同書は『往矣集』香港版とする］。

（7）同右、二二～二四頁。

（8）同右、一二頁。

（9）支那の歴代の指導者が占者や予言者に相談していた記録はしばしば見られる。こうした行動は前進する時機、つまり自分の運を最大限に利用する時機や退却の時機を知って失敗しないようにするという哲学に根ざしているともいえる。一九一六年から二八年の間、支那の覇権を争う軍閥の将軍たちは占術を保護したため数多くの逸話が生まれ、それらは広く知れわたった。これは周の野心に満ちたキャリアの初期に上流社会に流行した風潮であった。

（10）東京の第一高等学校の予科で一年学んだ後、周は鹿児島の第七高等学校に入学した。『往矣集』で、彼は鹿児島が西郷隆盛の生地であることを強調している。周仏海「扶桑笈影溯当年」『往矣集』上海版、一三三頁。

（11）同右、二八～二九頁。

（12）同右。

(13) 同右、三九頁。

(14) 周仏海「盛衰閲尽話滄桑」『往矣集』香港版、三三頁。

(15) 同右、五一、六八～六九頁［「状元」は進士の試験で一番をとった者のこと］。

(16) 初版は一九二八年四月、第九版は一九二九年五月。上海、新生命出版社。

(17) 周仏海「四遊北平雑感」『往矣集』上海版、九二頁。

(18) 周仏海「盛衰閲尽話滄桑」『往矣集』香港版、六九～七〇頁。また、易君左『廻夢三十年』シンガポール、一九五四年、一〇八～一一〇頁。

(19) ある意味では、周は政界や官界に入った日本帰り、ヨーロッパ帰り、アメリカ帰りの多くの学生と同類である。時代がそうした学生の専門知識と奉仕を要求していて、そのほとんどはみるみる間に出世した。筆者は蒲地典子教授から周仏海と曹汝霖との相似点の指摘を受けたことがある。

(20) 周仏海「盛衰閲尽話滄桑」『往矣集』香港版、五〇、七四頁［「龍套」は帝王や顕官の侍従兵に扮する者の扮装、あるいはその役のこと。「跑～」で端役を演じる］。

(21) 易君左、前掲書、一〇八頁。

(22) 周仏海「盛衰閲尽話滄桑」『往矣集』香港版、六二頁。

(23) 周仏海『周仏海日記』香港、創墾出版社、一九五五年、一五八頁［蔡徳金編、村田忠禧他共訳『周仏海日記　一九三七―一九四五』みすず書房、一九九二年、二四八頁。一九四〇年九月三十日の項］。

(24) Howard L. Boorman, ed., *Biographical Dictionary of Republican China*, (Columbia University Press, 1967-71) vol. 1, p. 247.

(25)『汪政権的開場与収場』第一巻、三八～三九頁。

(26)『周仏海日記』一〇五、一一五頁［みすず書房版では二一一、二一八頁。一九四〇年六月二三日、七月十四日の項］。

(27) 同右、一四九頁［みすず書房版では二四二頁。一九四〇年九月十五日の項］。

(28) 西洋哲学の概念やマルクス主義の分析の影響を受けていたにもかかわらず、依然周は古いことわざ、「待為知其者用」（従者は自分を評価する人に仕える）を重んじていた。これに従うことは、新しい上司に乗り換えるのを正当化する理由となるばかりでなく、政治的選択の引き金となりえただろう。

(29)『周仏海日記』一四九、一五八~一五九頁[みすず書房版では二四二、二四八頁。一九四〇年九月十五日、十月一日の項]。
(30) 同右、一八頁[みすず書房版では一五三頁。一九四〇年一月二六日の項]。
(31)『汪政権的開場与収場』第五巻、九八頁。一九〇〇年、張は両湖総督、劉は両江総督だった。外国人を敵に回す政策の危険性を西太后へ警告するが失敗、張と劉は自らその問題に乗り出すことにした。まず、二人は義和団の蜂起を西太后の法的権威に対する「反逆」とし、義和団を援けるよう命じた北京からのいかなる勅令も帝国の権威を侵害する人々の仕業とした。彼らは上海の領事団に対して、外国列強が軍隊を上陸させないと約束するならば、自分たちが総督として長江地域での外国人の生命と利権を保証すると共同で通知した。この申し入れは列強に受け入れられ、他の地方の総督たちもこれに倣った。Arthur W. Hummel, ed., *Eminent Chinese of the Ch'ing Period*, (Washington, D.C., 1943), vol. 1, pp. 30f, 524f. 参照。
(32)『汪政権的開場与収場』第一巻、一六、五四~五五頁。
(33) 支那の共産主義者の記述、特に戯曲のなかでは、ほとんど常にこれらの「治安維持会」のメンバーと地方の農民搾取が結びつけられ、彼らを国益への反逆者とするだけでなく、階級的な敵としている。ただ反逆者のふりをした共産党の地下活動員や工作員という例外はあるが。このような記述は間違ってはいないが、事実上日本の占領下にある地域においての「戦時」期から「常態」期への変化がほとんど評価されていない。
(34) 周仏海「四遊北平雑感」『往矣集』上海版、九五~九六頁。また、「盛衰閲尽話滄桑」『往矣集』香港版、三二頁。
(35) この維新政府のイデオロギーについての以下の摘要は、伍澄宇『維新政綱原論』南京、陽明学会、一九三九年。
(36) 同右。
(37) William Crane Johnstone, Jr., *The Shanghai Problem*, (Stanford University Press, 1937), pp. 174-175, and footnote 8 on p. 175.「上海地域においてはかなりの非合法的収益が得られていたという。」
(38)『汪政権的開場与収場』第一巻、二八頁。また『周仏海日記』五九、八八頁参照[みすず書房版では一七九頁、一九四〇年三月二九日の項、および一九九~二〇〇頁]。
(39) 周仏海「日訳本序」『往矣集』上海版、三~四頁。
(40) 一九三九年三月に書かれた、汪兆銘「挙一個例」『汪政権的開場与収場』第五巻、五六~六二頁に再録されている。

(41)『汪政権的開場与収場』第一巻、一七、四一頁。
(42)周仏海は実際は昆明まで汪を先導した。陳布雷『陳布雷回憶録』台北伝記文学出版社、一九六七年、一三八頁。
(43)『周仏海日記』五五～五六、六一頁［みすず書房版では一七五～一七六頁、および一八〇頁、一九四〇年三月三一日の項］。
(44)汪がハノイに滞在中、重慶の工作員・鄭介民の総指揮による暗殺計画が遂行された。汪は無事に逃げたが、長年の配下で腹心の友である曽仲鳴が致命傷を負った。汪はこれに激怒し、日本の占領地域に向かう決心をした。
(45)『周仏海日記』一〇～一一頁［みすず書房版では一四八頁。一九四〇年一月十五日の項］。
(46)周仏海「極楽寺」『往矣集』上海版、一三一頁。
(47)『汪政権的開場与収場』第五巻、九頁。
(48)同右。「荒唐」は「ナンセンス」の意味である。
(49)『汪政権的開場与収場』第四巻、八九～九〇頁。
(50)『周仏海日記』六〇～六一頁［みすず書房版では一七九～一八〇頁。一九四〇年三月三十日の項］。
(51)『汪政権的開場与収場』第一巻、三九～四〇頁。
(52)陳公博『八年来的回憶――陳逆公博自白書』上海、光復出版社、一九四六年、二九頁。
(53)『周仏海日記』八七～九二頁［みすず書房版では一九八～二〇二頁。一九四〇年五月十七～二七日の項］。
(54)同右、一六二～一六三、一六七頁［みすず書房版では二五一～二五二、二五六頁。一九四〇年十月八日、十月十八～二十日の項］。
(55)周仏海、犬養健訳『三民主義解説』岩波新書、一九三九年。
(56)陳文淵「序」『往矣集』香港版。
(57)『汪政権的開場与収場』第四巻、九〇頁。
(58)「日訳本序」『往矣集』上海版、四頁。
(59)『汪政権的開場与収場』第四巻、一〇六頁［「我参加南京政府的前半段、是『通謀敵国、図謀有利本国。』……我参加南京政府後半段的情節、是『通謀本国、図謀不利敵国。』」］。
(60)同右、第四巻、一一七頁。第一巻、一一七～一二〇頁。

（61）『戴雨農先生年譜』台北、一九六六年、一三八、一五六、一七〇、一八九、二〇一頁。
（62）汪政権に敵対する立場の者ですら、汪らが日本の当局に支那の主権や法的諸権利について訴えていたことを認めている。Ta-sheng pien-wei-hui, *Wei-tsu-chih mi-mi*, 上海、一九四五年、四八頁。龔徳伯『汪兆銘降敵売国密史』台北、一九六三年、一〇九頁以下参照。
（63）『周仏海日記』七九～八〇頁［みすず書房版では一九三頁。一九四〇年五月三日の項］。

第十六章　日本人のアジア認識

——脱亜論から共栄論まで——

橋川文三

一　脱亜論とその批判者

「脱亜論」と題した社説が『時事新報』一八八五年三月十六日に初めて掲載されたとき、いかなる反響があったかについては知る由もない。この新聞の編集者福沢諭吉（一八三四〜一九〇一年）の筆になるこのエッセイは、日本はすべからくアジアから脱却し、ヨーロッパ列強に並ぶ地位を獲得するために努力すべきであるという命題を提示した。福沢がその前後に書いた社説は同じような主張を行っていた。例えば、「輔車唇歯の古諺恃むに足らず」(1)「支那を滅ぼして欧州平なり」(2)「東洋の波蘭」(3)など。

このような議論の中身は共通したものがあったにもかかわらず、「脱亜論」のみが有名になったのは、おそらく後に日清戦争を予見したものと受けとめられたからであろう。例えば、歴史家服部之総（一九〇一〜一九五六年）が「日清戦争はこの福沢綱領のそのままの実践であった」(4)と述べているのは、この社説が与えた甚大な影響力を物語っている。

「脱亜論」は僅か五頁程度［岩波版『福沢諭吉全集』では三頁］の短いものであったが、その主張は簡単明瞭なものであった。冒頭の力強い一節は、当時大流行の西洋「文明」の摂取を、はしかの伝染になぞらえている。

文明は猶麻疹の如し。目下東京の麻疹は西国長崎の地方より東漸して、春暖と共に次第に蔓延する者のごとし。此時に当り此流行病の害を悪て之を防がんとするも、果して其手段ある可きや。我輩断じて其術無きを証す。有害一偏の流行病にても尚且其勢には激すべからず。況や利害相伴ふて常に利益多き文明に於てをや。啻に之を防がざるのみならず、力めて其蔓延を助け、国民をして早く其気風に浴せしむるは智者の事なる可し。

西洋文明の浸透が不可避のものとなっていた日本は、進んで「旧政府を倒して新政府を立て、国中朝野の別なく一切万事西洋近時の文明を採り、独り日本の旧套を脱したるのみならず、亜細亜全州の中に在て新に一機軸を出し、主義とする所は唯脱亜の二字に在るのみ」。

だがここに問題があった。福沢は日本の二つの隣国に焦点を合わせる。

我日本の国土は亜細亜の東辺に在りと雖ども、其国民の精神は既に亜細亜の固陋を脱して西洋の文明に移りたり。然るにここに不幸なるは近隣に国あり、一を支那と云ひ、一を朝鮮と云ふ。……日支韓相対し、支と韓と相似るの状は支韓の日に於けるよりも近くして……其古風に恋々するの情は百千年の古に異ならず、……我輩をもって此二国を視れば、今の文明東漸の風潮に際し、とても其独立を維持するの道ある可らず。……今より数年を出でずして亡国と為り、其国土は世界文明諸国の分割に帰すべきこと一点の疑あることなし。

このような不吉な予言をする根拠は、

麻疹に等しき文明開化の流行に遭ひながら、支韓両国は其伝染の天然に背き、無理に之を避けんとして一室内に閉居し、空気の流通を絶て窒息すればなり。

さらに悪いことに、

輔車唇歯とは隣国相助くるの喩なれども、今も支那朝鮮は我日本国のために一毫の援助と為らざるのみならず、西洋文明人の眼を以てすれば、三国の地理相接するが為に、時に或は之を同一視し、支韓を評するの価を以て我日本に命ずるの意味無きに非ず。……之を喩へば此隣軒を並べたる一村一町内の者共が、愚にして無法にして然かも残忍無情なるときは、稀に其町村内の一家人が正当の人事に注意するも、他の醜に掩はれて煙没するものに異ならず。

日本がいかに奮闘努力して文明と啓蒙の道を進んだとしても、近隣両国が同じ道を取らないとすれば、なんの助けにもならないばかりではなく、日本の国益を損ねかねないと考えてよい十分な理由がある、と福沢は論じた。朝鮮と清国は日本の開化を冷眼視しており、古色蒼然たる「儒教」の砦に立てこもって独善的な考えを捨てていない。

されば今日の謀を為すに、我国は隣国の開明を待て共に亜細亜を興すの猶予ある可らず。寧ろ其伍を脱して西洋の文明国と進退を共にし、其支那朝鮮に接するの法も隣国なるが故にとて特別の会釈に及ばず、正に西洋人が之に接するの風に従て処分す可きのみ。悪友を親しむ者は共に悪名を免かる可らず。我れは心に於て亜細亜東方の悪友を謝絶するものなり。

「脱亜論」が書かれたのは、朝鮮を近代化しようとする彼の試みがはかばかしく進まないことに苛立っていたという事情がある。福沢は甲申事件に関連して彼の弟子を何人も派遣し朝鮮の近代化に惜しみない援助を与えていたのである。『福澤諭吉傳』は言う。

金玉均、朴泳孝等の一派の挙は当初から先生の与り聞かれたところである。先生は常に、余は作者で、筋書を作るのみである。其筋書が舞台に演ぜらるるのを見るときは愉快に堪へないけれども、其役者の如きは誰でも構はず。又これがために自分の名利を望むの念などは毛頭ないといはれていたが、金朴の一挙に就ては先生は啻に其筋書きの作者たるに止まらず、自ら進んで役者をもって選み役者を教へ又道具立其の他万端を差図せられた事実がある。(5)

このような裏面の援助とそれが失敗に帰して以後の怒りは、一八八五年一月八日の「御親征の準備如何」という社説となって現れた。この力のこもった論説で福沢は、下関に大本営を設けよと主張した。

「天下之《これ》(御親征)を聞きて奇論なり実行すべからずなどと評する者もあらん。」しかし、明治十年西南の役に京都の行幸を数カ月延長して大事に対処されたのであるから、下関に滞在されることは可能ではなかろうか。「内国の軍事尚且つ然り。況んや今回の挙の如き国家存亡分け目の軍に於てをや。(6)」

これは福沢の社説に見られる普通の調子とは、いくらか矛盾するものであったが、右に見たように、「脱亜論」は彼の清国と朝鮮に関する見解のすべてではないのであり、この両国に対して彼が抱いていた不満と激しい軽蔑感をあらわに示すものである。

一八八四年、「脱亜論」が書かれた前年に、杉田定一(一八五一~一九二〇年)が「興亜論」を書いている。杉田は自由党員であり、後に衆議院議長になった人物であるが、彼の議論は福沢とは随分違っていた。杉田は言う。

黄色人種は、将に白色人種に咬み尽されんとす。夙に聞く。彼は自由を愛し、平等を好むと、今其自由を愛し、平等を好むの手を以て、却て他人の自由を殺ぎ、平等を剝ぐとは、抑も何の心ぞや。仮令、彼は自由の保護者を以て自ら誇称するも、吾輩は寧ろ、自由の破壊者と評せざるを得ず。之に反し、我が亜細亜の諸邦たる、唇歯相依り、補車相接するの観あるにも係はらず、個々分離、異域万里の思を為し、毫も同種相憐し、同厄相救ふの念なく、却て彼の讐敵たる、欧州諸国の勢力に倚て、纔かに其の残喘余脈を保つを得るは、豈に顛倒の甚しきものならずや。豈に慚愧の至りならずや。……

吾輩同志無似なりと雖も、夙にいささか日本の民権を主張す。是より更に一歩を進めて、天地の公道に基き、自由の檄を亜細亜に飛ばし、亜細亜全州、七億万民数、千百年以来姑息卑屈の迷夢を攪破し、白色人種が無淩蔑慢の羞辱を洗雪し、自由開明の新乾坤を開闢せずんばある可らず。(7)

杉田の基本的な考えは、明治初期に維新の功労者岩倉具視（一八二五〜一八八三年）や大久保利通（一八三〇〜一八七八年）などによって抱かれていた、日清同盟論である。(8)西洋列強の止むことのない圧迫に対抗するために、杉田は全アジアの同盟、特に日清の同盟を提案したのである。

一八八四〜八五年の清仏戦争の勃発に強く心を動かされた杉田は、上海に急行して東洋学館——後に荒尾精（一八五九〜一八九六年）のもとで日清貿易研究所となり、さらに改名して東亜同文会となる——を設立した。杉田の『形勢新論』は一八八〇年二月に刊行され、著名な改革政治家であった康有為（一八五八〜一九二六年）や康の同志であった詩人改革者黄遵憲（一八四八〜一九〇五年）の著作に影響を及ぼしたと言われている。(9)女性革命家の秋瑾（一八六七〜一九〇七年）も、親戚で東洋学館の学生であった憑華川の勧めで杉田の本を読み、大変な感動を受けている。秋瑾は一九〇七年、四〇歳で地方官僚暗殺にかかわったとして処刑されている。

しかしながら杉田自身は、一八八四年の清国訪問でがっかりしている。帰国後彼は『遊清余感』のなかで記している。(10)

其の制度、風俗、人情の在る所を見聞するに、全く平生書籍を読み、詩文に看る所と雲泥の差あり。……西人来って茲に理を争ひ、覇を試んと欲す。吾輩同胞、此必争の地に在り、坐して其の肉たらんと欲するか、将た進んで、共に膳上の客たらんと欲する乎。坐して肉たるより、進んで共に膳上の客たるに如かず。

彼は付け加えて、時期は今や到来したという。

彼の兵、朝鮮に於て公然我兵に発砲し、我が公使館を焼き、我人民を虐殺す。……嗚呼、時機屡々会し難し。千載の一日、今日を棄て、何れの時にか在る。

杉田の見解は福沢の見解に似通って来たのである。

一八八六年に荒尾精は漢口で、楽善堂チェーンの一つとして薬局を開いた。そこに加わったのが宗方小太郎（一八六四～一九二三年）、浦敬一（一八六〇～一八八九年）その他の同じ志をもった者たちであり、彼らは支那研究会を発足させた。(11) 彼らは上海楽善堂本店の経営者である岸田吟香（一八三三～一九〇五年）から莫大な援助を受けた。後にこのグループが、荒尾らが設立した日清貿易研究所を構成することになる。荒尾の清国観の要点は一八九五年三月に出版された『対清弁妄』に見ることができる。彼は日清戦争後に清の領土の一部を割譲させることに、真っ向から反対していた。時系列的には少し前後するが、彼の主張は今日の議論と密接な関係がある。

我国が領土割譲の希望を遂げ得べしと仮定するも、彼れ諸国は豈に我をして独り得るところあらしめて止む者ならんや。……若し一朝我にして清国の一省を取らん乎、則彼等も各一省を取らざれば厭くまじ、我にして我に利便なる方面を割かん乎、則彼等も各其利便とする所を割かざれば満足すまじ。之を要するに我国が領土大割譲を求むるの時は、即列国が禹域分食の素志を行ふの暁にして、清国が四分五裂して豺狼の爪牙に掛かるの秋也。夫れ清国は已に四分五裂に終れり、赤毛碧眼の異人種は、中原に跋扈せり、此時に当り一島一省の新領は、我に何の裨益か有る。孤掌鳴らすに由なく、隻手江河を支ふる能はず、東洋の大事遂に為す可からざる也。

かつ夫れ至誠至仁の心を体し、抜苦与楽の急に迫り、千万已まんと欲して已む能はざるの時期に非ずんば、領土割譲の事は、未だ遽に求む可からず、若し徒に戦勝の余威に任かせ、敵国の失勢に乗じ、彼の土地人民を奪ふて我の版図を広むるを計らば、後患の伏する所、禍根の萌す所、必ず寒心す可き者あらん。(12)

谷干城侯爵も同様に、清の領土を犯すべきではないと主張していた。

今般日本が支那から割譲された領土は、［普仏戦争で割譲された］フランスのアルサスロレーンの比ではない。それは満州皇帝の祖宗勃興の地でありその宗廟社稷のあるところであって、旅順威海衛がなければ北京もない。これは人の喉に短刀を擬して声を出させないようなものである。このようなやり方でどうして平和が保たれようか。(13)

当時の日本人のたいがいは勝利の美酒に酩酊状態にあったので、このような見識ある人物の忠告にほとんど耳を傾けようとはしなかった。ところが仏、独、露による三国干渉により日本が遼東半島で得た諸権利を放棄せざるを得なくなったとき、圧倒的世論は、他日の復讐を期して隠忍自重、臥薪嘗胆に賛同したのである。

一八八四〜八五年の枠組みに戻り、当時の日本人が朝鮮問題にいかなる態度を取っているかを深く検討して見ることとしたい。この問題にかかわりがある人物は、大井憲太郎（一八四三〜一九二二年）、樽井藤吉（一八五〇〜一九二二年）、中江兆民（一八四七〜一九〇一年）などである。大井憲太郎などの自由党急進派は一八八五年十一月二三日（失敗した甲申クーデタの約一年後）に大阪で逮捕された。この大阪事件は、自由党が解党された頃に発生した加波山、秩父、飯田事件など一連の絶望的蜂起によって刺激を受けたものである。それはまた、東亜の情勢は清仏戦争におけるフランスの勝利や朝鮮のクーデタ失敗により、日本に不利に展開しているという判断により引き起こされたものでもあった。クーデタの策謀家たちは、朝鮮の改革を進めるためには実力行使が必要であり、それが国内においては愛国心を喚起することになると、一層確信するようになっていた。大井の独立党支援計画は以下のような波及効果を狙っていた。

一には以て日清韓三国の葛藤を惹起し、世局大いに変じ、我人心自ら奮起すべく、政府狼狽の余、事を輿論に諮らざるを得ざるに至らん。内治改良の端、手に唾して挙ぐべし。外は以て義により朝鮮の独立を輔け、内は以て政弊を掃蕩し、立憲責任の政治を創始するに足らむ。洵に一挙両全の策なりと。(14)

その陰謀が警察によって露見されたとき、大井の一党は多くの罪で告発された。大井は当時次のように述べている。

［野蛮極まる風俗をもった］朝鮮を見捨てて我が国がその有り様を傍観するのは、我々が奉ずる自由平等の主義からして黙認できないところであり、そこで我々はこの国を助けようと考えたのである。……普通の戦争は相手に向かって戦いを開くものであるが、我々は国を取ろうとするものではなく、朝鮮を強化しようとするのである。すなわち我々は日本人であるけれども、身を朝鮮人の位地におきその国力を増そうというのである。我々の直接行動は一部の奸党に対したものであって、国に対したり、人民に対したものではない。(15)

この陳述は、自由党急進派の見解を端的に示している。

樽井藤吉がアジア合邦論を書いたのも一八八五年のことであった。(16) 大阪事件に関与した疑いで収監されていたときに原本は失われてしまったが、後に書き改められ、一八九三年八月に中江兆民の編集になる『自由平等経綸』に「大東合邦論」として発表された。原本は福沢が「脱亜論」を発表したのと同じころに書かれたものである。

樽井は日韓両国が対等合併して大東国を作れと提言した。その考えは樽井独自のものであった。両国が合邦することによって、西洋列強の侵略に対して共同防衛を行い、韓国は安んじて近代化の道をたどることができると期待したのである。支那に関しては次のような考えをもっていた。

日韓合邦の後、漢土、韃靼、蒙古、西蔵［チベット］の諸邦をしてその自主を回復し、大連合の大政に参加させるべきである。……［清はいまだに合邦の段階に来ているとは思われないので、］わが日韓が先に合して、清国と合縦する。かくして異種人の侮りを防ぐことが出来る。(17)

清はまだそのような構想をもつに至っていないから、日韓がまず合邦の具体的成果を示し、しかる後に清も加入するのが良い。西洋列強の絶えざる圧迫という環境や、韓国ナショナリズムの未熟という条件がなかったとすれば、このような急進的な提案が構想されることはなかったであろう。

このことは自由民権運動の指導者中江兆民の見解に直結している。福沢の「脱亜論」発表の二年後に、中江は『三酔人経綸問答』(18)を書いた。これはかつて杉田定一に次のように語った人物の見解を、ほぼ完全に伝えている。

杉田君、君はうまく行くと支那の一方の王様になれるよ。僕は王様は嫌いだ。文章で以て、支那四億の人民をまたたく間に文明人にして見せる。(19)

中江は冗談を語っていたのではない。というのは、彼は間もなく清に赴き東洋学館の設立に参画していたからである。樽井の論文を刊行した彼は、一八九〇年の第一回衆議院選挙で代議士に選ばれていた。一年後には、やめて北海道に行き、『北門新報』の編集長に就任した。この仕事も長続きしないでいろいろな事業に手を出したが、最後に近衛篤麿の国民同盟会に加わって晩年を送った。それゆえ中江のアジア観の要点を一口にまとめることは難しい。が、ともあれ、彼の著書に出てくる三酔人――民主主義者で理念的平和主義者の西洋紳士、膨張主義者の東洋豪傑君、酒を呑みつつ静かに仲介役を務める南海先生――は、その後の日本人が追求したさまざまなアジア観のタイプを示している。

大胆に類型化すると、清に対しては四つの態度があったと言える。

一、日清同盟論――西洋の圧迫により両国の協同は不可避のものであり同盟を必須のものとしている。
二、清国改革論――清は同盟国としては弱体であるから、改革して強化する方策が必要だ。
三、脱亜論――帝国主義の時代はすでに真っ盛りで事は緊急を要するので、清の補強を待っている余裕はない。したがって両国の協同を考えるのは無意味である。
四、侵略ないし「清保護」論――日本は帝国主義先進国のやり方に従って行動する必要があるから、清の一部を獲得する。そのためには清との一戦が必要である。

無論実際には、日清戦争期はこのような簡単かつ直線的な表現で理解することはできない。これらの見解に、同盟、改革、侵略論というレッテルを張り付けることは可能であるが、純粋な形でこれらのそれぞれが実現することは滅多になかった。さらに言えば、表面に現れたことと内実の間にはしばしば矛盾が生じていた。にもかかわらず日清戦争期においては、これらのさまざまな考えが絡まりあって、日本人の複雑かつ微妙な清国観を形成したことは明らかである。同一人物が情緒的には支那文化を礼讃しながら、政治的には急進的な「保護」論ないし侵略論に立つことは稀ではなかった。清に対する態度が上記のリストに示したようなすっきりした形で現れなかっただけでなく、一個人の思想のなかで、時によって考えがあちらこちらに動くという場合も少なくない。福沢の「脱亜論」

は第三類型の代表例に入り、樽井の「大東合邦論」は第一類型の特殊例であるが、大井憲太郎の考えは最初の三類型を合わせたようなところがあり、はなはだ複雑である。中江兆民は第一と第四の混合であり、第一から第四に次第に力点が移っていった。彼の対立葛藤は、「三酔人政治を論ず」場において「南海先生」の沈黙の根底にある「絶対矛盾の自己同一」(西田幾多郎)に、何ほどか露呈しているように思われる。

複雑なところのある兆民の立場に関連して触れておきたいと思うのは、一八八一年に設立された玄洋社の歴史である。玄洋社は通常日本の急進右翼の源流であると見なされているが、その始めは反政府的な自由民権運動の団体であった。後に明確な国家主義団体になったのである。この団体が世人の注目を集めるようになったきっかけは、社員の一人来島桓喜(一八五八〜一八八九年)が大隈重信(一八三八〜一九二二年)を爆殺しようと試みた時である。玄洋社の推進した唯一の対外活動は、天佑侠事件が示すように朝鮮に関連した問題であった。玄洋社は日清戦争以前から朝鮮半島に入り、後に暴動を起こした東学という宗教組織と協同行動を取ったと言われている。[20]このような協力が実際に行われたか否かについてははっきりした証拠はない。鈴木天眼、大原義則、竹田範之、吉倉旺盛などからなり、内田良平(一八七四〜一九三七年)を指導者としたこの組織は、後に「大陸浪人」と呼ばれるようになった日本人の類型を生み出したのである。この種の個人が日本の大陸膨張に活発な役割を演じたのであり、多くは中江兆民に似た精神の持ち主であった。上述の類型のすべては、大なり小なりこの大陸浪人タイプに混ざりあっている。

それでは、当時の普通の日本人はどのような態度をもっていたかといえば、両極端の混合物であったと言えるようである。一方には支那に対する積極的な関心と好意があり、他方には軽蔑と偏見があった。生方敏郎の回想の中に見られる以下の一節は、前者の代表である。

私の家には、父の愛する六枚双の屛風が二つあった。それには冠を被り鬚のながい着物を着た背の高い品のいい人、数人の絵が描かれてあった。それには可愛らしい子供も多勢いて亀の子なぞを弄んでいるのだ。母に聞くと、これは唐人と唐子［からこ］の遊戯の図だ、といふのだ。此の唐人と云ひ唐子と云ひ、とても私の田舎でなんか何所をどう探しても見いだすことの出来ない、立派な上品なものである。これが支那人だと云ふのだ。

家には緑色の小皿が数枚あった。庚申待の時の膳にはそれを付けたが、子供の目で見てさへも際立って美しく見えた。父の云ふところによると、それは南京皿だと云ふのだ。どうも支那でなくては、さう云ふ良い品は出来ない。墨でも硯でも、どうも彼地の物でなくっては、と書の好きな父は云ひ云ひした。(21)

もう一つの例は、九州生まれの実業家で著述家でもあった富永能雄（一八八六～一九六二年）の『蓮の実』の記述に見られる。

私共は幼少の頃、日清戦争後と雖、中国人を見ると「阿茶さん」という敬意と愛情とをこめた名称を以てこれを呼び、反物売りにも帽子をとっておじぎをしたりしたものであった。(22)

富永と生方は長崎と群馬という東西の掛け離れた所の出身であったが、支那人に対する両人の共通の好意と愛情は日本人ならだれでも分かることである。大河内文書にある何如璋（清から日本に派遣された最初の公使）と大河内輝高（上野郡高崎藩の旧藩主）の会談記録を見てもそれが分かる。(23)

このような友好的感情と並んで、支那を見下し軽蔑する日本人ももちろんいた。すでに引用した福沢の侮蔑観はその一例である。貿易と商業のために新たに開港された横浜、神戸その他の港町に流れ込んで来た普通の支那人に対しては、特に強い敵意が見られたのである。

二　帝国主義と革命

日清戦争から日露戦争終結にいたる間は、日清間は概して比較的平穏であったといってよいであろう。日本人の支那観には格別の変化は生じなかった。日清戦争後には、支那の青年の間に明治維新に対する高い評価があり、日本留学者の数は急増した。こうしてこの両国間には、支那における革命運動の高揚が見られるまでは、平和の時代が続いたのである。このような観点からすれば、両国間の摩擦は大したものとは考えられなかった。

三つの重要な要因が、こういう状況に貢献したことを認識する必要があろう。

第一は、三国干渉による遼東半島還付によって触発されたロシアに対する怨念の高まりである。このような外交的後退期に、徳富蘇峰（一八六三～一九五七年）は「此の遼東還付が、予の殆ど一生に於ける運命を支配したと云っても差支へあるまい。此の事を聞いて以来、予は精神的に殆ど別人となった[24]」と書いている。このような感情が高まって日本は主要な帝国主義国家の道を歩むことになるのであるが、初期の段階においては、その矛先はロシアであり、支那人の敵意をかきたてるものではなかった。

第二の要素は、西洋の「黄禍」論である。ドイツ皇帝ウィルヘルム二世（一八九五～一九四一年）は一八九五年頃「黄禍」の危険について喧伝し始め、日清戦争後に世界で流行語になりつつあった。「十九世紀叢論[25]」において高山樗牛（一八七一～一九〇二年）は、西洋諸国は「黄禍」という概念をもてあそんでいると指摘し、ウラルアルタイ系の最後の民族国家である支那、日本、朝鮮は、今やアーリアン民族の包囲攻撃のなかに屈服を強いられている、と述べた。これとの関連で、高山はアジアの同朋である支那を疎外し、支那の領土を獲得しようという馬鹿げたことをしている日本を激しく批判した。当時の日本世論には、白人種と対抗する日に備えて、支那との友好関係を強化せよと言う声が少なくなかったのである。

第三の要因は、支那自体に起きている事態を巡る日本の解釈に関係していた。それには大別して二つのグループがあった。清朝を助けようとするものと、清朝打倒の革命運動を助けようとするもの、がそれである。後者のグループはさらに二分することができる。一つは内田良平のように、日本の特権確保のために支那に援助をしようとした者、他の一つはそのような考えを一切もたないで純粋に革命を支援しようとした宮崎滔天（一八七一～一九二二年）[26]のようなグループである。[27]

このような要因が重なり合って、一八九五年［日清戦争終結］以後の日本の国民的心理の基盤が形成されたのである。一九一五年の二十一カ条要求と一九一九年の五・四運動の間に、ドラマチックな変化が起きた。元老松方正義（一八三五～一九二四年）が一九一五年十月に首相寺内正毅（一八五二～一九一九年）に提出した意見書には、以下のように書かれている。

わが対支政策の無主義、無方針なるや、左手に建設したるものは右手にこれを破壊し、前に擁護したるものは、後にこれを排斥す。其の不統一にして、不秩序なる、所謂支那における近年の騒乱、若しくは事件なるもの〻多くは、支那人の自ら関知する処に非ずして、却て日本人相互間に立案せられたる、筋書たるが如き看なしとせず。

之を要するに、支那に対しては、日本帝国はいまだに正当なる意志を有せざるのみならず、復たその統一ある意志をも有せざるものに似たり。明治四十四年秋の南方革命乱蜂起以来、現時満州における宗社党の葛藤に到るまで、凡そ凡ゆる事件、一として、日本もしくは日本人の関与せざるはなく、而してその必然の結果として、日本人相互の交閲衝突たらざるはなきなり。すなわち日本官民間において然るのみならず、同一の政府にして、一省の対支政策は此の如く、他省の対支政策は彼の如く、即ち各省官衙は、東京においては同一首班の下に立ちつ〻支那の各所においては、互に鎬を削りつ〻あるの看なからず。此の如くにして、帝国の東亜における覇権を行使せんとする、思はざるも亦甚だしからずや。[28]

この意見書が書かれたのは、日露戦争の勝利によって日本の利権が急膨張し、第一次世界大戦の結果極東の勢力圏の線引きを巡って、新たな提案が続出している時期であった。松方によれば、これらの活動には支那に関して一貫したものがなかったのである。

『政界秘話』という著書のなかで長嶋隆二は、「日本国民全体も支那を分らうとせずして、支那と云ふ国は少しも分らない国だ、また分らないのが本当だなどと絶望的な観察をしていた」と記している。[29] 陸軍大学で教鞭を執っていた佐々木到一（一八八六～一九五一年）は『ある軍人の自伝』において、「一年学生の講義に際しては劈頭において必ず支那の地名、人名についてメンタルテストをした。素図に省名の記入を求めたが、一人として完全に答えたものはない」と述べている。[30] 以上のいくつかの文章を見ても、日本の支那観には統一したものがないことが分かる。ではどうして大正期の日本には、支那について混乱したイメージ——あるいはむしろイメージの欠落と言った方がよいかもしれない——が存在しなければならなかったのか。わりきっていえば、革命期に突入した支那の経過しつつあった動乱と激情が、日本では理解に苦しむものであったからである。その理由は以下のとおりである。

一、大正期の古い世代の日本人は、支那の文学的伝統についてたっぷりと教育を受けていたので、古典的支那に対する情緒的な絆は極めて強かった。それだけに、革命渦中にある支那に対しては強い反感を抱きがちであったのである。かつて福沢が行ったような儒教批判に対しても、彼らは関心がなかった。例えば、一九一六年の支那の文芸復興は儒教を批判する点で画期的なものであったが、青年にありがちな行き過ぎた熱狂の一種として軽く受け止められただけである。

二、右と似たような世代においては、孔孟の教えよりも、地方の共同体（郷党）やその支配者である長老によって行われている社会的拘束に注意が向けられていた。その結果支那は近代的な国家機関によって統治する能力を欠いているという見方が強かったのである。

三、若い世代においては、古典的な支那よりも現在進行中の出来事に関心をもつ者がいた。彼らは一九一一年の第一革命［辛亥革命］のあと行われた第二、第三革命が失敗した新国家に対して、同情的な見方がなされていた。大正デモクラシー世代に属した彼らの支那理解には、革命運動に対する十分な理解がなかった。別の言い方をすれば、この世代が新支那に関して十分な認識をもつことは遂になかったのである。

古い世代の第一グループには、当時の政治家や世論指導者の殆どが含まれていた。例えば、大木遠吉（一八七一〜一九二六年）、江木千之（一八五三〜一九三二年）、小川平吉（一八六九〜一九四二年）、平沼騏一郎（一八六七〜一九五二年）などは、(31)一九二四年に設立された大東文化協会の指導者であった。(32)この協会の活動のなかには、漢学振興に関する建議を採択させるための努力が含まれていた。この建議が通過して法案化されると、次いで議会は補正予算をつけて大東文化学院を発足させた。この協会や国本社、青天会の構成員は、大正期後半の政治指導層を代表する人々であり、前述の第一グループに属していたと言えよう。

彼らの知的関心の中心にあったのは国体擁護であり、民主主義、平和主義、社会主義、労働運動に対する敵意を随伴していた。彼らの多くは支那の文物、美術、詩を愛好したが、それは現代の支那とは何の関係もなかった。例えば、前首相清浦奎吾（一八五〇〜一九四二年）が大陸を訪問したとき、日本の支那に対する友情を示すべく泰山［山東省にあり支那五岳の一。昔、天子が即位後天地を祭る儀式を行った名山］と孔子の墓に詣った。ところが北京では、周作人がその著書において、当時の状況において清浦の孔子崇拝がいかに馬鹿げたことであったか、さらに「同文同種」と相互依存についての配慮がいかに足りないでいるか、を指摘した。(33)

第二グループの代表として直ちに思いつく代表的人物は、内藤湖南（一八六六〜一九三四年）と稲葉君山（一八七六〜一九四〇年）である。内藤は著名な支那学者であり、一九一四年の『支那論』、一九二四年の『新支那論』の著者として知られていた。彼によれば、支那社会は地方の共同体組織や氏族からなっており、長老支配が行われていた。「この父老収攬と云ふことは、その法制の美悪を問はず、人格の正邪を論ぜず、支那に於ける成功の秘訣である」と内藤は論じた。(34)

彼はまた、支那は君主制国家として永続することはなく共和制になると論じていたが、その解釈は奇妙な偏りをもっていた。支那社会の鍵を握っている父老なる者は、「外国に対する独立心、愛国心などは格別重視して居る者ではない。郷里が安全に、宗族が繁栄して、其日其日を楽しく送ることが出来れば、何国人の統治の下でも、柔順に服従する」と、彼は確信していた。

内藤はまた、支那の状況は、国防がまったく放棄されても外国勢力によって侵略される領土の大きさは限られたものであり、国家の独立を脅かすものとはならないという点で、独特なものがあると論じていた。

彼は支那の伝統と文化の優越性を認識していた。『新支那論』では、日本人やヨーロッパ人が、自分たちは支那人より進んでいると考えるのは重大な誤りであると指摘して、たとえ現在の支那が滅んだとしても格別変わることはない、というのは、この世に天地が存在する限り、輝かしい支那文化は世界に拡大し、支那民族の光栄は尽きることがないからだ、と言う。(35) これはまことに逆説的である。内藤は支那の文化的伝統の比類のない普遍性を賞揚したが、同時に支那という国家がつぶれても何の問題も起きないと信じていた。支那社会の独自性は文化的な壮麗さを生み出す基盤であったが、他方で支那の国家と人民の自治能力は小さいと見ていた。内藤の見解は、通常日本の帝国主義的政策に白紙委任を与えたものではなく、支那学の第一人者としての客観的研究に基づいて述べられたものであると考えられているが、支那の状況を説明するに際して、共同体的組織と氏族が優越した特異性を強調し、固定して流動性に乏しい社会であると論じたことは明らかである。彼の支那観はこの概念の外に出ることはなかった。

宗族卿党「地縁血縁」を強調する考えは、稲葉君山の書き物、例えば『対支一家言』に、一層鮮明な形で表現されているが、そこでは彼は、支那に対する国際的管理の必要性に説き及んでいる。(36)

第三グループの代表的人物は吉野作造（一八七七～一九三三年）である。五・四運動を論じた「北京学生団の行動面罵する勿れ」（『中央公論』一九一九年七月号に掲載）において、この民本主義の提唱者は次のように述べている。

［支那に於ける排日の不祥事を根絶する策は］我々自ら軍閥財閥の対支政策を拘制して、日本国民の真の平和的要求を隣邦の友人に明白にすることである。これが為に吾人は、多年我が愛する日本を官僚軍閥の手より解放せんと努力して来た。北京に於ける学生団の運動は、亦この点に於て全然吾人と其の志向目標を同じうするものではないか。[37]

当時の支那に対する同情の念を吐露した吉野は「これらの献身的青年や新市民」がこの国の将来を握っていると結論している。同時代のほとんどの日本人が、厚顔な支那の懲罰に賛成していたなかで、支那に関する洞察力は群を抜いている。当時出たある本などは、五・四運動をば「ヒステリー女性」の発作になぞらえていた。

他方で吉野は対支二十一カ条要求を「頗る好適の時期を選んだもの」[38]であるとした。二つの間の矛盾は彼の根本的な思想基盤における基本的な矛盾や弱点が現れたものと見ることができよう。この限界というのは一般に、彼の政治論の基本である民本主義に発するものであると考えられているが、吉野の思想は国家理性に関して二重の考えを導くものである。一方では、民本主義擁護論を展開するに際して、いわゆる国家理性なるものを暴露し、軍国主義者、官僚、金融資本家の特殊利益の追求を正当化するものでしかないと見なしていたが、他方では、その国家理性が当時の国際秩序の強い支えとなっており、欧州各国の好む民主的価値の普遍化を際立たせていたことを認めていた。それゆえ、民本主義は、軍事的侵略者であると同時に国際的ルールの平和な守護者でもあった日本をよく表現するものであった。

吉野と似た考えの持ち主に、支那との友好関係を推進した土田杏村（一八九一～一九三五年）がいる。彼は実証主義志向の強い支那の新しい文化運動に非常に引かれていたが、その理由の一半は、若いころ傾倒した田中王堂（一八六七～一九三二年）のプラグマティズムにあったのかも知れない。上木敏郎は、土田を「精神的中国大使」と呼んでいる。[39]

三　東亜共栄圏に向かって

辛亥革命の父孫文（一八六六～一九二五年）は死の前年一九二四年に日本を訪問して、神戸で「大アジア主義」についての有名な講演を行ったが、そのなかで、「日本民族は、今後西方覇道の手先［原語は鷹犬、つまり鷹と犬］となるのか、それとも東方王道の干城［守護者］となるのか、それは、あなたがた日本国民が慎重にお選びになればよいことであります」と述べた(40)。

そのころまでにすでに日本は、遠慮がちにではあるが、西洋式の専制主義を志向していた。一九二六年七月、孫文の死後一年以上経って、国民党の新指導者蔣介石（一八八七～一九七五年）が北伐を宣言した。同年武漢が国民党の手に陥ち、南京、上海は一九二七年に占領された。同じ二七年の十一月に、毛沢東が青崗山に本部をおいている。七月に日本は東亜会議を招集して、対支政策の根本を定めようとした。その時決定した大陸政策は「田中上奏文」として世界に知られているが、その要旨は一九二七年から二九年まで首相であった田中義一（一八六三～一九二九年）の手になったとされている。このメモは一九三一年の満州事変の際、国際連盟の場で日本の侵略の証拠として取り上げられたことがある。

これが有名になったのは、「満蒙を制するものは支那を制する」という言明によってである。このメモの内容と田中の思想に関して当時石橋湛山（一八八四～一九七三年）が行った説明との間には、非常に共通性がある。石橋は、田中が考えていたのは満蒙の併合ではなく、満蒙に独立国家が作れればという希望であった、と言う(41)。さらにいえば、この真偽の定かでない文書と日本の現実の行動の間には、驚くべき符合が見られる。私はこの文書は偽物であって田中が書いたものとは毛頭思わないが、予言書としては非常に当たっていることを認めざるを得ない。一九二六年にそのような正確な予見ができたのは、「見えざる運命の手(42)」の現れと見なすのはおかしなことではない。

これ以降一九二八年六月の張作霖（一八七三～一九二八年）暗殺と三一年九月の満州事変勃発にいたる間、日本は

大成功であった。大恐慌の渦中にあった諸列強はこの事件に干渉する余裕などもっていなかった。支那自身も統一後の政府ががたがたしており、断固とした抵抗を組織することはできなかった。こうして日本は満州で我が道を進むことができたのである。満州国は「王道の楽土」「五族協和」の地として世界に喧伝されたのである。

三二年九月に日本はその管理下にある満州国を承認し、その後、三三年三月の国際連盟からの脱退、三三年五月の塘沽停戦協定締結、三五年六月の梅津・何応欽協定、土肥原・秦徳純協定などが行われた。領土に対する日本の侵入が勢いを増すにつれ、支那の抵抗意志も高まった。三七年七月の盧溝橋事件以降は、日本国民は時の流れに身を委ねる以外にほとんどなす術をもたなかった。支那事変による四年間の戦争中を通じていえることは、この戦闘行為の意味を把握し得たものは極めて少数であったということである。日清戦争や日露戦争の際に示されたような挙国一致の団結が求められたが果たせなかった。兵士や銃後の家族の心情は、どちらかといえば、物憂い、沈んだ気分により近かった。

三七年九月の『中央公論』で、キリスト教徒で東京帝大教授であった矢内原忠雄（一八九三〜一九六一年）は、「国家の理想」という論文を書き、日本の支那侵略を批判した(43)。異なった観点からではあるが軍国主義を批判した者に、経済学者の河合栄治郎（一八九一〜一九四四年）、ジャーナリストで後に首相となった石橋湛山、評論家清沢洌（一八九〇〜一九四五年）、国外追放者で支那にいた中江丑吉（中江兆民の子）、弁護士で人道主義者の正木ひろし（一八九六〜一九七五年）、ジャーナリスト桐生悠々、軍事問題評論家水野広徳、政治家に尾崎行雄（一八五八〜一九五四年）、浜田国松（一八六八〜一九三九年）などがいた(44)。だが多かれ少なかれ彼らの書き物は政府の圧迫によって真意が伝わりにくくなっており、「暴支」懲罰を唱えるものが主流になっていた。そのような議論が時の流れを作り国民の意識を支配していったのである。

大正期においては国民革命に関する報道は一般に抑えられていた。その結果政府が得たものは、政府や軍の指導者による世論操作に簡単になびく国民であった。

したがって支那事変中には、創造的な思想はほとんど根絶やしになっていた。事変の初期に、アメリカのジャーナリストで歴史家でもあるエドガー・スノー（一九〇五～一九七二年）が、北支で車中の日本の兵士に会い事変について意見を聞いたことがある。しかし返ってきた答えには公式見解以上のものは何もなかった。これは満州陥落の際奉天から北京に逃げて来た青年学生の燃えるような言葉に比べて、極めて対照的であった(45)。

日本が南京を陥落させ、次いで武漢、広東を占領して以後、戦線は膠着した。汪精衛（一八八五～一九四四年）の講和努力を通じて解決が図られたが、同時に和平達成のために新たな理念が必要となった。このような過程のなかから生まれたのが「東亜新秩序」の呼びかけであり、「東亜協同体」の観念であった。これらの提案は、支那事変中に行われた唯一の創造的な知的努力であったといえよう。この時期は、知的な面では不毛であると私は書いたことがある(46)。

この二つの概念は、三八年の秋から翌年にかけて、政界でも学術界でも大いに誉めそやされた。これを考え出したのは、当時の最高のインテリ（支那通の新聞記者尾崎秀実、哲学者兼評論家の三木清、新聞記者兼評論家笠信太郎、政治学者蝋山政道、政治経済評論家平貞蔵、経済評論家山崎靖純、経済学者加田哲二、哲学者船山信一、農業史家相川春喜など）であり、彼らは当時最も権威があった雑誌（『中央公論』『改造』『日本評論』など）に寄稿した。しかし実際には、彼らの名論卓説は知識人が悲惨な戦争の現実から逃れて自己満足する程度のものでしかなかったのである。当時尾崎秀実も、この東亜協同体の理論は、実際には見かけだおしであることを承認せざるを得なかった、と述べている(47)。『孫文伝』の著者鈴江言一とその師匠筋にあたる中江丑吉も批判的であった(48)。

それはともかく、東亜協同体論は「東亜新秩序の建設」に必要な理論的基礎を提示するために作られたものであったが、その点では「日支同盟」や「脱亜論」のような概念によって提供された以前の枠組みを、超克することをねらいとしていた。このような再検討が必要になったのは、ある程度は支那の民族主義の意外な強さによるものであったが、日本が事実上支那を侵略しているときに、必要かつ十分な自己批判を行うということは実際には不可能であるという不幸な事実を、根底から覆すものではなかった。それゆえ、東亜協同体の観念を生んだ昭和研究会が戦後その活動を回顧して、これらの調査活動とその成果が実際政治にいかほど活かされたかといえば、影響らしき

ものはなかったと結論できるようだ、と総括したことに尽くされているといえよう。(49)

「東亜新秩序」やその理論的基礎である「東亜協同体」論に対する支那人の反応は激しいものがあった。『対日言論集』第一巻で蔣介石は、「これは全中国の呑滅、東亜独占、延いては世界征服を目指す敵のあらゆる妄想と陰謀の総告白であり、また我が国家、我が民族を滅ぼさんとする全計画内容の総暴露である」と述べた。(50)「東亜協同体」論のうさん臭さを断固として指摘したもののなかには、共産党指導者の郭沫若、陳紹禹、国民党理論家の陶希聖、反蔣派の馮玉祥などがいる。(51)

しかしながら「東亜協同体」論から読み取れるのは、日本が長い間抱いてきた支那に対する侮蔑的態度から脱却しようとする努力であったことを、強調しておかねばならない。蠟山政道は、「「西欧的帝国主義とまったく性質を異にして、」それは植民地経済ではなく、一定地域における民族が協同関係に立つ地域的運命協同体なのである」と述べ、さらに、日本そのものも自らが指導するこの東亜協同体の不可分の構成要素であって、この協同体の原理に拘束され統制されるのである、と論じている。(52)このように、論者が日本の支那に対する自己正当化や高圧的態度を抑えようとしていることは稀ではないが、それは支那民族主義のうねりに対して日本の知識層が取りつつあった反応が、どのようなものであったかを示している。

しかしながらこの点との関連で、尾崎秀実によって進められた特別な「東亜協同体」論を見逃してはならない。西安事件（一九三六年十二月蔣介石が拉致され西安の赤軍本部で監禁された）の分析によって尾崎は支那通としてたちまち有名となったが、それまでに彼はすでに、ソ連スパイのリチャード・ゾルゲ（一八九五～一九四四年）と接触しており、支那問題に対する深い理解と支那人の心情についての洞察力によって、当時すでに、戦争後には共産党が支那を制すると予見することができた。尾崎は四四年のゾルゲ事件で処刑されたが、容易に察しがつくように、彼の「東亜新秩序」論は通常のものとはまったく違っていた。

尾崎は尋問の際に以下のように答えている。

私の云ふ所謂『東亜新秩序社会』と云ふのは斯る転換期に於て日本の国内の革命的勢力が非常に弱いと云ふ現実と斯る重要なる日本の転換は日本だけでは行ひ難いし、又行っても安定しない。……ソ連及資本主義機構を離脱したる日本並に中国共産党が完全にそのヘゲモニーを握った形の支那、此の三民族の緊密な提携援助を必要とし、此の三民族の緊密な結合を中核として先づ東亜諸民族の民族共同体の確立を目指すのであります。[53]

マルクス主義がいわゆる東亜協同体論者のなかに見られるのは、巧みに策略を用いつつ、混迷状態にある当時の知的世界を生き抜こうという試みであったことがわかる。例えば尾崎の場合、「国内改革方策としては支那事変処理に絡みて台頭せる東亜連盟論及び東亜協同体論に便乗し」ようとしていたことが明らかである。[54]彼は実に危ない綱渡りをしていたのである。

尋問書に出てくる「東亜連盟」という考えは「協同体」論とほぼ時を同じくして出てきたものであり、政府当局によって抑圧されていたにもかかわらず、日本の降伏後も信奉者の団体が存続していた。これら二つの理念について彼は次のように述べている。

東亜協同体論の主張には笠信太郎とか蝋山政道とかその他理論家学者の者が多く参加し、政治家が参加して来ないので、東亜協同体論は政治的には無力だと思った。一方、東亜連盟論の方が政治的には遥かに有力だからこれを利用した方がよいとは思っていたが、一面これは論自体あまり精彩がなかった。[55]

「東亜連盟」論の提唱者は、満州事件の首謀者でもあり、満州協和会の創設者の一人でもあった石原莞爾将軍であり、「東亜連盟」は満州国創設の初期から用いられた。この理論ができあがりつつあったとき、石原は関東軍の参謀であったが、後に参謀本部作戦課の課長となり、支那事変が始まったころには、事変拡大に反対する有力者であった。もちろん結果は拡大論者の勝利に終わったのであるが、[56]石原はとにもかくにも日支の戦争には反対であった。三八年五月十二日に協和会東京事務局で行った談話で彼は、「私は、蔣介石政権は或は崩壊するかも知れないが、崩壊しない方が絶対的であろうと思ふ。仮りに蔣介石が倒れたとして支那四億の人間は屈伏するか、私はこれは断じて屈伏しないと見ております」と述べている(57)。当時多くの人はこのような見解をもっていた。『東亜連盟論』で、石原の代表的理論解説者である宮崎正義は言う。

東亜連盟が東亜民族の解放を目標に掲ぐる以上、解放せられたる民族の政治的独立権は完全に保障せられねばならぬ。日本及び其の盟邦は他の東洋諸民族の解放運動に努力すると共に、其の連盟に加入するや、又は完全なる単独の独立国として残るやに就ては、其の自由なる選択に任すべきである。又、加入後も脱退の権利を認むべきである。東亜連盟は日本と各盟邦との間に於ける政治的及び経済的相互依存関係の紐帯により、強固に結ばるべき東亜諸国の自主的立場に於ける盟約であり、強制の体制ではない(58)。

石原理論の背後には、軍事史を大観して得た、世界最終戦が不可避であるという前提があった。彼の信念では「東亜連盟」は世界最終戦に勝ち残るために必要な前提条件であったのだ。日満支（プラス朝鮮）が中心となる連盟の結成は、かくして急務であった。満州国の建設はその第一歩であり、陸軍の軍事的要請や財界の利益とは両立しないものであった。ところがその後の満州国がたどった道は彼の期待を裏切るものであり、日支関係の険悪化は東亜連盟の夢を打ち砕いたのである。四一年に東条英機（一八八四～一九四八年）によって首を切られた石原は、東条内閣の存続中反体制派であった。マルクス主義陣営とは反対の立場にいた彼は、戦争反対の極右派と言えようか。

対支策として作られた「東亜協同体」「東亜連盟」二つの理論は、いずれも実現しなかった。前者は、皇道派の鹿子木員信（一八八四～一九四九年）『すめらあじあ』(59)などによって、また資本家の立場を反映した小島精一（一八九五～一九六六年）『日本戦時経済論』(60)によって批判された。後者も同じ立場からの批判を受けたほか、この理論は日本帝国が大東亜指導者であり中核であらねばならぬことをなおざりにし、さらに世界史における帝国の役割を認識していない、との理由で、大アジア主義者の松井石根、中谷武世、野村重臣などの批判にさらされた。(61) かくして大東亜戦争の前夜の日本には、支那に対する理念は皆無で、侵略行為に対する白紙委任があっただけという状態であった。

四〇年八月に第二次近衛内閣は新たに大東亜共栄圏の理念を発表した。かつて東亜新秩序論は日本流の正義をカムフラージュするために用いられたとすれば、いまや一層壮大ないで立ちで偽善を繕う理念に、取って代わられたことになる。共栄圏の理論は軍人や政治家によって喧伝されたが、彼らはドイツの目覚ましい電撃戦の成功に刺激され、世界の潮流に乗り遅れまいとしていたのである。

換言すれば共栄圏思想は欧州におけるナチの支配権拡大を好機として、「支那事変ニ重点指向シアル現態勢ヲ南方ニ転換スル」ものである。(62) その意味では、共栄圏思想は、軍が上品なやり方で「支那事変」から足を洗う機会を提供したことになる。四〇年七月二七日に大本営陸海軍部合同で作成された「世界情勢の推移に伴う時局処理要綱」の「提案理由」は、以下の如くである。

帝国カ英米依存ノ態勢ヨリ脱却シ日満支ヲ骨幹トシ概ネ印度以東豪州、新西蘭［ニュージーランド］以北ノ南洋方面ヲ一環トスル自給態勢ヲ確立スルハ当面帝国ノ早急実現ヲ要スヘキ所ニシテ而モ是カ達成ノ機会ハ今日ヲオキ他日ニ求ムルコト極メテ困難ナルヘシ。軍備充実完成後ニ於ケル米国ノ極東政策ト国力充実ニ伴フ蘇連邦将来ノ動向ヲ考察スルニ特ニ然リトス。(63)

したがって大東亜共栄圏の範囲は「日満支ヲ根幹トシ、旧独領委任統治諸島、仏領印度支那及太平洋島嶼、泰国、英領馬来、英領ボルネオ、蘭領東印度、ビルマ、豪州、新西蘭並ニ印度等」に拡張されていた。(64)

ところがこのように領土計画が膨らんだために、肝心の計画自体の中身が一層薄いものになったのである。

以上私は、福沢諭吉の「脱亜論」から大東亜共栄圏の形成に至るまで、日本と他のアジアの関係を概観してきた。

その場合に対支政策に焦点を合わせ、解決を願いながら果たせなかったために生じた苦い欲求不満を中心課題として扱った。課題の解決に至らなかったのは、個別の誤解や失敗の積み重ねという問題以外に、日本人の支那人に対する理解不足という、より基本的で一般的な問題があったためと思われる。このことは、日本人は常に西欧をアジアより重視してきたという説と符合しているようである。その場合、支那文化は日本文化より欧州の文化に遥かに近いという、ジョン・デューイや最近ではデイヴィッド・リースマンによって示された見解に対して、どう考えればよいのであろうか。この説が間違っているとすれば、我々の結論は、似通っている点も多々あるが、日本人はともかく支那人が好きになれないということになるのであろうか。

支那文学通の著名な日本人である竹内好（一九一〇～一九七七年）は、根深いエリート主義に由来する日本人の「奴隷根性」をこっぴどく批判した。[65] この心性は、西洋と同じようになりたいという熱意が示すように、「脱亜論」的思考にくっきりと刻印されている。この熱情の結果は「先進国」（大正期にはヨーロッパ、現在はアメリカ）のやり方を何でもかんでもまねることであった。現在ではこの心性は、軍事的帝国主義ではなくて技術的・経済的なものとして現れている。我々が問い続けるべきことは、日本は再び「アジア連盟」の指導者になりたいのかということである。もしそうであれば、前途は容易なものではないであろう。

原注

（1）『時事新報』一八八四［明治十七］年九月四日［『福沢諭吉全集』第一〇巻、岩波書店に収録、以下同じ］。
（2）同右、九月二四、二五日。
（3）同右、十月十五、十六日。
（4）服部之総「東洋における日本の地位」『服部之総著作集』第六巻、理論社、一九五五年、二七〇頁。
（5）石河幹明『福澤諭吉傳』第三巻、岩波書店、一九三二年、三四〇～三四一頁。
（6）『時事新報』一八八五［明治十八］年一月十三日。
（7）雑賀博愛『杉田鶉山翁』鶉山会、一九二八年、五四六頁。

(8)『岩倉公実記』中巻、岩倉公旧蹟保存会、一九二七年、五四三頁以下。
(9)雑賀、前掲書、五八六頁以下。
(10)同右、五八二頁以下。
(11)井上雅二『巨人荒尾精』左久良書房、一九一〇年、三〇頁。
(12)同右、二〇六〜二〇七頁。
(13)平尾道雄『子爵谷干城傳』原書房、一九六七年、七〇二頁以下。
(14)板垣退助『自由党史』下巻、岩波文庫、一九五八年、一三三頁。
(15)平野義太郎編『馬城大井憲太郎傳』大井馬城傳編集部、一九三八年、一五〇頁。
(16)田中惣五郎『東洋社会党考』新泉社、一九七〇年、一六二頁。
(17)樽井藤吉『大東合邦論』一八九四年、一三三頁［『覆刻大東合邦論』長陵書林、一九七五年、は一八九三年の初版と一九一〇年の再版を収録している］。
(18)『明治文化全集　政治編』第七巻、日本評論社、一九二九年、三七一〜四〇八頁。岩波文庫ほか『三酔人経綸問答』に収録。
(19)雑賀、前掲書、五六五〜五六六頁。
(20)吉倉汪聖著、清藤幸七郎編『天祐侠覆刻』長陵書林、一九八一年、『天佑侠』新進社、一九〇三年。
(21)生方敏郎『明治大正見聞史』春秋社、一九二六年、三二頁。
(22)富永能雄『蓮の実』蓮の実書院、一九六四年、一一一頁。
(23)実藤恵秀編『大河内文書』東洋文庫、一九六四年［復刻版、上海書店、一九八七年］。
(24)徳富蘇峰『蘇峰自伝』中央公論社、一九三五年、三一〇頁。
(25)『樗牛全集』第八巻、博文館、一九〇五年、六〇四頁以下。
(26)例えば、黒竜倶楽部編『国士内田良平傳』原書房、一九六七年、一七三頁以下。
(27)宮崎滔天『三十三年の夢』平凡社東洋文庫、一九六七年。宮崎の、これと見込んだ人物にひたすら献身する人柄は、この自伝の随所に横溢している。
(28)岩淵辰雄『対支外交史論』高山書院、一九四六年、五四頁以下。

（29）長嶋隆二『政界秘話』平凡社、一九二八年、二三頁。
（30）佐々木到一『ある軍人の自伝』勁草書房、一九二八年、一二九頁。
（31）伊藤隆『昭和初期政治史研究』東京大学出版会、一九六九年、五四三頁。
（32）同右、三九四頁。
（33）周作人『談虎集』香港、一九二九年、五四三頁。
（34）内藤湖南『支那論』（『新支那論』を含む）、一九三八年、九頁［『内藤湖南全集』第五巻、筑摩書房、二九七頁］。
（35）同右。
（36）稲葉君山『対支一家言』日本評論社出版部、一九二一年。
（37）吉野作造『中国朝鮮論』東洋文庫、二〇七頁。
（38）同右、二八頁。
（39）土田杏村に関しては上木敏郎の著作、特に「精神的中国大使土田杏村」『成蹊論叢』一九七二年二月、参照。
（40）孫文の「大アジア主義」のテキストは『国父全集』台北、一九五七年改版、その他［邦訳は、小野川秀美編『孫文・毛沢東』（世界の名著六四）中央公論社、一九六九年。堀川哲男『孫文』講談社、ほか］。
（41）石橋湛山「満鉄社長の満蒙経済開発論」『石橋湛山全集』第六巻、東洋経済新報社、一九七一年、二三一頁。
（42）橋川文三「田中上奏文の周辺」『順逆の思想』勁草書房、一九七三年。
（43）『矢内原忠雄全集』第一八巻、岩波書店に収録。
（44）詳しくは、橋川文三「抵抗者の政治思想」橋川文三・松本三之介編『近代日本政治思想史』Ⅱ、有斐閣、一九七〇年、三九九〜四一三頁。この論文は英訳あり。
（45）Edgar Snow, *The Battle for Asia*, (New York, 1941)［邦訳は、森谷巌訳『アジアの戦争——日中戦争の記録』筑摩書房、一九五六年］は支那事変中の学生の闘争ぶりを描いている。
（46）橋川文三「東亜新秩序の神話」橋川・松本編、前掲書。
（47）尾崎の支那事変観については、『尾崎秀実著作集』第一巻、勁草書房、一九六四年、の序文（橋川文三）を参照。
（48）中江丑吉、鈴江言一の思想と行動については、『中江丑吉書簡集』みすず書房、一九六四年。
（49）昭和同人会編『昭和研究会』経済往来社、一九六八年、参照。

(50) 蔣介石『対日言論集』上海、一九四六年。
(51) 郭沫若、岡崎俊夫訳『抗日戦回想録』中央公論社、一九五九年［東洋文庫版、小野忍・丸山昇訳、平凡社、一九七三年］、『陳布雷回憶録』台北、伝記文学出版社、一九六七年、参照。
(52) 蝋山政道「東亜協同体の理論」『改造』一九三八年十一月。
(53) 「尾崎尋問調書」『現代史資料、ゾルゲ事件2』みすず書房、一九六二年、一二八～一二九頁。
(54) 同右『ゾルゲ事件1』四五頁。
(55) 同右。
(56) 詳しくは、田中信一「日華事変拡大か、不拡大か」『別冊知性』河出書房、一九五六年十二月。
(57) 石原莞爾の当日の講演内容の要約は、『石原莞爾資料　国防論策』原書房、一九六七年、二四九頁。
(58) 宮崎正義『東亜連盟論』改造社、一九三八年、四五～四六頁。
(59) 鹿子木員信『すめらあじあ』同文書院、一九三七年。
(60) 小島精一『日本戦時経済論』春秋社、一九三九年。
(61) 橋川文三「大東亜共栄圏の理念と現実」『岩波講座　日本歴史』第二一巻、岩波書店、一九六三年、二八〇頁。
(62) 朝日新聞社編『太平洋戦争への道』別巻資料編、一九六三年、三二三頁。
(63) 同右、三二四頁。
(64) 同右、三三〇頁。
(65) 特に、竹内好「中国の近代と日本の近代」『竹内好評論集』第三巻、筑摩書房、一九六六年、九頁以降。

人名索引

あ　行

か　行

さ　行

た　行

な　行

は　行

ま　行

や　行

ら・わ　行

tion (1961), *Japan and China: From War to Peace, 1894-1972* (1975). ケンブリッジ日本歴史叢書の一巻の編集を担当。

蒲地典子 ミシガン大学歴史学助教授。日中関係に関する論文数編。J. K. Fairbank, 市古宙造との共著 *Japanese Studies of Modern China since 1953* (1973). 日本の華僑社会史を研究。

Susan H. Marsh プロヴィデンスカレッジ政治学講師。ブラウン大学政治学部客員研究員。

中村隆英 東京大学統計経済学教授。著書 "The May 30th Incident" (1964),『現代の日本経済』(東京大学出版会, 1968年),『日本経済の進路』(東京大学出版会, 1975年)。

Bonnie B. Oh ロヨラ大学歴史学講師。マケット大学で教えた。*Journal of Social Science and Humanities* に論文掲載。日清戦争以前の清韓関係を研究中。

岡本俊平 テンプル大学歴史学教授。著書 *The Japanese Oligarchy and the Russo-Japanese War* (1970), Dorothy Borg との共著 *Pearl Harbor as History: Japanese-American Relations, 1931-1941* (1973).

John E. Schrecker ブランダイス大学で歴史学を担当。著書 *Imperialism and Chinese Nationalism* (1971), 共編 *Reform in Nineteenth Century China* (1976). *The Rise of Socialist China.*

Yue-him Tam プリンストン大学から学位取得。香港中文大学ニューアジアカレッジ歴史学講師, 学生部長。内藤湖南を研究中。

Ernest P. Young ミシガン大学歴史学教授。ダートマスカレッジで教えた。著書 *The Presidency of Yuan Shih-k'ai: Liberalism and Dictatorship in Early Republican China* (1977). 20世紀における中国の日本観を研究中。

論文執筆者紹介

（原著刊行当時）

Madeleine Chi The Office of the Historian 勤務。マンハッタンビルカレッジで教鞭をとった。著書 *China Diplomacy, 1914–1918*（1970）.

Samuel C. Chu オハイオ州立大学歴史学教授。バクネル大学，ピッツバーグ大学でも教えた。著書 *Reformer in Modern China : Chang Ch'ien, 1853–1926*（1965）. 日清戦争史を研究。

Lloyd E. Eastman イリノイ大学歴史学教授。コネチカットカレッジ，オハイオ州立大学で教鞭。著書 *Throne and Mandarins : China's Search for a Policy during the Sino-French Controversy, 1880–1885*（1967）, *The Abortive Revolution : China Under Nationalist Rule, 1927–1937*（1974）. 最近は第二次世界大戦中の中国を研究。

Harry D. Harootunian シカゴ大学歴史学・文明論教授。ロチェスター大学，ウィスコンシン大学等で教えた。著書 *Toward Restoration : The Growth of Political Consciousness in Tokugawa Japan*（1970）, *Between Religion and Politics : Studies in Tokugawa Nativism*（1980）. 編著 *Modern Japanese Leadership : Transition and Change*（1966）, *Japan in Crisis : Essays on Taisho Democracy*（1974）, その他。

橋川文三 明治大学近代日本史教授。著書多数（筑摩書房刊『橋川文三著作集』全八巻，にほぼ網羅されている）。

池井　優 慶應義塾大学法学部教授。近代日本外交史，日中関係史を専門とし，論文多数。日本外交政策，日本野球史の研究もある。

入江　昭 シカゴ大学歴史学部教授，学部長。ハーバード大学，カリフォルニア大学，ロチェスター大学でも教えた。著書 *The Search for a New Order in the Far East, 1921–1931*（1965）, *Across the Pacific : An Inner History of American-East Asian Relations*（1967）, *The Cold War in Asia : A Historical Introduction*（1974）, *From Nationalism to Internationalism : U. S. Foreign Policy to 1914*（1977）, その他。

Marius B. Jansen プリンストン大学歴史学教授。ワシントン大学で教えた。著書 *The Japanese and Sun Yat-sen*（1954）, *Sakamoto Ryoma and the Meiji Restora-*

石田　収（いしだ・おさむ）　**第八章**

1947年　生まれ。
1972年　大阪市立大学文学部卒業。
現　在　筑波学院大学経営情報学部教授。

戸澤　健次（とざわ・けんじ）　**第九章**

1949年　生まれ。
1978年　京都大学大学院法学研究科博士課程中退。
現　在　愛媛大学法文学部教授。

大矢　吉之（おおや・よしゆき）　**第十章**

1947年　生まれ。
1978年　神戸大学大学院法学研究科公法専攻博士課程修了。
現　在　大阪国際大学現代社会学部教授。

佐藤　晋（さとう・すすむ）　**第十一章**

1967年　生まれ。
2000年　慶應義塾大学大学院法学研究科博士課程修了，博士（法学）。
現　在　二松学舎大学国際政治経済学部教授。

関　静雄（せき・しずお）　**第十三章**

1947年　生まれ。
1977年　京都大学大学院法学研究科博士課程修了。
現　在　帝塚山大学法学部教授。

宮田　昌明（みやた・まさあき）　**第十四章**

1971年　生まれ。
1999年　京都大学大学院文学研究科博士後期課程退学。
現　在　帝塚山大学人文学部非常勤講師。

伊藤　のぞみ（いとう・のぞみ）　**第十五章**

1971年　生まれ。
1999年　京都大学大学院人間・環境学研究科博士課程単位取得退学。

訳者紹介（執筆順）

岡本　幸治（おかもと・こうじ）　謝辞・緒言・第七章・第十六章

監訳者紹介参照

溝部　英章（みぞべ・ひであき）　第一章

1949年　生まれ。
1978年　京都大学大学院法学研究科博士課程中退。
現　在　京都産業大学法学部教授。

馬場　優（ばば・まさる）　第二章

1967年　生まれ。
2001年　大阪市立大学大学院法学研究科後期博士課程単位取得退学。
2003年　博士（法学），大阪市立大学。
現　在　奈良産業大学・立命館大学・龍谷大学各法学部非常勤講師。

木村　幹（きむら・かん）　第三章

1966年　生まれ。
1993年　京都大学大学院法学研究科博士後期課程中途退学。
2001年　博士（法学），京都大学。
現　在　神戸大学大学院国際協力研究科教授。

慶野　義雄（けいの・よしお）　第四章

1946年　生まれ。
1973年　京都大学大学院法学研究科博士課程中退。
現　在　平成国際大学法学部教授。

滝田　豪（たきだ・ごう）　第五章

1973年　生まれ。
2003年　京都大学大学院法学研究科博士後期課程単位取得退学。
現　在　京都産業大学法学部准教授。

山本　茂樹（やまもと・しげき）　第六章

1968年　生まれ。
2001年　京都大学大学院人間・環境学研究科博士課程修了。

《監訳者紹介》

岡本　幸治（おかもと・こうじ）

1936年　京都市に生まれる。
京都大学法学部卒業後，三井物産㈱勤務を経て，
京都産業大学法学部講師，大阪府立大学総合科学部助教授，
インド国立ジャワハルラル・ネルー大学客員教授，愛媛大学法文学部教授，
大阪国際大学政経学部教授，近畿福祉大学社会福祉学部教授を歴任。
大阪国際大学名誉教授。京都大学法学博士。

著　書　『北一輝』ミネルヴァ書房，2010年。
『インド世界を読む』創成社，2006年。
『喝！なぜ日本人は謝り続けるのか』致知出版社，2005年。
『インド亜大陸の変貌』展転社，2004年。
『骨抜きにされた日本人』PHP 研究所，2002年。
『近代日本のアジア認識』（編著）ミネルヴァ書房，1998年。
『現代中国の変動と課題』（編著）多賀出版，1996年。
『北一輝　転換期の思想構造』ミネルヴァ書房，1996年。
『脱戦後の条件』日本教文社，1995年。
『南アジア（現代地域紛争史３）』（編著）同文舘，1994年。
『凸版西洋文化の死角』柏樹社，1986年，ほか多数。

中国人と日本人
——交流・友好・反発の近代史——

2012年３月31日　初版第１刷発行　　検印廃止

定価はカバーに
表示しています

監訳者　岡　本　幸　治
発行者　杉　田　啓　三
印刷者　江　戸　宏　介

発行所　株式会社　ミネルヴァ書房
607-8494　京都市山科区日ノ岡堤谷町１
電話代表　(075)581-5191番
振替口座　01020-0-8076番

共同印刷工業・新生製本

ISBN978-4-623-05858-7
Printed in Japan